Rengong Gaoqiepo Chaoqian Zhenduan

人工高切坡超前诊断

yu Chuzhi Jishu

与处治技术

《人工高切坡超前诊断与处治技术》课题组 著

人民交通出版社

内 容 介 绍

我国西部地区山高谷深,沟壑纵横。由于开挖路堑的需要,在公路建设中不可避免地需要进行边坡开挖,形成了大量的人工高切坡。对人工高切坡进行超前支护设计与施工,能有效防止高切坡因开挖卸荷、雨水入渗的综合作用导致的变形破坏。本书详细介绍了岩土体边坡无支护开挖极限高度的计算方法,高切坡的长期强度指标和长期稳定性的计算公式,高切坡超前支护锚杆的作用机制,预应力锚索抗滑挡土墙设计与施工,高切坡超前支护的设计与施工,以及相应的工程应用实例。

本书可供公路工程施工一线人员借鉴使用,亦可供路桥专业相关院校师生学习参考。

图书在版编目(CIP)数据

人工高切坡超前诊断与处治技术/《人工高切坡超前诊断与处治技术》课题组著.—北京:人民交通出版社,2011.7
ISBN 978-7-114-09258-9

Ⅰ.①人… Ⅱ.①人… Ⅲ.①边坡加固-技术 Ⅳ.①U418.5

中国版本图书馆 CIP 数据核字 (2011) 第 135575 号

书　　名:人工高切坡超前诊断与处治技术
著 作 者:《人工高切坡超前诊断与处治技术》课题组
责任编辑:岑　瑜
出版发行:人民交通出版社
地　　址:(100011) 北京市朝阳区安定门外外馆斜街 3 号
网　　址:http://www.ccpress.com.cn
销售电话:(010) 59757969,59757973
总 经 销:人民交通出版社发行部
经　　销:各地新华书店
印　　刷:北京鑫正大印刷有限公司
开　　本:720×960　1/16
印　　张:19.25
字　　数:331 千
版　　次:2011 年 7 月　第 1 版
印　　次:2011 年 7 月　第 1 次印刷
书　　号:ISBN 978-7-114-09258-9
定　　价:38.00 元

《人工高切坡超前诊断与处治技术》

课　题　组

著作人员：冉仕平　田金昌　周建庭

何思明　刘元雪　张正波

前　言

随着交通建设大发展、西部大开发战略的快速实施，我国西部地区正在紧锣密鼓地进行着基础设施建设。然而，西部地区尤其是西藏自治区，自然条件极为恶劣，区内山高谷深，沟壑纵横。特殊的地理、地貌特征给西藏公路建设和维护管理带来了极大的困难。

由于开挖路堑的需要，在公路建设中不可避免地需要进行边坡开挖，形成了大量的人工高切坡。众多残酷的实例告诉我们，若不对高切坡进行超前诊断及采取相应的处治措施，高切坡极易演变成滑坡，造成重大的财产损失甚至人员伤亡，严重地影响工程建设的工期，甚至会破坏西藏地区脆弱的生态环境，给西藏公路建设造成不可弥补的损失。高切坡灾害现已成为继滑坡、崩塌、泥石流、水毁之后的又一大公路病害，严重制约了西藏公路建设的发展。

近年来，国内外众多的科研工作者围绕高切坡的超前诊断与处治技术进行了深入的研究和积极的探索。本书在认真总结国内外高切坡的超前诊断与处治技术研究现状的基础上，结合西藏地区特殊的地理环境，详细介绍了西藏公路边坡病害情况，深入研究了高切坡超前诊断理论与方法，提出了公路高切坡超前处治结构设计方法及其施工关键技术，进而结合西藏地区隐患灾害点，依托工程的监测反馈信息，对其进行超前处治效果评估，本书所有研究成果可供从事公路边坡超前诊断及处治的同仁们借鉴与参考。

本书共分四章，各章的编写人员分别为：第一章冉仕平、周建庭、陈悦；第二章周建庭、姚国文、张劲泉；第三章周建庭、张永水、张劲泉；第四章周建庭、刘思孟；全书由冉仕平、田金昌、何思明、张正波、周建庭、刘元雪统稿。本书得到了教育部新世纪优秀人才计划、交通部西部交通建设科技项目(200731895041、200631879285)的大力支持,得到了所有参编人员的密切配合;同时,借鉴参考了国内外有关专家学者的研究成果。在此,一并致谢!

由于本人水平所致,本书有疏漏之处在所难免,诚望从事边坡超前诊断及处治的同仁不吝赐教。

周建庭

2011 年 5 月于重庆交通大学

目　　录

第一章 绪 论

第一节 边坡工程超前诊断与处治技术研究的意义

地球上,山区高地面积占陆地总面积的四分之一,居住人口占世界人口的10%。我国更是一个山区面积占国土陆地面积69%的多山国家,在全国2 300多个行政县中,有1 500多个山区县,山区人口占全国总人口的56%。我国山区主要集中分布在中西部地区,据不完全统计,西部12个省(自治区、直辖市)的山区面积占西部陆地总面积的86%以上。

山区建设与发展是全人类的共同课题,已经引起国际社会的广泛关注,联合国确定2002年为"世界山区年"(International Year of Mountains 2002)。山区在我国占有举足轻重的地位,我国从2000年开始实施"西部大开发"战略,在某种意义上也就是"西部山区的大开发"。

随着人类社会的发展,人类工程活动的加剧,山区城乡开发建设面临着许多特殊的工程问题,如在我国"西部大开发"城镇与交通建设中,由于场地地形条件的限制,很多时候就不得不进行人工开挖形成道路、房屋建筑等工程建设场地;此时,开挖形成的人工高切坡的稳定性问题成为威胁工程建筑物安全的一项主要因素。

事实上,人工高切坡安全问题在山区建设中广泛存在,尤其在我国西部如西藏这样的山地城镇与交通建设中。西藏地处青藏高原,自然条件极为恶劣,区内山高谷深,沟壑纵横。特殊的地理、地貌特征给西藏公路建设和维护管理带来了极大的困难。由于开挖路堑的需要,在公路建设中不可避免地需要进行边坡开挖,形成了大量的人工高切坡。如果边坡开挖不当,或开挖后不及时进行支护、长期暴露,在开挖卸荷、雨水入渗等因素综合作用下极易导致高切坡发生变形破坏,甚至演变成滑坡,造成重大的财产损失甚至人员伤亡,严重地影响工程建设的工期,破坏西藏地区脆弱的生态环境,给西藏公路建设造成不可弥补的损失,这样的实例在西藏公路建设中屡见不鲜,不胜枚举。高切坡灾害已成为继滑坡、崩塌、泥石流、水毁之后的又一大公路病害,严重制约了西藏公路建设的发展。

一、边坡病害类型

鉴于西藏地区特殊的地理位置及典型的地形地貌，现对国道317线西藏段公路边坡类型进行了调查分析，调查结果如下。

1. 夏曲养护段（K1815 +500 ~ K1994）

边坡病害主要存在于K1894 ~ K1922段，主要病害类型为危岩体、崩塌以及坡面破碎所致的小规模坍塌、崩落，主要是由岩体风化、雨水侵蚀所致。总体来看，边坡致灾情况少，危害较小（见图1.1 ~ 图1.2）。

图1.1　夏曲养护段某边坡外观

图1.2　边坡岩体风化节理发育情况

2. 巴青养护段（K1815 +500 ~ K1625）

K1811 ~ K1794段扎拉沟，为峡谷地貌，多岩质高边坡及坡崩积体边坡，部分岩质边坡节理发育，发育有危岩、崩塌等病害；残坡积的岩屑堆边坡结构松散（见图1.3），受扰动易发生连续的坍塌，影响道路通行。K1794 ~ K1736段多堆积体边坡，堆积体介质以粗颗粒的土、砂为主，有些夹有大量的块石、卵石，粒径大小不一，一般胶结弱，在开挖扰动或雨水侵蚀作用下，容易发生坡面的剥落、坍塌、崩落等病害；本段也有很多破碎岩质边坡，主要是坡面风化所致。另外，本段松散岩土体较多，为泥石流沟的发育提供了充分的物质来源，统计到的较大的泥石流沟有十几处（见图1.4）。K1728 ~ K1690段地形较平缓，多为高度不高或坡度较缓的堆积体边坡，偶有岩质高边坡，边坡危害较小。K1688附近路段多岩质高边坡，有几处节理发育完全，崩塌、危岩发育，有些岩质边坡的风化产物堆积于坡脚处，如开挖易坍塌。K1677 ~ K1667段为恰拉山上下山路段，多岩质高陡边坡，但岩层比较完整，目前危害性不大，在恰拉山顶段有冰雪冻害路段。K1666 ~ K1639段为宽谷地貌，地形比较平坦，边坡病害少。K1665附近页岩等风化严重，局部路段边坡发育为西藏地区常见的边坡病害——溜砂坡。K1636

~K1625 段多堆积体、崩积体边坡，由于风化、雨水侵蚀作用，坡面比较破碎。

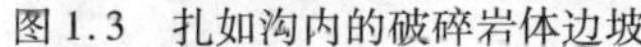

图 1.3　扎如沟内的破碎岩体边坡

图 1.4　泥石流沟

3. 丁青养护段（K1671 +868 ~ K1184）

从养护段起点至丁青约在 K1550 的一段，多为堆积体、坡积体边坡，目前病害以坡面的风化剥落为主（见图 1.5），如开挖边坡易加剧坡面的破碎，可能导致坡面浅层滑塌破坏，另外本段有泥石流沟近 10 处。K1561 +368 处为一大型滑坡体，滑坡体介质为厚土层，疑为沿基岩面的变形，受河流切割坡脚或地震等作用的影响，每年都有小量的滑移，建议勘测后判定其危险程度。K1548 ~ K1515 段，多为岩质边坡，坡面风化，节理发育，崩塌病害点较多。K1515 ~ 1492 段为 U 形宽谷，地形较平坦，危险边坡较少，但发育两处大型滑坡，均为土质滑坡，滑坡发育时间较长，公路通车后即发现有变形迹象，现每年仍有小量变形，初步判断滑坡仍然处于前期的蠕滑变形阶段，应注意观察，保证坡体上排水通畅。K1492 进入荣通沟后，在约 13km 的路段内，边坡病害较多，主要是坡面物质松散、破碎，地下水丰富，坡面坍塌比较严重，由于排水不畅，路基水害有几处。

图 1.5　表面风化破碎的堆积体边坡

4. 类乌齐—昌都段

沿线总体来看，本段海拔较低，气候温和湿润，植被茂盛。边坡病害主要是边坡坡脚处的风化剥落（见图 1.6），即山坡上部植被良好，下部由于边坡开挖扰动或风化等原因造成植被破坏，坡面破碎，严重的坡段随时可能发生剥落、掉块等小规模的坡面破坏，雨季时则更为严重。本段翻越朱角拉山，上山前从K1397 ~ K1351段为U形宽谷，多为山坡坡积层的风化剥落，坡面表层破坏较多，同时也有一些岩质高边坡。上山前段多高陡边坡，盘山公路上为高边坡（或原始山坡），下临深渊，接近山顶的路段，边坡较缓。下山段多岩质高边坡（见图1.7），平缓地带多为堆积体边坡，有滑坡发育。

图1.6　山坡坡脚处的公路边坡风化破碎形态

图1.7　有部分开挖后的岩质高边坡

5. 江达—岗拖段

本段边坡病害以坡面破碎为主，边坡介质主要是堆积体和坡积体，也有一些岩质边坡的坡面风化破碎。堆积体边（山）坡坡脚受开挖或其他原因扰动，植被遭到破坏，坡面植被生态系统难以自行恢复，致使坡面风化逐渐向边坡上方及两侧侵蚀蔓延（见图1.8）。此类边坡目前主要表现为表面的剥落、掉块，如开挖坡脚易引起坡面破碎加剧，甚至发育浅层或深层滑坡。另外，本段有两处大型滑坡发育，目前主要活动迹象表现为路基连续多年不均匀沉陷（见图1.9），但滑坡体上部未见明显变形破坏迹象。峡谷地段岩质高边坡较多，但岩层较完整，稳定性比较好。

图1.8　坡面扰动后的风化破碎

图1.9　路基沉陷段边坡

通过上述调查分析我们发现,国道317线西藏段公路边坡病害类型主要有:坡面破碎、滑坡、崩塌和溜砂坡。其中,坡面破碎方面的病害数量最多,主要表现为坡面物质发生持续的小规模塌滑崩落。

二、边坡病害危害性分析

如此多的边坡病害类型,究其原因,分析如下:自然边坡受长期自然营力作用,已处于天然条件下的极限平衡状态,在施工开挖边坡后,破坏了坡体原有的静力平衡条件,由此引起坡体内土体应力重分布,使得岩土体内原有的裂隙不断融合和扩展,在土体内产生大量的卸荷裂隙,并在开挖边坡一定深度范围内形成卸荷带,卸荷带内土体的抗剪强度急剧降低,严重影响边坡的稳定。在降雨条件下,雨水沿坡体裂隙渗透进入坡体内部,并形成暂时的渗流场。一方面增大了坡体重力,产生不利于边坡稳定的渗透压力;另一方面,雨水的入渗,使土体软化,降低了土体的抗剪强度。同时雨水或地下水将土体中易溶盐溶蚀掉,也会造成土体抗剪强度指标的变化。在以上几种(甚至多种)因素的共同作用下,高切坡极易诱发演变成滑坡。

国道317线西藏段公路沿线滑坡的数量不多,但规模较大,一旦发生破坏可能造成的危害很大。目前没有发现活动剧烈的滑坡,但在道路改扩建的过程中,不适当的边坡开挖极易造成本来就处于极限平衡状态的边坡发生失稳,甚至诱发大型滑坡,这在妥昌公路的改建过程中已经有深刻的教训。沿线的岩质高边坡数量很多,大多岩体风化节理发育,为崩塌灾害的孕育提供了温床,这种灾害潜在的危险也很大。另外,一些路段发育有溜砂坡灾害,这些边坡在自然营力的长期作用下处于基本稳定状态或潜伏状态,但一旦受到扰动,可能恢复活动,带来灾害。总之,国道317线西藏段沿线的公路边坡病害发育的种类多、数量大,一旦暴发灾害,带来的危害会相当大,应给予高度重视。

三、边坡工程超前诊断与处治技术研究的意义

古人曰:“认识问题的存在就是解决问题的一半”。这句话特别适合边坡失稳的认识和诊断。随着我国基础设施建设规模的日益扩大,铁路、公路建设逐渐向山岭重丘区推进,在这些工程的勘察、可行性论证以及设计过程中,边坡失稳的认知和诊断可以说是其基础中的基础,直接关系到工程的科学设计、安全施工和运营等。它不仅能够降低人类经济甚至生命的损失,而且还能为人类改造环境提供科学的依据。边坡工程的危险性超前诊断是对整个边坡形成过程的稳定性判断,包括短期稳定性和长期稳定性,局部和整体稳定性以及现状评价、预测评价和综合评价。因此,对边坡失稳进行超前诊断是非常重要的。

所谓边坡危险性的超前诊断是指在高切坡形成之前，首先对其进行危险性判别，若判定该高切坡属于危险性边坡（不稳定边坡），特别是在施工过程中或形成后不久就可能发生变形破坏的高切坡，则在高切坡形成之前先进行支护结构设计和施工，待支护工程完成后，再进行边坡开挖。采用这种设计思想后，可完全避免人工开挖边坡诱发滑坡的情况出现，从根本上解决因施工开挖切坡诱发滑坡这一困扰西藏公路建设多年的技术难题。采用这种设计思想有非常明显的优点。具体表现在：(1)可完全避免因人工开挖边坡而诱发滑坡，造成人员、财产的损失，具有非常明显的社会效益；(2)可减少开挖卸荷、雨水入渗对边坡土体抗剪强度的影响，因此，在进行超前支护结构设计时，可采用原状土体的抗剪强度指标进行计算，因而，可大大降低支护结构的投资，具有显著的经济效益；(3)采用超前支护可减少因高切坡失稳对边坡周围环境的破坏，具有较好的生态效益；(4)采用超前支护技术，可大大加快工程建设速度，避免因滑坡影响工程进度的情况发生。

当前正是西藏干线公路修建的高潮时期，也正是西藏干线公路建设中高切坡出现病害最多的时期，故开展“西藏公路边坡病害超前诊断及超前处治技术研究”不仅是必要的，而且是当务之急。本研究成果完全可以避免因开挖不当导致滑坡的情况发生，若这种新的思想能在我国西藏、西部山区乃至全国推广，将会从根本上改变公路建设投资偏高，建设周期过长的不利局面，极大地推进西藏公路建设的发展。因此，开展西藏公路边坡病害超前诊断及超前处治技术研究，对于加快西藏公路基础设施建设，推进西藏经济可持续发展具有重要的科学意义和实用价值。

第二节　国内外研究现状

一、边坡工程稳定性的研究

边坡工程由于受很多复杂因素的影响，很难对其稳定性做出非常准确的评价。根据现有的研究成果可知：一方面，要正确了解边坡失稳的主要影响因素，对边坡失稳起重要作用的基本因素和诱发因素进行分析，是边坡工程稳定性评价的基础；另一方面，相同的边坡体在不同的工况下，破坏模式也可能不同，不同的破坏模式，其力学模式也相应有所差别，对边坡所有可能破坏模式进行分析，是边坡稳定性评价的基本依据。

大量的实践证明，边坡工程稳定性评价相当复杂，包括诸多模糊、随机和不确定性影响因素，对边坡主要影响因素的分析是稳定性评价的基础。根据现有国内外边坡稳定性评价成果，主要影响因素大致可概括为内因和外因，其内因主要包括：地形地貌、地层和地质构造等，外因主要有：水、震动和人类工程活动等。当然，根据不同评价级别和勘察精度，每个影响因素都可分解为若干因子。例如，地形地貌可分为：山地、丘陵和盆地，而山地也可分为凸形坡、直线形坡和凹形坡或者其组合等；水可以分为降雨、地表水和地下水等。每个影响因素对边坡稳定性评价都起到各自的作用，在分析过程中，可以采取控制其中一个因素变化，求出各自的贡献值；也可以采取全部因素变化，通过数学方法计算各自的贡献值。但具体到某一地区或某一类边坡时，只会采用对边坡稳定性起主要作用的因素，否则只会增加计算的复杂性。例如，英国专家曾对失稳边坡统计结果进行分析，单一因素、二个因素、三个因素、四个因素导致边坡失稳的情况分别占失稳边坡总数的16%、35%、34%、14%，这几种情况共占失稳边坡总数的99%，也就是说，影响边坡稳定性的主要因素不会超过5个。

边坡岩土体的不连续性、非均质性、各向异性、赋存条件的差异性以及制约因素不同方式的组合，在不同人类工程活动或工程荷载的作用下，使得边坡体变形、力学破坏模式和机制都显示出极大的差异性。当然针对不同破坏模式下，边坡稳定性评价是不一样的，因此，正确分析边坡工程所有可能的破坏模式，是边坡稳定性评价的重要依据。目前，边坡的破坏模式并没有一个统一的分类，根据不同的分类，破坏模式可谓是五花八门，如：(1)根据岩性(火成岩、变质岩、沉积岩)、结构(块状、层状、碎裂状)、变形形式(滑动、张裂、崩塌、蠕动)综合分类；(2)孙玉科根据工程地质岩组特征、岩体结构、初始应力场、破坏形态、水文地质和变形破坏时间效应等6个方面提出了5种地质模型：①完整岩体边坡的圆弧破坏模式；②层状结构边坡的顺层滑动、倾倒变形破坏和溃屈破坏；③块状结构边坡的平面滑动、阶梯状滑动、折线形滑动；④碎裂结构边坡的圆弧滑动、追踪结构面滑动；⑤散体结构边坡的圆弧形滑动。(3)黄润秋从变形破坏的力学机理出发，指出岩石边坡破坏模式的力学机理有：滑移—拉裂—剪断三段式机理、“挡墙溃屈”机理、阶梯状蠕滑—拉裂机理、压缩—倾倒变形机理以及高应力—强卸荷深部破坏机理。(4)王兰生、张卓元等提出斜坡变形破坏的6种模式：蠕滑—拉裂、滑移—压致拉裂、滑移—拉裂、弯曲—拉裂、塑流—拉裂、滑移—弯曲。这些破坏模式的划分一定程度上反映了边坡破坏形状、力学特征或变形特性，为了反映边坡破坏时的力学与变形关系，边坡工程破坏模式应该划分为变形—力学、力学—位移模式。这样在边坡具体破坏模式计算中，就可根据已知量和未知量的关系进行理论分析。

边坡工程稳定性评价是以地质地貌现场调查与施工中的技术资料为基础，

采用一些稳定性评价方法，按照稳定性评价过程对边坡工程做出稳定性评价的，因此，稳定性评价方法是边坡稳定性评价正确与否的关键，稳定性评价过程是边坡稳定性评价时效性的根本。

边坡工程稳定性评价方法是在人类长期的工程实践中发展起来的，国内外大致经历了六个阶段：刚体极限平衡阶段；工程地质类比阶段；岩体结构控制论阶段；新方法、新理论阶段；数值计算阶段以及定性和定量、概念模型和仿真模型和监测和反馈相结合的新阶段。就当前而言，国内更注重定量分析，而国外侧重风险分析、可靠度分析、模糊概率分析以及定性和定量相结合分析。

目前，边坡稳定性评价方法的分类并没有统一的标准，工程中最早分为定性分析和定量分析，后来定量分析又分为确定性分析和非确定性分析等，当然每个分类都可以往下划分为很多小类，如一些新方法、新理论的交叉应用。目前工程中最常用分析方法主要有三种分类：定性分析、定量分析、非确定性分析、物理模型法和现场监测分析；安全评价法、阈值法、相关性评价法和试验模拟法；单因素分析和多因素分析。

定性分析方法是从宏观上，通过地质勘察、了解边坡失稳的主要影响因素和可能的破坏模式，对边坡稳定性给出定性的评价。定性分析主要包括：自然（成因）历史分析法、图解法、稳定性分析数据库和专家系统等。

自然（成因）历史分析法采用追溯边坡形成的全过程，对边坡稳定性的现状和未来做出评价和预测，主要用于天然斜坡稳定性评价。

图解法又分为诺模图法和投影图法，前者主要用于土质或全强风化具有弧形破坏面的边坡稳定性评价，后者主要采用赤平极射投影原理评价岩质边坡的稳定性。

从早期的工程类比法到现在的专家系统都是建立在以前尽可能多的自然边坡或人工边坡稳定性评价的基础上，使目标边坡和收集数据库里的现有边坡进行比较，获得稳定性评价的一种分析方法。如基于灰色关联或模糊相似边坡稳定性范例推理方法，以及基于神经网络分析专家系统等。

定量分析方法是从微观上，通过量化指标给出边坡稳定性评价的；同时，从量化指标上，又可以分为量值为定值的确定性分析方法和量值为区间的多因素分析方法，以及边坡的可靠度分析。

极限平衡法是确定性分析主要方法，它的发展经历了一百多年的历史，虽然它有很多不足之处，如滑面形状事先假定、无法考虑变形影响等，但在理论分析中是应用最广泛的一种方法。根据土条块假定的不同，主要包括：Fellenius 法、Bishop 法、Janbu 法、Morgenstern-Price 法、Spencer 法、不平衡推力法、Sarma 法等。

可靠度分析是把边坡岩体性质、荷载、地下水、破坏模式以及计算模型等作为不确定量，借鉴可靠度理论方法，采用可靠指标或破坏概率来评价边坡安全度。主要分析方法有：一次一阶矩法、改进的一次一阶矩法、JC 法以及 Monte Carlo 法等。

将影响边坡稳定性的主要因素作为变量，采用一些数学或交叉学科新理论方法进行分析都属于多因素分析方法。例如，把边坡影响因素看作灰色量，采用灰色系统理论建立数学模型，评价边坡稳定性；也有采用模糊数学中的模糊变换原理和最大隶属度原则，结合层次分析法，判断边坡的稳定性；还有一些新理论如分形理论、可拓学理论、突变理论等都属于多因素问题。多因素分析方法在实际操作时，评价中权数的分配带有一定的经验性和主观性。目前多因素分析方法主要是层次分析法，其权值的确定主要有：模糊矩阵法、故障树法、专家调查法、经验法、资料法以及黄金分割点法等。

边坡稳定性评价试验模拟法主要包括：虚拟数值模拟和物理模型模拟。虚拟数值模拟是目前发展比较迅速的一种稳定性评价方法，能够模拟边坡破坏的整个过程，并显示其应力应变的变化等。主要包括有限元法、边界元法、离散元法以及衍生的强度折减法和显式 FLAC 法等。物理模型模拟主要分为底摩擦模型和离心模型。底摩擦模型原理是采用模型底部的摩擦力来代替重力，而摩擦力可以通过带速的大小来调整，主要用于模拟二维物理模型；离心模型主要采用离心力模拟边坡的重力，根据相似原理，模型与原型的几何特征主要物理量必须满足一定的比例关系。

边坡工程稳定性评价经过多年的发展，取得了很多研究成果，但在实际应用中仍然存在一些问题：有时使评价结果过于保守，造成很大的浪费；有时风险太大，发生频繁的崩滑等地质灾害。主要存在的问题有：边坡地质因素的随机性偏于主观经验和地质模型过于简化；变形破坏模式的认识和稳定性评价针对性不强；数值计算中实验参数和计算参数转化和本构模型不清楚；新理论、新方法难以精确反映地质的随机性和非均质性，只是从方法上进行学术创新，在实践中应用不多；各种方法综合运用程度不高等。

二、切坡工程稳定性的研究

边坡工程超前诊断包括边坡现状评价和预测评价两方面内容，也就是所谓的边坡稳定性和切坡稳定性分析。边坡稳定性评价主要为定性评价和定量评价，定性评价目前主要以模糊数学、层次分析、专家系统、神经网络等方法为主，定量分析主要以极限平衡理论（简单边坡）和数值分析方法为主。切坡稳定性分析主要有考虑卸荷的楔形体理论以及考虑爆破、卸荷等因素的数值分析。

晏鄂川等研究了边坡开挖中最优坡度的计算问题,一般情况下,开挖坡度越缓,越有利于边坡稳定;但不加区别地放缓坡度,不仅增加开挖量,而且更多地破坏了地表植被和环境,因而并不可取。应从边坡稳定性和经济方面进行综合分析,确定一个使开挖工程量与支护工程量之和最少的开挖坡度,该开挖坡度称为最优开挖坡度,并建立了人工边坡优化设计的数学模型。陈静曦等以丘陵地区高速公路的人工高切坡为例,探讨了高切坡路基开挖的合理化问题,提出了以监测为先导,边开挖、边加固的科学、合理的开挖程序,并通过实例的分析比较,证明了按合理化的开挖程序进行施工,既可节省资金,缩短施工工期,又能保证施工安全顺利进行。廖红建等对人工开挖边坡的长期稳定性问题进行了一系列的室内三轴试验,研究了黏性土在饱水后强度指标的降低程度,以及强度指标的变化情况,模拟了降雨和地下水位变化时土中应力状态的变化过程,并得出了高切坡由于水的渗入、长期的地质风化、开挖扰动等因素的共同作用下,使其有效黏聚力几乎降低为零的结论,为高切坡的长期稳定性评价提供了一种理论计算方法。李守德等考虑了开挖卸荷的应力路径,通过试验进行模拟,分析了天然固结地基土在侧向开挖过程中土体的变形规律,并根据 Duncen-Chang 模型推导了模量计算公式,该方法能较好地确定土体开挖卸荷后的变形特征。时卫民等研究了人工开挖形成的阶梯状边坡的稳定性计算问题,在假定阶梯形边坡的滑移面为直线的前提下,利用传统稳定系数的概念,推导了阶梯形边坡安全系数的统一表达式,使用非常方便,可用于对普通人工放坡开挖形成的阶梯状高切坡的稳定性进行初步评判。高切坡的长期强度指标是研究其长期稳定性的关键,而影响高切坡长期强度的因素较多,但在工程寿命期内,主要以开挖卸荷和雨水入渗两种因素为主,何思明以损伤理论为基础,分别定义了开挖卸荷引起的岩土体损伤和雨水入渗引起的岩土体损伤,研究了考虑损伤后岩土体的长期抗剪强度指标问题,给出了计算边坡岩土体长期强度的计算公式,从而为研究高切坡的长期稳定性提供了基础。T. Shiotani 采用声发射技术研究了岩质高切坡的长期稳定性。Hiroshi Hayashi, Wilson H. Tang 采用数值方法研究了应变软化土层开挖边坡的渐进破坏模式。此外,杨小礼、李新坡、何思明等采用极限分析的上限定理研究了遵循非线性破坏准则岩土体(碎石土边坡、层状岩质边坡、破碎岩质边坡等)边坡无支护开挖的极限高度问题,从而能方便地对高切坡的稳定性做出初步判断。

肖四国分析了楔形体与开挖坡体模型之间的关系,他采用平面应变条件下的楔形体理论分析开挖坡体的应力场,给出了确定边坡开挖应力场的弹性理论近似解析方法,并从岩土材料的强度准则出发,提出了坡体稳定系数的一种表示方法。在应力分析的基础上,利用坡体内从上而下所作的不同参考线段的稳定系数变化曲线,来分析坡体开挖松动区。赵晓彦、胡厚田等分析了类土质边坡开挖过程中卸荷裂隙的产生机理,认为工程开挖改变了边坡岩土体的应力状态,使边坡岩土体受到一个指向坡外的侧向附加应力,从而导致了原有裂隙的张开和新裂隙的产生,并进行了粉质黏土、粉土及粉砂质泥岩开挖卸荷的离心模型实验,实验结果表明,原有裂隙倾角越大、深度越大、离卸荷面的距离越近,在卸荷过程中,裂隙的变形量就越大,并给出了上述因素与裂隙变形量的关系曲线。黄润秋、陈德基等针对边坡开挖或河谷下切的卸荷过程,讨论了边坡应力的分布,提出了边坡二次应力的"驼峰应力分布"规律,在此基础上,分析了伴随边坡二次应力场的形成,岩质高边坡卸荷带的形成机理,并进一步结合三峡船闸高边坡的开挖和监测实践,讨论了卸荷带的工程地质意义及其力学性状表现。

三、边坡工程超前处治技术研究

假如在高切坡形成之前,预先设置超前支护结构,在边坡开挖过程中,由于边坡卸荷回弹,必然在坡体一定深度范围内(卸荷带内)产生趋向于开挖面的坡面变形,由于超前结构的存在,可以约束这种变形的发生,进而大大抑制坡面开挖卸荷带的形成和发展,有利于边坡的稳定。

采用被动桩整治边坡,在工程实践中应用得非常普遍,相应的设计计算方法也非常多。G. R. Martin 和 C. Y. Chen,采用 $FLAC^{3D}$ 研究了坡体变形条件下支护桩的响应,并讨论了桩、土参数的敏感性,结果表明,桩土相对刚度对支护桩的破坏模式有重要影响。Jinoh Won、Kwangho You 等根据强度折减技术采用 $FLAC^{3D}$ 研究了支护桩与变形坡体之间的耦合响应问题,结果表明:耦合分析得出的边坡安全系数小于解耦分析所确定的边坡安全系数。Chen. L. T、Poulos & Jeong. S 等采用解耦方法研究了被动桩在边坡变形下的桩土相互作用问题。

何思明以剪切滞模型为基础,研究了超前支护锚杆与变形岩体之间的相互作用机制,讨论了超前支护锚杆在完全耦合及部分解耦条件下的荷载传递规律和侧阻力分布特征,为高切坡超前支护锚杆设计提供了理论基础。而对于预加固桩,采用解耦方法研究了超前支护桩与开挖坡体之间的相互作用机制,其中高切坡开挖面采用弹性理论分析,超前支护桩采用可以考虑桩侧向土体屈服的弹塑性理论进行桩的内力理论解,根据两者之间荷载变形关系建立联系求解,为高切坡超前支护桩的设计提供了依据。C. Li、B. Stillborg & Yue Cai、Tetsuro Esaki and Yujing Jiang 等也根据弹塑性理论、剪滞理论等方法,研究了岩层锚杆与变形岩体之间的相互作用机制问题。

由此可知,国内外对高切坡设计理论进行研究的文献较多,但集中在边坡开挖优化设计以及支护结构与坡体相互作用方面,较少涉及高切坡危险性评价体系，特别是有关危险性高切坡超前诊断、超前支护等方面。

第三节 边坡工程超前诊断与处治技术研究的技术路线

边坡工程超前诊断与处治技术研究的好坏与否，不但直接关系到植被的破坏情况、工程进度的快慢，甚至还与人民的生命财产安全息息相关，这对西藏地区来说尤其如此。当公路建设中不可避免地需要进行边坡开挖，形成了大量的人工高切坡时，一般需要事先对高切坡进行安全评估（稳定性分析），并在此基础上决定是否对其进行超前处治设计，就显得势在必行了。

我们通过大量的分析研究表明，在充分利用已有成果，融合极限分析、弹塑性理论、损伤力学、数值模拟、模型试验等技术手段的基础上，探索出了西藏公路危险性高切坡的超前诊断理论与方法及超前处治关键技术，具体的技术路线如下。

1. 超前诊断

(1)选定依托工点，并对其进行现场调查和勘探，建立了高切坡的理论地质力学模型和坡体结构概化模型。

(2)采用极限分析方法对遵循非线性破坏准则的坡积层高切坡、洪积层高切坡、层状岩质高切坡、破碎岩质高切坡的无支护开挖极限高度进行了研究。

(3)采用损伤力学、非饱和土力学等理论方法和技术手段研究开挖卸荷、雨水入渗等因素对高切坡岩土体抗剪强度指标的影响，结合上述两方面的研究成果，进行了国道 317 线西藏段公路高切坡危险性快速判别图表和超前诊断理论与方法体系的建立。

2. 处治技术

(1)结合超前诊断研究成果，对国道 317 线西藏段拟改扩建公路进行了高切坡危险性诊断，确定了超前处治工点。

(2)根据国道 317 线西藏段公路高切坡的具体特点，采用弹塑性理论、损伤力学、极限分析以及数值分析等多种手段对超前处治结构与坡体相互作用机制等进行了理论研究。

(3)在超前处治结构与坡体耦合作用机制研究基础上，进行了国道 317 线西藏段公路危险性高切坡超前处治新型结构形式的研究。

(4)研究了新型超前处治结构的实用设计方法与施工关键技术。

第二章　高切坡超前诊断技术研究

第一节　危险性高切坡坡体结构概化模型研究

近年来，随着我国改革开放的深入和西部大开发政策的实施，交通建设开始向西部山区倾斜，有多条公路正在建设和规划之中。在山区修建道路，就不可避免地遇到开挖山体，回填凹地，从而破坏自然稳定的地质体，形成新的工程边坡。这些边坡体的稳定性直接决定山区道路建设与运营的安全性，因此，对边坡临界高度的理论研究具有重要的社会价值。

在一定坡角的情况下，边坡临界高度的确定是边坡工程的关键技术之一。一方面，如果边坡的开挖高度小于临界高度，边坡的安全性就能得到保证，施工时就没有必要对其进行支护，从而节省支护费用；另一方面，如果边坡的开挖高度大于临界高度，边坡的安全性就达不到要求，施工时就需要对其进行支护，从而增加山区道路建设的总体费用。因此，对边坡临界高度的理论研究具有重要的工程价值。

一、单一边坡极限高度的理论计算

1 边坡临界高度的主要影响因素

对于边坡设计，不管开挖高度如何，技术上都没有什么问题，但是如果在边坡坡度一定的情况下，开挖高度太大，边坡支护的费用就会相应地增多，还有可能出现滑坡、塌方等重大事故。边坡临界高度的影响因素很多，如坡度、坡形以及岩土体的物理力学性质等内因，以及边坡周围环境等外因。对于岩质边坡，还有结构面、节理走向、倾角等因素。

边坡的坡度在一定程度上确定边坡的稳定性，在实际工程中，如何在边坡设计中确定合适的坡度去保证边坡高度小于临界高度成为设计的首要问题；如果由于场地等因素，边坡的坡度无法减小，使得边坡的开挖高度大于临界高度，则边坡就必须进行支护。一般而言，边坡的临界高度与坡度是成反比关系的，也就是说坡度越大，边坡临界高度就愈小；坡度越小，边坡临界高度就愈大。

边坡的坡体形式一般可分为四种：直线形、上陡下缓折线形、上缓下陡折线形、台阶形。直线形坡体一般适用于均质且高度较小的边坡；对于不同的边坡坡形，相应的临界高度也会有差异，但是计算原理基本相同，对于折线形和台阶形坡体，可以等效为边坡上部作用外部荷载的直线形坡体进行计算。

岩土体的物理力学性质是对边坡临界高度起控制作用的因素。岩土体的物理力学性质指标主要有岩土体的重度 γ、黏聚力 c、内摩擦角 φ 等。一般情况下，边坡临界高度与岩土体黏聚力 c 和内摩擦角 φ 正相关，与岩土体的重度 γ 负相关。

边坡体初始状态和开挖范围对边坡的稳定性有很大的影响，即使岩性、坡面形状完全相同的两个边坡，开挖范围不同，其形成边坡的稳定性也会有所差异。开挖范围愈大，影响的卸荷范围愈大，坡体所形成松动范围也愈大，坡体的稳定性也愈差，边坡临界高度就相应地降低。一般而言，开挖松动区并不一定是边坡临界滑动范围，临界滑动范围可能是在开挖松动区内，也可能在开挖松动区外。当坡体临界滑动范围在开挖松动区外时，亦即开挖坡体较薄时，边坡临界高度相对要大些；当坡体临界滑动范围在开挖松动区内时，亦即开挖坡体较厚时，边坡临界高度相对较小。

边坡临界高度的确定目前并没有统一的标准。主要方法有：极限分析法、工程地质类比法以及有限元法等。其中，极限分析方法都是在假定滑裂面形状的基础上，运用静力学和运动学原理求解边坡临界高度，其结果具有很大的人为性；工程地质类比法是建立上统计学基础上的一种经验方法，其结果具有很强的地域性；有限元法是一种近年来发展比较迅速的数值方法，但是由于采用不同的屈服准则和收敛准则，得到的结果差异比较大，在推广方面也比较困难。

针对目前边坡临界高度确定存在以上问题，提出在极限分析计算中，破裂面采用滑移线场法确定的屈服机构，然后分别计算屈服机构中各个区域的极限平衡，使边坡体总抗滑力等于总下滑力，求出边坡的临界高度的解析表达式。其结果在边坡工程初步设计中有一定的参考价值。

2. 边坡破裂面的确定

破裂面形状对边坡临界高度计算影响非常大，不同的破裂面可能得出的结果差异很大。在理论计算中，目前破裂面基本上都是假定的，主要形状有直线、对数螺旋线、圆弧等；如果选择不当，就会造成较大的误差。可见，边坡破裂面形状和位置的确定是理论计算的关键因素。

(1)滑移线场法

滑移线场法是基于刚塑性体的 Prandl-Reuss 假设，由岩土体静力平衡方程和摩尔—库仑屈服准则推导出一阶拟线性偏微分方程，然后利用应力边界条件，求出滑移线的解。由摩尔—库仑屈服准则可知：滑移线有 α、β 两组，其平衡微分方程为：

沿 α 线
$$\mathrm{d}p-2(p+\sigma_c)\tan\varphi\mathrm{d}\theta=\frac{\gamma\sin(\theta+\mu)\mathrm{d}y}{\cos\varphi\cos(\theta-\mu)}$$

沿 β 线
$$\mathrm{d}p+2(p+\sigma_c)\tan\varphi\mathrm{d}\theta=-\frac{\gamma\sin(\theta-\mu)\mathrm{d}y}{\cos\varphi\cos(\theta+\mu)}$$

滑移线就是破裂面的迹线。根据滑移线场理论和边界条件，在岩土受力体中构造相应的滑移线网，然后利用滑移线的性质和应力边界条件，得出滑裂面的位置。但是，在理论计算中，对于有重土坡几乎是不能得出解析解的。

对于边坡稳定性而言，岩土体的自重是不能忽略的。因此，在边坡计算中，常常采用将土重视为作用在坡顶的外荷载，进而转化为求解边坡极限承载力的滑移线场解。如何把岩土体自重折算为外荷载是比较困难的，但是可以采用滑移线确定边坡滑裂面的位置，然后运用极限分析法确定边坡的临界高度。

(2)边坡破裂面的位置

根据滑移线场法的基本原理，建立确定边坡破裂面的数学模型，做以下几点假设：

①在构建滑移线场时，不考虑岩土体自重，把土重等效为外荷载作用在水平的边坡坡肩边缘；

②满足平面应变条件，即二维假设；

③岩土体遵循摩尔—库仑屈服准则；

④边坡破裂面通过坡趾。

图 2.1 中，h 为边坡的高度，坡角为 θ，q 为岩土体自重等效的外荷载。根据滑移线场理论可知：$ABCD$ 线就是边坡的破裂面。塑性区主要由Ⅰ区主动区 OAB，Ⅱ区过渡区 OBC，Ⅲ区被动区 OCD 组成。其中，AB、CD 线为直线段，BC 线为对数螺旋线，采用 M-C 屈服与破坏准则时，两组滑移线间的夹角为 $\pi/2-\varphi$。由滑移线的破坏机构得到：$\angle BOA=\angle BAO=\pi/4+\varphi/2$，$\angle OBA=\pi/2-\varphi$，$OBA$ 为等腰三角形；根据几何关系可知 $\angle BOC=\pi/2-\theta$；BC 为对数螺旋线，曲线方程为 $R=R_0\mathrm{e}^{(-\psi)\tan\varphi}$，其中 R_0 为初始半径(OC)，ψ 对数螺旋线的展开角($0\leqslant\psi\leqslant\pi/2-\theta$)，$\varphi$ 为岩土体内摩擦角；$\angle COD=\angle CDO=\pi/4-\varphi/2$，$\angle OCD=\pi/2+\varphi$，$OCD$ 为等腰三

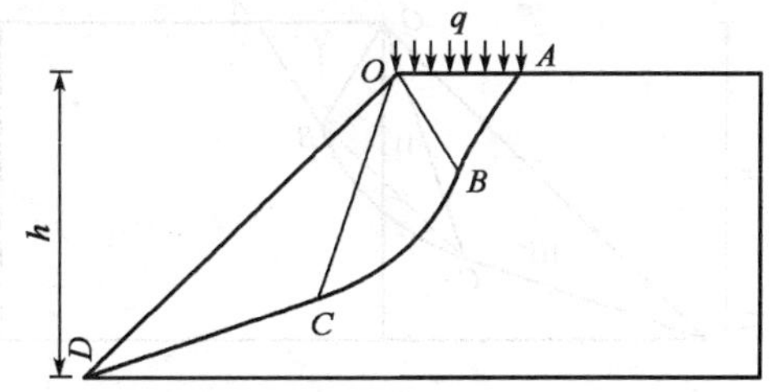

图 2.1　顶部受荷无重土坡滑移线分布图

角形。

根据几何关系可得到：

$$OD=\frac{h}{\sin\theta},\ OC=CD=\frac{h}{2\sin\theta\cos(\frac{\pi}{4}-\frac{\varphi}{2})}$$

根据对数螺旋线方程可得到：

$$OB=\frac{h}{2\sin\theta\cos(\frac{\pi}{4}-\frac{\varphi}{2})}e^{-(\frac{\pi}{2}-\theta)\tan\varphi}$$

$$OA=\frac{h\sin(\frac{\pi}{4}-\frac{\varphi}{2})}{\sin\theta\cos(\frac{\pi}{4}-\frac{\varphi}{2})}e^{-(\frac{\pi}{2}-\theta)\tan\varphi}$$

以 D 点为原点(0,0)，因此，A、B、C 的位置就能确定出来，即：

$$A(\frac{h}{\sin\theta}[\cos\theta+\tan(\frac{\pi}{4}-\frac{\varphi}{2})e^{-(\frac{\pi}{2}-\theta)\tan\varphi}],\ h)$$

$$B(\frac{h}{\sin\theta}[\cos\theta+\frac{1}{2}\tan(\frac{\pi}{4}-\frac{\varphi}{2})e^{-(\frac{\pi}{2}-\theta)\tan\varphi}],\ h[1-\frac{1}{2\sin\theta}e^{-(\frac{\pi}{2}-\theta)\tan\varphi}])$$

$$C(\frac{h\cos[\theta-(\frac{\pi}{4}-\frac{\varphi}{2})]}{2\sin\theta\cos(\frac{\pi}{4}-\frac{\varphi}{2})},\frac{h\sin[\theta-(\frac{\pi}{4}-\frac{\varphi}{2})]}{2\sin\theta\cos(\frac{\pi}{4}-\frac{\varphi}{2})})$$

$$D(0,0)$$

因此，只要知道边坡的坡角、坡高，以及岩土体的内摩擦角就能够确定 A、B、C、D 的坐标，进而确定边坡破裂面的位置。

3. 边坡临界高度的理论计算

根据滑移线场法可确定无重边坡的滑裂面，但是对于土体而言，自重是边坡失稳的主要因素，因此土体自重是不能忽略的。由滑移线场的性质可知：土体自重不影响两滑移线的夹角，但对滑移线形状有影响，假设土体自重影响有限，不予考虑。因此，在计算中把无重边坡的滑裂面作为考虑土体自重作用下的滑裂面（图 2.2）。

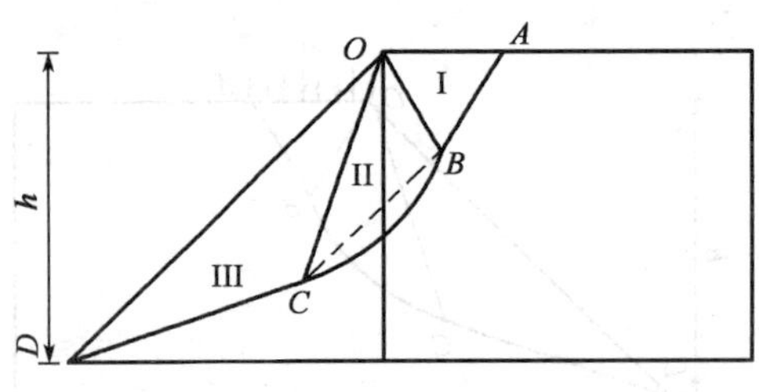

图 2.2　有重土坡破裂面图

假设边坡岩土体的重度为 γ，岩土体黏聚力为 c，作用在破裂面上的正应

力为σ,剪应力为τ,根据库仑公式可知:

$$\tau = c + \sigma \cdot \tan\varphi$$

计算中设I区主动区OAB的自重为W_1,II区过渡区OBC的自重为W_2,III区被动区OCD的自重为W_3。

经过计算得到:

$$\begin{aligned}
W_1 &= \frac{\gamma}{2}OA \times \frac{1}{2}OA \times \tan\left(\frac{\pi}{4} + \frac{\varphi}{2}\right) \\
&= \frac{\gamma}{4} \times \frac{h^2\sin^2\left(\frac{\pi}{4} - \frac{\varphi}{2}\right)}{\sin^2\theta\cos^2\left(\frac{\pi}{4} - \frac{\varphi}{2}\right)} e^{-2\left(\frac{\pi}{2}-\theta\right)\tan\varphi} \times \tan\left(\frac{\pi}{4} + \frac{\varphi}{2}\right) \\
&= \frac{\gamma h^2}{4} \frac{\tan\left(\frac{\pi}{4} - \frac{\varphi}{2}\right)}{\sin^2\theta} e^{-(\pi-2\theta)\tan\varphi}
\end{aligned}$$

$$\begin{aligned}
W_2 &= \frac{\gamma}{2}OC \times \frac{1}{2}OB \times \sin\left(\frac{\pi}{2} - \theta\right) \\
&= \frac{\gamma}{4} \frac{h}{2\sin\theta\cos\left(\frac{\pi}{4} - \frac{\varphi}{2}\right)} \times \frac{h}{2\sin\theta\cos\left(\frac{\pi}{4} - \frac{\varphi}{2}\right)} e^{-\left(\frac{\pi}{2}-\theta\right)\tan\varphi} \\
&= \frac{\gamma h^2}{8} \frac{1}{\sin^2\theta\cos^2\left(\frac{\pi}{4} - \frac{\varphi}{2}\right)} e^{-\left(\frac{\pi}{2}-\theta\right)\tan\varphi}
\end{aligned}$$

$$\begin{aligned}
W_3 &= \frac{\gamma}{2}OD \times OC \times \sin\left(\frac{\pi}{4} - \frac{\varphi}{2}\right) \\
&= \frac{\gamma}{2} \frac{h}{\sin\theta} \times \frac{h}{2\sin\theta\cos\left(\frac{\pi}{4} - \frac{\varphi}{2}\right)} \times \sin\left(\frac{\pi}{4} - \frac{\varphi}{2}\right) \\
&= \frac{\gamma h^2}{4} \frac{\tan\left(\frac{\pi}{4} - \frac{\varphi}{2}\right)}{\sin^2\theta}
\end{aligned}$$

对于I区,根据力的平衡条件可知:

$$\int_0^{AB} \sigma \cdot \mathrm{d}l = W_1\cos\left(\frac{\pi}{4} + \frac{\varphi}{2}\right)$$

$$\int_0^{AB} \tau \cdot \mathrm{d}l = W_1 \sin\left(\frac{\pi}{4} + \frac{\varphi}{2}\right)$$

即:

$$\int_0^{AB} (c + \sigma\tan\varphi) \cdot \mathrm{d}l = W_1 \sin\left(\frac{\pi}{4} + \frac{\varphi}{2}\right)$$

$$c \cdot AB + W_1 \cos\left(\frac{\pi}{4} + \frac{\varphi}{2}\right)\tan\varphi = W_1 \sin\left(\frac{\pi}{4} + \frac{\varphi}{2}\right)$$

对于 II 区,对于极限平衡法而言,对数螺旋线采用条分法计算需要进行叠加,很难得出显式表达式。因此,为了得到临界高度的显式表达式,可以将对数螺旋线等效为一条经过点 B、C 的直线,进行计算。

对于 II 区,根据三角定律可知:

$$\cos\left[\theta - \left(\frac{\pi}{4} - \frac{\varphi}{2}\right)\right] = \cos\theta\cos\left(\frac{\pi}{4} - \frac{\varphi}{2}\right) + \sin\theta\sin\left(\frac{\pi}{4} - \frac{\varphi}{2}\right)$$

$$\sin\left[\theta - \left(\frac{\pi}{4} - \frac{\varphi}{2}\right)\right] = \sin\theta\cos\left(\frac{\pi}{4} - \frac{\varphi}{2}\right) - \cos\theta\sin\left(\frac{\pi}{4} - \frac{\varphi}{2}\right)$$

BC 线与水平线的夹角为 κ:

$$\kappa = \arctan\frac{y_B - y_C}{x_B - x_C}$$

$$= \arctan\frac{\dfrac{h}{2}\left[1 + \dfrac{\tan\left(\frac{\pi}{4} - \frac{\varphi}{2}\right)}{\tan\theta} - \dfrac{e^{-\left(\frac{\pi}{2}-\theta\right)\tan\varphi}}{\sin\theta}\right]}{\dfrac{h}{2}\left[\dfrac{1}{\tan\theta} + \dfrac{\tan\left(\frac{\pi}{4} - \frac{\varphi}{2}\right)}{\sin\theta}e^{-\left(\frac{\pi}{2}-\theta\right)\tan\varphi} - \tan\left(\frac{\pi}{4} - \frac{\varphi}{2}\right)\right]}$$

令:

$$m = \frac{1}{2}\left[1 + \frac{\tan\left(\frac{\pi}{4} - \frac{\varphi}{2}\right)}{\tan\theta} - \frac{e^{-\left(\frac{\pi}{2}-\theta\right)\tan\varphi}}{\sin\theta}\right]$$

$$n = \frac{1}{2}\left[\frac{1}{\tan\theta} + \frac{\tan\left(\frac{\pi}{4} - \frac{\varphi}{2}\right)}{\sin\theta}e^{-\left(\frac{\pi}{2}-\theta\right)\tan\varphi} - \tan\left(\frac{\pi}{4} - \frac{\varphi}{2}\right)\right]$$

则:

$$\kappa = \arctan\frac{y_B - y_C}{x_B - x_C} = \arctan\frac{m}{n}$$

则:

$$BC = \sqrt{(x_B - x_C)^2 + (y_B - y_C)^2} = \sqrt{m^2 + n^2}h$$

因此，$\sin\kappa = \dfrac{m}{\sqrt{m^2+n^2}}$，$\cos\kappa = \dfrac{n}{\sqrt{m^2+n^2}}$；$m$、$n$ 为已知。

根据力的平衡条件可知：

$$\int_0^{BC} \sigma \cdot \mathrm{d}l = W_2\cos(\kappa)$$

$$\int_0^{BC} \tau \cdot \mathrm{d}l = W_2\sin(\kappa)\text{，即}\int_0^{BC}(c+\sigma\tan\varphi)\cdot \mathrm{d}l = W_2\sin(\kappa)$$

$$c\cdot BC + W_2\cos(\kappa)\tan\varphi = W_2\sin(\kappa)$$

对于 III 区：

$$\int_0^{CD} \sigma \cdot \mathrm{d}l = W_3\cos\left[\theta-\left(\frac{\pi}{4}-\frac{\varphi}{2}\right)\right]$$

$$\int_0^{CD} \tau \cdot \mathrm{d}l = W_3\sin\left[\theta-\left(\frac{\pi}{4}-\frac{\varphi}{2}\right)\right]\text{，即}\int_0^{CD}(c+\sigma\tan\varphi)\cdot \mathrm{d}l = W_3\sin\left[\theta-\left(\frac{\pi}{4}+\frac{\varphi}{2}\right)\right],$$

$$c\cdot CD + W_3\cos\left[\theta-\left(\frac{\pi}{4}-\frac{\varphi}{2}\right)\right]\tan\varphi = W_3\sin\left[\theta-\left(\frac{\pi}{4}-\frac{\varphi}{2}\right)\right]$$

对于整个边坡而言，临界状态为总抗滑力等于总下滑力。

$$\left[c\cdot AB + W_1\cos\left(\frac{\pi}{4}+\frac{\varphi}{2}\tan\varphi\right)\right] + [\,c\cdot BC + W_2\cos(\kappa)\tan\varphi\,] +$$

$$\left[c\cdot CD + W_3\cos\left[\theta-\left(\frac{\pi}{4}-\frac{\varphi}{2}\right)\right]\tan\varphi\right]$$

$$= W_1\sin\left(\frac{\pi}{4}+\frac{\varphi}{2}\right) + W_2\sin(\kappa) + W_3\sin\left[\theta-\left(\frac{\pi}{4}-\frac{\varphi}{2}\right)\right]$$

$$c\cdot(AB+BC+CD)$$

$$= W_1\left[\sin\left(\frac{\pi}{4}+\frac{\varphi}{2}\right)-\cos\left(\frac{\pi}{4}+\frac{\varphi}{2}\right)\tan\varphi\right] + W_2[\sin(\kappa)-\cos(\kappa)\tan\varphi] +$$

$$W_3\left[\sin\left(\theta-\frac{\pi}{4}-\frac{\varphi}{2}\right)\right]-\cos\left[\theta-\left(\frac{\pi}{4}-\frac{\varphi}{2}\right)\right]\tan\varphi\Big]$$

$$\text{左边} = c\cdot h\cdot\left[\frac{1}{2\sin\theta\cos\left(\frac{\pi}{4}-\frac{\varphi}{2}\right)}e^{-\left(\frac{\pi}{2}-\theta\right)\tan\varphi} + \sqrt{m^2+n^2} + \frac{1}{2\sin\theta\cos\left(\frac{\pi}{4}-\frac{\varphi}{2}\right)}\right]$$

$$右边 = \frac{\gamma h^2}{4}\frac{\tan\left(\frac{\pi}{4}-\frac{\varphi}{2}\right)}{\sin^2\theta}e^{-(\pi-2\theta)\tan\varphi}\left[\sin\left(\frac{\pi}{4}+\frac{\varphi}{2}\right)-\cos\left(\frac{\pi}{4}+\frac{\varphi}{2}\tan\varphi\right)\right]+$$

$$\frac{\gamma h^2}{8}\frac{1}{\sin^2\theta\cos^2\left(\frac{\pi}{4}-\frac{\varphi}{2}\right)}e^{-\left(\frac{\pi}{2}-\theta\right)\tan\varphi}[\sin(\kappa)-\cos(\kappa)\tan\varphi]+$$

$$\frac{\gamma h^2}{4}\frac{\tan\left(\frac{\pi}{4}-\frac{\varphi}{2}\right)}{\sin^2\theta}\left\{\sin\left[\theta-\left(\frac{\pi}{4}-\frac{\varphi}{2}\right)\right]-\cos\left[\theta-\left(\frac{\pi}{4}-\frac{\varphi}{2}\right)\right]\tan\varphi\right\}$$

则令：

$$P=\left[\frac{1}{2\sin\theta\cos\left(\frac{\pi}{4}-\frac{\varphi}{2}\right)}e^{-\left(\frac{\pi}{2}-\theta\right)\tan\varphi}+\sqrt{m^2+n^2}+\frac{1}{2\sin\theta\cos\left(\frac{\pi}{4}-\frac{\varphi}{2}\right)}\right]$$

$$P_1=\frac{1}{2\sin\theta\cos\left(\frac{\pi}{4}-\frac{\varphi}{2}\right)}e^{-\left(\frac{\pi}{2}-\theta\right)\tan\varphi}$$

$$P_2=\sqrt{m^2+n^2}$$

$$P_3=\frac{1}{2\sin\theta\cos\left(\frac{\pi}{4}-\frac{\varphi}{2}\right)}$$

则：

$$P=P_1+P_3+P_2$$

同理令：

$$Q_1=\frac{1}{4}\frac{\tan\left(\frac{\pi}{4}-\frac{\varphi}{2}\right)}{\sin^2\theta}e^{-(\pi-2\theta)\tan\varphi}\left[\sin\left(\frac{\pi}{4}+\frac{\varphi}{2}\right)-\cos\left(\frac{\pi}{4}+\frac{\varphi}{2}\right)\tan\varphi\right]$$

$$Q_2=\frac{1}{8}\frac{1}{\sin^2\theta\cos^2\left(\frac{\pi}{4}-\frac{\varphi}{2}\right)}e^{-\left(\frac{\pi}{2}-\theta\right)\tan\varphi}[\sin(\kappa)-\cos(\kappa)\tan\varphi]$$

$$Q_3=\frac{1}{4}\frac{\tan\left(\frac{\pi}{4}-\frac{\varphi}{2}\right)}{\sin^2\theta}\left\{\sin\left[\theta-\left(\frac{\pi}{4}-\frac{\varphi}{2}\right)\right]-\cos\left[\theta-\left(\frac{\pi}{4}-\frac{\varphi}{2}\right)\right]\tan\varphi\right\}$$

$$Q = Q_1 + Q_2 + Q_3$$

若把整个破坏机构作为研究对象，则 $cP = \gamma hQ$ ；

因此，边坡临界高度 $h = \dfrac{cP}{\gamma Q}$，P、Q 为已知。

若把每个破坏机构区域为研究对象：即对于 I 区（主动区），$cP_1 = \gamma h_1 Q_1$；对于 II 区（过渡区），$cP_2 = \gamma h_2 Q_2$ ；对于 III 区（被动区），$cP_3 = \gamma h_3 Q_3$。

所以，I 区（主动区）：$h_1 = \dfrac{cP_1}{\gamma Q_1}$；II 区（过渡区）：$h_2 = \dfrac{cP_2}{\gamma Q_2}$ ；III 区（被动区）：$h_3 = \dfrac{cP_3}{\gamma Q_3}$。

从上面临界高度总表达式或分区表达式中可以看出，边坡临界高度与黏聚力 c 成正比，与土的重度 γ 成反比。

经过计算，得出边坡临界高度 $h = \dfrac{cP}{\gamma Q}$。

4. 算例验证

某均质土坡坡角 $\theta = 60°$，土体内摩擦角 $\varphi = 30°$，天然重度 $\gamma = 20\text{kN/m}^3$，黏聚力 $c = 20\text{kPa}$。

运用基于滑移线场法边坡临界高度理论解析式，可得出：$m = 0.240$，$n = 0.246$。

$$\sin\kappa = \frac{m}{\sqrt{m^2 + n^2}} = 0.698$$

$$\cos\kappa = \frac{n}{\sqrt{m^2 + n^2}} = 0.716。$$

得出：

$$P_1 = 0.493$$

$$P_2 = 0.344$$

$$P_3 = 0.667$$

$$P = 1.504$$

$$Q_1 = 0.061, Q_2 = 0.047, Q_3 = 0, Q = 0.108。$$

则边坡临界高度:I 区(主动区),$h_1 = \frac{cP_1}{\gamma Q_1} = 8.08\text{m}$;II 区(过渡区),$h_2 = \frac{cP_2}{\gamma Q_2} = 7.32\text{m}$;III 区(被动区),$h_3 = \frac{cP_3}{\gamma Q_3} = \infty$。

$$h = \frac{cP}{\gamma Q} = \frac{20 \times 1\,000 \times 1.504}{20 \times 1\,000 \times 0.108} = 13.93\text{m}$$

若采用极限上下限法,土坡临界高度上限 $h_{上} = cN_s/\gamma$,查表可得:$h_{上} = 16.11\text{m}$。

若采用有限元法(岩土体采用弹塑性分析,选用 D-P 模型,屈服面采用摩尔—库仑等面积圆,采用非关联流动法则),运用有限元折减法计算边坡临界高度为 14.78m。

根据上面例子可知:本文的临界高度计算值小于极限上限值,非常接近有限元计算值。

同时从计算过程中 Q_1、Q_2、Q_3 的数值变化可以发现:滑裂面的 I、II、III 区并不一定同时出现,这与边坡的坡角大小有关,也就是说边坡的破裂面形状与坡角密切相关。

5. 结论

基于滑移线场法边坡临界高度的理论计算方法充分运用了滑移线场法确定边坡屈服机构的形状,克服了以往临界高度理论计算中边坡滑裂面形状的人为假定,为边坡滑裂面形状的确定提供理论依据;并结合现阶段工程中最常用的极限分析方法计算边坡临界高度,使边坡临界高度理论计算值更贴近于工程实际。同时,理论计算出的边坡临界高度都小于极限上限值,符合实际情况;与有限元解相差很小,解决了有限元计算值推广难的问题。

二、复杂边坡稳定性分析方法研究

目前边坡稳定性分析理论基本上都是针对单一边坡而言的。由于单一边坡的坡面形状为一条直线,物理力学性质均一,各种稳定性方法计算结果差别不大,应用广泛,并积累了丰富的数据,尤其泰勒根据摩擦圆分析法,并经过大量算例制成使用较为简便的单一边坡的泰勒稳定图。为了更快速、方便地计算可能存在多个剪出口或滑动面的复杂边坡的稳定性,研究一种新的计算方法,使得复杂边坡的稳定性问题转化为单一边坡的稳定性问题,就显得非常必要了。

采用复杂边坡转化为单一边坡的稳定性计算方法,可以简便计算复杂边坡的稳定性,快速应用于公路切坡等复杂边坡稳定性的判断,从而有效防治人工切坡引起地质灾害的发生。

1. 矢量法

(1)基本思想

任何复杂边坡的最小安全系数都能找到一个单一边坡的稳定系数与之对应(图2.3)。单一边坡稳定性的主要影响因素为坡长(高)、坡角以及岩土体的物理力学指标等。根据数学物理理论可知,矢量是一个既有大小又有方向的向量,若把边坡的坡长和坡角分别看成矢量的大小和方向的话,那么对边坡的稳定性分析就可以转化为矢量数学问题的求解(图2.4)。任何一个单一边坡都可以用矢量表示,复杂边坡就可以看成若干单一边坡矢量之和。

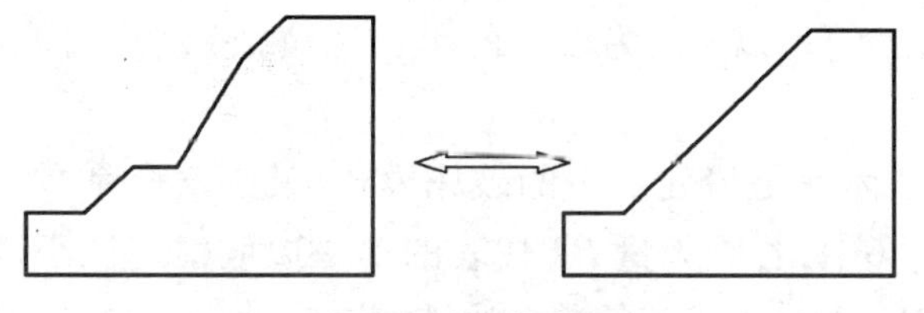

图2.3　稳定等价图

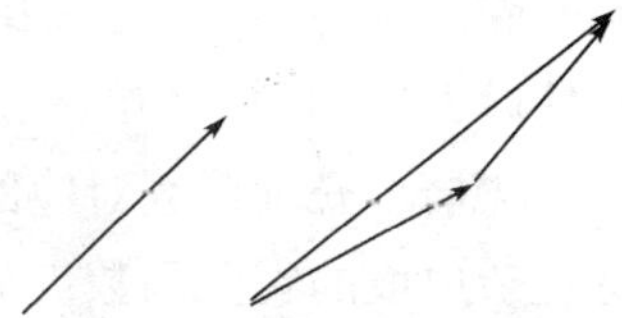

图2.4　边坡的矢量表示图

(2)基本原理

对于单一边坡,边坡总是发生整体失稳,其剪出口总是从坡脚剪出;而对于复杂边坡,边坡可能发生局部失稳或整体失稳,也就是说边坡可能从坡脚剪出,也可能从其他剪出口剪出。因此,若要准确计算复杂边坡的安全系数,必须计算所有可能剪出口的安全系数,找出最小安全系数所对应的剪出口。若任有一个局部安全系数小于整体安全系数,则会发生局部失稳,其对应的矢量就是最小安全系数对应的局部单一边坡矢量或局部单一边坡矢量和;若所有局部安全系数都大于整体安全系数,则发生整体失稳,其对应的矢量是整体单一边坡矢量之和。也就是所谓的破坏模式决定单一边坡矢量。

(3)计算流程

①找出所有可能的剪出口和破坏方式,如图2.5中沿 B 点的边坡体上部局部失稳,沿 D 点的边坡体下部局部失稳或整体失稳。

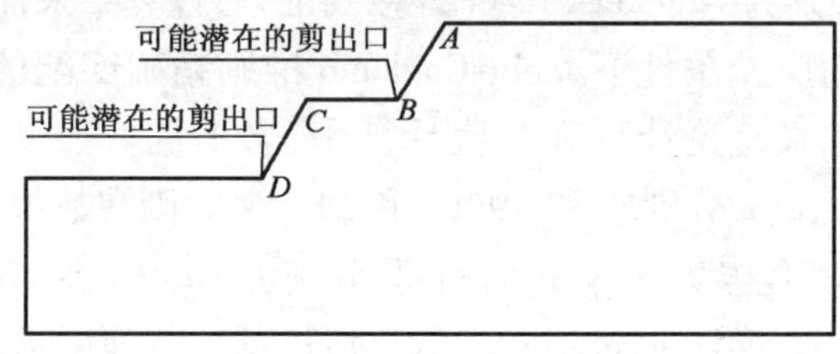

图2.5　边坡剪出口对比图

②计算所有破坏模式的矢量或矢量和，如图 2.6 中沿 B 点的边坡体上部局部失稳，其矢量为 BA；若沿 D 点的边坡体下部局部失稳，其矢量为 DC；若沿 D 点的边坡体整体失稳，其矢量为 DA。

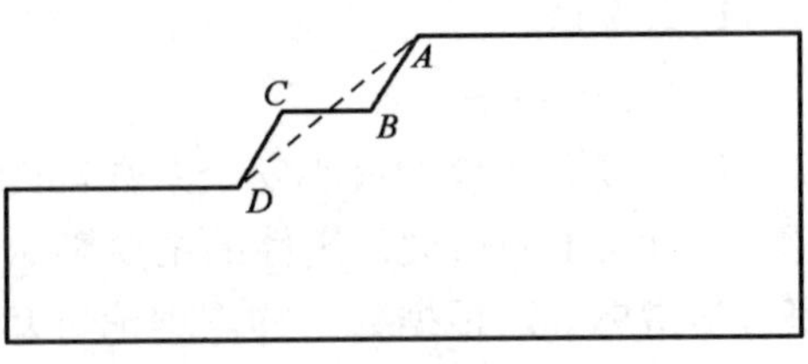

图 2.6　复杂边坡计算模型图

③采用泰勒稳定图法对所有矢量或矢量和表示的单一边坡稳定性进行计算，如图 2.6 中矢量 BA 代表的是以 BA 为坡面的单一边坡；矢量 DC 代表的是以 DC 为坡面的单一边坡；矢量 DA 代表的是以 DA 为坡面的单一边坡。

④最小安全系数对应的滑坡体就是最先发生的破坏模式，最小安全系数就是复杂边坡的安全系数。如图2.6中，若以矢量 BA 代表的单一边坡稳定性小于以矢量 DC 代表的单一边坡和以矢量 DA 代表的单一边坡的稳定性，则边坡体发生上部局部失稳，其稳定系数为以 BA 为坡面的单一边坡的稳定系数；若以矢量 DC 代表的单一边坡稳定性小于以矢量 BA 代表的单一边坡和以矢量 DA 代表的单一边坡的稳定性，则边坡体发生下部局部失稳，其稳定系数为以 DC 为坡面的单一边坡的稳定系数；若以矢量 DA 代表的单一边坡稳定性小于以矢量 BA 代表的单一边坡和以矢量 DC 代表的单一边坡的稳定性，则边坡体发生整体失稳，其稳定系数为以 DA 为坡面的单一边坡的稳定系数。

2. 算例

采用有限元程序 ANSYS 进行分析，边坡的坡脚和坡顶起始点是相同的，只是边坡的坡面形状有差异，边坡整体坡高 10m，坡角 40.9°，在以单一标准边坡计算的基础上，分别计算坡高中点、上四分点和下四分点的各种形状边坡。进行不同坡形的边坡计算，并与矢量法计算结果对比。由于软件 ANSYS 提供适合岩土类材料的屈服准则为 Drucker-Prager 外接圆准则，计算结果往往偏大。本文采用屈服准则为平面应变条件下 Mohr-Coulomb 准则精确匹配的非关联 Drucker-Prager 准则。因此，在理论计算和数值计算中，岩土抗剪强度指标 c、φ 取值不同。如理论计算中，c、φ 分别取 13 192Pa 和 21.960°；则在数值计算中，c、φ 分别取 10kPa 和 170°；其他参数 E、γ、υ 都相同，分别为 10MPa、20kN/m^3、0.3。

在边坡稳定性计算中，通过不断降低边坡体的抗剪强度指标（黏聚力 c 和内摩擦角 φ），使边坡达到不稳定状态，即有限元计算不收敛，由此而获得的强度折减系数就是边坡稳定系数。

$$c' = \frac{c}{\omega}, \tan\varphi' = \frac{\tan\varphi}{\omega}$$

式中:ω——折减系数。

(1)单一标准边坡稳定性计算(图2.7～图2.9)

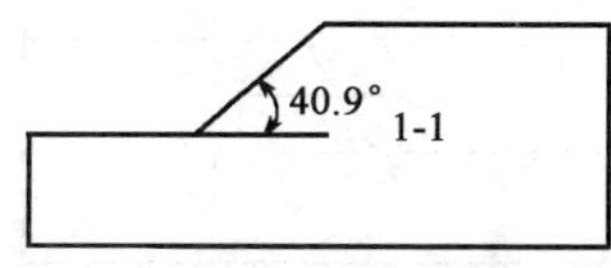

图2.7　计算简图

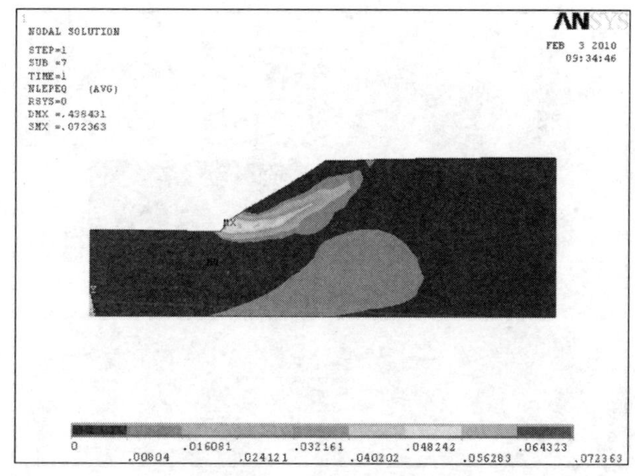

图2.8　折减系数为1.15等效塑性云图

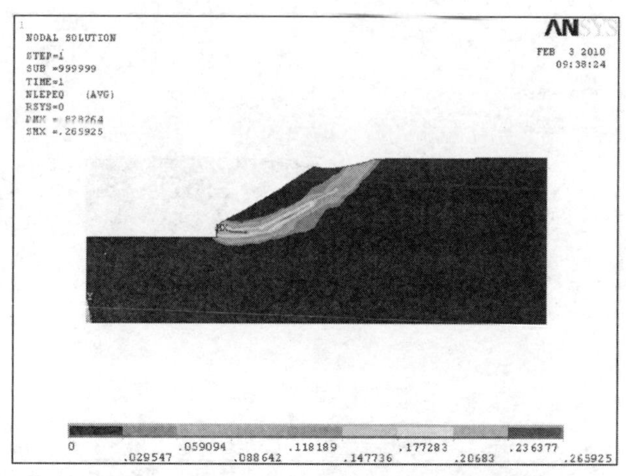

图2.9　折减系数为1.16等效塑性云图(不收敛)

根据有限元计算的结果，边坡安全系数为 1.15。经过理论计算，当 $\theta=40.9°$，$h=10\text{m}$ 时，稳定系数 $k=1.15$。若局部稳定系数大于标准边坡整体稳定系数(1.15)，则边坡发生整体失稳；若局部稳定系数小于标准边坡整体稳定系数(1.15)，则边坡首先发生局部失稳。

(2)复杂坡形边坡整体失稳稳定性计算(图 2.10 ~ 图 2.45)

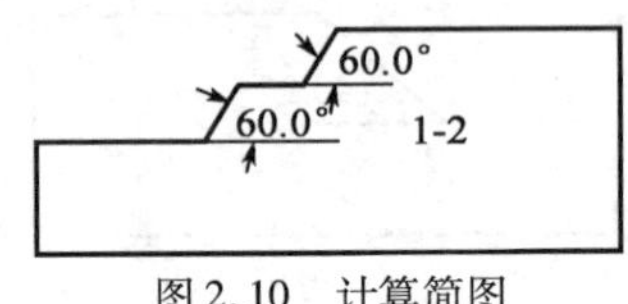

图 2.10 计算简图

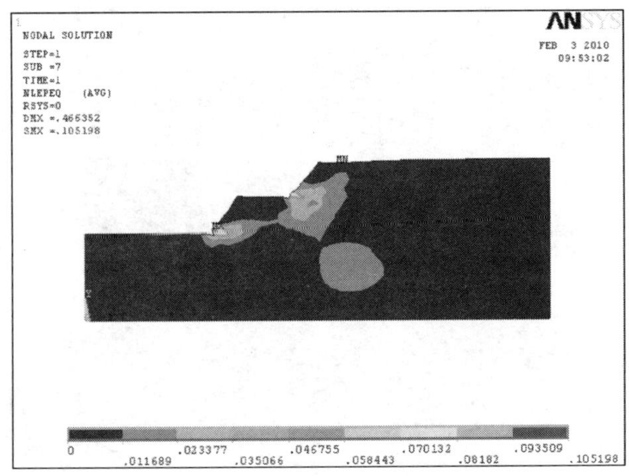

图 2.11 折减系数为 1.24 等效塑性云图

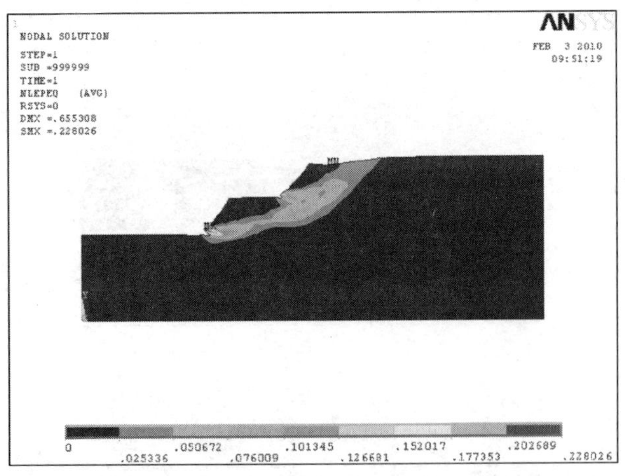

图 2.12 折减系数为 1.25 等效塑性云图(不收敛)

根据有限元计算的结果，边坡安全系数为 1.24。经过理论计算，当 $\theta=60°$，$h=5$m 时，稳定系数 $k=1.3$。因此，边坡发生整体失稳，误差为 7.8%。

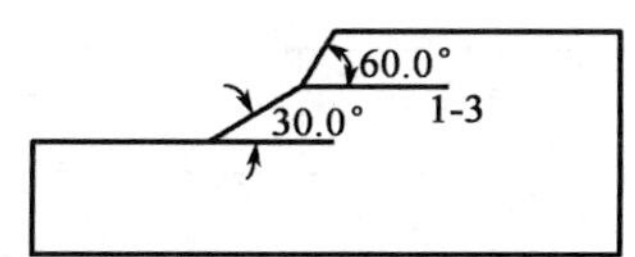

图 2.13　计算简图

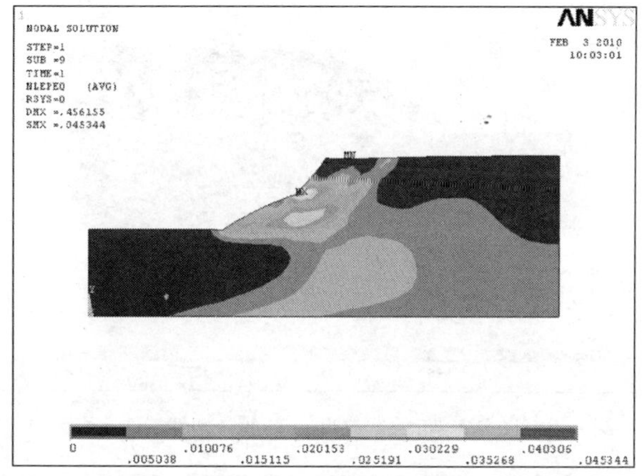

图 2.14　折减系数为 1.21 等效塑性云图

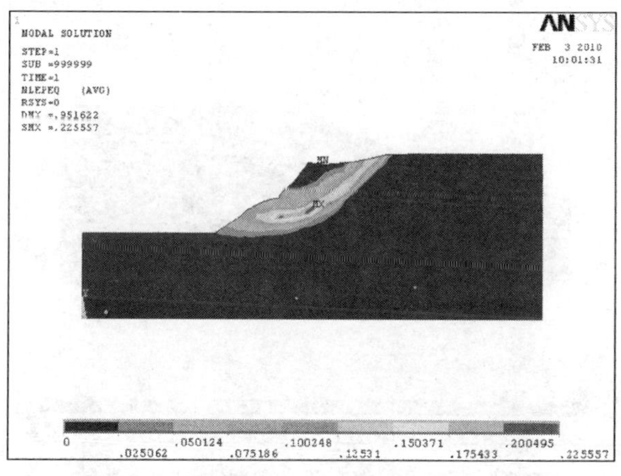

图 2.15　折减系数为 1.22 等效塑性云图（不收敛）

根据有限元计算的结果，边坡安全系数为 1.21。经过理论计算，当 $\theta=60°$，$h=5$m 时，稳定系数 $k=1.3$；当 $\theta=30°$，$h=5$m，稳定系数 $k=3.1$。因此，边坡发生整体失稳，误差为 5%。

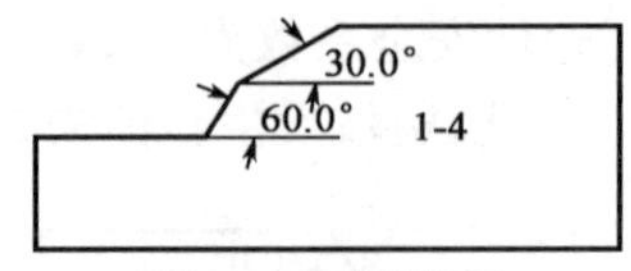

图 2.16　计算简图

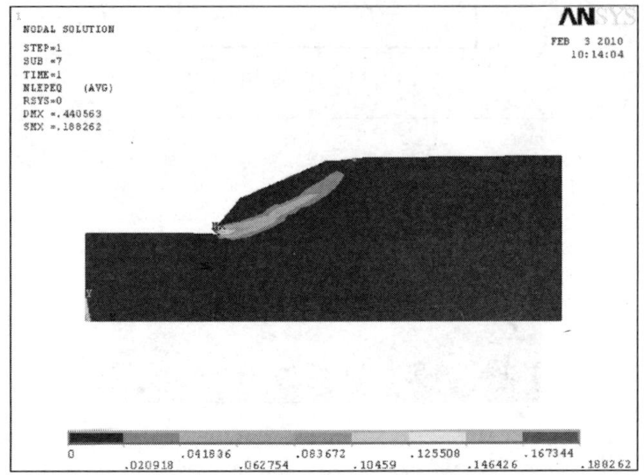

图 2.17　折减系数为 1.08 等效塑性云图

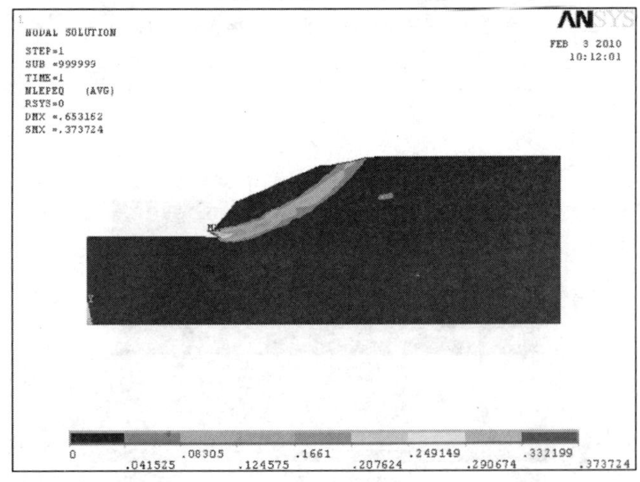

图 2.18　折减系数为 1.09 等效塑性云图(不收敛)

根据有限元计算的结果,边坡安全系数为 1.08。经过理论计算,当 $\theta=60°$,$h=5\text{m}$ 时,稳定系数 $k=1.3$;当 $\theta=30°$,$h=5\text{m}$,稳定系数 $k=3.1$。因此,边坡发生整体失稳,误差为 6%。

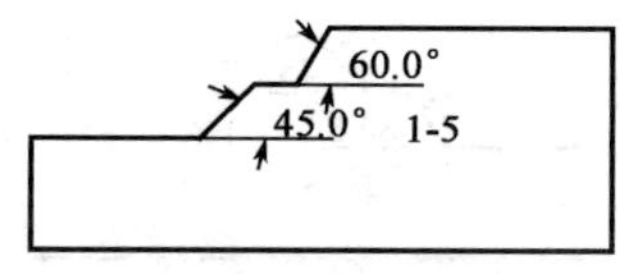

图 2.19　计算简图

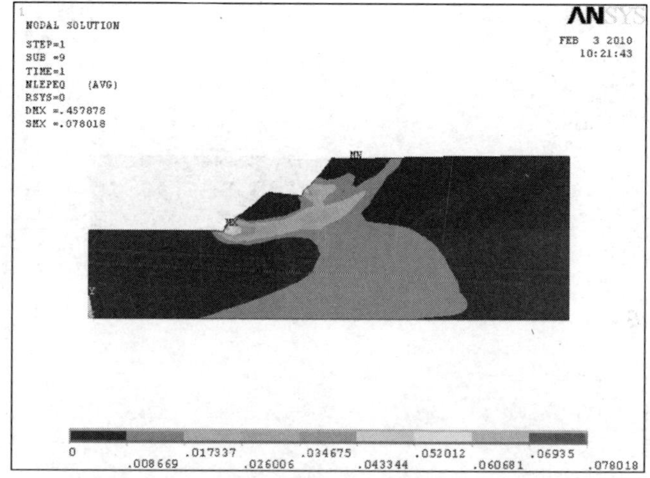

图 2.20　折减系数为 1.24 等效塑性云图

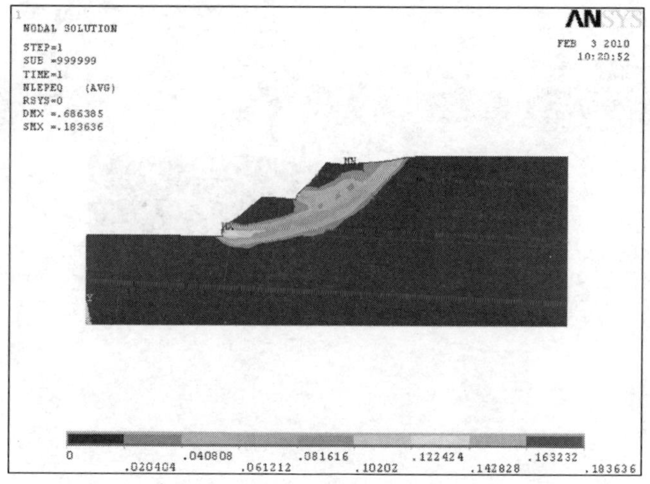

图 2.21　折减系数为 1.25 等效塑性云图(不收敛)

根据有限元计算的结果,边坡安全系数为 1.24。经过理论计算,当 $\theta=60°$, $h=5\text{m}$ 时,稳定系数 $k=1.3$;当 $\theta=45°$,$h=5\text{m}$ 时,稳定系数 $k=2.2$。因此,边坡发生整体失稳,误差为 7.8%。

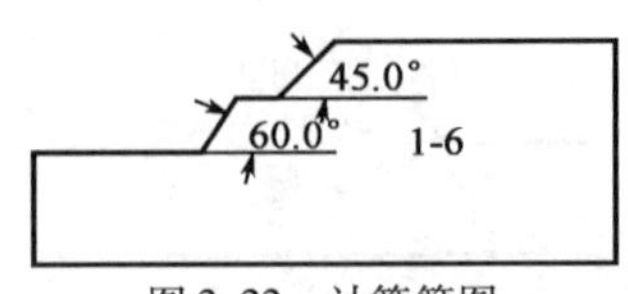

图 2.22　计算简图

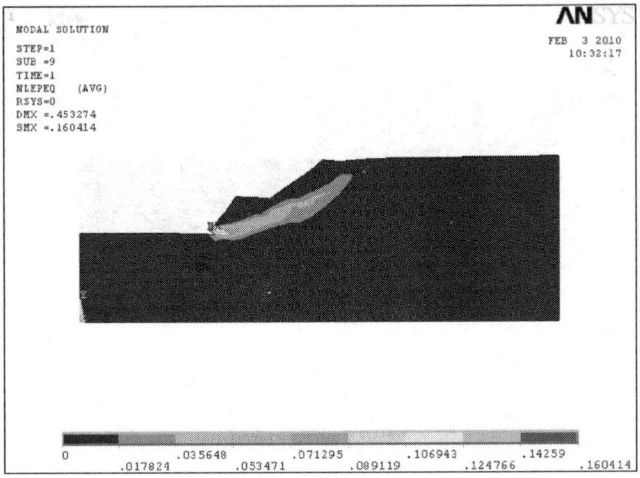

图 2.23　折减系数为 1.18 等效塑性云图

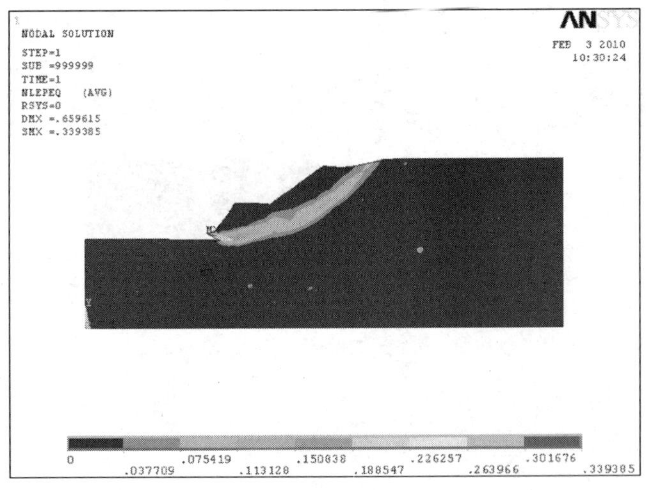

图 2.24　折减系数为 1.19 等效塑性云图(不收敛)

根据有限元计算的结果,边坡安全系数为 1.18。经过理论计算,当 $\theta=60°$, $h=5\text{m}$ 时,稳定系数 $k=1.3$;当 $\theta=45°$,$h=5\text{m}$ 时,稳定系数 $k=2.2$。因此,边坡发生整体失稳,误差为 2.6%。

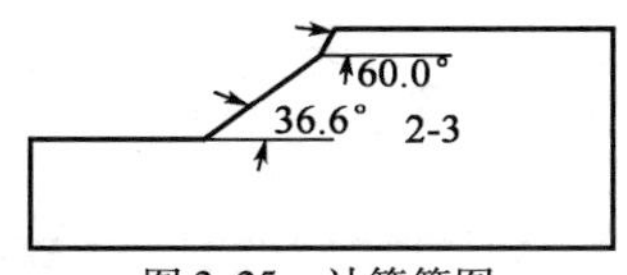

图 2.25　计算简图

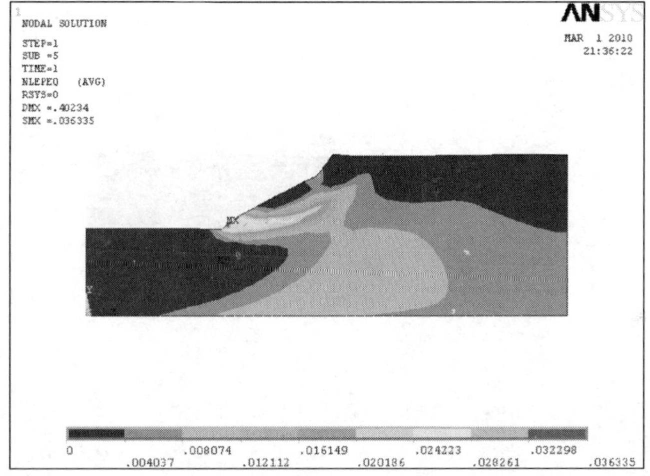

图 2.26　折减系数为 1.18 等效塑性云图

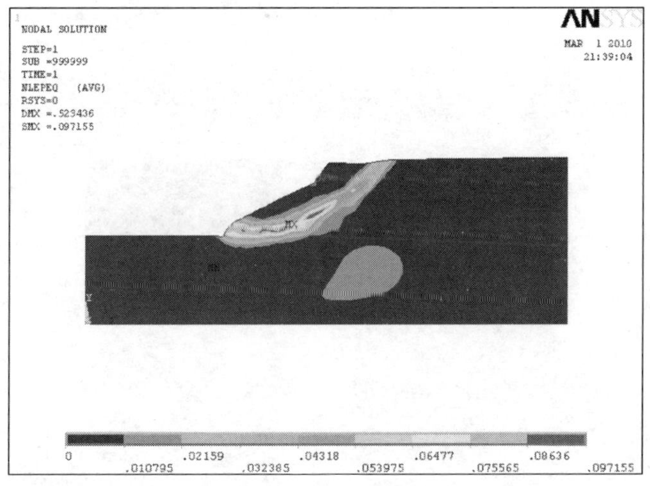

图 2.27　折减系数为 1.19 等效塑性云图(不收敛)

根据有限元计算的结果,边坡安全系数为 1.18。经过理论计算,当 $\theta=60°$, $h=2.5\text{m}$ 时,稳定系数 $k=3.2$;当 $\theta=36.6°$,$h=7.5\text{m}$ 时,稳定系数 $k=1.39$。因此,边坡发生整体失稳,误差为 2.6%。

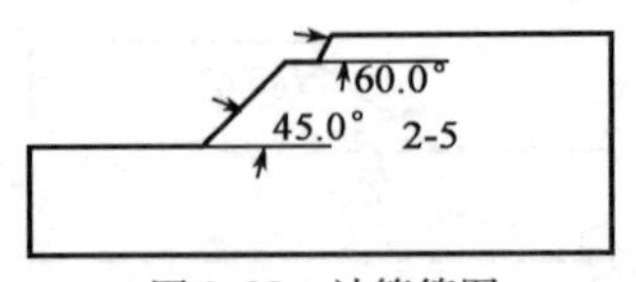

图2.28 计算简图

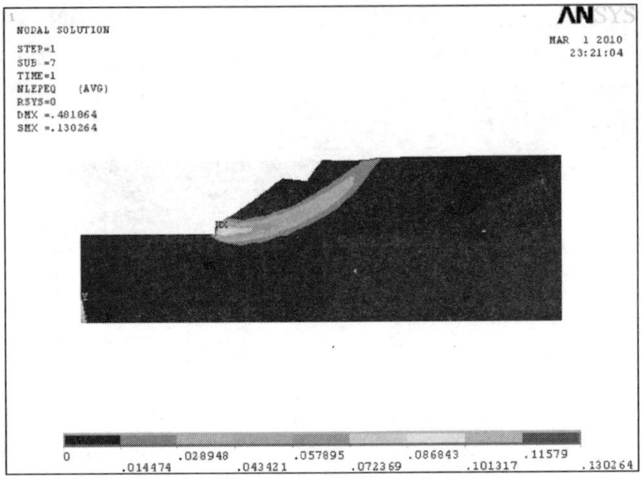

图2.29 折减系数为1.17等效塑性云图

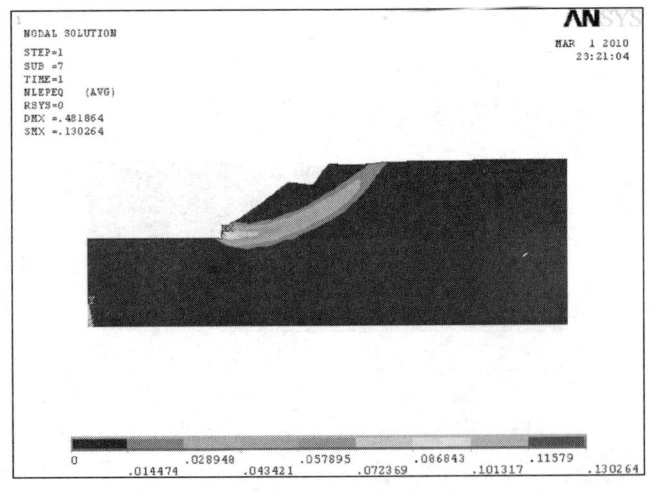

图2.30 折减系数为1.18等效塑性云图(不收敛)

根据有限元计算的结果,边坡安全系数为1.17。经过理论计算,当$\theta=60°$,$h=2.5\mathrm{m}$时,稳定系数$k=3.2$;当$\theta=45°$,$h=7.5\mathrm{m}$时,稳定系数$k=1.28$。因此,边坡发生整体失稳,误差为1.7%。

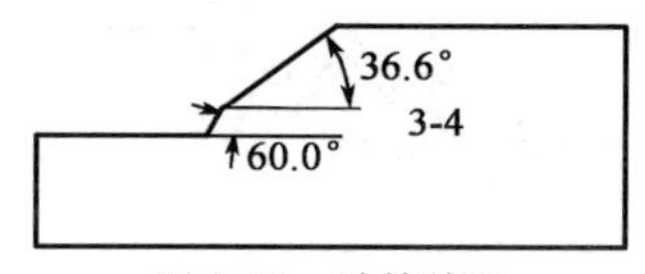

图 2.31 计算简图

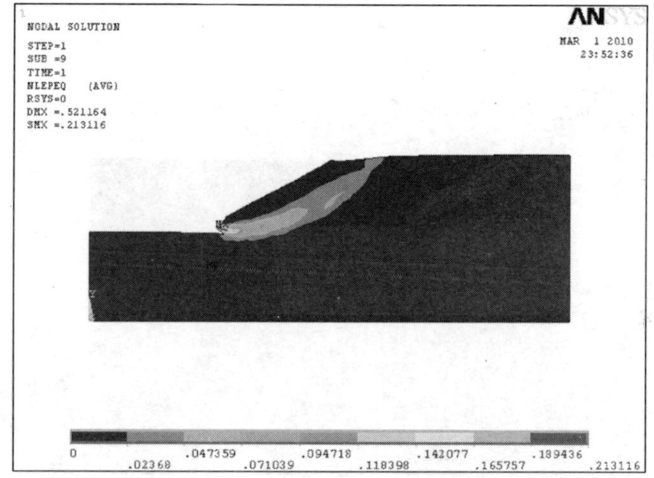

图 2.32 折减系数为 1.16 等效塑性云图

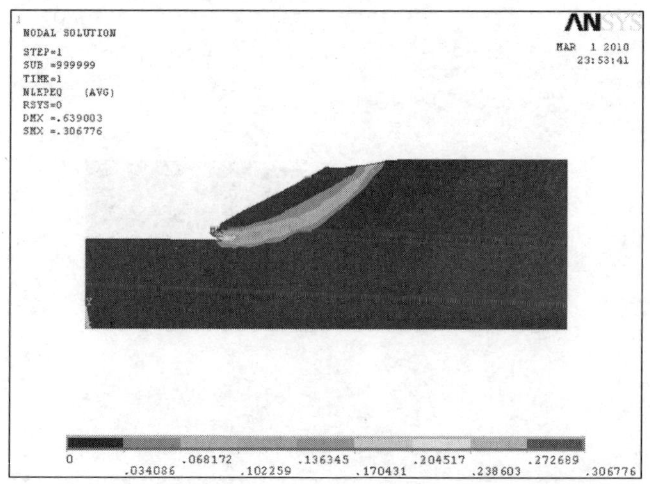

图 2.33 折减系数为 1.17 等效塑性云图(不收敛)

根据有限元计算的结果,边坡安全系数为 1.16。经过理论计算,当 $\theta=36.6°$,$h=7.5\text{m}$ 时,稳定系数 $k=1.39$;当 $\theta=60°$,$h=2.5\text{m}$ 时,稳定系数 $k=3.2$。因此,边坡发生整体失稳,误差为 0.8%。

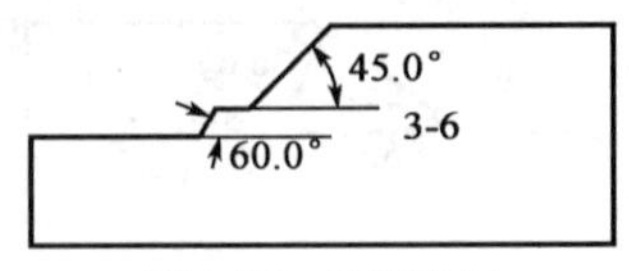

图 2.34　计算简图

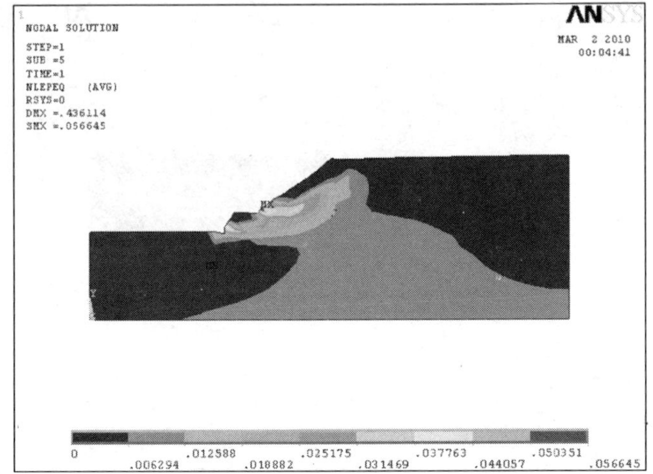

图 2.35　折减系数为 1.19 等效塑性云图

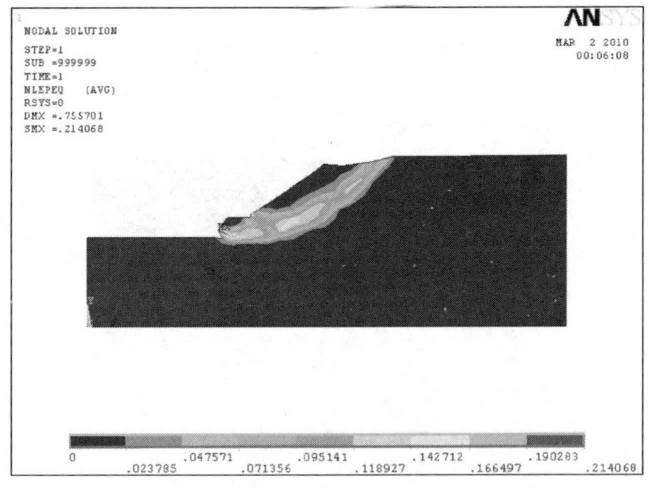

图 2.36　折减系数为 1.20 等效塑性云图(不收敛)

根据有限元计算的结果,边坡安全系数为 1.19。经过理论计算,当 $\theta=60°$, $h=2.5\text{m}$ 时,稳定系数 $k=3.2$;当 $\theta=45°$, $h=7.5\text{m}$ 时,稳定系数 $k=1.28$。因此,边坡发生整体失稳,误差为 3.5%。

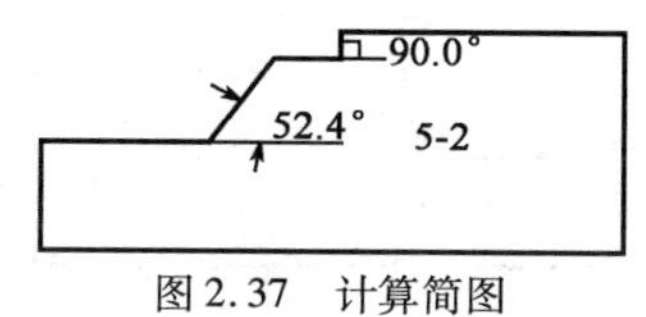

图 2.37　计算简图

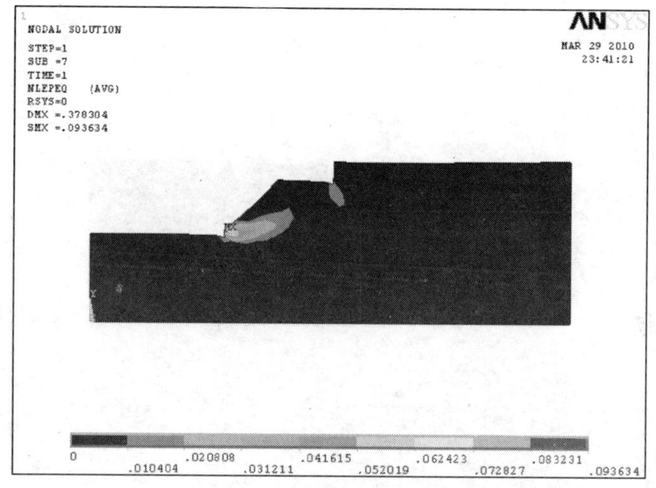

图 2.38　折减系数为 1.12 等效塑性云图

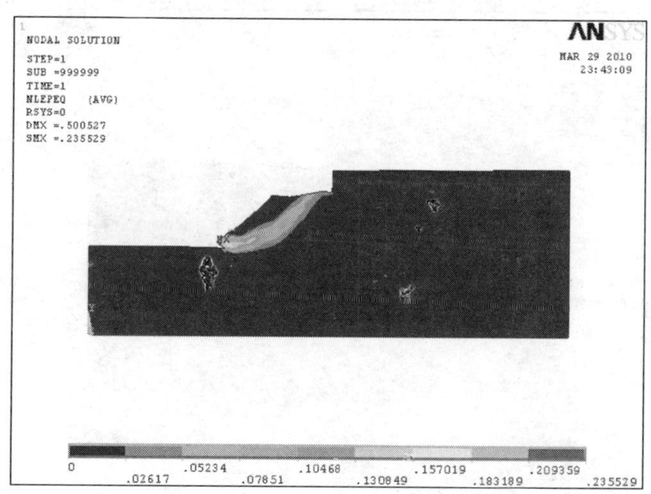

图 2.39　折减系数为 1.13 等效塑性云图(不收敛)

根据有限元计算的结果,边坡安全系数为 1.12。经过理论计算,当 $\theta=90°$,$h=2.5\text{m}$ 时,稳定系数 $k=1.61$;当 $\theta=52.4°$,$h=7.5\text{m}$ 时,稳定系数 $k=1.15$。因此,边坡发生整体失稳或下部局部失稳,误差为 2.6%。

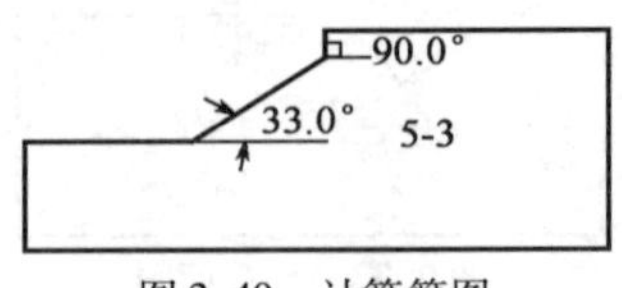

图 2.40　计算简图

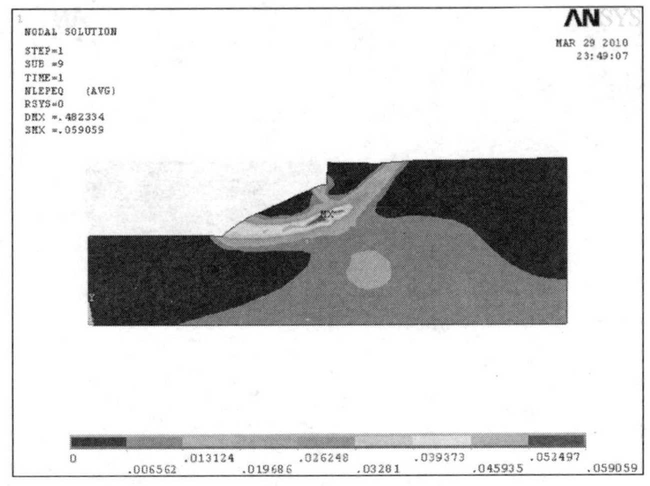

图 2.41　折减系数为 1.25 等效塑性云图

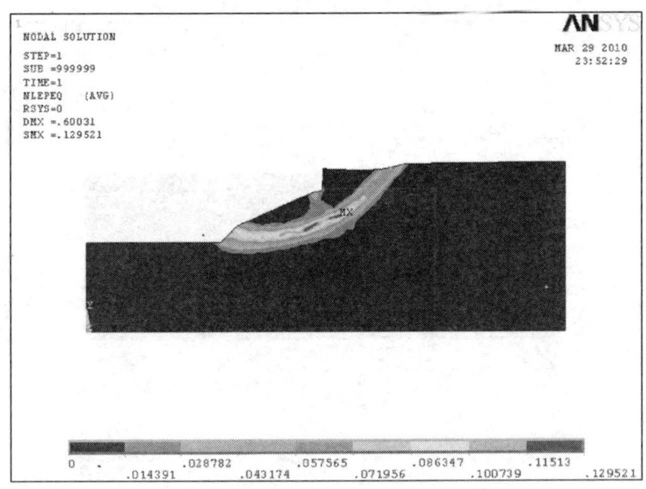

图 2.42　折减系数为 1.26 等效塑性云图(不收敛)

根据有限元计算的结果,边坡安全系数为 1.25。经过理论计算,当 $\theta=90°$,$h=2.5\text{m}$ 时,稳定系数 $k=1.61$;当 $\theta=33°$,$h=7.5\text{m}$ 时,稳定系数 $k=1.45$。因此,边坡发生整体失稳,误差为 8.7%。

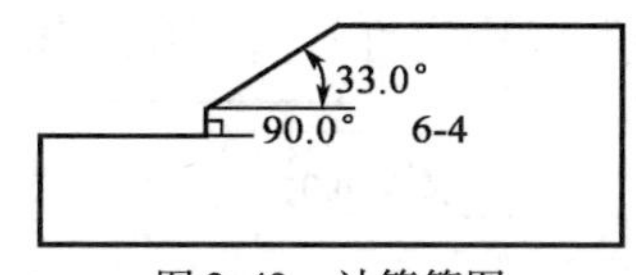

图 2.43　计算简图

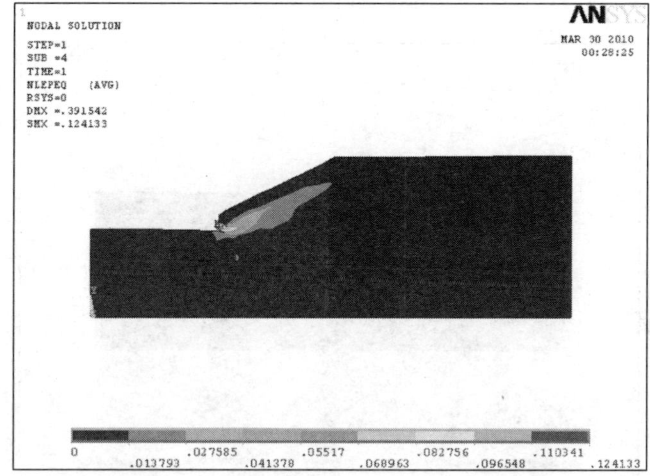

图 2.44　折减系数为 1.12 等效塑性云图

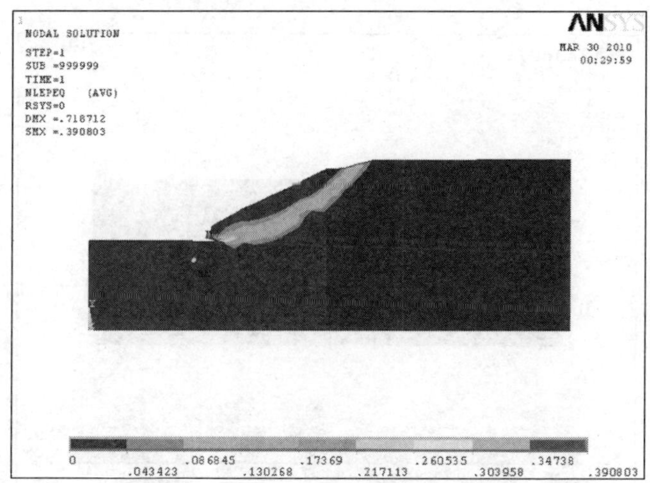

图 2.45　折减系数为 1.13 等效塑性云图（不收敛）

根据有限元计算的结果，边坡安全系数为 1.12。经过理论计算，当 $\theta=33°$，$h=7.5\text{m}$ 时，稳定系数 $k=1.45$；当 $\theta=90°$，$h=2.5\text{m}$ 时，稳定系数 $k=1.61$。因此，边坡发生整体失稳，误差为 2.6%。

(3)复杂坡形边坡局部失稳稳定性计算(图2.46~2.99)

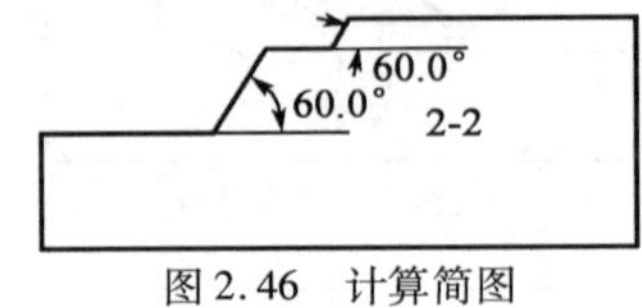

图2.46　计算简图

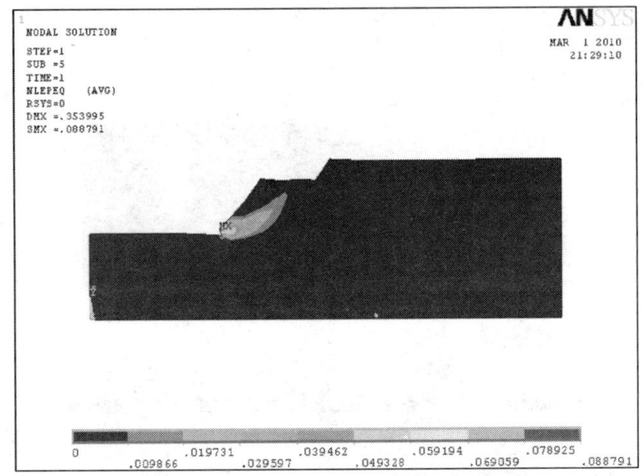

图2.47　折减系数为1.02等效塑性云图

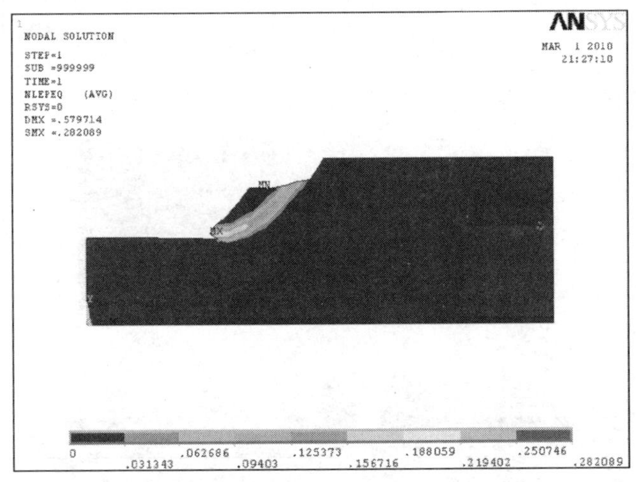

图2.48　折减系数为1.03等效塑性云图(不收敛)

根据有限元计算的结果,边坡安全系数为1.02。经过理论计算,当$\theta=60°$,$h=7.5\mathrm{m}$时,稳定系数$k=1.01$;当$\theta=60°$,$h=2.5\mathrm{m}$时,稳定系数$k=3.2$。因此,边坡发生下部局部失稳,误差为1%。

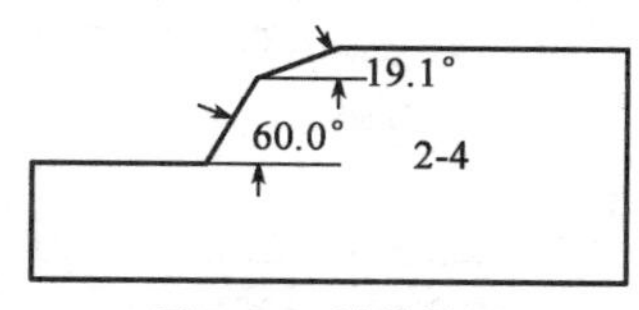

图 2.49　计算简图

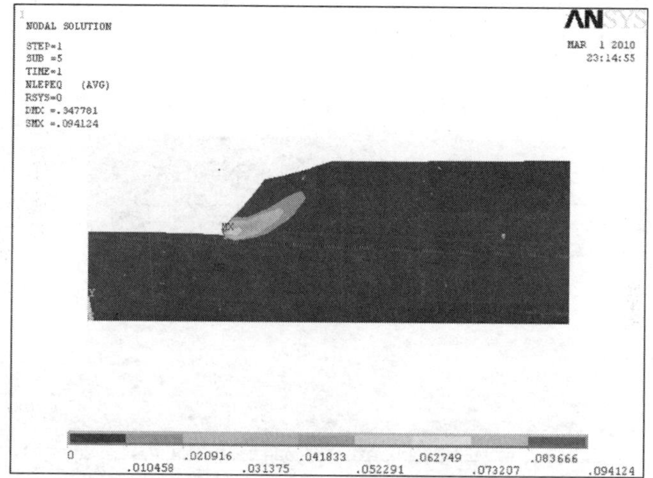

图 2.50　折减系数为 0.98 等效塑性云图

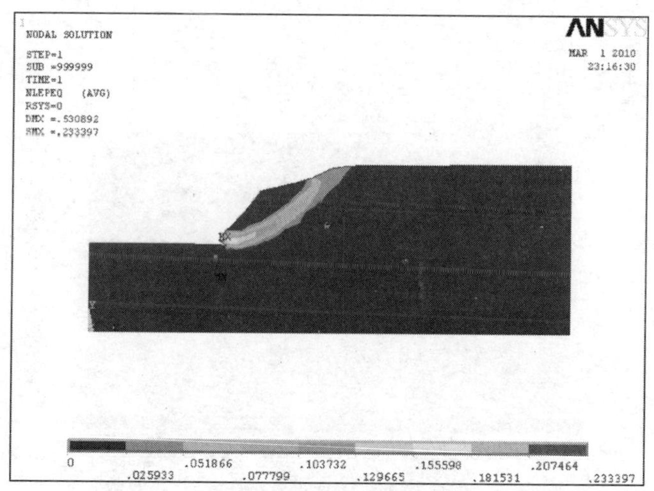

图 2.51　折减系数为 0.99 等效塑性云图(不收敛)

根据有限元计算的结果,边坡安全系数为 0.98。经过理论计算,当 $\theta = 60°$,$h = 7.5\text{m}$ 时,稳定系数 $k = 1.01$。因此,边坡发生下部局部失稳,误差为 3%。

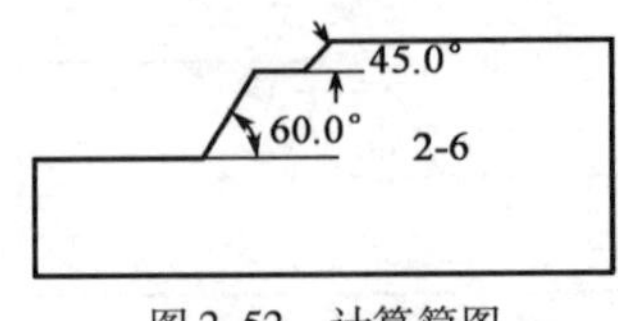

图 2.52　计算简图

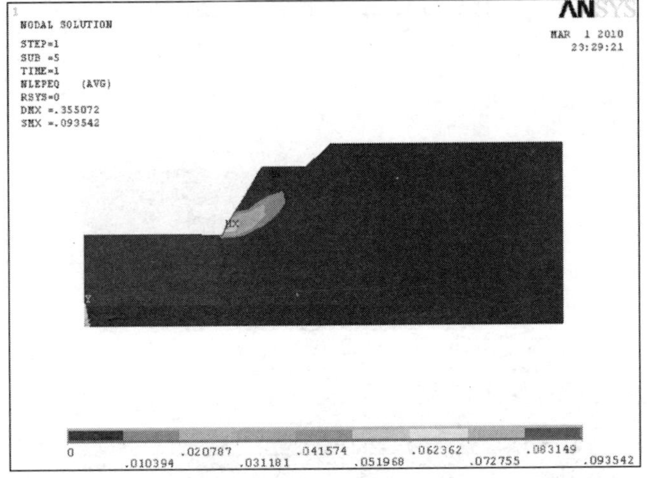

图 2.53　折减系数为 1.02 等效塑性云图

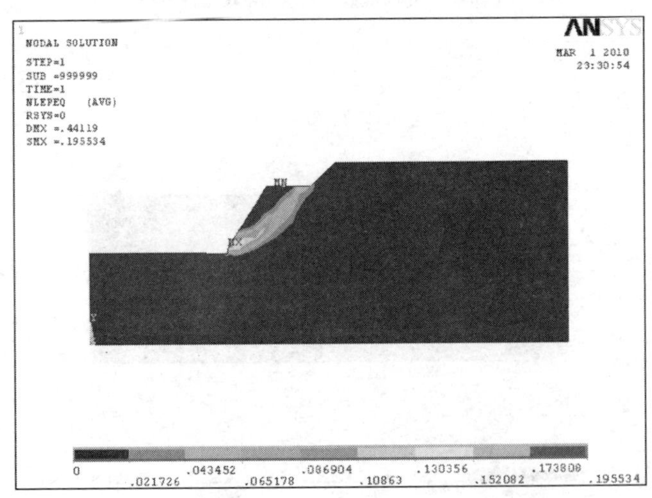

图 2.54　折减系数为 1.03 等效塑性云图(不收敛)

根据有限元计算的结果,边坡安全系数为 1.02。经过理论计算,当 $\theta=60°$,$h=7.5\text{m}$ 时,稳定系数 $k=1.01$;当 $\theta=45°$,$h=2.5\text{m}$ 时,稳定系数 $k=3.9$。因此,边坡发生下部局部失稳,误差为 1%。

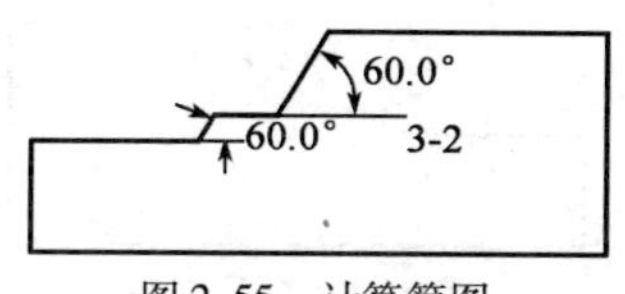

图 2.55　计算简图

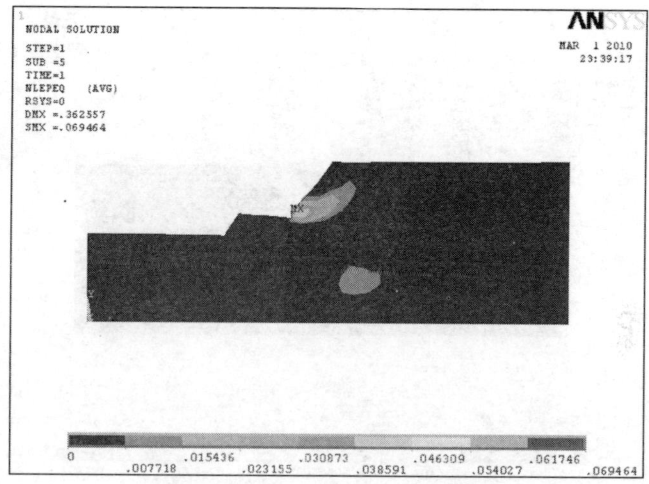

图 2.56　折减系数为 1.02 等效塑性云图

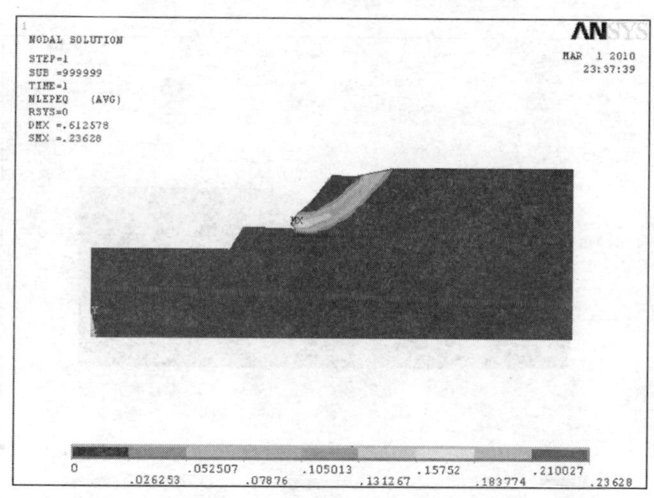

图 2.57　折减系数为 1.03 等效塑性云图(不收敛)

根据有限元计算的结果,边坡安全系数为 1.02。经过理论计算,当 $\theta=60°$,$h=7.5$m 时,稳定系数 $k=1.01$;当 $\theta=60°$,$h=2.5$m,稳定系数 $k=3.2$。因此,边坡发生上部局部失稳,误差为 1%。

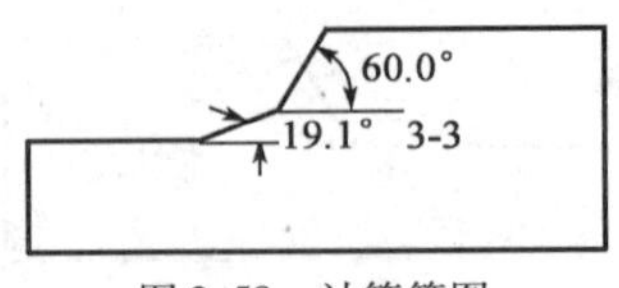

图 2.58　计算简图

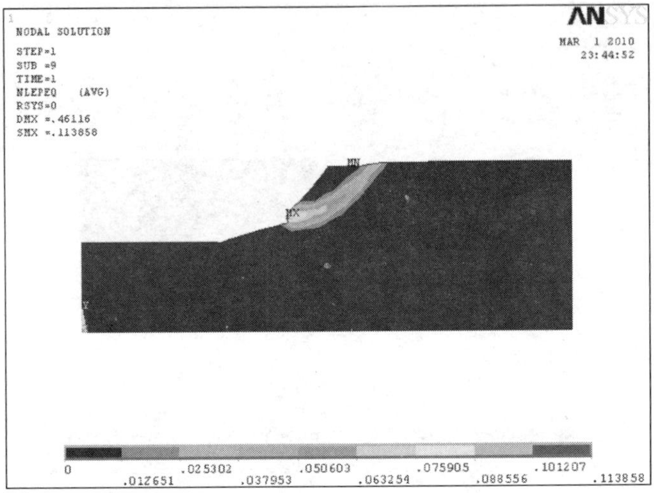

图 2.59　折减系数为 1.03 等效塑性云图

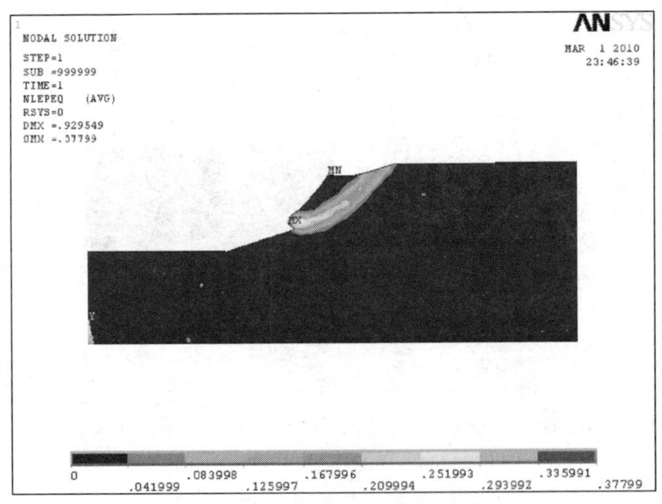

图 2.60　折减系数为 1.04 等效塑性云图(不收敛)

根据有限元计算的结果,边坡安全系数为 1.04。经过理论计算,当 $\theta=60°$,$h=7.5\text{m}$ 时,稳定系数 $k=1.01$。因此,边坡发生上部局部失稳,误差为 3%。

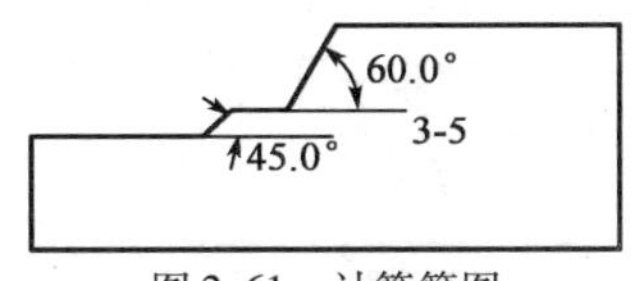

图 2.61　计算简图

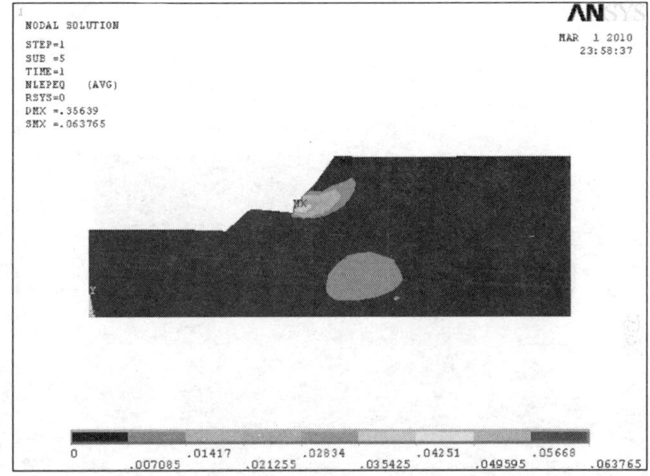

图 2.62　折减系数为 1.02 等效塑性云图

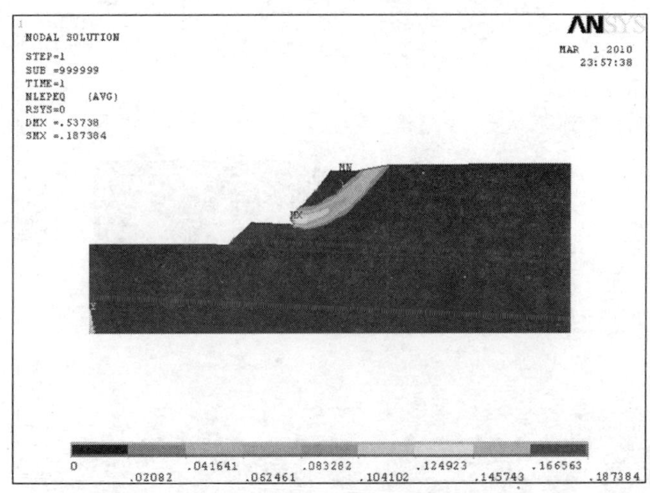

图 2.63　折减系数为 1.03 等效塑性云图（不收敛）

根据有限元计算的结果，边坡安全系数为 1.02。经过理论计算，当 $\theta=60°$，$h=7.5\text{m}$ 时，稳定系数 $k=1.01$；当 $\theta=45°$，$h=2.5\text{m}$ 时，稳定系数 $k=3.9$。因此，边坡发生上部局部失稳，误差为 1%。

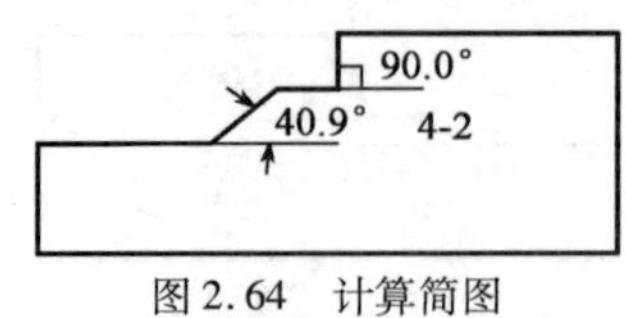

图 2.64　计算简图

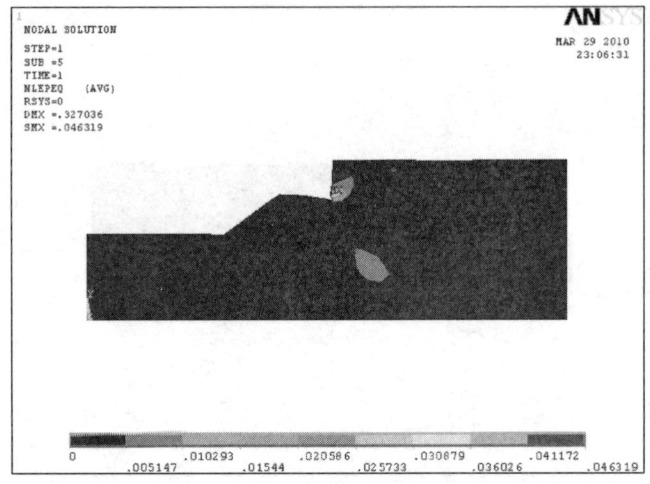

图 2.65　折减系数为 0.91 等效塑性云图

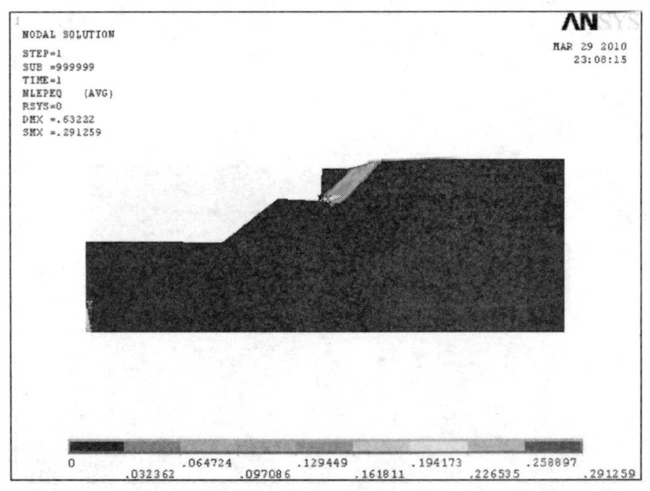

图 2.66　折减系数为 0.92 等效塑性云图(不收敛)

根据有限元计算的结果,边坡安全系数为 0.91。经过理论计算,当 $\theta=90°$,$h=5$m 时,稳定系数 $k=0.91$;当 $\theta=40.9°$,$h=5$m 时,稳定系数 $k=2.5$。因此,边坡发生上部局部失稳,误差为 0%。

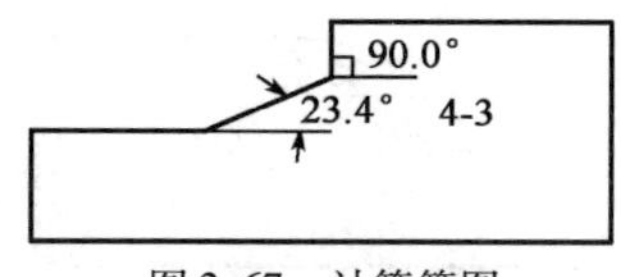

图2.67　计算简图

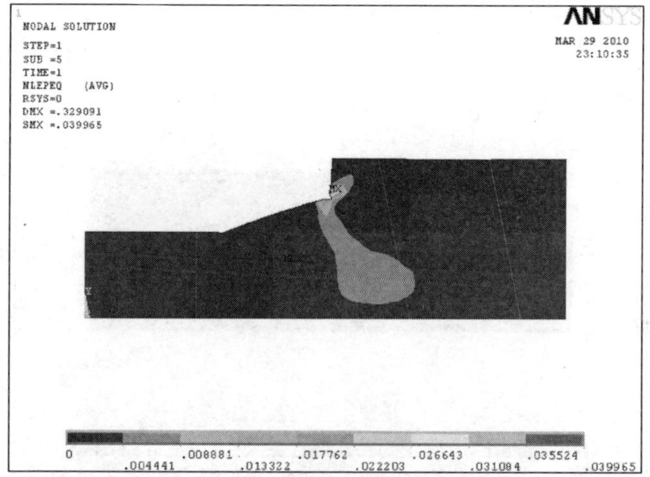

图2.68　折减系数为0.91等效塑性云图

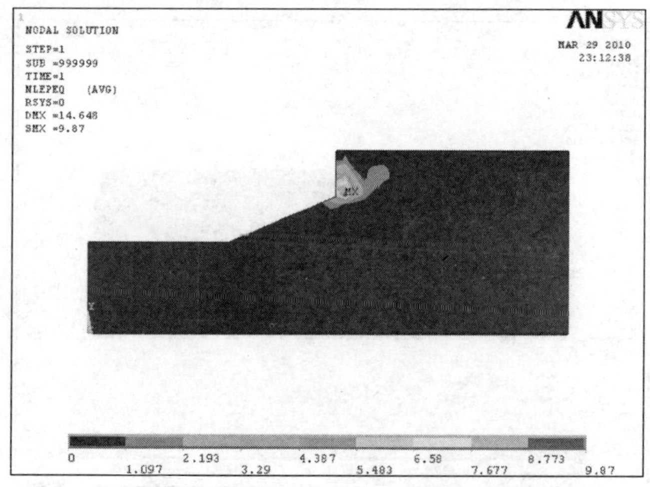

图2.69　折减系数为0.92等效塑性云图(不收敛)

根据有限元计算的结果,边坡安全系数为0.91。经过理论计算,当$\theta=90°$,$h=5\mathrm{m}$时,稳定系数$k=0.91$;当$\theta=23.4°$,$h=5\mathrm{m}$时,稳定系数$k=5.5$。因此,边坡发生上部局部失稳,误差为0%。

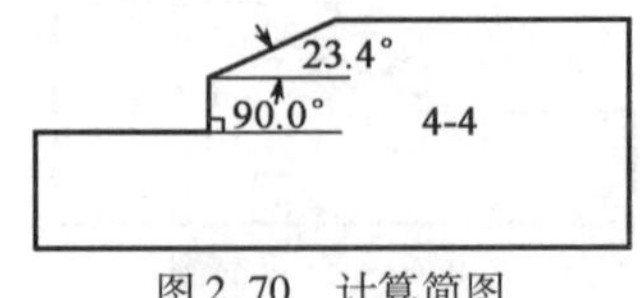

图 2.70　计算简图

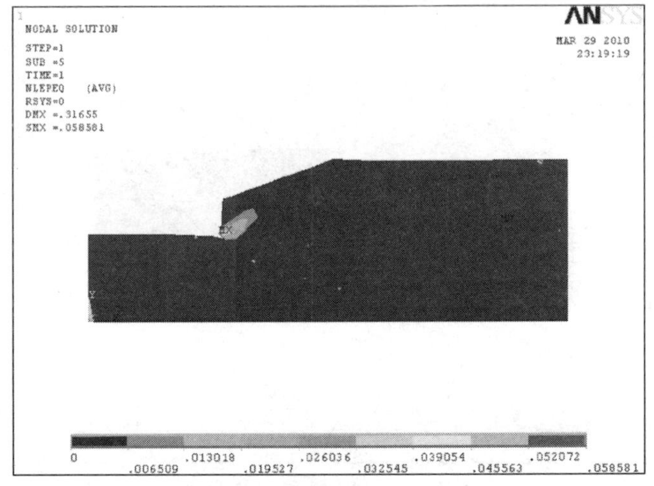

图 2.71　折减系数为 0.85 等效塑性云图

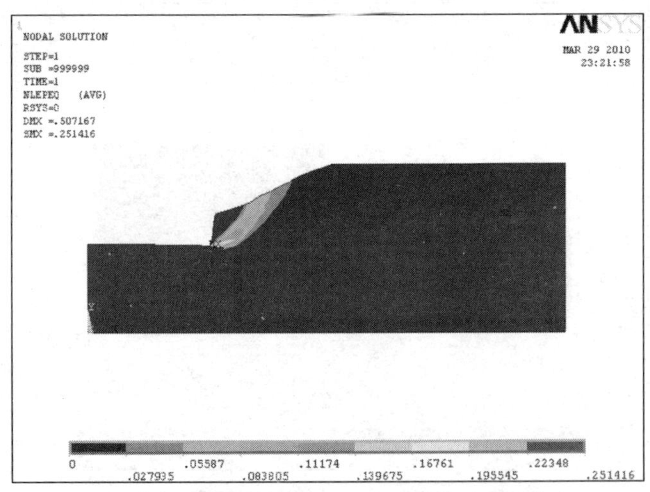

图 2.72　折减系数为 0.86 等效塑性云图(不收敛)

根据有限元计算的结果,边坡安全系数为 0.85。经过理论计算,当 $\theta=90°$,$h=5\mathrm{m}$ 时,稳定系数 $k=0.91$;当 $\theta=23.4°$,$h=5\mathrm{m}$ 时,稳定系数 $k=5.5$。因此,边坡发生下部局部失稳,误差为 6.5%。

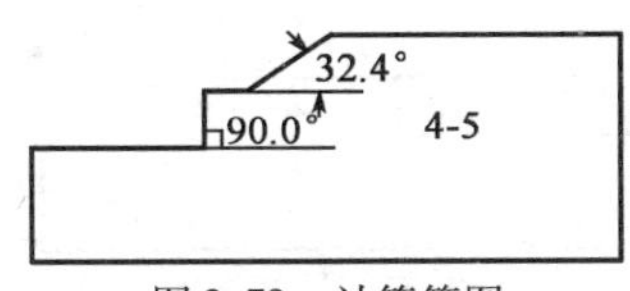

图 2.73　计算简图

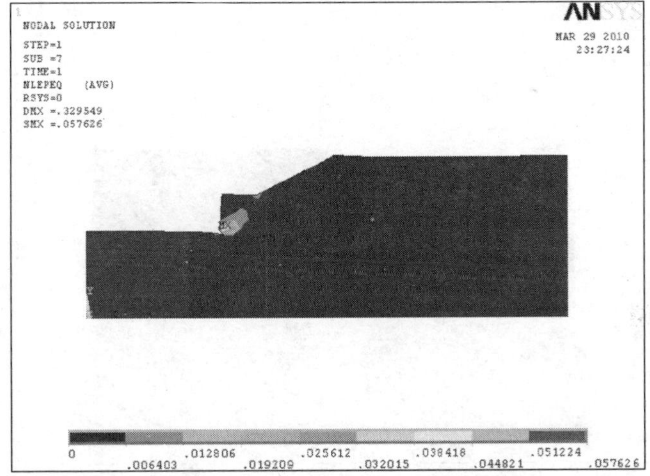

图 2.74　折减系数为 0.91 等效塑性云图

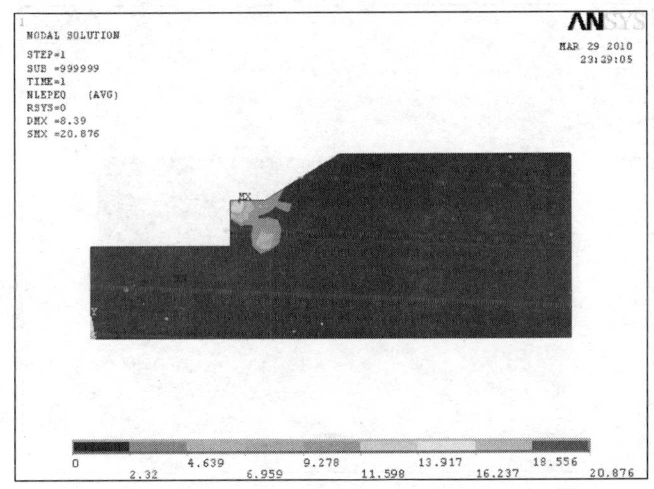

图 2.75　折减系数为 0.92 等效塑性云图(不收敛)

根据有限元计算的结果,边坡安全系数为 0.91。经过理论计算,当 $\theta=90°$,$h=5\text{m}$ 时,稳定系数 $k=0.91$;当 $\theta=32.4°$,$h=5\text{m}$ 时,稳定系数 $k=3.0$。因此,边坡发生下部局部失稳,误差为 0% 。

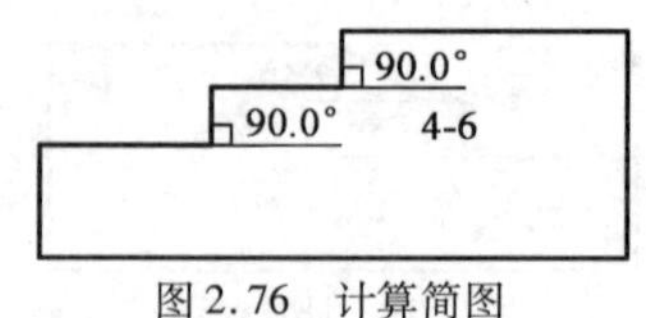

图 2.76　计算简图

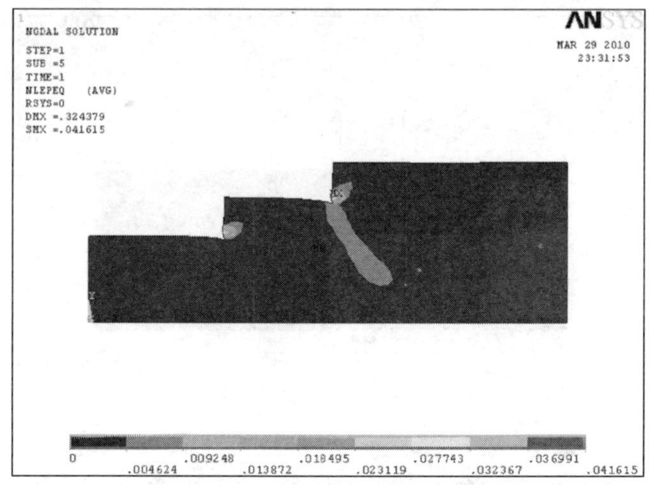

图 2.77　折减系数为 0.9 等效塑性云图

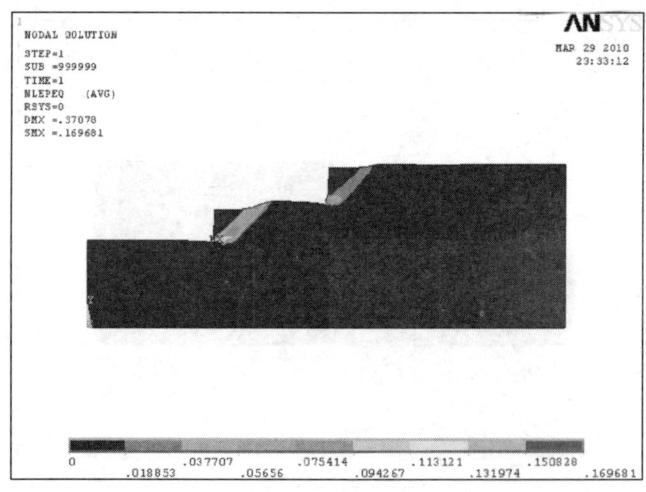

图 2.78　折减系数为 0.91 等效塑性云图(不收敛)

根据有限元计算的结果,边坡安全系数为 0.9。经过理论计算,当 $\theta = 90°$,$h = 5\text{m}$ 时,稳定系数 $k = 0.91$。因此,边坡发生上部和下部局部失稳,误差为 1%。

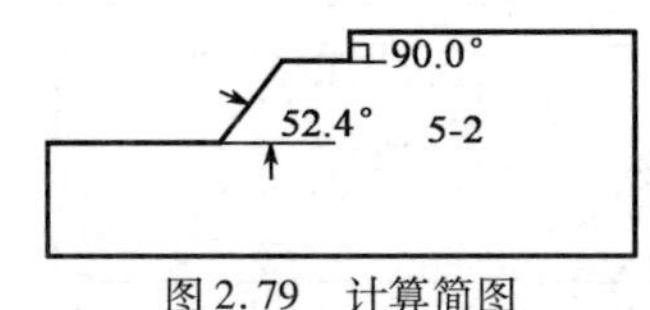

图 2.79　计算简图

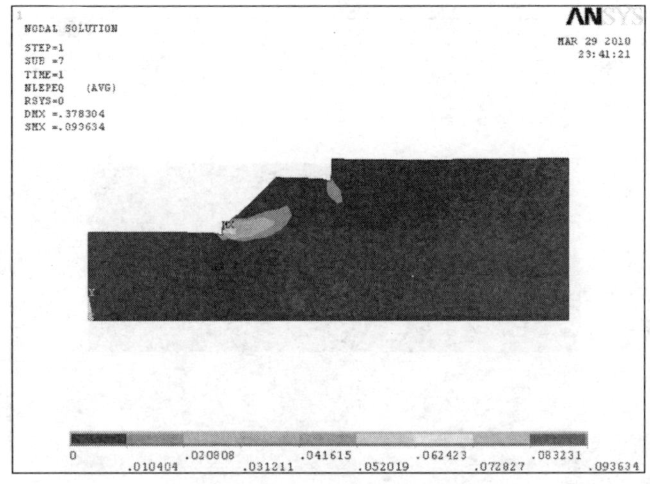

图 2.80　折减系数为 1.12 等效塑性云图

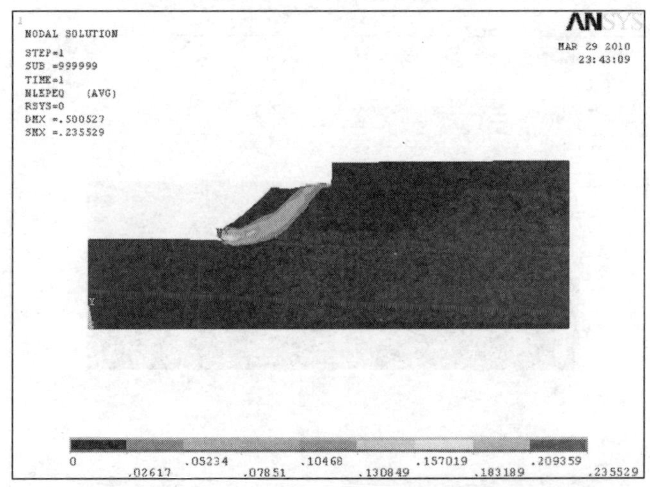

图 2.81　折减系数为 1.13 等效塑性云图(不收敛)

根据有限元计算的结果,边坡安全系数为 1.12。经过理论计算,当 $\theta=90°$,$h=2.5\text{m}$ 时,稳定系数 $k=1.61$;当 $\theta=52.4°$,$h=7.5\text{m}$ 时,稳定系数 $k=1.15$。因此,边坡发生整体失稳或下部局部失稳,误差为 2.6%。

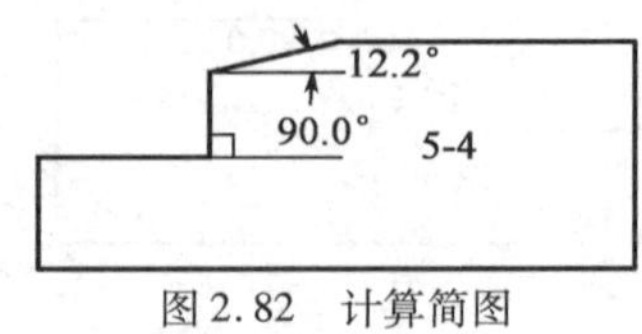

图2.82　计算简图

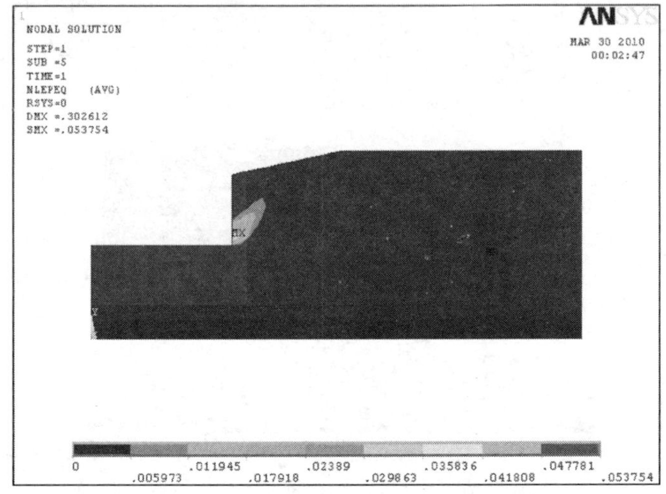

图2.83　折减系数为0.7等效塑性云图

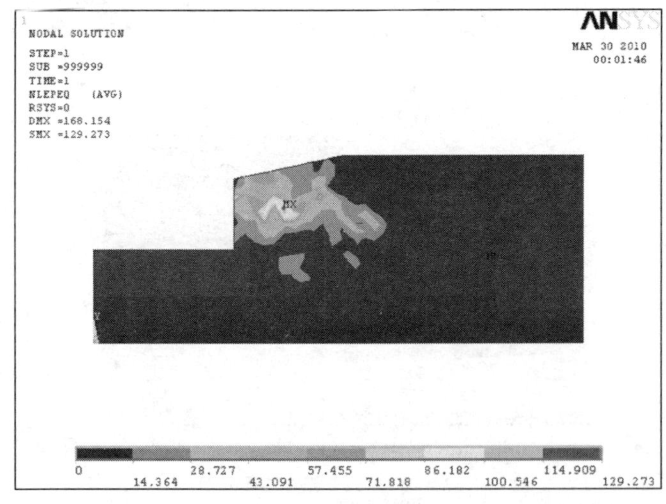

图2.84　折减系数为0.71等效塑性云图(不收敛)

根据有限元计算的结果,边坡安全系数为0.7。经过理论计算,当$\theta=90°$,$h=7.5\mathrm{m}$时,稳定系数$k=0.71$。因此,边坡发生下部局部失稳,误差为1%。

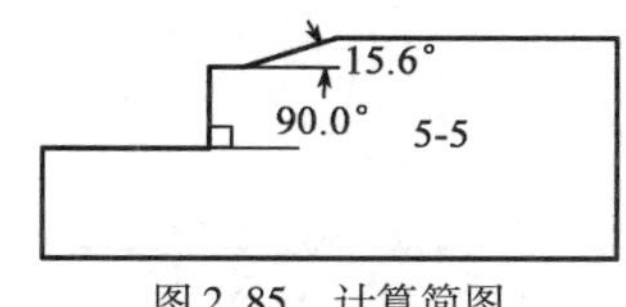

图 2.85　计算简图

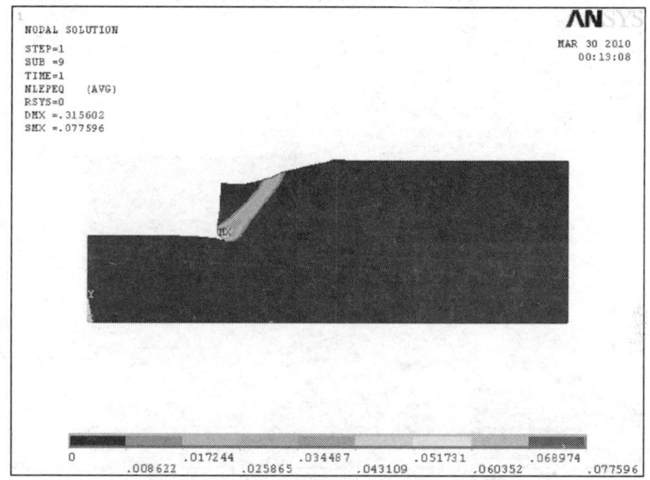

图 2.86　折减系数为 0.72 等效塑性云图

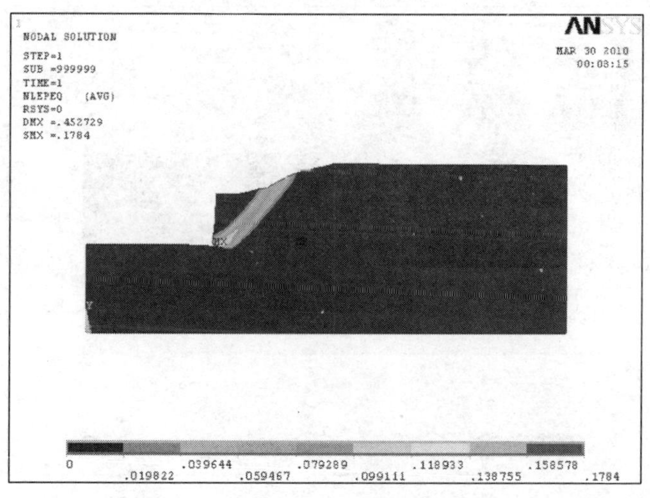

图 2.87　折减系数为 0.73 等效塑性云图(不收敛)

根据有限元计算的结果,边坡安全系数为 0.72。经过理论计算,当 $\theta=90°$,$h=7.5$m 时,稳定系数 $k=0.71$。因此,边坡发生下部局部失稳,误差为 0%。

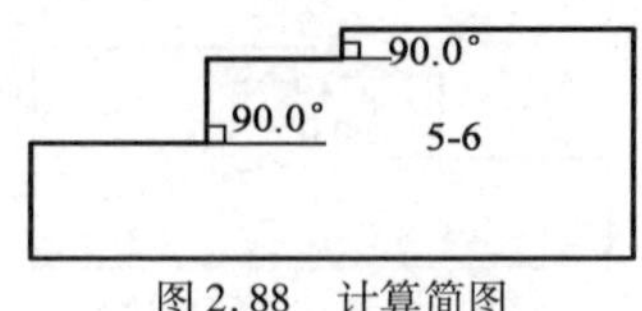

图 2.88　计算简图

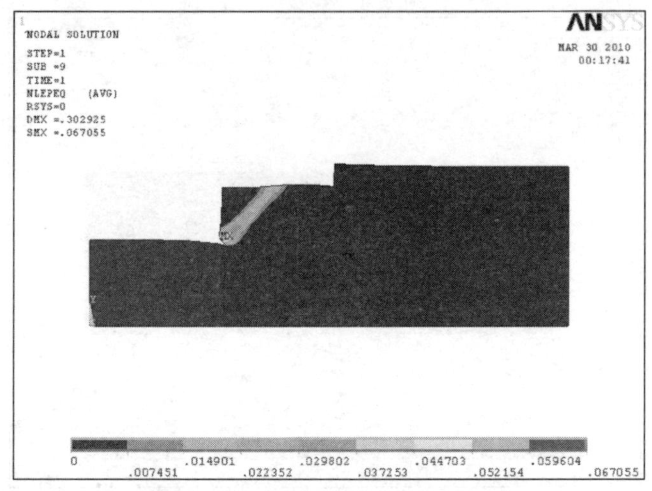

图 2.89　折减系数为 0.71 等效塑性云图

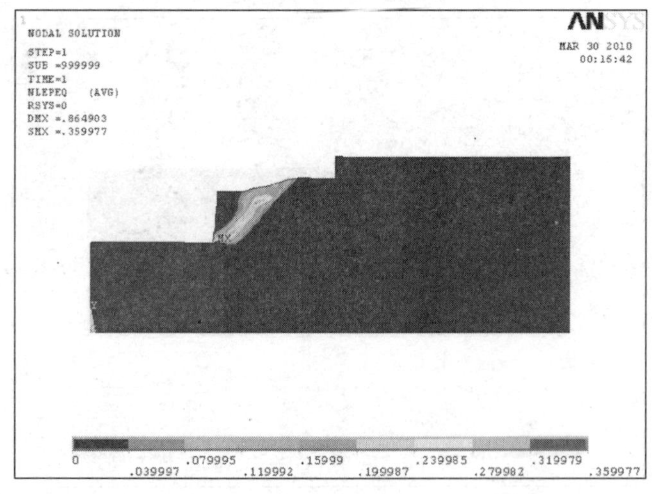

图 2.90　折减系数为 0.72 等效塑性云图(不收敛)

根据有限元计算的结果,边坡安全系数为 0.71。经过理论计算,当 $\theta=90°$,$h=7.5\text{m}$ 时,稳定系数 $k=0.71$;当 $\theta=90°$,$h=2.5\text{m}$ 时,稳定系数 $k=1.61$。因此,边坡发生下部局部失稳,误差为 0%。

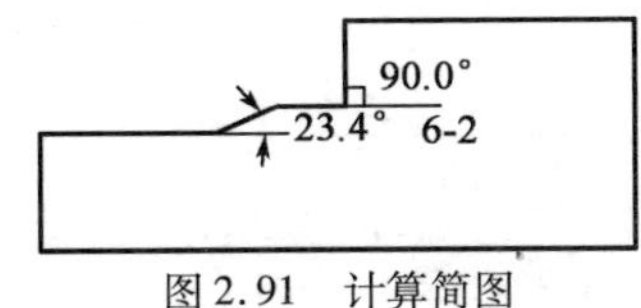

图 2.91　计算简图

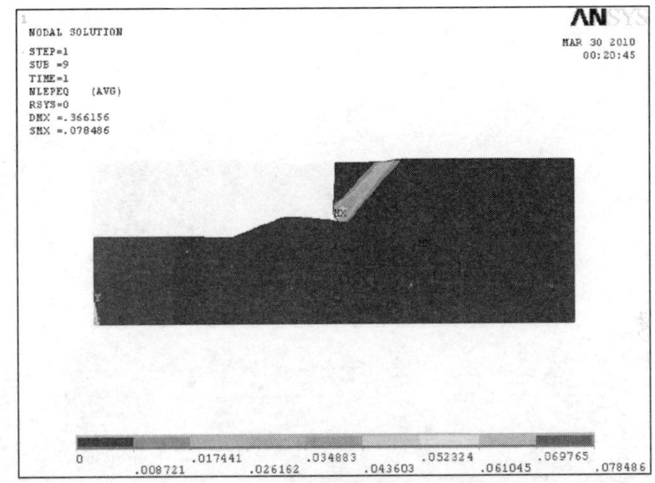

图 2.92　折减系数为 0.71 等效塑性云图

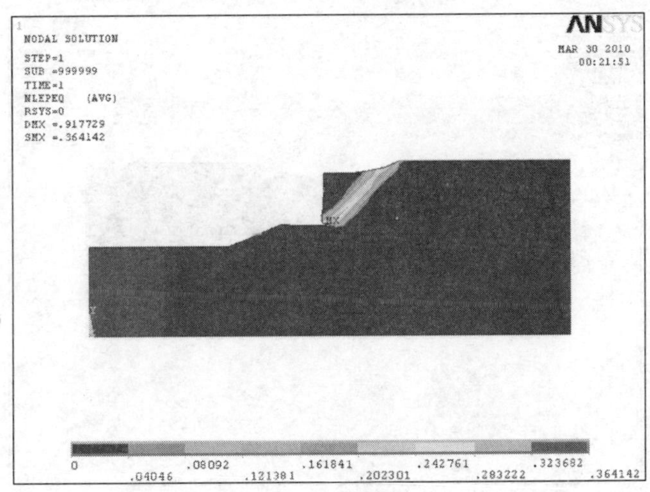

图 2.93　折减系数为 0.72 等效塑性云图(不收敛)

根据有限元计算的结果,边坡安全系数为 0.71。经过理论计算,当 $\theta=90°$,$h=7.5$m 时,稳定系数 $k=0.71$。因此,边坡发生上部局部失稳,误差为 0%。

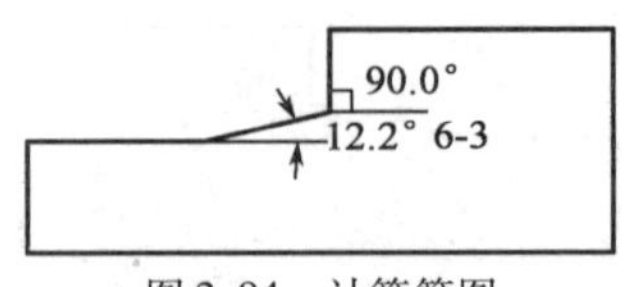

图2.94　计算简图

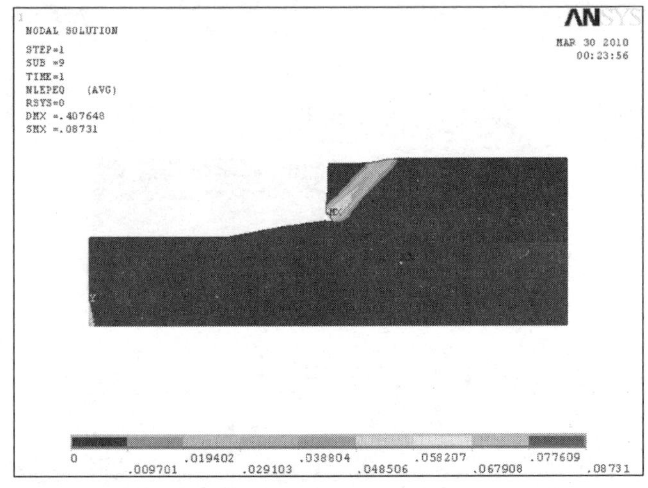

图2.95　折减系数为0.72等效塑性云图

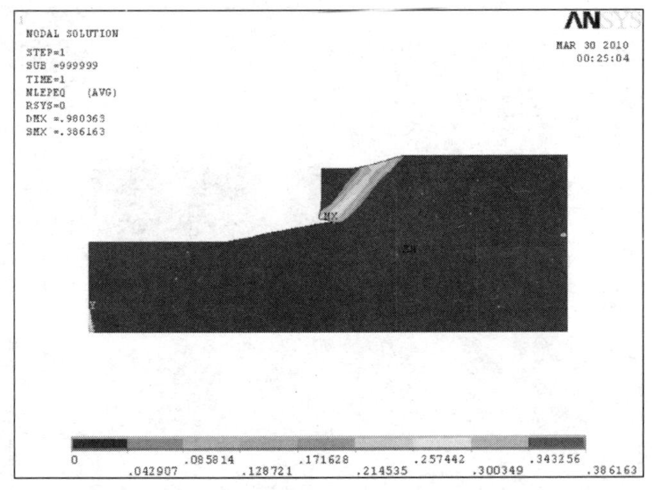

图2.96　折减系数为0.73等效塑性云图(不收敛)

根据有限元计算的结果,边坡安全系数为0.72。经过理论计算,当$\theta=90°$,$h=7.5$m时,稳定系数$k=0.71$。因此,边坡发生上部局部失稳,误差为1%。

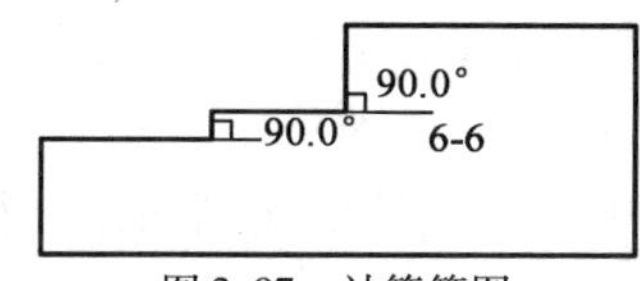

图 2.97　计算简图

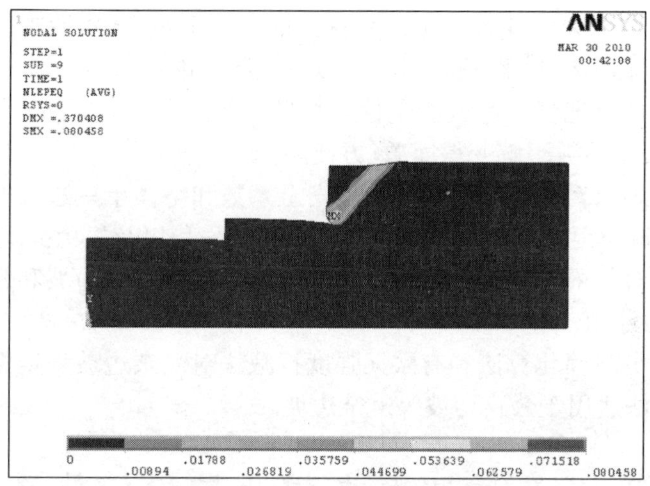

图 2.98　折减系数为 0.71 等效塑性云图

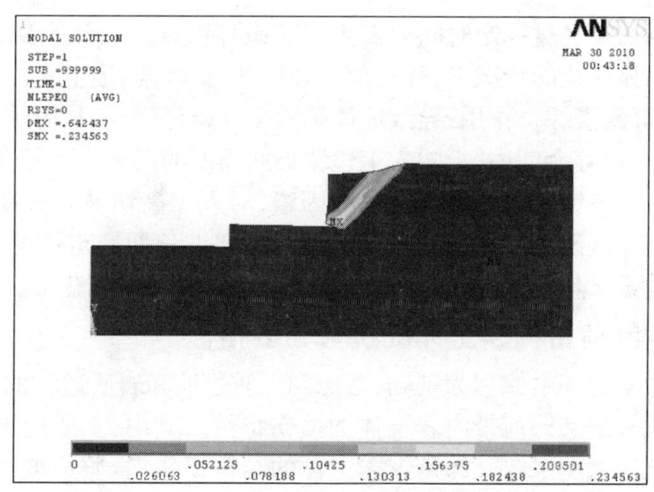

图 2.99　折减系数为 0.72 等效塑性云图(不收敛)

根据有限元计算的结果,边坡安全系数为 0.72。经过理论计算,当 $\theta=90°$, $h=7.5$m 时,稳定系数 $k=0.71$;当 $\theta=90°$, $h=2.5$m 时,稳定系数 $k=1.61$。因此,边坡发生上部局部失稳,误差为 0%。

从上述算例计算结果对比可知，无论边坡体发生整体失稳还是局部失稳，其稳定系数采用相应矢量代表的单一边坡稳定性表示，误差基本可控制在10%以内，应用于公路切坡等复杂边坡稳定性快速判断是可行的。

3. 结论

通过对复杂边坡稳定性矢量简化算法的基本思想、基本原理以及与有限元强度折减法计算结果对比分析，可得出以下主要结论：

(1) 该法能够把复杂边坡稳定性分析转化为对单一边坡安全系数的求解，使复杂边坡安全系数求解变得简单、方便。

(2) 该法通过对若干局部单一边坡安全系数和整体单一边坡安全系数的大小比较，可判断出复杂边坡发生局部失稳或整体失稳以及失稳范围。

(3) 该法计算的复杂边坡安全系数等于若干局部单一边坡和整体单一边坡的安全系数最小值。

(4) 通过矢量简化算法和有限元强度折减法对复杂边坡稳定系数计算结果对比发现，该法适用于公路切坡等复杂边坡。

第二节　高切坡无支护开挖指标体系研究

从人工高切坡经过一定时间后发生突然破坏的众多工程实例来看，在外部荷载并没有明显变化的情况下，往往由于开挖卸荷、降雨、地下水位变化、长期地质演变、风化等因素综合作用，导致坡体抗剪强度指标降低，从而诱发边坡失稳。一般来说，在工程寿命期内，影响人工边坡长期强度的因素主要是开挖卸荷和雨水入渗，因此，本节针对这两个主要影响因素，对人工高切坡的长期强度指标进行了深入研究。这研究是评判现存大量人工高切坡长期稳定性的基础，对于西部地区经济建设、保障人民的生命财产安全具有重要的现实意义。

一、开挖卸荷带内岩土体的抗剪强度指标

以损伤力学的基本原理为基础，考虑到土质边坡和岩质边坡的不同特性，采用不同的方法来定义卸荷带内岩土体的损伤特性。其中，土质边坡采用易于测定的无侧限抗压强度来定义卸荷带内土体的结构损伤；岩质边坡则采用超声波测定的岩体波速变化来定义卸荷带内岩体的卸荷损伤。以此为基础，定量确定卸荷带内岩土体的抗剪强度指标变化。

1. 土质人工高切坡

(1) 土体的结构性

土体具有结构性，这已成为一种常识。土的结构性是指土体颗粒和孔隙的性状和排列形状，以及颗粒之间的胶结情况。胡瑞林（1995）将土的结构性归结为 4 个方面：①结构单元特征；②颗粒排列特征；③空隙性；④结构连接。显然不同类型的土，由于其沉积环境不同，颗粒组成、排列不同，因而结构性有很大的差异。龚晓南（2000）建议根据土体结构屈服应力与其先期固结压力的关系来判断土的结构性的强弱，并将黏土结构性分为弱结构性、较强结构性及强结构性三级。

土体的结构一旦破坏，必然对其强度指标产生影响。边坡开挖卸荷过程可以看成是对土体的一种扰动，这种扰动破坏了土体的原状结构，导致土体抗剪强度的降低。沈珠江把这种结构遭到破坏引起的抗剪强度指标的变化定义为结构损伤，并采用损伤力学的方法进行定量化研究。

（2）土体的结构损伤

①结构损伤的定义

根据土体结构损伤的性质和特点，采用原状土样的无侧限抗压强度与扰动土样的无侧限抗压强度来定义土体的结构损伤变量。

$$D_c = 1 - \frac{q_r - q_0}{q_y - q_0} \tag{2.1}$$

式中：D_c——土体结构损伤变量；

q_y——原状土样的无侧限抗压强度；

q_r——扰动土样的无侧限抗压强度；

q_0——重塑土的无侧限抗压强度。

显然，对于原状土样，其结构损伤为 0；对于完全扰动土样（重塑土）对应的结构损伤因为 1；一般扰动土样的结构损伤应介于 0 ~ 1 之间。

②结构损伤演化方程

采用施建勇定义的土体结构损伤演化方程计算：

$$D_c = 1 - e^{-f(\varepsilon_1 - \varepsilon_0)} \tag{2.2}$$

式中：f——损伤参数；

ε_1、ε_0——分别为原状土样和重塑土样无侧限抗压试验峰值强度对应的轴向应变。

③卸荷带内土体抗剪强度指标的确定

土体受到扰动后，其结构遭到不同程度的破坏，导致抗剪强度指标的降低，通过上节对扰动土样结构损伤的定义以及损伤演化方程的描述，可以定量确定考虑结构损伤后的扰动土样抗剪强度指标。建议卸荷带内土体抗剪强度指标计算公式如下。

卸荷带内土体内摩擦角计算：

$$\varphi = \varphi_y - D_c(\varphi_y - \varphi_0) \tag{2.3}$$

式中：φ——卸荷带内土体内摩擦角；

φ_y——原状土样的内摩擦角；

φ_0——重塑土样的内摩擦角；

D_c——土体的结构损伤变量。

卸荷带内土体的内聚力计算：

$$c = c_y - D_c(c_y - c_0) \tag{2.4}$$

式中：c——卸荷带内土体内聚力；

c_y——原状土样内聚力；

c_0——重塑土样内聚力。

2. 岩质人工高切坡

开挖边坡，破坏了坡体原有的静力平衡条件，由此引起岩体内的应力重分布，使得岩体内原有的裂隙不断融合和扩张，在岩体内产生大量的斜荷裂隙，并在开挖边坡一定深度范围内形成卸荷带，卸荷带内岩土体的抗剪强度急剧降低。我们可以将卸荷带内岩体作为一种结构遭到部分破坏的损伤体来看待，应用损伤理论的基本原理来研究卸荷带内岩体强度指标的降低程度。

近年来，随着超声波仪器设备的普遍使用，利用超声波技术定量研究岩体损伤特性已成为可能。超声波测试技术具有简便、快捷、可靠、经济等优点，非常适合岩体的动参数测定。实践表明：不同损伤程度的岩体具有不同的声学特性。一般而言，岩体结构致密、坚硬、完整，测得的超声波速度越高；反之，岩体损伤程度越高、越破碎，则相应的岩体波速越低。因此，可以通过测定无损岩体的超声波速度以及卸荷带内受损岩体的超声波速度来定义卸荷带内岩体的损伤程度。

(1)岩体卸荷损伤的定义

根据岩体开挖前后测得的岩体波速来定义岩体的卸荷损伤。

$$D_x = 1 - \left(\frac{v_P}{v_0}\right)^2 \tag{2.5}$$

式中：v_P——各向同性卸荷岩体的声波速度(m/s)；

v_0——原状岩体声波速度(m/s)；

D_x——卸荷损伤变量。

(2)卸荷带内岩体抗剪强度指标的确定

假设岩体为各向同性体,相应的卸荷损伤变量为标量,根据各向同性损伤理论,可以定义卸荷带内岩体的抗剪强度指标如下:

卸荷带内受损岩体内摩擦角计算:

$$\varphi = \varphi_y(1 - D_x) \tag{2.6}$$

式中:φ——卸荷带内岩体内摩擦角;

φ_y——原状岩体内摩擦角;

D_x——岩体的结构损伤变量。

卸荷带内岩体的内聚力计算:

$$c = c_y(1 - D_x) \tag{2.7}$$

式中:c——卸荷带内岩体内聚力;

c_y——原状岩体内聚力;

D_x——岩体的卸荷损伤变量。

二、雨水入渗后岩土体的抗剪强度指标

与上节类似,将人工高切坡分为土质边坡和岩质边坡分别进行讨论。其中土质边坡采用非饱和土理论定义土体的吸力损伤,定量计算雨水入渗后土体的抗剪强度指标;而岩质边坡则通过岩体干湿状态抗压强度的变化来定义其湿化损伤,并以此定量确定雨水入渗后岩质边坡内的岩体抗剪强度指标。

1. 土质人工高切坡

廖红建等对人工开挖边坡的长期稳定性进行了一系列的室内三轴试验,探讨了土体在浸水后的强度降低问题,并得出了人工开挖边坡由于雨水浸入、长期地质风化、扰动等因素,使得有效黏聚力大幅度降低,甚至降为零。浸水试验表明,浸水使土体的黏聚力降低50%以上,而内摩擦角的大小几乎不变,抗剪强度线呈平行移动,这说明水的渗透主要使土体的吸力遭到破坏。其他的相关试验也证明了这一结论。因此,我们可以认为,雨水入渗对非饱和土抗剪强度的影响是通过减少其黏聚力来表现的,相应的有效内摩擦角基本保持不变。

(1)非饱和土的抗剪强度理论

雨水入渗后,土体含水率增加,导致土体内吸力部分丧失,从而降低了土体的抗剪强度,进而影响了边坡的稳定性。因此可采用非饱和土理论来定量计算吸力丧失导致土体抗剪强度的降低程度。

有关非饱和土的抗剪强度计算公式较多,比较常用的有 Bishop 公式、Fredlund 公式、卢肇钧计算公式等,相对较为成熟的当推 Fredlund 公式。

Fredlund 建议的非饱和土的抗剪强度计算公式为:

$$\tau = c' + (\sigma - u_a)\tan\varphi' + (u_a - u_w)\tan\varphi^b \tag{2.8}$$

式中:c'、φ'——分别为土的有效黏聚力和有效内摩擦角;

σ——破坏在破坏面上的净法向应力;

u_a——孔隙气压力;

$u_a - u_w$——破坏时在破裂面上的基质吸力;

φ^b——表示抗剪强度随基质吸力而增加的速率。

当雨水入渗后,土体中的基质吸力丧失殆尽,导致土体抗剪强度降低,当土体完全饱和后,饱和土体抗剪强度计算公式为:

$$\tau = c' + (\sigma - u_a)\tan\varphi' \tag{2.9}$$

相应减小的抗剪强度为:$(u_a - u_w)\tan\varphi^b$。

(2)土体的吸力损伤

吸力损伤的定义:

$$D_u = \frac{(u_a - u_w) - u}{(u_a - u_w)} \tag{2.10}$$

式中: D_u——吸力损伤变量;

$u_a - u_w$——原状土体的吸力;

u——雨水入渗后土体吸力。

①考虑吸力损伤的土体抗剪强度计算公式

建议考虑吸力损伤的土体抗剪强度计算公式为:

$$\tau = c' + (\sigma - u_a)\tan\varphi' + (1 - D_u)(u_a - u_w)\tan\varphi^b \tag{2.11}$$

式中符号意义同前。

当非饱和土体未发生吸力损伤时,$D_u = 0$,对应的土体抗剪强度计算公式即为式(2.8);而当非饱和土体为水所饱和时,土体吸力完全丧失,对应的 $D_u = 1$,将其代入式(2.10)后,即可求得饱和土体的抗剪强度计算公式。而当土体发生部分吸力损伤时,对应的土体抗剪强度公式即为式(2.11)。

②考虑吸力损伤的土体抗剪强度指标

雨水入渗导致土体中部分吸力丧失,使其抗剪强度指标降低,主要表现在内聚力的减小上,有效内摩擦角基本保持不变,这也为大多数试验结果所证实。因此,考虑吸力损伤的土体抗剪强度指标可表达如下。

考虑吸力损伤的土体有效内摩擦角:

$$\varphi_u = \varphi_y \tag{2.12}$$

式中：φ_u——考虑吸力损伤的土体内摩擦角；

φ_y——原状土体的有效内摩擦角。

考虑吸力损伤的土体有效内聚力：

$$c_u = c' + (1 - D_u)(u_a - u_w)\tan\varphi^b \tag{2.13}$$

式中：c_u——考虑吸力损伤的土体内聚力；

其他符号意义同前。

2. 岩质人工高切坡

对于岩质人工高切坡来说，由于开挖卸荷和风化作用，在岩体边坡表面及内部形成大量的卸荷裂隙和风化裂隙。在降雨条件下，雨水就会沿岩体裂隙渗透进入坡体内部，使岩体含水率增大，甚至达到饱和状态，降低岩体的抗剪强度。我们将这种作用称为岩体的湿化损伤，并根据损伤理论的基本原理来定量确定其降低程度。

(1)岩体湿化损伤的定义

根据岩体在干湿状态下其抗压强度的变化来定义岩体的湿化损伤。

$$D_s = 1 - \frac{R_c}{R_0} \tag{2.14}$$

式中：R_0——干燥状态下单轴岩体抗压强度；

R_c——岩体饱和单轴抗压强度；

D_s——岩体湿化损伤变量。

(2)饱和状态下岩体抗剪强度指标的确定

假设岩体为各向同性体，相应的湿化损伤变量为标量，根据各向同性损伤理论，可以定义岩体的饱和抗剪强度指标如下：

考虑湿化损伤岩体的内摩擦角：

$$\varphi = \varphi_y(1 - D_s) \tag{2.15}$$

式中：φ——考虑湿化损伤岩体内摩擦角；

φ_y——干燥状态下岩体内摩擦角；

D_s——岩体的湿化损伤变量。

考虑湿化损伤岩体的内聚力：

$$c = c_y(1 - D_s) \tag{2.16}$$

式中：c——考虑湿化损伤岩体内聚力；

c_y——干燥状态下岩体的内聚力；

D_s——岩体的湿化损伤变量。

三、人工高切坡的长期强度

一般来说,影响人工高切坡坡体长期强度的因素众多,如开挖卸荷、雨水入渗、风化剥蚀、重力侵蚀、河水冲刷等。但在工程使用年限内,主要影响因素是开挖卸荷和雨水入渗。根据前面两节研究内容,可以确定人工高切坡的长期抗剪强度指标。

1. 土质人工高切坡的长期强度

考虑开挖卸荷和雨水入渗的综合作用,根据前面的研究结果,土质人工高切坡的长期强度指标可按如下公式确定。

(1)内摩擦角

$$\varphi = \varphi_y - D_c'(\varphi_y - \varphi_0) \tag{2.17}$$

式中:φ——长期条件下土体的有效内摩擦角;

其他符号意义同前。

(2)内聚力

$$c = c_y - D_c(c_y - c_0) - D_u(u_a - u_w)\tan\varphi^b \tag{2.18}$$

式中:c——长期条件下土体的有效内内聚力;

其他符号意义同前。

2. 岩质人工高切坡的长期强度

考虑开挖卸荷和雨水入渗的综合作用,根据前面的研究结果,岩质人工高切坡的长期强度指标可按如下公式确定。

(1)内摩擦角

$$\varphi = \varphi_y(1 - D_x)(1 - D_s) \tag{2.19}$$

式中:φ——长期条件下岩体的有效内摩擦角;

其他符号意义同前。

(2)内聚力

$$c = c_y(1 - D_x)(1 - D_s) \tag{2.20}$$

式中:c——长期条件下岩体的有效内内聚力;

其他符号意义同前。

四、算例

西藏公路沿线,有大量的人工高切坡,这些高切坡的长期稳定性能,直接关系到行车安全。以人工岩质高切坡为例,对其长期强度及长期稳定性进行分析。

该岩质人工高切坡，为侏罗系中统上沙溪庙组砂泥岩互层，近似水平层理。边坡最大高度41m，平均坡度近60°，由于开挖卸荷、风化作用，坡体完整性自上而下呈较破碎、较完整—完整—较完整状态；岩体形状为块状—巨块状—中厚层、厚层或块状；软硬程度变化为软—较软—较硬—软状态。岩体基本质量等级为 V—VI—IV。

经试验，原状岩样的抗剪强度指标分别为：$c_y = 7.57\text{MPa}$，$\varphi_y = 41.1°$；岩块天然状态下的单轴抗压强度和饱和状态下单轴抗压强度分别为：$R_0 = 36.1\text{MPa}$、$R_c = 28.0\text{MPa}$；经钻孔超声波现场测试，开挖前后岩体声波波速分别为：$v_0 = 2\,315\text{m/s}$、$v_p = 1\,950\text{m/s}$。

根据本文有关岩质高切坡中卸荷损伤及湿化损伤的定义，将相应参数代入式(2.5)和式(2.14)，可计算出相应的损伤：卸荷损伤 $D_x = 1 - (v_p/v_0)^2 = 0.29$；湿化损伤：$D_s = 1 - R_c/R_0 = 0.224$。从而可根据岩质人工高切坡岩体长期强度指标计算式(2.19)和式(2.20)，计算出该岩质高切坡的长期抗剪强度指标：$\varphi = \varphi_y(1 - D_x)(1 - D_s) = 22.6°$；$c = c_y(1 - D_x)(1 - D_s) = 4.17\text{MPa}$。

从计算结果看，该人工高切坡的长期抗剪强度指标与开挖前岩体的抗剪强度指标相比，降低了近50%。这就是部分人工高切坡在开挖形成后，由于开挖卸荷、降雨等因素综合作用发生突然失稳的关键原因。

采用《建筑边坡工程技术规范》(GB 50330—2002)中的平面滑动公式计算，该边坡的长期稳定性系数为1.02。与按常规的强度折减(0.6)确定的边坡稳定系数1.11比较接近。表明本高切坡处于临界稳定状态，稳定系数远远小于边坡规范要求的1.35，因此该边坡需要进行加固处理。

五、结论

采用损伤理论的基本原理，结合影响人工高切坡长期抗剪强度指标的两个主要因素：开挖卸荷和雨水入渗，并根据岩质边坡和土质边坡的不同特点，分别定义了土质人工高切坡的结构损伤变量和吸力损伤变量，以及岩质高切坡的卸荷损伤变量和湿化损伤变量，以此为基础，分别给出了各自的长期抗剪强度指标的定量计算公式，相应的计算参数均可通过常规试验获取。以人工岩质高切坡为例，经计算表明：由于开挖卸荷和雨水入渗的双重作用，使得边坡岩体长期强度指标降低了近50%，导致边坡的稳定性急剧恶化，甚至可能转变成滑坡。以本文计算理论为基础，可以对现存的大量人工高切坡的长期稳定性做出评价，以指导工程实践。

第三节　危险性高切坡快速判别及超前诊断理论与方法体系的建立

我们进行研究的目的，也就是要将研究成果直接快速、方便、安全、高效地运用于工程活动实践之中，达到减少甚至杜绝边坡危害发生的目的，为此研究出了针对危险性高切坡的快速判别及超前诊断理论与方法体系。

一、基于 RMR 值高切坡稳定性的超前诊断

工程中对于岩体的工程特性的确定是相当麻烦的。由 Bieniawski 提出的岩体分级（RMRs）是多种方法、系统中的一种，可用于岩体特性评价、普遍用于全世界的方法。这种被广泛接受的结果在于部分对设计或结构有用的决定性工具也是相关的评价岩体 RMR 值的工具。例如，地下硐室的跨度和耐久性（RMR 值）的初步应用、地面承载力、边坡开挖设计和土石方开挖以及其他工程。这种被广泛接受的结果还在于部分的关键的几个岩体的设计参数与 RMR 值一致，如变形模量和强度参数。

部分列举的 RMR 与设计或结构相关的决定性工具及设计参数，清晰地表明了 RMR 值在岩土工程中不同阶段所起到的重要作用。典型的工程勘察的局限性在于，在工程的可行性和计划阶段，由于资料的不足难以对整个场址的 RMR 值做出可靠的评价。对有些工程来说，如公路、铁路、管道、水库等工程，甚至在最终设计和施工建设阶段提供的可用资金都只能对关键工程做现场勘查，大区域内仍然缺少用来评价 RMR 值的信息。因此，本节提出了一种利用工程区域内自然出露岩体的 RMR 值判断边坡稳定坡角的方法。必要的边坡数据可以通过分析地形图、不同的影像资源或者更适合的现场勘查获得。该方法强调基本的 RMR 值的评价，仅限于对岩体表面岩体的评价，不代表深层岩体的 RMR 值。

1.研究背景

本节提出的 RMR 值与天然出露岩坡角的关系，基于 Selby 的研究。在他岩质边坡演化的球状研究中，Selby 提出了用岩体强度（RMS）分级来鉴定自然边坡的稳定。对 Selby 的 RMS 分级的初步检验表明，其与 Bieniawski 的地质力学分类类似。

Selby(1980)对近100个自然边坡的观察,得出了岩石RMS值与边坡稳定坡角的关系。对自然出露岩体的连续观察得出了对分布于三大洲(非洲、南极洲、大洋洲)总计268个自然边坡的RMS分级,包含了16种岩性和多种气候环境。这些数据与自然稳定坡角的关系见图2.100。

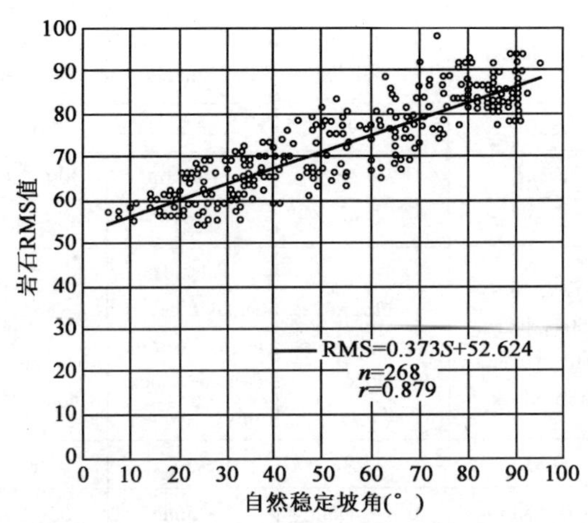

图2.100　Selby的RMS分级与所有岩体单元的稳定坡角关系图

提出了如下关系式:

$$RMS = 0.373S + 52.624 \qquad (r = 0.879) \tag{2.21}$$

式中:RMS——岩体强度(无量纲);

S——自然出露岩体的稳定坡角(°)。

2. RMS和RMR分类系统的原理

自然出露岩体的RMS值通过表2.1的7个指定的评价因素得到。RMR值是通过表2.2的6个指定的评价因素得到。可以看出两种分类方法包含了一些相同的评价因素和一些相关的评价因素。

组成RMR分类方法的个别评价因素分配值,从采用开始被修改了几次。表2.2为最新修正后各个评价因素的取值表——相当于本节中的RMR_{89}。虽然RMR包含了6个评价因素,但是在考虑了特定部位节理位置对RMR值的影响时,其中一个因素(F6)用于调整基本的RMR值。而且F6的不同取值取决于该工程是否为隧道、边坡或地下硐室。总的RMR_{89}值由6个因素值的和决定。

$$RMR_{89} = F1 + F2 + F3 + F4 + F5 + F6 = RMR_{basic} - F6 \tag{2.22}$$

岩体强度分类和取值 表2.1

A. Parameter	1	2	3	4	5
Intact rock strength (MPa)	>200	200～100	100～50	50～25	25～1
Weathering	r:20	r:18	r:14	r:10	r:5
	Unweathered	Slightly weathered	Moderately weathered	Highly weathered	Completely weathered
Spacing of joints	r:10	r:9	r:7	r:5	r:3
	>3m	3～1m	1～0.3m	300～50mm	<50mm
	r:30	r:28	r:21	r:15	r:8
Joint orientations	Very favorable. Steepdips into shope, cross joints interlock	Favorable. Moderate dips into slope	Fair. Horizontal dips, or nearly vertical (hard rocks only)	Unfavorable. Moderate dips out of slope	Very unfavorable. Steep dips out of slope
Width of joints	r:20	r:18	r:14	r:9	r:5
	<0.1mm	0.1～1mm	1～5mm	5～20mm	>20mm
	r:7	r:6	r:5	r:4	r:2
Continuous of joints	None continuous	Few continuous	Continuous, no infill	Continuus, thin infill	Continuous, thick infill
Outflow of groundwater	r:7	r:6	r:5	r:4	r:1
	Note	Trace	Slight	Moderate	Great
			<25L/min	25～125L/min	>125L/min
			$10m^2$	$10m^2$	$10m^2$
	r:6	r:5	r:4	r:3	r:1
B. Total Rating	Very strong	Strong	Moderate	Weak	Very weak
	100～91	90～71	70～51	50～26	<26
Approximate correlations to the directly measured unconfined compressive strength are given below in tems of the rebound of "R" value from an N. type Schmidt Hammer and the point load strength.					
UCS(MPa)	>200	200～100	100～50	50～25	25～1
"R" Value	>60	60～50	50～40	40～35	35～10
Point load strenght (MPa)	>8.0	8.0～4.0	4.0～2.0	2.0～1.0	1.0～0.4
Rating	r:20	r:18	r:14	r:10	r:1

Bieniawski 地质力学分类 表2.2

Parameter			Ranges of values						
A. Classiftcation parameters and their ratings									
1	Strenght of inteac tock material	Point-load strength indes(MPa)	>10	10 - 4	4 - 2	2 - 1	For this low range, uniaxial compressive test is preferred		
		Uniaxial compressive strenght (MPa)	>250	250 ~ 100	100 ~ 50	50 ~ 25	25 ~ 5	5 ~ 1	<1
	Rating		15	12	7	4	2	1	0
2	Drill cote quality RQD(%)		100 ~ 90	90 ~ 75	75 ~ 50	50 ~ 25	<25		
	Rating		20	17	13	8	3		
3	Spacing of discontinuties		>2m	0.6 ~ 2m	200 ~ 600mm	60 ~ 200mm	<60mm		
	Rating		20	15	10	8	5		
4	Condition of discomtinuitles		Very rough	Slightly rough	Slightly rough	Slckens-kled	Soft gouge >5mm thick of		
			surfaces	surfaces	surfaces	surfaces of			
			Not contin uous	Separa-tion	Separa-tion	Gouge <5mm	Separation >5mm		
			Nosepar-ation	<1mm	<1mm	Separation	Continuous		
			Unweat-hered	Slightly	Highly	Contin-uous			
			wall rock	weathered walls	weathered walls				
5	groundwater	Rating	30	25	20	10	0		
		Inflow per 10m tunnel	None or	<10or	10 ~ 25or	25 ~ 125or	>125or		
		length(L/min)							
		Ratio	0 or	<0.1or	0.1 ~ 0.2or	0.2 ~ 0.5or	>0.5or		
		General conditions	Comple-lely dry	Damp	Wet	Dripping	Flowing		
		Rating	15	10	7	4	0		

3. RMS 数据转换为 RMR 数据

Selby 的 RMS 分类因素转换为 Bieniawski 的 RMR 分类因素的转换如下：

RMS rating factors	RMR factors	Conversion
f1—Unc. comp. strength	F1—Unc. comp. strength	f1⇒F1
f2—weathering	F2—RQD	
f3—spacing of joints	F3— spacing of joints	f3⇒F3 + derived F2
f4—joint orientations	F4—Cindition of joints	f2 + f5 + f6⇒F4
f5—Width of joints	F5—Groundwater	f7⇒F5
f6 —Continuity of joints	F6—Joint orientations	f4⇒F6
f7— Outflow of water		

这里有常见的两个评价系统的因素取值，例如，f1 和 F1、f7 和 F5、f4 和 F6 它们之间的转换是直接的，只需要在取值范围内插值。这里在两个评价系统中相关的因素取值、评价，只需要做相应的转换即可。举例来说，在 RMR 系统中有 RQD 值，而在 RMS 系统中却没有，在此情况下，首先，RMS 系统中的节理间隙因素值(f3)可以直接转换为 RMR 系统中节理间隙因素值(F3)；然后，将 RMR 系统中的关于节理间隙因素值的由 Priest & Hudson 公式得来的 RQD 值加上 F3 因素值。值得注意的是，RMS 系统中包含了 3 个与节理因素相关的值(f2、f5、f6)，RMR 中只有一个这样的因素 F4。RMS 系统中这三个因素的和就转换为 RMR 系统中的 F4。

4. 基本的 RMR 值与坡角

图 2.101 为基本的 RMR 值与坡角的关系图。通过数据分析直线形衰减的公式为：

$$\mathrm{RMR}_{\mathrm{basic}} = 0.415S + 51.5\,(r = 0.875)，或\ \mathrm{RMR}_{\mathrm{basic}} \approx 0.4S + 52 \tag{2.23}$$

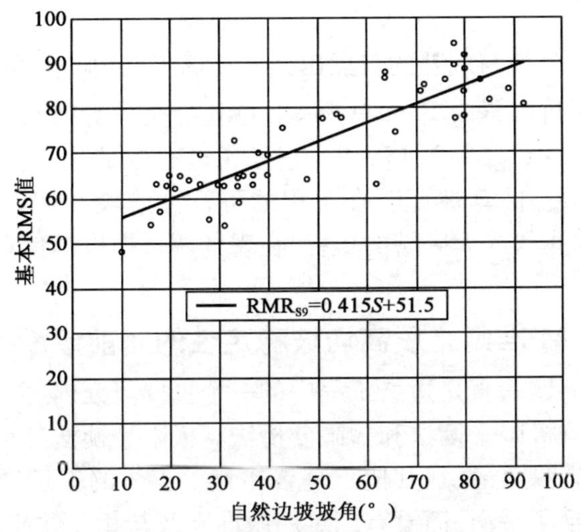

图 2.101　RMR 值对自然边坡坡角求导

式(2.23)提供了一种指定地出露岩石坡角确定的情况下在快速的评价基本 RMR_{basic} 值的方法。基本的 RMR_{basic} 值的评价是客观的，当然也是有所局限的，这在下节进行介绍。

式(2.23)推算出的一个平坡($S=0$)的基本 RMR 值为 52。这种推算是通过假定基本 RMR_{basic} 值和自然边坡坡角为线性关系的。收集的追加历史数据可以清楚地表明，减小基本 RMR_{basic} 值可以较好地描述其与小坡角的关系。结合式(2.22)，总的 RMR 值是通过一个调整因素决定的，在考虑了节理位置的影响，从基本 RMR_{basic} 值中减去该值。从图 2.8 中可以看出，这个调整因素值的影响从 0 到 60。因此，一个明显的 20°的自然边坡，如果节理位置的影响被定义为“非常不利”，那么总的 RMR 值就会被评价为接近于 0。基于此，我们可以预先考虑在对一个较小的坡度里，其 RMR 值的减去项不能太大。

5. 关系式使用的防误差说明

式(2.23)是基于 Selby 收集的数据，在他的边坡演化研究中。Selby 强调数据源于成熟的自然出露的岩体。成熟即是出露的岩体在它的强度条件下处于平衡状态。他特别提出，在边坡被波动作用或河流下切，也就是边坡非常陡峭的情况下，反对运用他的数据(包括他的 RMS 关系以及其延伸的基本 RMR_{basic} 关系)。同样在出露石灰岩地区，如果坡脚正在溶解或在出露的地质年代较新的火山岩中，如果节理没有连通水，不能自由地渗透而处于风化阶段的边坡，不能采用它的数据。更进一步而言，式(2.23)还不能用在被一组或多组节理切割的破碎边坡中。

6. 结论

基本 RMR_{basic} 分类与成熟的自然出露岩石稳定坡角的关系，是通过转换 Selby 的 RMS 分类评价因素成 Bieniawski 的 RMR 分类评价因素而提出的。合理的关系结果是基本 $RMR_{basic} \approx 0.4S + 52$，它是通过有效的历史数据得出的。这样一个基本的 RMR_{basic} 推算被证明在工程的可行性阶段和初设阶段是相当有用的。例如，大型的线状或大区域的工程，在现场调查提供的信息比重要工程的信息要粗略得多。

二、基于 C-M 准则土质高切坡稳定性的超前诊断

边坡稳定性问题一直是边坡工程中的一个重要研究内容。现行的边坡稳定性分析方法主要有极限平衡法和极限分析法。极限平衡法分析所得到的解仅仅在假想破坏平面是满足的，在其他点是否违背了土体的破坏准则无法证明。因而这个解只是满足了平衡，而没有满足屈服准则及其相关联流动法则。然而，极限分析根据上限定理和下限定理可以得到边坡稳定分析中的真实解。对于土质边坡，由于各种各样的条件都可能导致土坡因为自重原因而引起的破坏，同时坡体材料的剪切抗力由 Coulomb—Morch（C-M）屈服或破坏准则确定。因此，本节基于简单的边坡（只计算边坡的破坏面通过坡趾下方的情况，且破坏机构服从对数螺旋机构），进行稳定性计算提出基于 C-M 准则的土质高切坡稳定性超前诊断，以土坡临界高度值 H_c 作为土质高切坡稳定性超前诊断标准，并给出了相应计算结果的数据表和图。

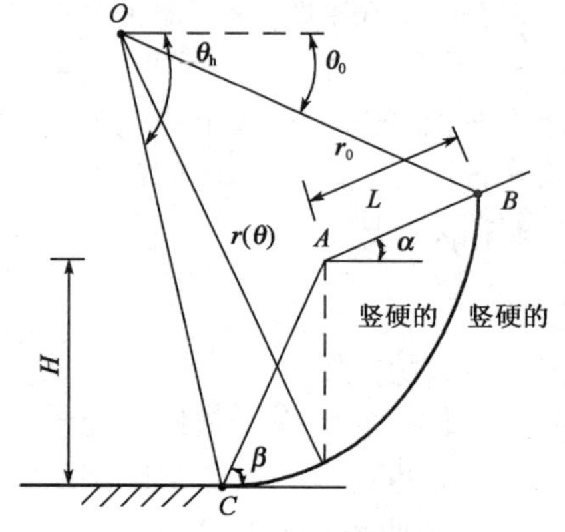

图 2.102 C-M 边坡稳定性的破坏机构

1. 基本原理

极限分析的上限定理在这里可以陈述为：对于任意的假想的破坏机构，如果自重所做的功率超过了内部能量耗损率，则图 2.102 所示的边坡就会因自重而引起破坏。因此，对于这类机构，使外功率与内部能量耗损率相等，即可得到临界高度的一个上限解。

从几何关系可以看出，比值 H/r_0 和 L/r_0 可以表示成以下形式：

$$\frac{H}{r_0} = \frac{\sin\beta}{\sin(\beta - \alpha)}\{\sin(\theta_h + \alpha)\exp[(\theta_h - \theta_0)\tan\varphi] - \sin(\theta_0 + \alpha)\} \tag{2.24}$$

$$\frac{L}{r_0}=\frac{\sin(\theta_h-\theta_0)}{\sin(\theta_h+\alpha)}-\frac{\sin(\theta_h+\beta)}{\sin(\theta_h+\alpha)\sin(\beta-\alpha)}\{\exp[(\theta_h-\theta_0)\tan\varphi]\sin(\theta_h+\alpha)-\sin(\theta_0+\alpha)\} \tag{2.25}$$

外功率：

$$\gamma r_0^3\Omega(f_1-f_2-f_3) \tag{2.26}$$

$$f_1(\theta_h,\theta_0)=\frac{1}{3(1+9\tan^2\varphi)}\{(3\tan\varphi\cos\theta_h+\sin\theta_h)\exp[3(\theta_h-\theta_0)\tan\varphi]-(3\tan\varphi\cos\theta_0+\sin\theta_0)\} \tag{2.27}$$

$$f_2(\theta_h,\theta_0)=\frac{1}{6}\frac{L}{r_0}(2\cos\theta_0-\frac{L}{r_0}\cos\alpha)\sin(\theta_0+\alpha) \tag{2.28}$$

$$f_3(\theta_h,\theta_0)=\frac{1}{6}\exp[(\theta_h-\theta_0)\tan\varphi][\sin(\theta_h-\theta_0)-\frac{L}{r_0}\sin(\theta_h+\alpha)]\times\{\cos\theta_0-\frac{L}{r_0}\cos\alpha+\cos\theta_h\exp[(\theta_h-\theta_0)\tan\varphi]\} \tag{2.29}$$

内部损耗率：

$$\int_{\theta_0}^{\theta_h} cV\cos\varphi\frac{r\mathrm{d}\theta}{\cos\varphi}=\frac{cr_0^2\Omega}{2\tan\varphi}\{\exp[2(\theta_h-\theta_0)\tan\varphi]-1\} \tag{2.30}$$

临界高度，使外功率与内部能量损耗率相等，得：

$$H_c=\frac{c}{\gamma}f(\theta_h,\theta_0) \tag{2.31}$$

$$f(\theta_h,\theta_0)=\frac{\sin\beta\{\exp[2(\theta_h-\theta_0)\tan\varphi]-1\}}{2\sin(\beta-\alpha)\tan\varphi(f_1-f_2-f_3)}\{\sin(\theta_h+\alpha)\times\exp[(\theta_h-\theta_0)\tan\varphi]-\sin(\theta_0+\alpha)\} \tag{2.32}$$

根据上限定理，给出临界高度 H_c 的一个上限，当 θ_h、θ_0 满足条件：

$$\left.\begin{aligned}\frac{\partial f}{\partial\theta_h}&=0\\ \frac{\partial f}{\partial\theta_0}&=0\end{aligned}\right\} \tag{2.33}$$

解出这些方程，并把所得的 θ_h 和 θ_0 值代入（式2.32）后，即得到土质边坡临界高度的一个最小上限。记 $N_s=\min f(\theta_h,\theta_0)$，无量纲数 N_s 叫做稳定系数。则有：

$$H_c\leqslant\frac{c}{\gamma}N_s \tag{2.34}$$

2. 常用的稳定系数 N_s 表

表2.3 ~ 表2.7 为计算得到的内摩擦角 φ 从 20° ~ 35°，边坡坡比从 1∶0.25 ~ 1∶1.5，α 从 5° ~ 20°的稳定系数 N_s 的计算结果表，根据表中对应数据的稳定系数 N_s 值，我们可以通过式(2.34)推求出该条件下边坡的临界坡高 H_c，以此来进行土质高切坡稳定性超前诊断。

φ=20°的稳定系数 N_s 表 表2.3

φ	α	坡比 i					
		1∶0.25	1∶0.5	1∶0.75	1∶1	1∶1.25	1∶1.5
20°	5°	7.347	9.487	12.306	16.028	21.248	29.131
	10°	7.159	9.364	12.157	15.847	21.029	28.862
	15°	7.044	9.206	11.952	15.585	20.690	28.412
	20°	6.897	8.992	11.652	15.166	20.086	27.497

φ=25°的稳定系数 N_s 表 表2.4

φ	α	坡比 i					
		1∶0.25	1∶0.5	1∶0.75	1∶1	1∶1.25	1∶1.5
25°	5°	8.386	11.440	15.896	22.768	34.660	59.143
	10°	8.217	11.323	15.754	22.595	34.448	58.872
	15°	8.108	11.175	15.565	22.353	34.128	58.429
	20°	7.972	10.981	15.230	21.984	33.592	57.590

φ=30°的稳定系数 N_s 表 表2.5

φ	α	坡比 i					
		1∶0.25	1∶0.5	1∶0.75	1∶1	1∶1.25	1∶1.5
30°	5°	9.603	14.075	21.419	35.413	69.755	218.671
	10°	9.516	13.962	21.283	35.245	69.538	218.364
	15°	9.412	13.822	21.104	35.013	69.218	217.864
	20°	9.284	13.642	20.860	34.669	68.694	216.933

φ=35°的稳定系数 N_s 表 表2.6

φ	α	坡比 i					
		1∶0.25	1∶0.5	1∶0.75	1∶1	1∶1.25	1∶1.5
35°	5°	11.243	17.817	30.838	65.391	257.338	—
	10°	11.157	17.708	30.704	65.222	257.097	—
	15°	11.056	17.574	30.533	64.991	256.740	—
	20°	10.935	17.404	30.302	64.654	256.158	—

$\varphi = 40°$的稳定系数 N_s 表　　表2.7

φ	α	坡比 i					
		1:0.25	1:0.5	1:0.75	1:1	1:1.25	1:1.5
40°	5°	13.388	23.512	49.725	185.350	—	—
	10°	13.304	23.405	49.593	185.171	—	—
	15°	13.205	23.275	49.424	184.926	—	—
	20°	13.088	23.113	49.201	184.571	—	—

3. 对应的拟合关系曲线

(1)稳定系数 N_s 与内摩擦角 φ 的关系曲线

下图2.103～图2.106分别给出了坡角 $\alpha=5°$、$\alpha=10°$、$\alpha=15°$、$\alpha=20°$，坡比 i 分别为1:1.5、1:1.25、1:1、1:0.75、1:0.5、1:0.25时，稳定系数 N_s 与内摩擦角 φ 的关系曲线。通过以下各图可以查到指定边坡的稳定系数 N_s，然后通过式(2.34)推求出该条件下边坡的临界坡高 H_c，以此来进行土质高切坡稳定性超前诊断。

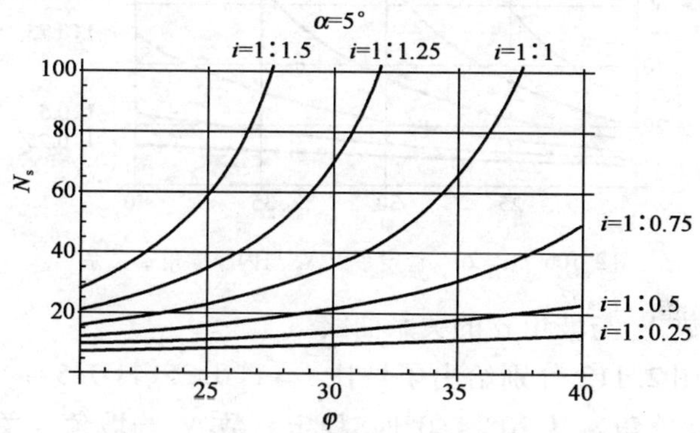

图2.103　$\alpha=5°$，稳定系数 N_s 与内摩擦角 φ 关系

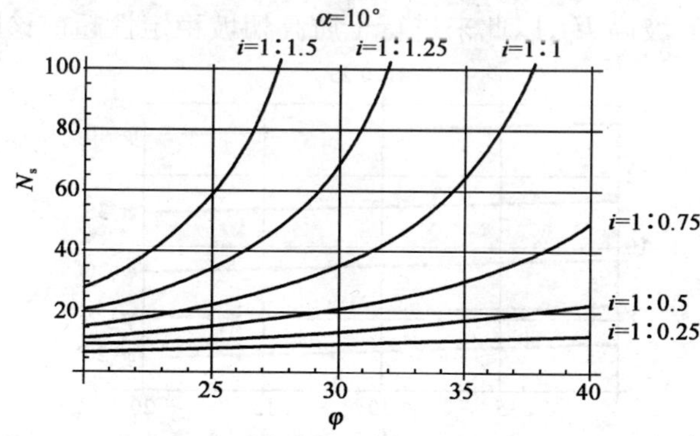

图2.104　$\alpha=10°$，稳定系数 N_s 与内摩擦角 φ 关系

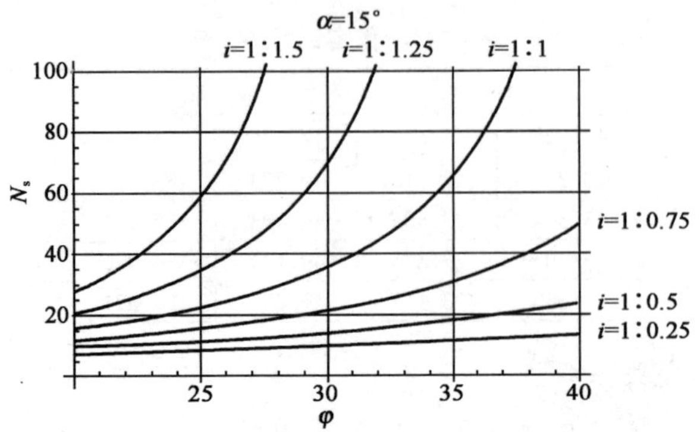

图 2.105　$\alpha = 15°$，稳定系数 N_s 与内摩擦角 φ 关系

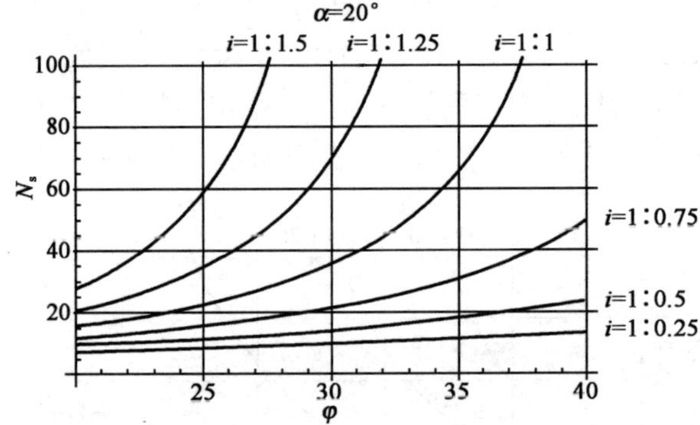

图 2.106　$\alpha = 20°$，稳定系数 N_s 与内摩擦角 φ 关系

(2)稳定系数 N_s 与坡角 α 的关系曲线

图 2.107 ~ 图 2.112 分别给出了坡比 $i = 1:0.25$、$1:0.5$、$1:0.75$、$1:1$、$1:1.25$、$1:1.5$，内摩擦角 φ 从 20° ~ 40°时，稳定系数 N_s 与坡角 α 关系曲线。通过以下各图，我们可以查到指定边坡的稳定系数 N_s，然后通过式(2.34)推求出该条件下边坡的临界坡高 H_c，以此来进行土质高切坡稳定性超前诊断。

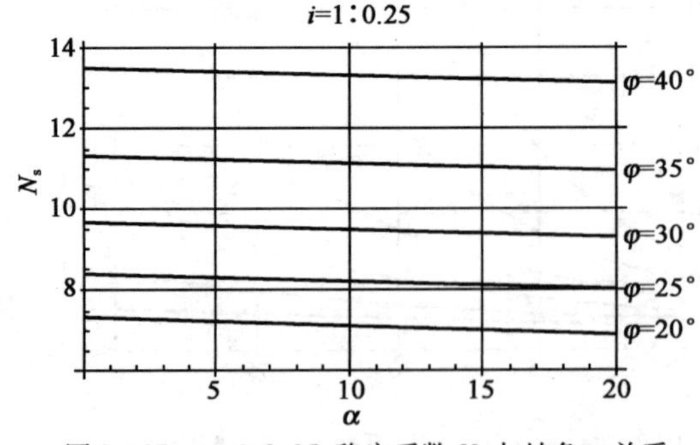

图 2.107　$i = 1:0.25$，稳定系数 N_s 与坡角 α 关系

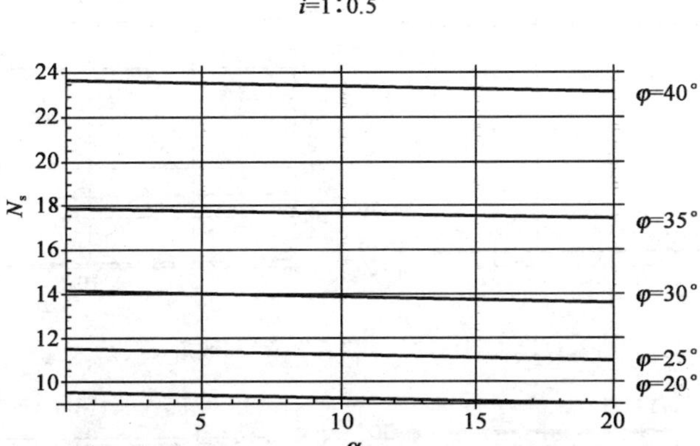

图 2.108　$i=1:0.5$，稳定系数 N_s 与坡角 α 关系

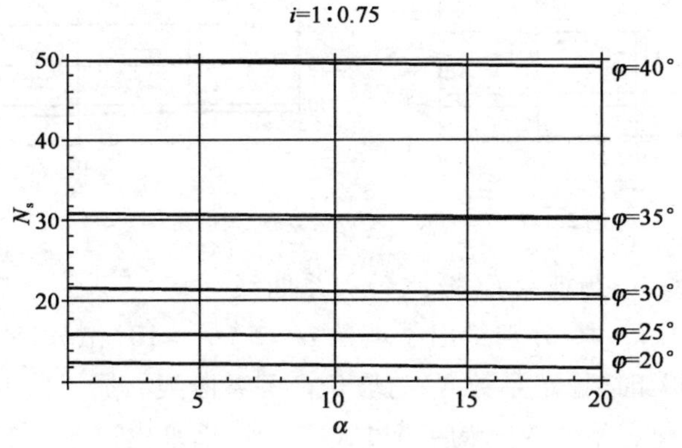

图 2.109　$i=1:0.75$，稳定系数 N_s 与坡角 α 关系

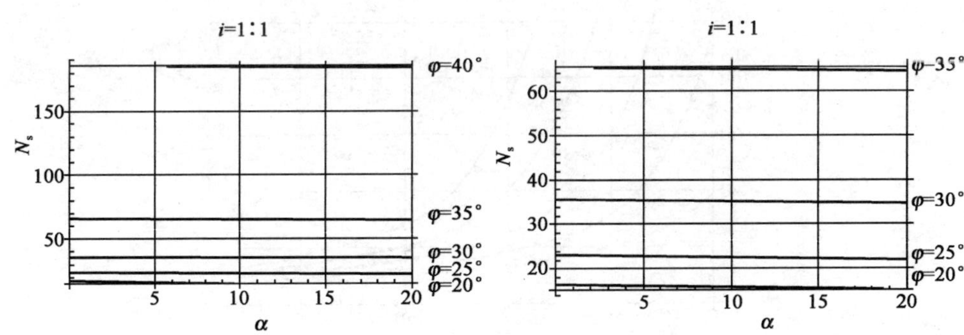

图 2.110　$i=1:1$，稳定系数 N_s 与坡角 α 关系

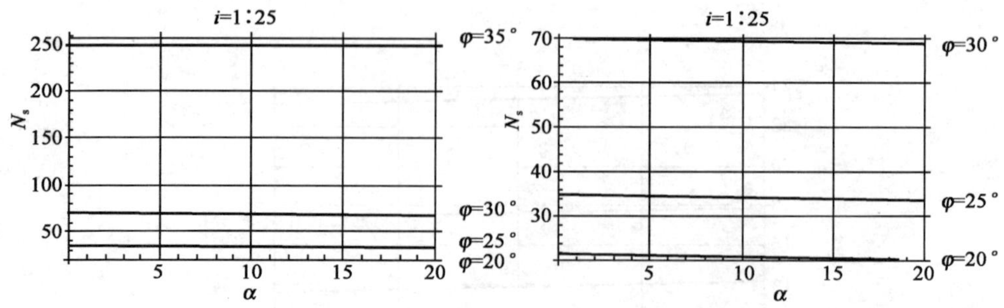

图 2.111　$i=1:1.25$,稳定系数 N_s 与坡角 α 关系

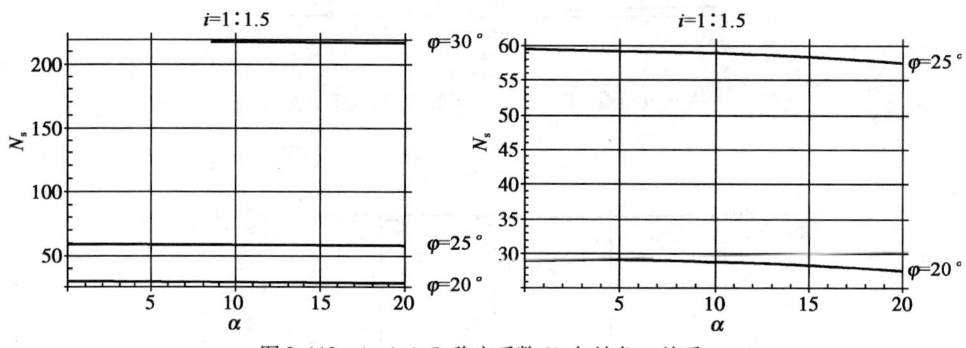

图 2.112　$i=1:1.5$,稳定系数 N_s 与坡角 α 关系

(3)稳定系数 N_s 与坡角 β(坡比 i)关系曲线

图 2.113 ~ 图 2.116 分别给出了坡角 $\alpha=5°$、$\alpha=10°$、$\alpha=15°$、$\alpha=20°$,内摩擦角 φ 从 20° ~ 40°时,稳定系数 N_s 与坡角 β 关系曲线。通过以下各图我们可以查到指定边坡的稳定系数 N_s,然后通过式(2.34)推求出该条件下边坡的临界坡高 H_c,以此来进行土质高切坡稳定性超前诊断。

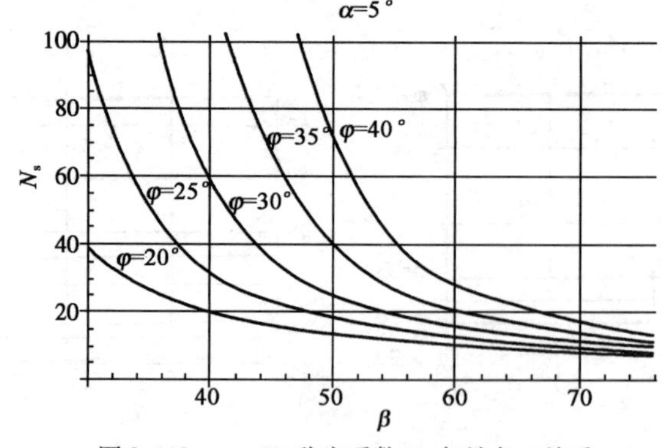

图 2.113　$\alpha=5°$,稳定系数 N_s 与坡角 β 关系

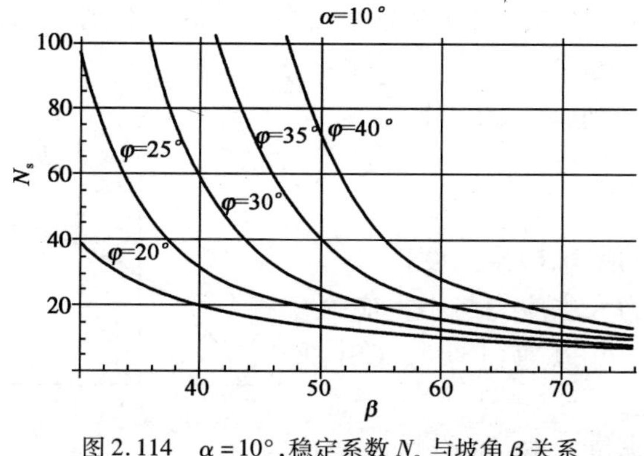

图 2.114　$\alpha=10°$，稳定系数 N_s 与坡角 β 关系

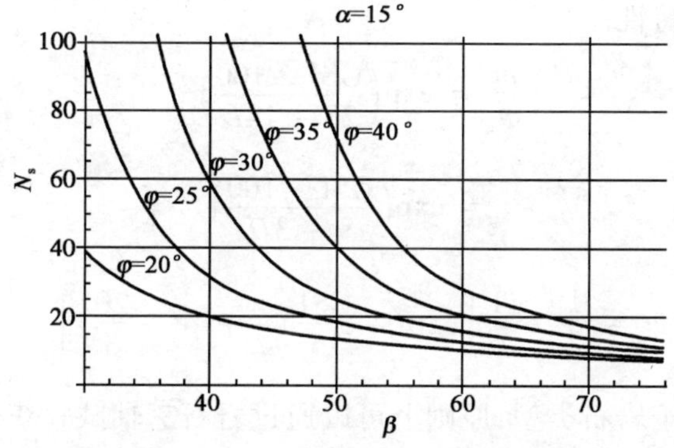

图 2.115　$\alpha=15°$，稳定系数 N_s 与坡角 β 关系

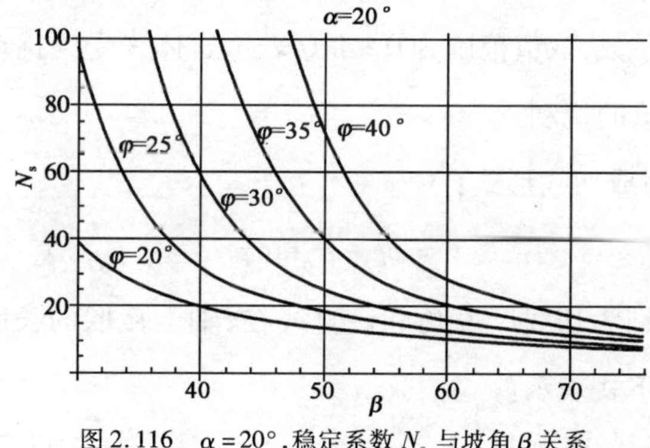

图 2.116　$\alpha=20°$，稳定系数 N_s 与坡角 β 关系

三、基于 Hoek-Brown（H-B）准则岩质高切坡稳定性的超前诊断

1. 基本原理

由于实际工程问题中，很多岩土介质破坏服从非线性破坏准则，特别在岩石

介质中一般服从 H-B 准则,因此在这些介质中,C-M 准则下的边坡极限分析理论不再适用。

(1)H-B 破坏准则(图 2.117)

$$\sigma_1 - \sigma_3 = \sigma_c\left[\frac{m\sigma_3}{\sigma_c} + s\right]^n \quad (2.35)$$

式中:σ_c——岩石的单轴抗压强度;

σ_1、σ_3——分别为大主应力与小主应力;

m、s、n——参数,可以通过参数 GSI 来确定;

GSI——地质强度参数,能够反映岩体质量特性。

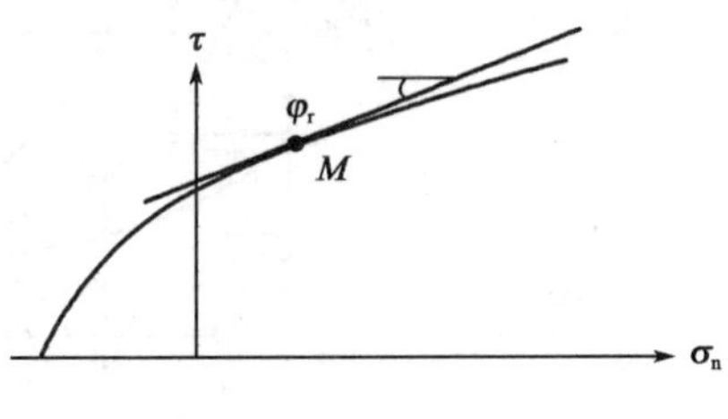

图 2.117 非线性 H-B 准则

$$\frac{m}{m_i} = \exp\left(\frac{GSI - 100}{28 - 14D}\right) \quad (2.36)$$

$$s = \exp\left(\frac{GSI - 100}{9 - 3D}\right) \quad (2.37)$$

$$n = \frac{1}{2} + \frac{1}{6}\left[\exp\left(-\frac{GSI}{15}\right) - \exp\left(-\frac{20}{3}\right)\right] \quad (2.38)$$

式中:m_i——取决于岩石类型,原则上可以通过岩石三轴试验获得的结果进行回归分析得到;

D——扰动系数,取值范围为 0 ~ 1,0 表示岩体未受到扰动,1 表示岩体受到严重的扰动。

将 H-B 准则写成切线形式:

$$t = c_t + \sigma_n \tan\varphi_t \quad (2.39)$$

式中:φ_t、c_t——分别为切线摩擦角和该直线在τ轴上截取的长度。参数 c_t 可以由下式表示:

$$\frac{c_t}{\sigma_c} = \frac{\cos\varphi_t}{2}\left[\frac{mn(1 - \sin\varphi_t)}{2\sin\varphi_t}\right]^{n/1-n} - \frac{\tan\varphi_t}{m}\left(1 + \frac{\sin\varphi_t}{n}\right) \times$$

$$\left[\frac{mn(1 - \sin\varphi_t)}{2\sin\varphi_t}\right]^{1/1-n} + \frac{s}{m}\tan\varphi_t \quad (2.40)$$

(2)极限分析(图2.118)

由外力虚功率等于物体所能接受变形功率得到极限高度及其稳定性。

$$H=\frac{c_t}{\gamma}\frac{\sin\beta\{\exp[2(\theta_h-\theta_0)\tan\varphi_t]-1\}}{2\sin(\beta-\alpha)\tan\varphi(f_1-f_2-f_3)}\{\sin(\theta_h+\alpha)\exp[(\theta_h-\theta_0)\tan\varphi_t]-\sin(\theta_0+\alpha)\}$$

$$=\frac{\left(\frac{\cos\varphi_t}{2}\left[\frac{mn(1-\sin\varphi_t)}{2\sin\varphi_t}\right]^{n/1-n}-\frac{\tan\varphi_t}{m}\left(1+\frac{\sin\varphi_t}{n}\right)\left[\frac{mn(1-\sin\varphi_t)}{2\sin\varphi_t}\right]^{1/1-n}+\frac{s}{m}\tan\varphi_t\right)\sigma_c}{\gamma}\times$$

$$\frac{\sin\beta\{\exp[2(\theta_h-\theta_0)\tan\varphi]-1\}}{2\sin(\beta-\alpha)\tan\varphi_t(f_1-f_2-f_3)}\{\sin(\theta_h+\alpha)\exp[(\theta_h-\theta_0)\tan\varphi_t]-\sin(\theta_0+\alpha)\}\tag{2.41}$$

$$f_1(\theta_h,\theta_0)=\frac{1}{3(1+9\tan^2\varphi_t)}\{(3\tan\varphi\cos\theta_h+\sin\theta_h)\exp[3(\theta_h-\theta_0)\tan\varphi_t]-(3\tan\varphi\cos\theta_0+\sin\theta_0)\}\tag{2.42}$$

$$f_2(\theta_h,\theta_0)=\frac{1}{6}\frac{L}{r_0}(2\cos\theta_0-\frac{L}{r_0}\cos\alpha)\sin(\theta_0+\alpha)\tag{2.43}$$

$$f_3(\theta_h,\theta_0)=\frac{1}{6}\exp[(\theta_h-\theta_0)\tan\varphi_t][\sin(\theta_h-\theta_0)-\frac{L}{r_0}\sin(\theta_h+\alpha)]\{\cos\theta_0-\frac{L}{r_0}\cos\alpha+\cos\theta_h\exp[(\theta_h-\theta_0)\tan\varphi_t]\}\tag{2.44}$$

$$\frac{H}{r_0}=\frac{\sin\beta}{\sin(\beta-\alpha)}\{\sin(\theta_h+\alpha)\exp[(\theta_h-\theta_0)\tan\varphi_t]-\sin(\theta_0+\alpha)\}\tag{2.45}$$

稳定系数 N_s 可表示为:

$$N_s=\frac{\gamma H_c}{s^{0.5}\sigma_c}\tag{2.46}$$

$$H_c=\frac{s^{0.5}\sigma_c N_s}{\gamma}\tag{2.47}$$

2. 常用的稳定系数 N_s 表

表2.8~表2.12为 m_i 分别为7、10、15、17、25,GSI从10~80,边坡坡比从1:0.25~1:1.5,α 从5°~20°的稳定系数 N_s 的计算表。

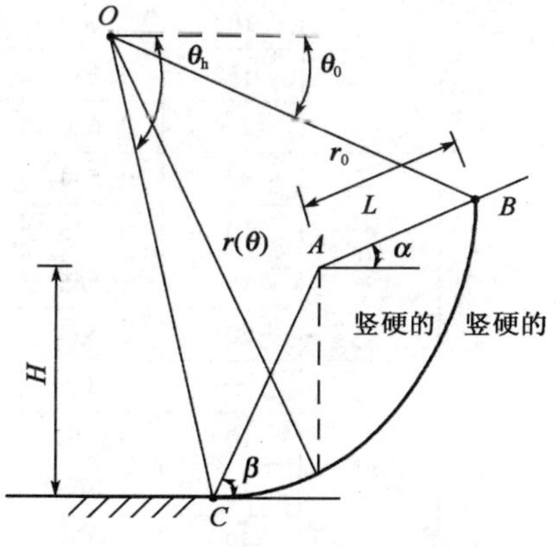

图2.118　C-M边坡稳定性的破坏机构

m_i =7 的稳定系数 N_s 表 表 2.8

m_i	GIS	α	坡比 i					
			1:0.25	1:0.5	1:0.75	1:1	1:1.25	1:1.5
7	10	5°	0.797	1.996	4.855	10.057	17.993	28.965
		10°	0.794	1.989	4.838	10.012	17.890	28.755
		15°	0.790	1.982	4.817	9.952	17.742	28.423
		20°	0.786	1.973	4.790	9.868	17.504	27.790
	20	5°	1.355	3.492	7.990	15.249	25.430	38.658
		10°	1.349	3.480	7.958	15.171	25.265	38.342
		15°	1.344	3.467	7.919	15.068	25.025	37.834
		20°	1.338	3.451	7.869	14.920	24.635	36.844
	30	5°	1.651	4.052	8.758	15.984	25.777	38.172
		10°	1.644	4.038	8.721	15.897	25.600	37.840
		15°	1.637	4.021	8.674	15.780	25.344	37.303
		20°	1.629	4.001	8.614	15.612	24.910	36.243
	40	5°	1.732	3.975	8.204	14.571	23.075	33.715
		10°	1.724	3.959	8.167	14.488	22.909	33.412
		15°	1.716	3.942	8.121	14.377	22.667	32.921
		20°	1.707	3.921	8.061	14.216	22.267	31.943
	50	5°	1.708	3.652	7.225	12.568	19.667	28.507
		10°	1.700	3.637	7.191	12.494	19.552	28.246
		15°	1.691	3.619	7.148	12.395	19.310	27.822
		20°	1.681	3.598	7.093	12.252	18.961	26.973
	60	5°	1.648	3.288	6.230	10.622	16.456	23.711
		10°	1.640	3.273	6.199	10.558	16.332	23.491
		15°	1.630	3.255	6.161	10.472	16.152	23.133
		20°	1.620	3.234	6.110	10.347	15.853	22.414
	70	5°	1.584	2.958	5.359	8.938	13.700	19.628
		10°	1.575	2.943	5.331	8.882	13.596	19.443
		15°	1.565	2.926	5.296	8.807	13.442	19.143
		20°	1.553	2.905	5.250	8.699	13.188	18.538
	80	5°	1.528	2.683	4.642	7.547	11.424	16.258
		10°	1.518	2.668	4.615	7.499	11.335	16.102
		15°	1.506	2.650	4.583	7.433	11.204	15.849
		20°	1.494	2.629	4.540	7.337	10.986	15.338

m_i =10 的稳定系数 N_s 表　　表 2.9

m_i	GIS	α	坡比 i					
			1:0.25	1:0.5	1:0.75	1:1	1:1.25	1:1.5
10	10	5°	0.932	2.863	7.688	16.379	29.561	47.747
		10°	0.929	2.856	7.662	16.308	29.394	47.403
		15°	0.926	2.847	7.631	16.213	29.154	46.858
		20°	0.922	2.836	7.591	16.079	28.767	45.820
	20	5°	1.607	4.910	11.918	23.100	38.717	58.978
		10°	1.602	4.900	11.873	22.984	38.467	58.497
		15°	1.600	4.880	11.817	22.830	38.105	57.725
		20°	1.591	4.860	11.745	22.609	37.515	56.221
	30	5°	1.943	5.548	12.628	23.379	37.886	56.220
		10°	1.937	5.530	12.576	23.253	37.625	55.732
		15°	1.930	5.510	12.511	23.085	37.244	54.946
		20°	1.923	5.486	12.428	22.843	36.621	53.392
	40	5°	2.007	5.312	11.580	20.908	33.305	48.789
		10°	2.000	5.294	11.530	20.791	33.068	48.352
		15°	1.992	5.273	11.468	20.634	32.721	47.645
		20°	1.984	5.248	11.387	20.409	32.151	46.238
	50	5°	1.945	4.767	10.029	17.808	28.085	40.851
		10°	1.937	4.750	9.984	17.706	27.880	40.478
		15°	1.929	4.730	9.928	17.569	27.582	39.875
		20°	1.920	4.706	9.855	17.372	27.090	38.670
	60	5°	1.844	4.190	8.507	14.892	23.315	33.759
		10°	1.836	4.173	8.468	14.805	23.144	33.448
		15°	1.827	4.154	8.419	14.688	22.892	32.944
		20°	1.818	4.131	8.355	14.519	22.477	31.933
	70	5°	1.742	3.676	7.186	12.391	19.267	27.792
		10°	1.733	3.661	7.152	12.317	19.123	27.534
		15°	1.724	3.643	7.108	12.218	18.913	27.115
		20°	1.714	3.621	7.052	12.074	18.565	26.274
	80	5°	1.652	3.250	6.095	10.324	15.928	22.883
		10°	1.643	3.235	6.064	10.261	15.807	22.669
		15°	1.633	3.218	6.026	10.176	15.631	22.321
		20°	1.622	3.196	5.976	10.054	15.339	21.620

$m_i = 15$ 的稳定系数 N_s 表 表 2.10

m_i	GIS	α	坡比 i					
			1:0.25	1:0.5	1:0.75	1:1	1:1.25	1:1.5
15	10	5°	1.180	4.624	13.325	28.816	52.227	84.488
		10°	1.178	4.614	13.282	28.692	51.934	83.882
		15°	1.175	4.601	13.230	28.527	51.501	82.920
		20°	1.171	4.586	13.162	28.294	50.831	81.088
	20	5°	2.062	7.554	19.067	37.266	62.621	95.490
		10°	2.057	7.534	19.000	37.080	62.218	94.712
		15°	2.052	7.511	18.908	36.883	61.634	93.465
		20°	2.046	7.483	18.794	36.480	60.684	91.034
	30	5°	2.458	8.236	19.415	36.236	58.874	87.461
		10°	2.452	8.212	19.337	36.042	58.470	86.703
		15°	2.446	8.184	19.240	35.784	57.881	85.482
		20°	2.438	8.151	19.115	35.412	56.917	83.070
	40	5°	2.487	7.684	17.416	31.749	50.739	74.430
		10°	2.480	7.660	17.342	31.573	50.379	73.765
		15°	2.473	7.633	17.251	31.338	49.854	72.690
		20°	2.465	7.600	17.133	30.999	48.990	70.551
	50	5°	2.356	6.743	14.860	26.721	42.367	61.684
		10°	2.349	6.721	14.796	26.570	42.021	61.123
		15°	2.341	6.700	14.716	26.367	41.574	60.217
		20°	2.332	6.695	14.612	26.076	40.838	58.405
	60	5°	2.183	5.791	12.443	22.155	34.900	50.669
		10°	2.176	5.772	12.388	22.027	34.645	50.205
		15°	2.168	5.748	12.320	21.587	34.273	49.453
		20°	2.159	5.721	12.231	21.612	33.658	47.946
	70	5°	2.018	4.958	10.367	18.287	28.682	41.535
		10°	2.010	4.940	10.320	18.181	28.471	41.152
		15°	2.002	4.920	10.262	18.038	28.163	40.531
		20°	1.993	4.894	10.186	17.833	27.653	39.286
	80	5°	1.874	4.269	8.651	15.099	23.577	34.062
		10°	1.866	4.252	8.610	15.010	23.402	33.747
		15°	1.857	4.233	8.560	14.891	23.146	33.235
		20°	1.848	4.209	8.495	14.718	22.723	32.207

m_i =17 的稳定系数 N_s 表　　表2.11

m_i	GIS	α	坡比 i					
			1:0.25	1:0.5	1:0.75	1:1	1:1.25	1:1.5
17	10	5°	1.288	5.422	15.842	34.345	62.289	100.789
		10°	1.285	5.410	15.791	34.179	61.939	100.067
		15°	1.282	5.396	15.729	34.001	61.435	98.919
		20°	1.279	5.379	15.650	33.723	60.625	96.735
	20	5°	2.255	8.684	22.083	43.224	72.665	110.825
		10°	2.250	8.661	22.001	43.009	72.198	109.922
		15°	2.245	8.635	21.899	42.723	71.520	108.475
		20°	2.239	8.604	21.769	42.314	70.418	105.655
	30	5°	2.674	9.357	22.211	41.513	67.479	100.264
		10°	2.668	9.330	22.122	41.292	67.016	99.396
		15°	2.661	9.299	22.012	40.996	66.342	97.996
		20°	2.654	9.263	21.869	40.572	65.238	95.232
	40	5°	2.685	8.665	19.795	36.150	57.806	84.818
		10°	2.599	8.639	19.712	35.950	57.397	84.060
		15°	2.671	8.608	19.609	35.683	56.799	82.836
		20°	2.663	8.572	19.476	35.298	55.815	80.400
	50	5°	2.525	7.558	16.823	30.323	48.070	70.077
		10°	2.518	7.535	16.751	30.152	47.723	69.441
		15°	2.510	7.507	16.661	29.922	47.216	68.411
		20°	2.502	7.473	16.544	29.592	46.381	66.355
	60	5°	2.323	6.454	14.044	25.086	39.562	57.466
		10°	2.316	6.433	13.982	24.943	39.274	56.940
		15°	2.308	6.403	13.906	24.750	38.852	56.088
		20°	2.299	6.378	13.806	24.473	38.157	54.381
	70	5°	2.131	5.490	11.665	20.670	32.471	47.055
		10°	2.124	5.471	11.613	20.550	32.233	46.622
		15°	2.115	5.449	11.548	20.390	31.885	45.920
		20°	2.106	5.422	11.463	20.159	31.309	44.512
	80	5°	1.965	4.694	9.699	17.033	26.659	38.555
		10°	1.958	4.676	9.654	16.934	26.462	38.199
		15°	1.949	4.656	9.599	16.800	26.174	37.621
		20°	1.940	4.631	9.527	16.608	25.698	36.460

m_i = 25 的稳定系数 N_s 表 表 2.12

m_i	GIS	α	坡比 i					
			1:0.25	1:0.5	1:0.75	1:1	1:1.25	1:1.5
25	10	5°	1.765	9.044	27.130	59.077	107.269	173.646
		10°	1.761	9.025	27.045	58.823	106.667	172.402
		15°	1.759	9.003	26.940	58.487	105.800	170.462
		20°	1.755	8.976	26.805	58.011	104.407	166.667
	20	5°	3.088	13.496	34.819	68.337	114.975	175.406
		10°	3.083	13.462	34.691	67.998	114.237	173.982
		15°	3.077	13.422	34.532	67.547	113.166	171.692
		20°	3.071	13.376	34.328	66.902	111.424	167.232
	30	5°	3.586	14.012	33.715	63.186	102.795	152.791
		10°	3.579	13.974	33.581	62.850	102.091	151.469
		15°	3.572	13.929	33.415	62.401	101.065	149.338
		20°	3.563	13.875	33.191	61.756	99.385	145.130
	40	5°	3.516	12.698	29.473	54.006	86.453	126.908
		10°	3.509	12.661	29.350	53.709	85.841	125.776
		15°	3.501	12.618	29.199	53.310	84.948	123.945
		20°	3.492	12.567	29.002	52.737	83.480	120.305
	50	5°	3.227	10.904	24.772	44.855	71.214	103.884
		10°	3.219	10.872	24.667	44.603	70.702	102.942
		15°	3.211	10.833	24.536	44.265	69.953	101.418
		20°	3.202	10.788	24.337	43.779	68.719	98.375
	60	5°	2.897	9.179	20.520	36.890	58.303	84.768
		10°	2.890	9.151	20.432	36.681	57.880	83.993
		15°	2.882	9.118	20.322	36.400	57.261	82.738
		20°	2.872	9.078	20.179	35.995	56.239	80.226
	70	5°	2.596	7.689	16.925	30.264	47.692	69.206
		10°	2.589	7.664	16.851	30.090	47.344	68.570
		15°	2.581	7.635	16.759	29.858	46.835	67.540
		20°	2.572	7.601	16.640	29.524	45.994	65.476
	80	5°	2.340	6.456	13.962	24.836	39.047	56.584
		10°	2.333	6.434	13.900	24.653	38.761	56.062
		15°	2.325	6.409	13.824	24.501	38.342	55.217
		20°	2.316	6.379	13.724	24.224	37.650	53.523

根据表中对应数据的稳定系数 N_s 值,我们可以通过式(2.47)推求出该条件下边坡的临界坡高 H_c,以此来进行岩质高切坡稳定性超前诊断。

3. 拟合关系曲线

图2.119~图2.158分别给出了 m_i 分别为7、10、15、17、25,GSI从10~80,稳定系数 N_s 与坡角 β 的关系曲线。通过以下各图我们可以查到指定边坡的稳定系数 N_s,我们可以通过式(2.47)推求出该条件下边坡的临界坡高 H_c,以此来进行岩质高切坡稳定性的超前诊断。

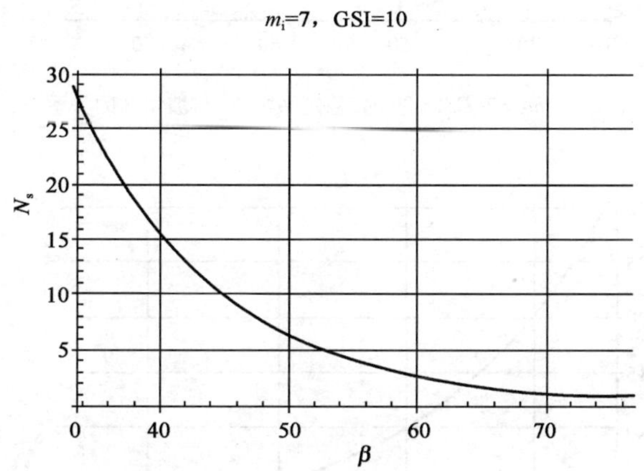

图2.119　$m_i=7$、GSI=10时,稳定系数 N_s 与坡角 β 的关系

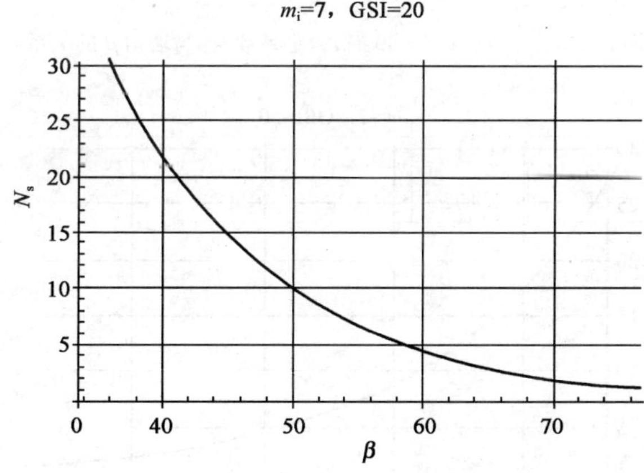

图2.120　$m_i=7$、GSI=20时,稳定系数 N_s 与坡角 β 的关系

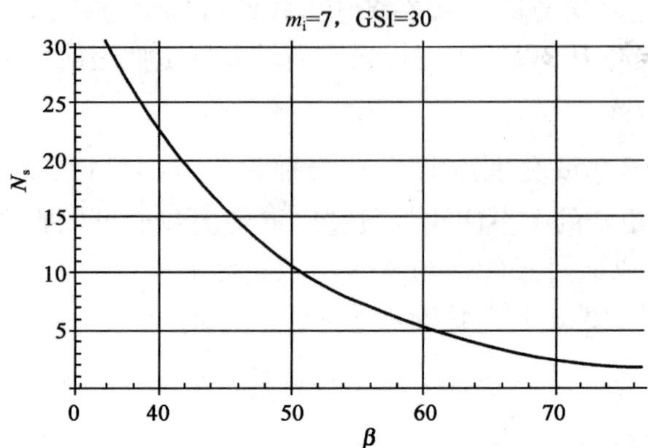

图 2.121　$m_i=7$、GSI = 30 时，稳定系数 N_s 与坡角 β 的关系

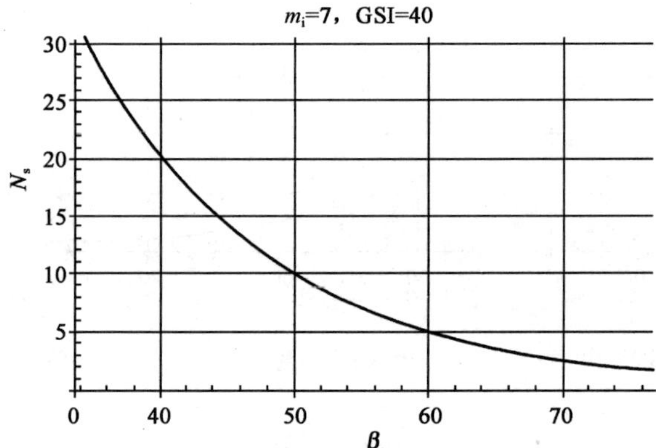

图 2.122　$m_i=7$、GSI = 40 时，稳定系数 N_s 与坡角 β 的关系

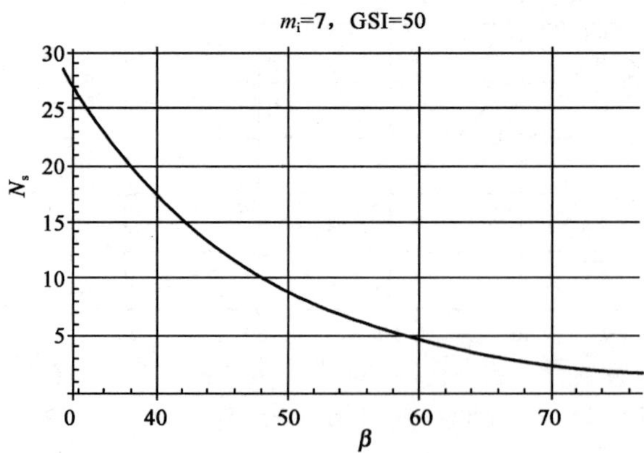

图 2.123　$m_i=7$、GSI = 50 时，稳定系数 N_s 与坡角 β 的关系

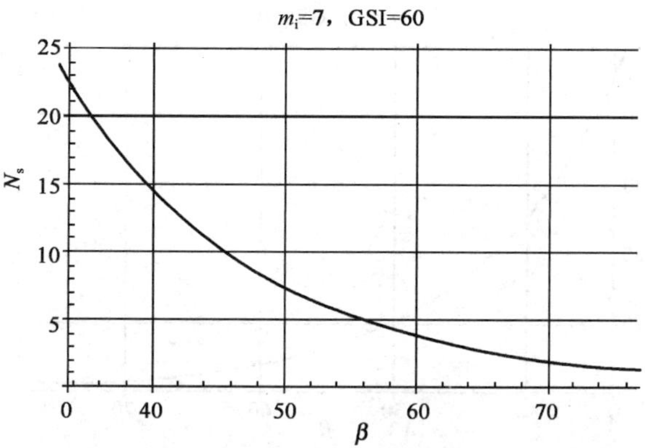

图 2.124　$m_i=7$、GSI = 60 时，稳定系数 N_s 与坡角 β 的关系

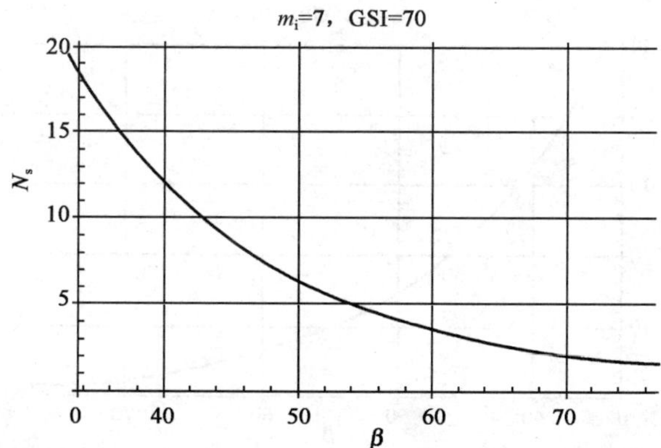

图 2.125　$m_i=7$、GSI = 70 时，稳定系数 N_s 与坡角 β 的关系

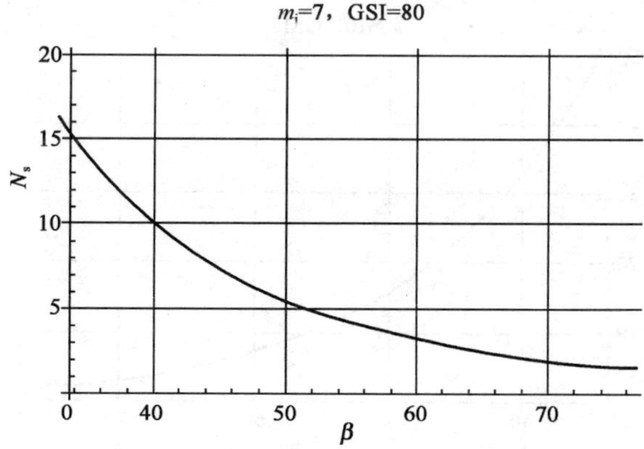

图 2.126　$m_i=7$、GSI = 80 时，稳定系数 N_s 与坡角 β 的关系

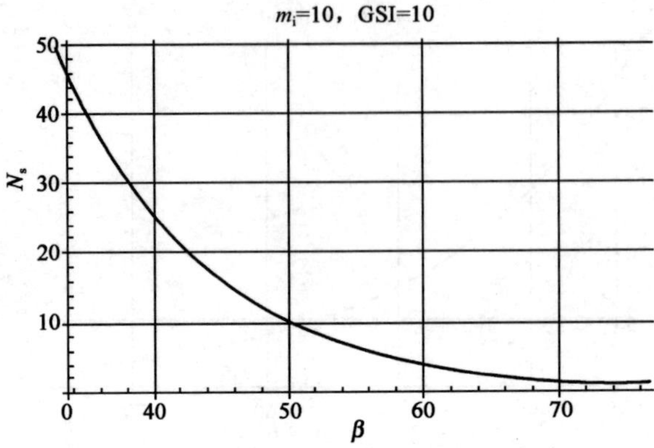

图 2.127　$m_i=10$、GSI = 10 时稳定系数 N_s 与坡角 β 的关系

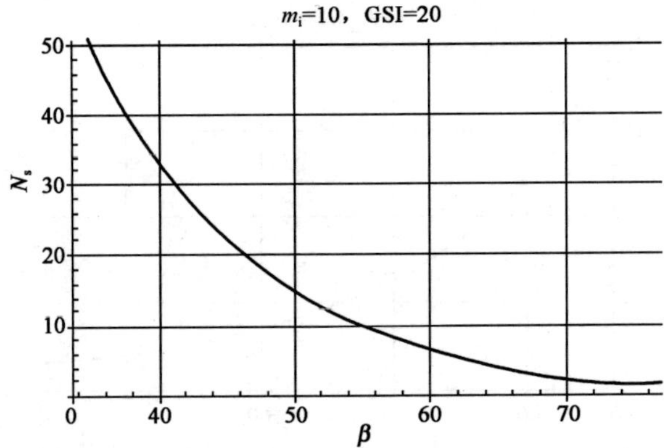

图 2.128　$m_i=10$、GSI = 20 时稳定系数 Ns 与坡角 β 的关系

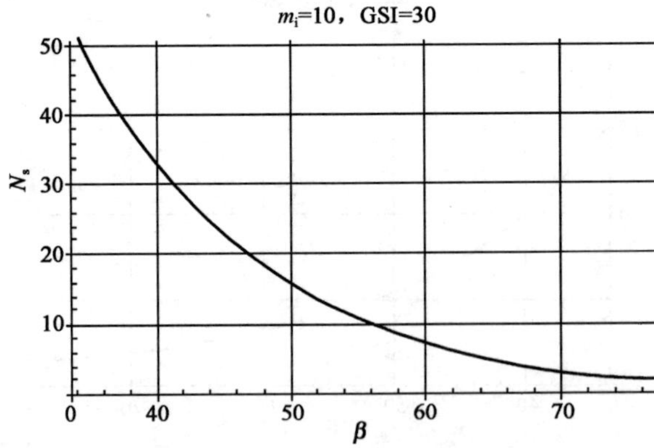

图 2.129　$m_i=10$、GSI = 30 时稳定系数 N_s 与坡角 β 的关系

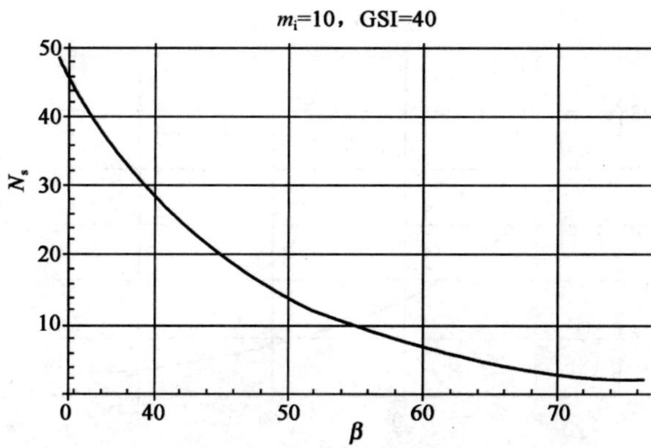

图 2.130　m_i = 10、GSI = 40 时稳定系数 N_s 与坡角 β 的关系

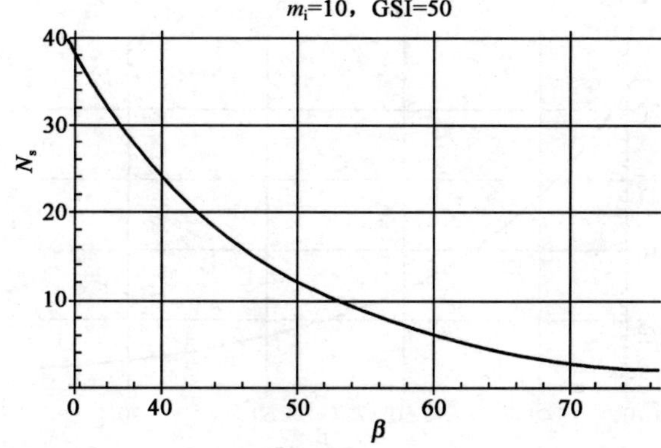

图 2.131　m_i = 10、GSI = 50 时稳定系数 N_s 与坡角 β 的关系

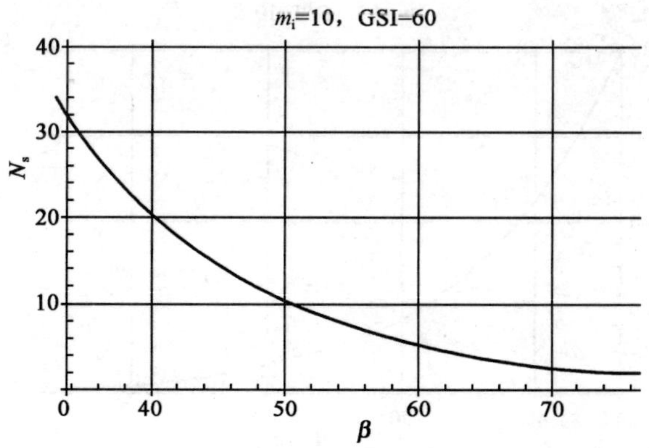

图 2.132　m_i = 10、GSI = 60 时稳定系数 N_s 与坡角 β 的关系

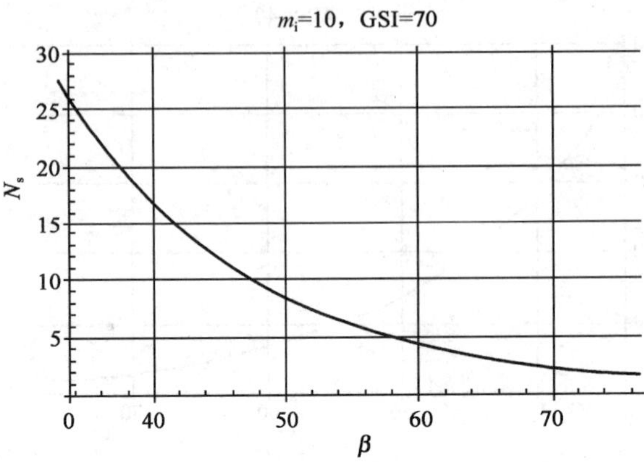

图 2.133　$m_i = 10$、GSI = 70 时稳定系数 N_s 与坡角 β 的关系

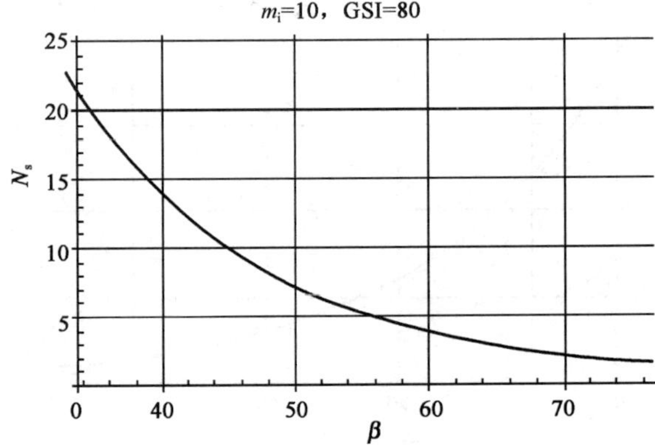

图 2.134　$m_i = 10$、GSI = 80 时稳定系数 N_s 与坡角 β 的关系

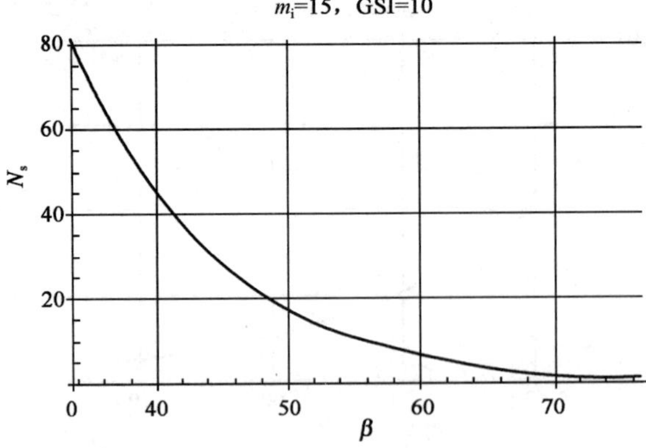

图 2.135　$m_i = 15$、GSI = 10 时稳定系数 N_s 与坡角 β 的关系

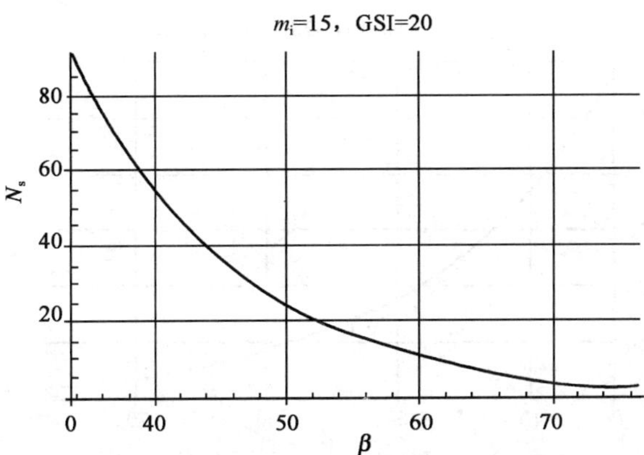

图 2.136　$m_i = 15$、GSI = 20 时稳定系数 N_s 与坡角 β 的关系

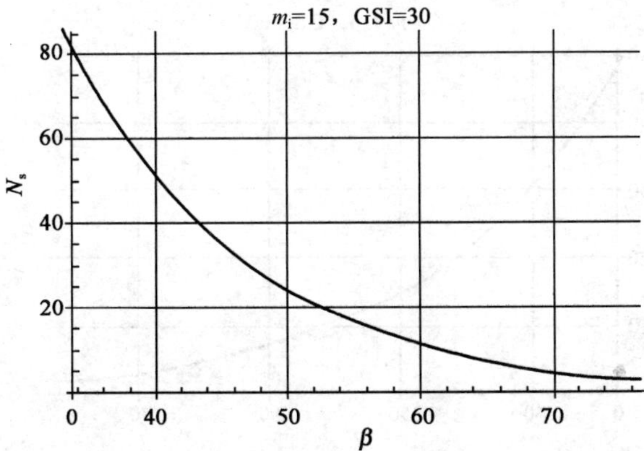

图 2.137　$m_i = 15$、GSI = 30 时稳定系数 N_s 与坡角 β 的关系

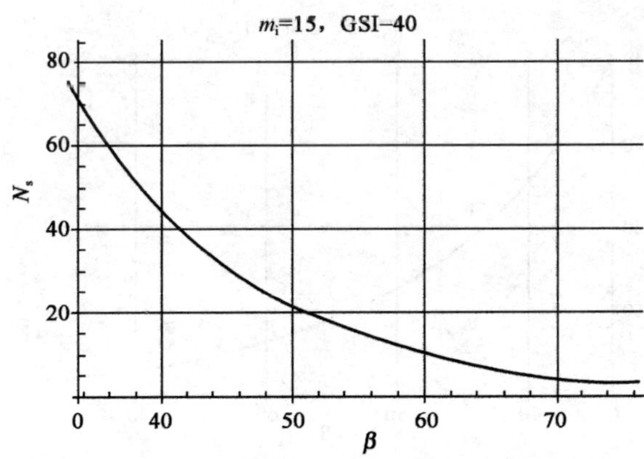

图 2.138　$m_i = 15$、GSI = 40 时稳定系数 Ns 与坡角 β 的关系

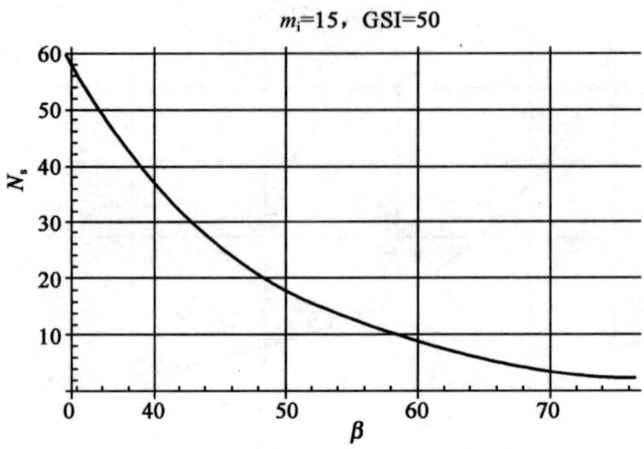

图 2.139　$m_i = 15$、GSI = 50 时稳定系数 N_s 与坡角 β 的关系

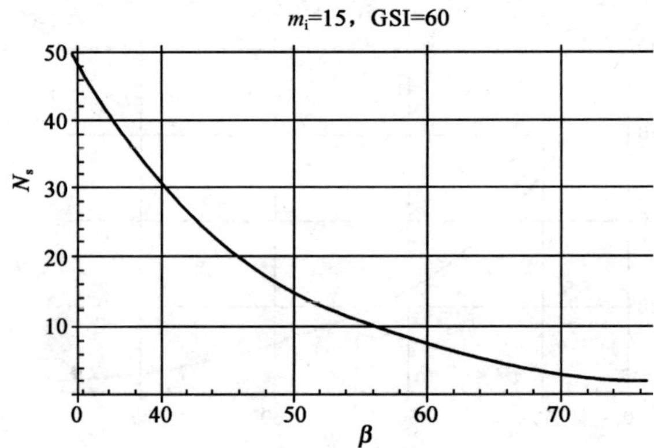

图 2.140　$m_i = 15$、GSI = 60 时稳定系数 N_s 与坡角 β 的关系

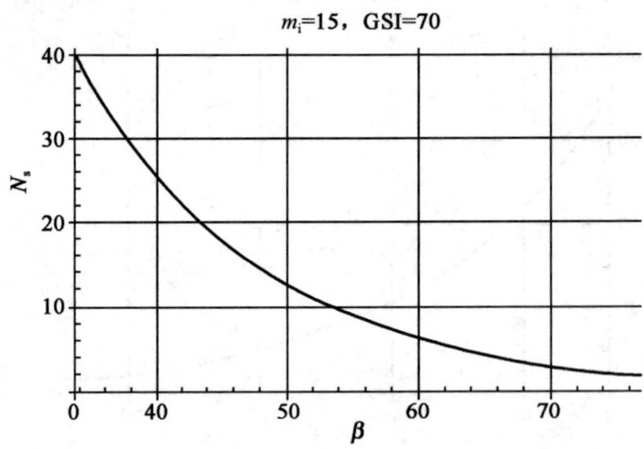

图 2.141　$m_i = 15$、GSI = 70 时稳定系数 N_s 与坡角 β 的关系

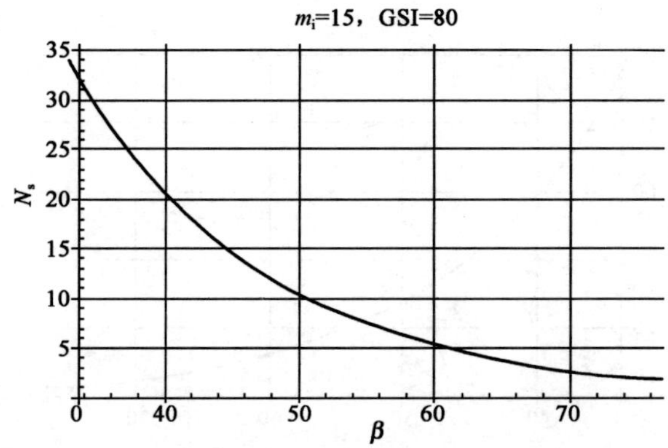

图 2.142　$m_i=15$、GSI = 80 时稳定系数 N_s 与坡角 β 的关系

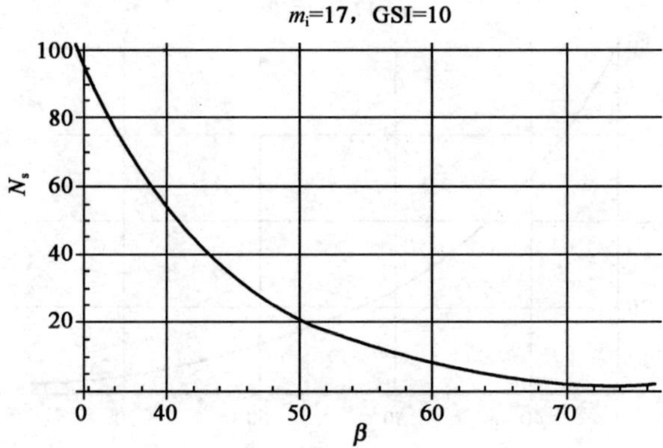

图 2.143　$m_i=17$、GSI = 10 时稳定系数 N_s 与坡角 β 的关系

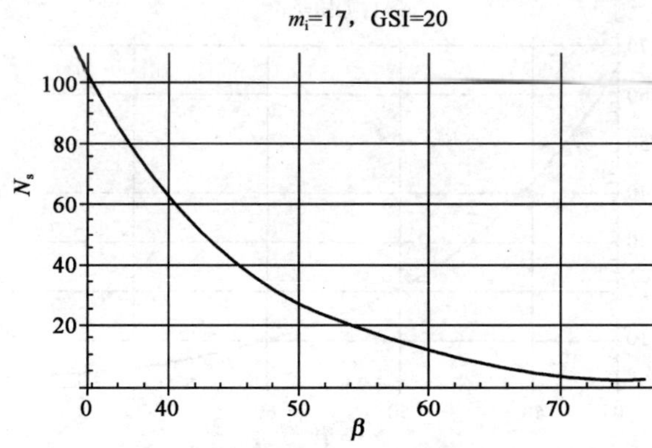

图 2.144　$m_i=17$、GSI = 20 时稳定系数 N_s 与坡角 β 的关系

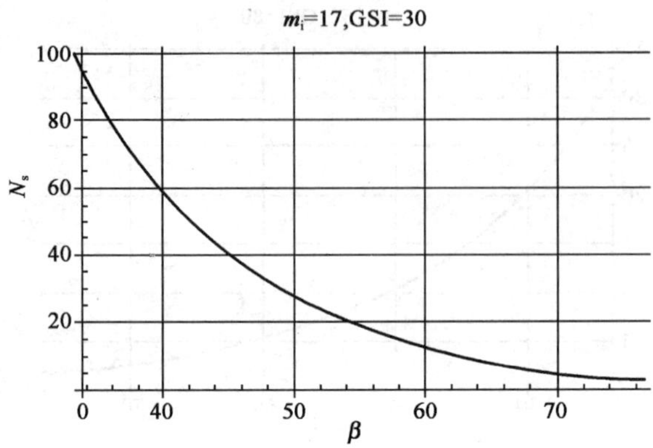

图 2.145　$m_i=17$、GSI = 30 时稳定系数 N_s 与坡角 β 的关系

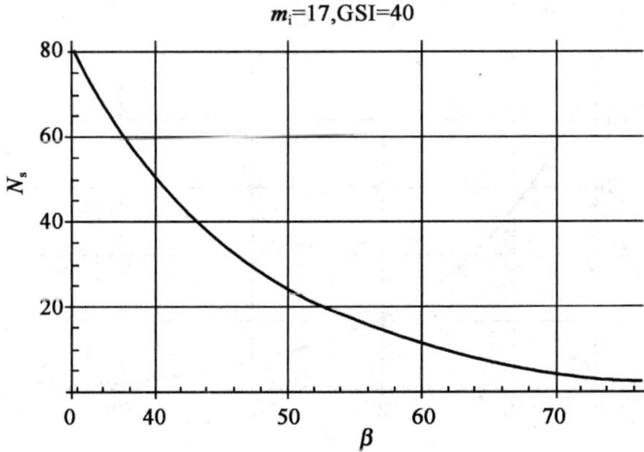

图 2.146　$m_i=17$、GSI = 40 时稳定系数 N_s 与坡角 β 的关系

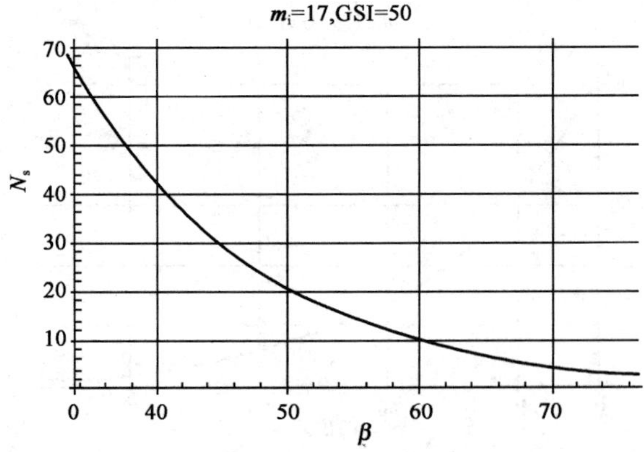

图 2.147　$m_i=17$、GSI = 50 时稳定系数 N_s 与坡角 β 的关系

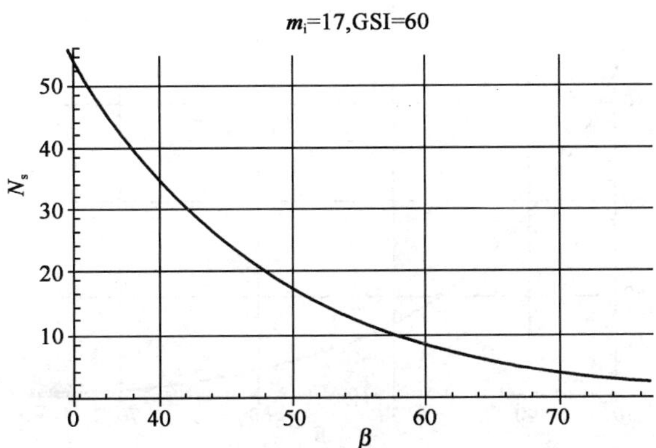

图 2.148　$m_{\mathrm{i}}=17$、GSI = 60 时稳定系数 N_{s} 与坡角 β 的关系

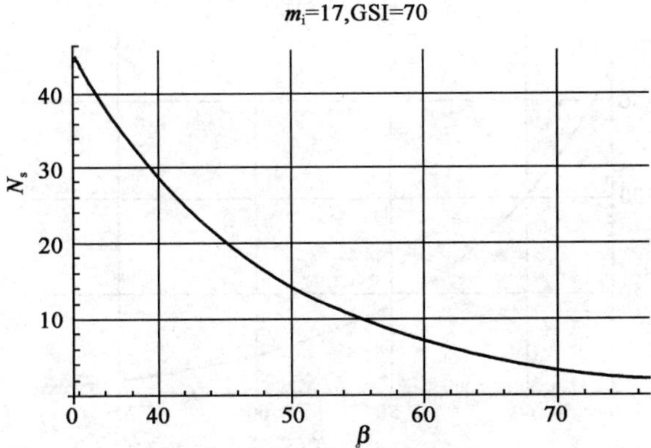

图 2.149　$m_{\mathrm{i}}=17$、CSI－70 时稳定系数 N_{0} 与坡角 β 的关系

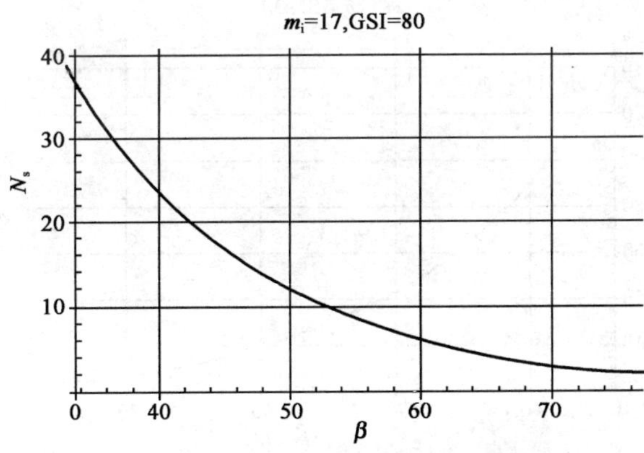

图 2.150　$m_{\mathrm{i}}=17$、GSI = 80 时稳定系数 N_{s} 与坡角 β 的关系

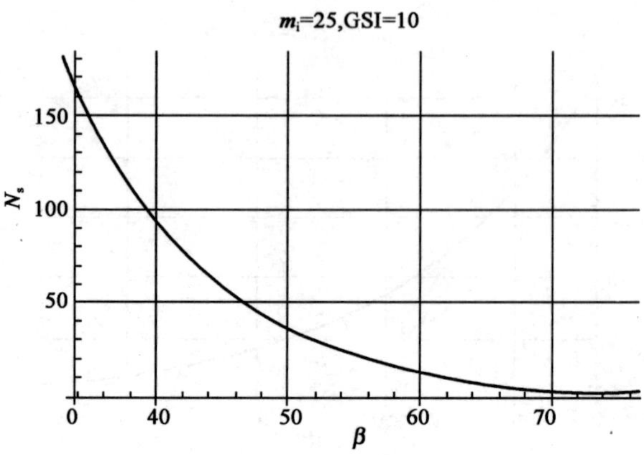

图 2.151　$m_i=25$、GSI = 10 时稳定系数 N_s 与坡角 β 的关系

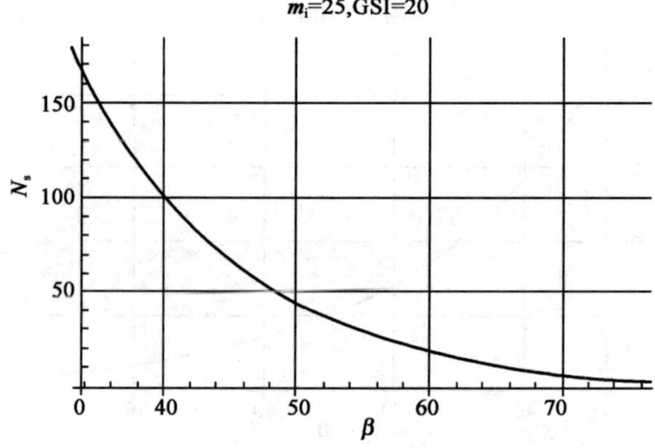

图 2.152　$m_i=25$、GSI = 20 时稳定系数 N_s 与坡角 β 的关系

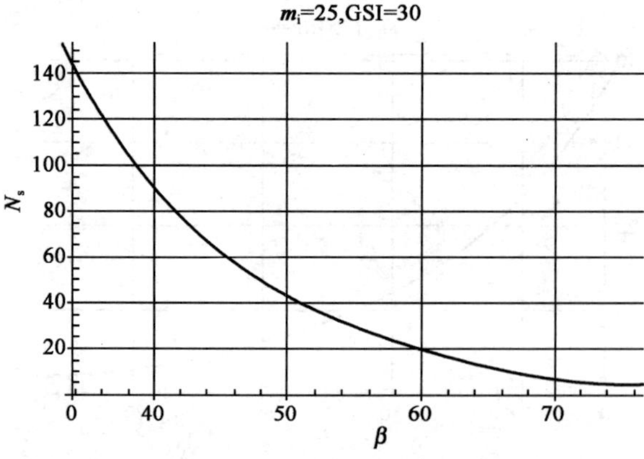

图 2.153　$m_i=25$、GSI = 30 时稳定系数 N_s 与坡角 β 的关系

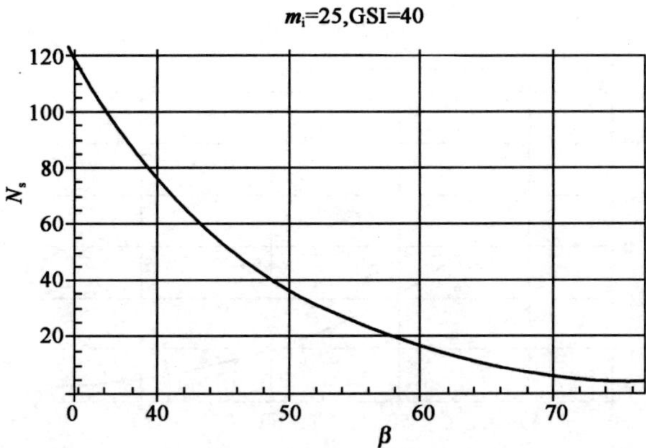

图 2.154 $m_i=25$、GSI = 40 时稳定系数 N_s 与坡角 β 的关系

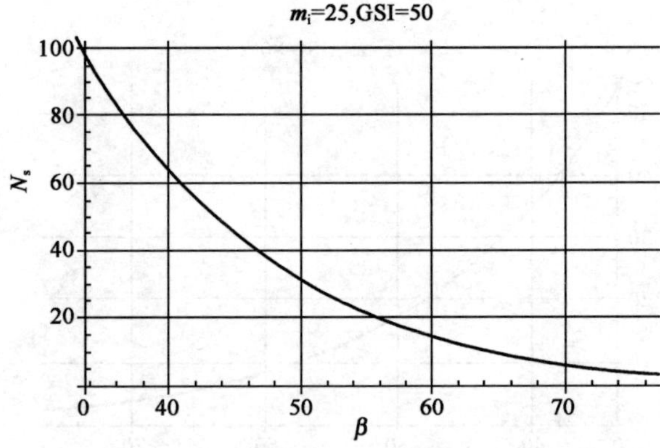

图 2.155 $m_i=25$、CSI - 50 时稳定系数 N_s 与坡角 β 关系

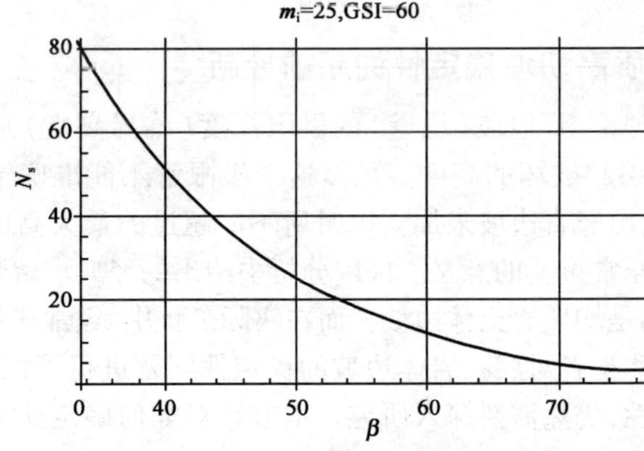

图 2.156 $m_i=25$、GSI = 60 时稳定系数 N_s 与坡角 β 的关系

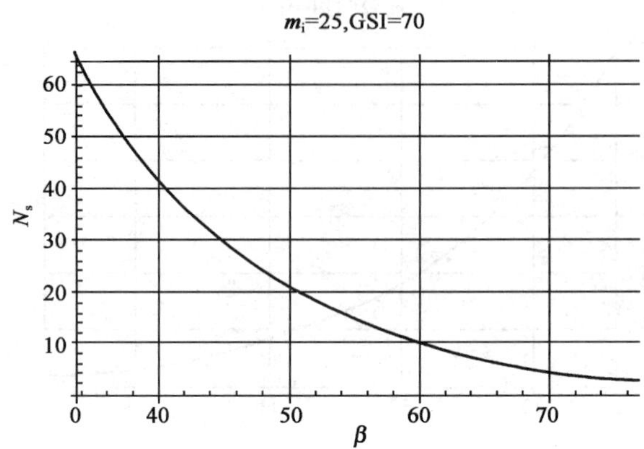

图 2.157 $m_i=25$、GSI = 70 时稳定系数 N_s 与坡角 β 的关系

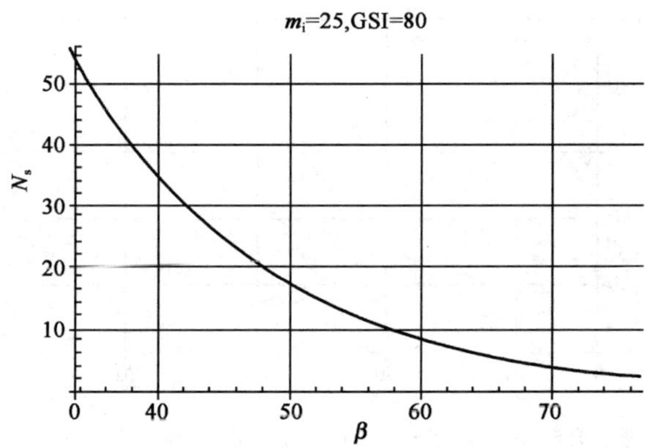

图 2.158 $m_i=25$、GSI = 80 时稳定系数 N_s 与坡角 β 的关系

四、层状岩质高切坡稳定性的超前诊断

在极限分析理论中，边坡（坑壁）的极限高度（临界高度）是指无支撑边坡（坑壁）由于自重引起破坏的高度。虽然这个极限解不能准确给出边坡的自稳高度，但它可以给出竖直边坡未加支撑时所不能超过的最大高度，因此，对指导边坡的开挖具有非常重要的意义。极限分析中给出的经典求解竖直边坡极限高度的公式，针对的是均质岩土体边坡。而在实际工程中，经常遇到层状岩体开挖形成的边坡。一些学者对层状岩体边坡的稳定性问题进行了探讨，但由于此类边坡问题的复杂性，仍然需要深入研究。本节针对如何确定此类边坡的极限高度进行了探讨。

1. 层状岩体不同方向抗剪强度指标的确定

与均质岩土体不同，层状岩体的变形和强度特性具有明显的各向异性。层状岩体的层面一般是在沉积过程中形成的，相邻层岩体的强度有较大差异，多见软弱夹层。在力学上，一般可以把这种层状岩体视为横向各向同性材料。在层面的任意方向上，其弹性性质是相同的，而在垂直层面方向上表现为各向异性。与层面垂直的轴是材料的弹性旋转对称轴，其应力—应变关系可以由 5 个弹性系数来表征。在考虑层状岩体的强度特性时，则必须建立相应的破坏准则。对此，张玉军等提出了一种层状岩体抗剪强度随层面夹角改变而变化的经验公式。作者在此基础上探讨了用极限分析上限法，求解层状岩体边坡无支撑临界高度的计算方法。

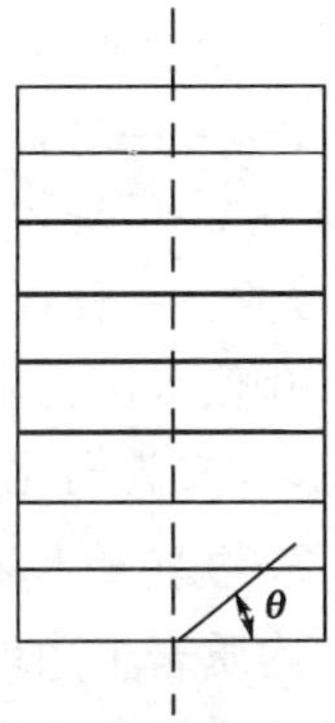

一般来说，岩体的抗剪强度沿层面方向上具有最低值 S_{min}，而在垂直层面方向上具有最高值 S_{max}。当欲求抗剪强度方向与层面为任意倾角 θ（见图 2.159）时，岩体抗剪强度可以用如下函数来表示：

$$S = S(S_{min}, S_{max}, \theta)$$

图 2.159　欲求 c、φ 值面与岩层层面的夹角

具体的 c、φ 值表达式为：

$$\begin{cases} c = c_{min} + (c_{max} - c_{min})\dfrac{2\theta}{\pi} \\ \varphi = \varphi_{min} + (\varphi_{max} - \varphi_{min})\dfrac{2\theta}{\pi} \end{cases} \tag{2.48}$$

式中：c_{min}、φ_{min}、c_{max}、φ_{max}——分别为岩体沿层面和垂直于层面方向上的黏聚力和内摩擦角。

一些试验资料证明，c、φ 值、θ 之间呈非线性关系。本节为简化计算，直接采用上述的线性公式。工程实际中，它们之间的对应关系应参照试验资料。

2. 极限分析法原理

极限分析法在 20 世纪 50 年代初已由杜拉克（Drucker）等运用于土力学中，现已广泛应用于地基、边坡等土工稳定性问题。极限分析法采用塑性理论中的上、下限定理来确定稳定性问题的真实解范围。通过求解最小的上限解和最大的上限解，可以有效地缩小这个真实解的范围。极限分析法假定岩土体发生塑性变形遵循正交法则和库仑屈服准则。极限分析的下限法要求求解一个同时满足力的平衡条件、边界条件和屈服条件（一般采用库仑屈服准则）的应力场，一般宜采用有限元分析。上限法中，如果假设破坏岩土体以刚体形式运动，则只需

求解一个简单的方程,从而得到了更为广泛的应用。上限定理要求在任意的机动场(符合正交法则并满足速率边界条件的应变率场)中外荷载和体力的功率之和与内能损耗率相平衡,可用下式表示:

$$\int_S T_i v_i \mathrm{d}S + \int_V X_i v_i \mathrm{d}V = \int_V \sigma_{ij} \dot{\varepsilon}_{ij} \mathrm{d}V \quad (i,j = 1,2,3) \tag{2.49}$$

式中:X_i——体积力;

T_i——表面力;

v_i——机动容许的速度场;

$\dot{\varepsilon}_{ij}$——与 v_i 相容的应变率场;

σ_{ij}——与 X_i 和 T_i 关联的应力场;

S、V——分别为表面力作用面积和破坏的岩土体体积。

孔隙水压力和地震荷载对边坡稳定的影响,可以在上式左边第二项中加以考虑,本文为简化计算,不予考虑。

3. 均质岩土边坡的临界高度

均质岩土边坡的运动破坏机制如图 2.160a)所示,其中,假定破坏面为与边坡坡面成 β 角的平面,按平面问题考虑即为图 2.160 中的直线 BC,发生破坏的岩土体 ABC 视为刚体。边坡的几何形状由 H、α、α'确定,如图 2.160 所示。

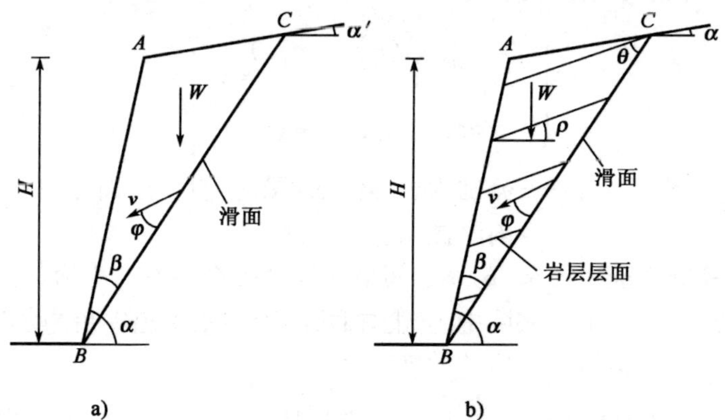

图 2.160 均质及层状岩体边坡破坏模式

a)均质岩土边坡;b)层状岩土边坡

在不考虑坡顶超载的情况下,外力功只有重力做功一项,因此外功率$\dot{W}$可以表示为:

$$\dot{W} = \frac{1}{2} \cdot \gamma \cdot \frac{H\sin\beta}{\sin\alpha} L_{BC} \cdot v \cdot \cos\left(\frac{\pi}{2} - \alpha + \beta + \varphi\right) \tag{2.50}$$

式中：γ——岩土体重度；

H、α、β——见图 2.160；

L_{BC}——BC 边的长度；

φ——岩体内摩擦角；

v——运动速度矢量大小。

由于滑体 ABC 视为刚体，内能耗散仅发生在滑动面 BC。因此，内能耗散率 $\dot{D}$ 可表示为：

$$\dot{D} = c \cdot v \cdot \cos\varphi \cdot L_{BC} \tag{2.51}$$

式中：c——岩体黏聚力；

其他符号意义同上。

根据极限分析上限定理，由外功率等于内能耗散率，经数学变换可得到边坡的极限高度 H 与破坏面角度参数 β 之间的关系如下：

$$H = \frac{2c\sin\alpha}{\gamma} \cdot \frac{\cos\varphi}{\sin\beta\cos\left(\frac{\pi}{2} - \alpha + \beta + \varphi\right)} \tag{2.52}$$

式中：c、α、β、γ、φ 意义同上。

由 $\frac{\partial H}{\partial \beta} = 0$ 可求出极限高度最小值所对应的破坏面角度 β_{cr} 值：

$$\beta_{cr} = \frac{\alpha - \varphi}{2}$$

代入式(2.52)，得极限高度最小值，即此边坡的临界高度 H_{cr} 为：

$$H_{cr} = \frac{2c\sin\alpha}{\gamma} \cdot \frac{\cos\varphi}{\sin^2\left(\frac{\alpha - \varphi}{2}\right)} \tag{2.53}$$

4. 层状岩体的临界高度

对于如图 2.67b）所示的一般层状岩体，层面与水平面夹角为 ρ，可以采用同样的方法求出给定滑动面时边坡的极限高度 H_L：

$$H_L = \frac{2c_L\sin\alpha}{\gamma}\frac{\cos\varphi_L}{\sin\beta\cos\left(\frac{\pi}{2} - \alpha + \beta + \varphi_L\right)} \tag{2.54}$$

其中：

$$c_L = c_{min} + (c_{max} - c_{min})\frac{2\theta}{\pi}$$

$$\varphi_L = \varphi_{min} + (\varphi_{max} - \varphi_{min})\frac{2\theta}{\pi}$$

$$\theta = |\alpha - \rho - \beta| \qquad 0 \leqslant \rho \leqslant \frac{\pi}{2}$$

式中：c_L、φ_L——分别为层状岩体沿破坏面方向的剪切强度指标；

c_{min}、φ_{min}、c_{max}、φ_{max}——分别为岩体沿层面和垂直层面方向上的黏聚力和内摩擦角；

θ——滑面方向与岩层层面的夹角。

此处当$0 \leqslant \rho \leqslant \pi/2$时，边坡为顺层边坡；而当$\pi/2 \leqslant \rho \leqslant \pi$时，边坡为反倾边坡。因反倾边坡的稳定性较好，且其破坏机理与顺层边坡有所不同，在此不考虑，仅对顺层边坡进行讨论。当岩层倾角ρ为给定的值时，式(2.54)中仅β为变量，根据上限定理，用自变量β对H_L求偏导，使之为零，即$\partial H/\partial\beta = 0$。

由此可得此边坡的极限高度最小值对应的β，代入上式即可求出最小值H_{Lcr}。

这里由于H_L的函数关系式比较复杂，因而直接用自变量β对H_L求偏导比较困难，可以用计算机编程，采用搜索法求出极限高度的最小值，即边坡的临界高度H_{Lcr}。

对于不同的岩层倾角的顺层边坡，经计算得到，当$\theta = 0$（即$\rho = \alpha - \beta$），$\beta = (\alpha - \varphi_{min})/2$，即$\rho = \dfrac{\alpha + \varphi_{min}}{2}$时，边坡临界高度达到此层状岩体边坡可能的临界高度最小值H_{Lcrmin}，H_{Lcrmin}由式(2.55)可得：

$$H_{Lcrmin} = \frac{4c_{min}\sin\alpha}{\gamma}\frac{\cos\varphi_{min}}{\sin^2\left(\dfrac{\alpha - \varphi_{min}}{2}\right)} \tag{2.55}$$

如为水平层状岩体时，边坡临界高度取得最大值H_{Lcrmax}，边坡处于最稳定状态。令式(2.54)中$\rho = 0$，可求出此滑面所对应的边坡极限高度为H_0：

$$H_0 = \frac{2c_0\sin\alpha}{\gamma}\frac{\cos\varphi_0}{\sin\beta\cos\left(\dfrac{\pi}{2} - \alpha + \beta + \varphi_0\right)} \tag{2.56}$$

式中：$c_0 = c_{min} + (c_{max} - c_{min})\dfrac{2(\alpha - \beta)}{\pi}$；

$\varphi_0 = \varphi_{min} + (\varphi_{max} - \varphi_{min})\dfrac{2(\alpha - \beta)}{\pi}$。

用计算机编程，采用搜索法很容易求出极限高度的最大值H_{Lcrmax}。

5. 临界高度与岩层倾角关系

假设某层状岩体边坡，岩层平均重度$\gamma = 15\text{kN/m}^3$，在顺层面方向上，$c = 3\text{MPa}$，$\varphi = 30°$；在垂直层面方向，$c = 10\text{MPa}$，$\varphi = 50°$。当岩层与水平面夹角从0°逐渐变化到90°时，当以不同的坡度开挖边坡时，其极限高度可以采用上述方法计算出来。表2.13为边坡竖直时的临界高度。从表中θ、β值可以看出，当岩层倾角为48°~70°时，θ和β之和为90°，即滑面和层面重合，边坡将发生顺层面的破坏；当岩层倾角小于48°或大于70°时，边坡发生切割岩层破坏的可能性较大。图2.67为边坡坡度分别为垂直、1∶0.5、1∶0.75和1∶1时，边坡临界高度随岩层层面与水平面的夹角变化关系曲线。从图2.161中可以看出，层状岩体边坡的临界高度受坡度和岩层倾角的控制。岩层倾角相同时，临界高度随坡角增大而减小；边坡坡角相同时，临界高度随岩层倾角增大（从0°到90°）先减小后增大，呈左右高度不等的"V"字形。

不同岩层倾角对应的竖直边坡临界高度　　表2.13

ρ(°)	β(°)	临界高度(m)	ρ(°)	β(°)	临界高度(m)
0	27	5.13	…	…	…
10	29	4.27	60	30	1.39
20	32	3.51	…	…	…
30	35	2.81	70	20	1.58
40	38	2.17	80	21	2.03
48	42	1.68	90	21	2.48

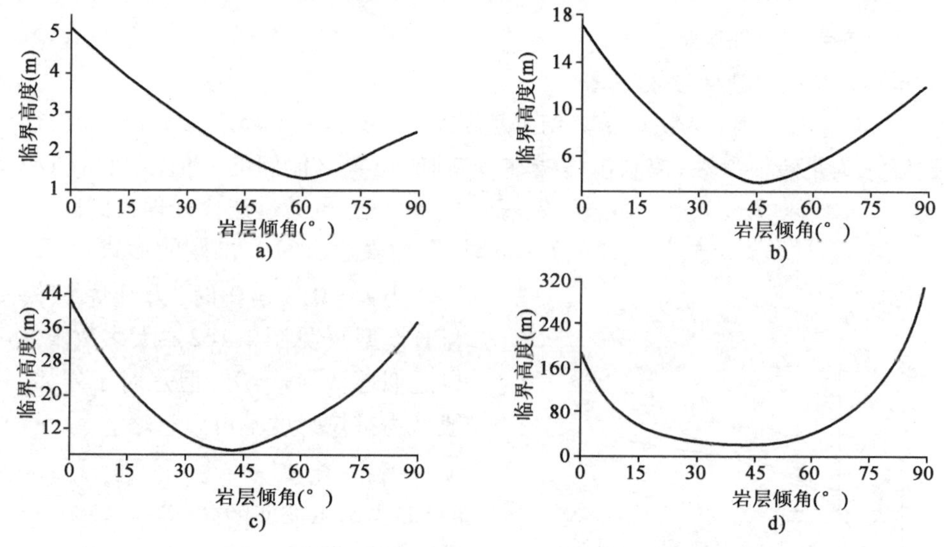

图2.161　边坡临界高度与岩层倾角之间的关系曲线

a)坡度:竖直;b)坡度:1∶0.5;c)坡度:1∶0.75;d)坡度1∶1

6.小结

极限分析理论应用能量分析方法，把边坡临界高度问题简化为求解一个能量平衡方程，为评价边坡稳定性提供了一种有效的途径。对一假定的层状岩体边坡的分析发现，当岩层倾角在某一范围时，θ 与 β 之和为 90°，即滑面和层面重合，边坡将发生顺层面的破坏，此时边坡的极限高度为相对较小的值。经理论推导得出的计算层状岩体边坡临界高度公式，可以为层状岩体边坡稳定性评价提供依据。

五、基于非线性破坏准则高切坡稳定性的超前诊断

由于岩土类材料的本构关系从本质上说是非线性的，因此大多数岩土类材料遵循非线性破坏准则。本节基于岩土材料的非线性破坏准则为基础，研究高切坡的稳定性超前诊断。

1. 非线性破坏准则

大多数岩土类材料遵循非线性破坏准则，R. Baker 通过试验证明了大多数岩土材料遵循的非线性破坏准则，并给出如下表达式：

$$\tau = P_aA\left(\frac{\sigma_n}{P_a} + T\right)^n \tag{2.57}$$

式中：τ——剪切应力；

σ_n——法向应力；

P_a——大气压强；

A，n 和 T——无量纲参数。

Jing 等人指出：参数 n 受剪切强度的影响；A 是一个尺度参数，控制剪切强度大小；T 是转换参数，控制包络线在 S_n 轴的位置。他们的取值范围是（$1/2 \leqslant n \leqslant 1$、$0 < A$、$0 \leqslant T$），$A$、$n$、$T$ 通过测定三轴试验数据，再通过迭代处理得到。

当 $n = 1$、$A = \tan\varphi$、$T = (c/P_a)\tan\varphi$ 时，即为表达出 M-C 准则的形式。

当 $c = 0$，$T = 0$ 时，为纯摩擦模型（PF 模型）（见图 2.162），大多数土体可以近似地认为 $c = 0$。但是对于岩体，一般认为抗拉强度不可以忽略。

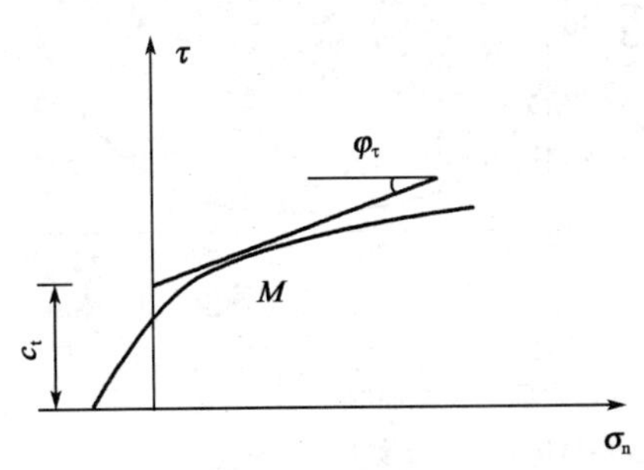

图 2.162　非线性摩尔包络线的切线

当 $n = 0.5$，$A = 2\sqrt{t/P_a}$，$T = t/P_a$ 时，即为格里菲斯的破坏强度准则。

H-B 准则（格里菲斯破坏准则的推广）也可以写成（2.57）式的形式。

R. Baker 提出的非线 H-B 性 Mohr 包络线是 M-C 准则和格里菲斯准则的

推广形式，并能够表现出 H-B 准则，因此更具有广泛性。

任意一点 M 的强度准则：

$$\tau = c_t + \sigma_n \tan\varphi_t \tag{2.58}$$

c_t 和 φ_t 为 M 处的切线黏聚力和内摩擦角（见图 2.163）。其他值可分别由式(2.59)和式(2.60)确定。

$$c_t = \frac{1-n}{n} P_a \tan\varphi_t \left[\left(\frac{\tan\varphi_t}{nA} \right)^{\frac{1}{n-1}} - T \right] + \frac{1}{n} P_a \tan\varphi_t T \tag{2.59a}$$

$$\tan\varphi_t = nA\left(\frac{\sigma_n}{P_a} + T \right)^{n-1} \tag{2.60a}$$

当为 PF 模型（即 $T=0$）时：

$$c_t = \frac{1-n}{n} P_a \tan\varphi_t \left(\frac{\tan\varphi_t}{nA} \right)^{\frac{1}{n-1}} \tag{2.59b}$$

$$\tan\varphi_t = nA\left(\frac{\sigma_n}{P_a} \right)^{n-1} \tag{2.60b}$$

由式(2.59)和式(2.60)可以看出：内摩擦角与法向应力有关，且随法向应力的变化而变化；黏聚力为内摩擦角的函数。

2. 基于上限定理的边坡稳定分析

(1)边坡静力稳定分析

在边坡的静力分析中，只考虑边坡由于自重因素影响下的稳定性问题。如图 2.164 示出的一个旋转间断机构，其破坏面假定通过坡趾。三角形区 ABC 绕旋转中心 O 相对对数螺旋面 BC 以下的静止材料做刚体旋转，因此 BC 面是一个速度间断面。

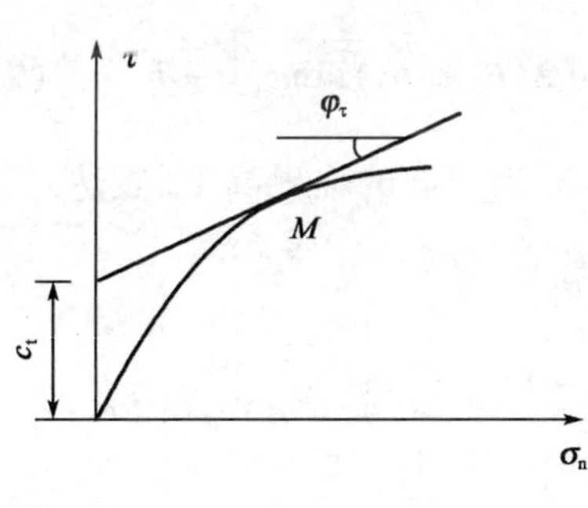

图 2.163　PF 模型的非线性破坏准则的切线

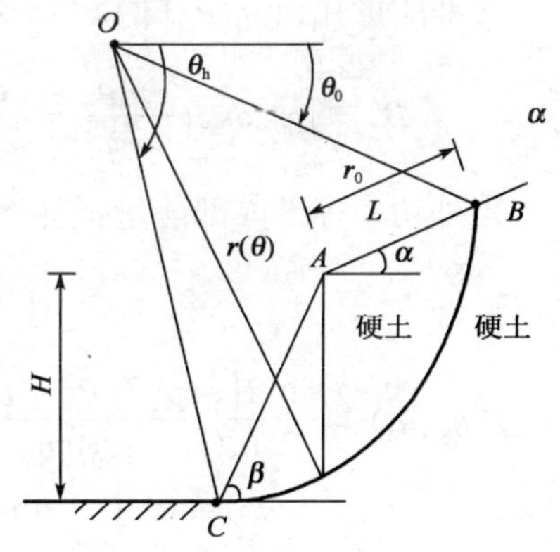

图 2.164　边坡破坏机构

从几何关系可以看出:

$$\frac{H}{r_0}=\frac{\sin\beta}{\sin(\beta-\alpha)}\{\sin(\theta_h+\alpha)\exp[(\theta_h-\theta_0)\tan\varphi_t]-\sin(\theta_0+\alpha)\}\tag{2.61}$$

$$\frac{L}{r_0}=\frac{\sin(\theta_h-\theta_0)}{\sin(\theta_h+\alpha)}-\frac{\sin(\theta_h+\beta)}{\sin(\theta_h+\alpha)\sin(\beta-\alpha)}\{\exp[(\theta_h-\theta_0)\tan\varphi_t]\times\sin(\theta_h+\alpha)-\sin(\theta_0+\alpha)\}\tag{2.62}$$

分别求出 OBC、OAB、和 OAC 区由土重做的功率,经过相减并简化得到 ABC 区由土重做的功率是:

$$\dot{W}_{soil}=g\gamma_0^3W(f_1-f_2-f_3)\tag{2.63}$$

式中:γ——土体的重度;

g——三角形 ABC 的角加速度;

f_1,f_2,f_3 见式(2.64)、式(2.65)和式(2.66)。

$$f_1=\frac{1}{3(1+9\tan^2\varphi_t)}\{(3\tan\varphi_t\cos\theta_h+\sin\theta_h)\exp[3(\theta_h-\theta_0)\tan\varphi_t]-(3\tan\varphi_t\cos\theta_0+\sin\theta_0)\}\tag{2.64}$$

$$f_2=\frac{1}{6}\frac{L}{r_0}\left(2\cos\theta_0-\frac{L}{r_0}\cos\alpha\right)\sin(\theta_0+\alpha)\tag{2.65}$$

$$f_3=\frac{1}{6}\exp[(\theta_h-\theta_0)\tan\varphi_t][\sin(\theta_h-\theta_0)-\frac{L}{r_0}\sin(\theta_h+\alpha)]\times\left\{\cos\theta_0-\frac{L}{r_0}\cos\alpha+\cos\theta_h\exp[(\theta_h-\theta_0)\tan\varphi_t]\right\}\tag{2.66}$$

内部能量耗损发生在间断面 BC 上,见下式:

$$D=\int_{\theta_0}^{\theta_h}cv\cos\varphi_t\frac{\gamma\mathrm{d}\theta}{\cos\varphi_t}=\frac{c\gamma_0^2\Omega}{2\tan\varphi_t}\{\exp[2(\theta_h-\theta_0)\tan\varphi_t]-1\}\tag{2.67}$$

当外功率等于内部能量损耗率时的高度即为边坡的临界高度,表达式为:

$$H=\frac{c_t}{\gamma}f(\theta_h,\theta_0)\tag{2.68}$$

$$f(\theta_h,\theta_0)=\frac{\sin\beta\{\exp[2(\theta_h-\theta_0)\tan\varphi_t]-1\}}{2\sin(\beta-\alpha)\tan\varphi_t(f_1-f_2-f_3)}\{\sin(\theta_h+\alpha)\exp[(\theta_h-\theta_0)\tan\varphi_t]-\sin(\theta_0+\alpha)\}\tag{2.69}$$

$$f=c_tf(\theta_h,\theta_0)\tag{2.70}$$

$$\left.\begin{array}{l}\dfrac{\partial f}{\partial \theta_0}=0\\[2ex]\dfrac{\partial f}{\partial \theta_h}=0\\[2ex]\dfrac{\partial f}{\partial \varphi_t}=0\end{array}\right\}\tag{2.71}$$

稳定系数定义为:

$$N=\gamma H_c/10^6\tag{2.72}$$

(2)地震荷载下边坡稳定分析

在研究地震动力荷载作用下的边坡稳定性问题,只考虑地震荷载作用。对于其他的动力作用,与其相类似。

由于地震荷载作用下的边坡破坏机制与滑裂面等比较复杂。土坡主要是坡顶向下一定深度的拉裂及坡脚向上延伸的剪切滑移,岩坡主要受风化层影响较大。这里我们只讨论滑面通过坡脚处时,地震屈服加速度的算法。

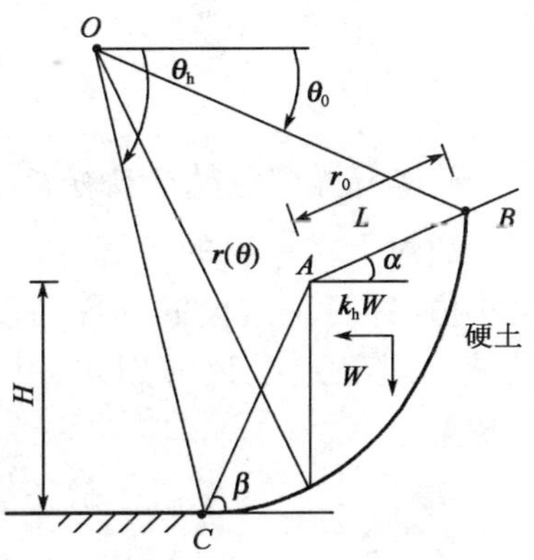

图 2.165　边坡破坏机构

岩土体与地震惯性力(见图 2.165)做的外力功可表达为:

$$W=\gamma r_0^3 g[(f_1-f_2-f_3)+k_h(f_4-f_5-f_6)]\tag{2.73}$$

式中:　　k_h——地震系数,$k_h=a/g$;

a——地震加速度;

g——重力加速度;

$f_1,f_2,f_3,H/r_0,L/r_0$——见式(2.64)、式(2.65)、式(2.66)、式(2.61)和式(2.62)。

$$f_4=\frac{1}{3(1+9\tan^2\varphi_t)}\{(3\tan\varphi_t\sin\theta_h-\cos\theta_h)\exp[3(\theta_h-\theta_0)\tan\varphi_t]-(3\tan\varphi_t\sin\theta_0-\cos\theta_0)\}\tag{2.74}$$

$$f_5=\frac{1}{6}\frac{L}{r_0}\left(2\sin\theta_0+\frac{L}{r_0}\sin\alpha\right)\sin(\theta_0+\alpha)\tag{2.75}$$

$$f_6=\frac{\exp[(\theta_h-\theta_0)\tan\varphi_t]}{6}\left(\frac{H}{r_0}\right)\frac{\sin(\theta_h+\beta)}{\sin\beta}\left\{2\sin\theta_h\exp[(\theta_h-\theta_0)\tan\varphi_t]-\frac{H}{r_0}\right\}\tag{2.76}$$

因此,可以计算出地震屈服加速度系数:

$$k_h = \frac{\dfrac{c_t r_0^2}{2\tan\varphi_t}\{\exp[2(\theta_h - \theta_0)\tan\varphi_t] - 1\} - r_0^3\gamma(f_1 - f_2 - f_3)}{\gamma r_0^3(f_4 - f_5 - f_6)} \tag{2.77}$$

$$\left.\begin{aligned} \frac{\partial k_h}{\partial \theta_0} = 0 \\ \frac{\partial k_h}{\partial \theta_h} = 0 \\ \frac{\partial k_h}{\partial \varphi_t} = 0 \end{aligned}\right\} \tag{2.78}$$

3. 工程算例与敏感度分析

通过上文给出的计算方法结合数学优化理论对式(2.68)和式(2.72)求极小值,即可得边坡的临界高度与稳定系数。下面给出无量纲参数 A、n、T,以及坡角对稳定系数的影响,并绘于图 2.166 ~ 图 2.169 中,可作为工程实际参考。

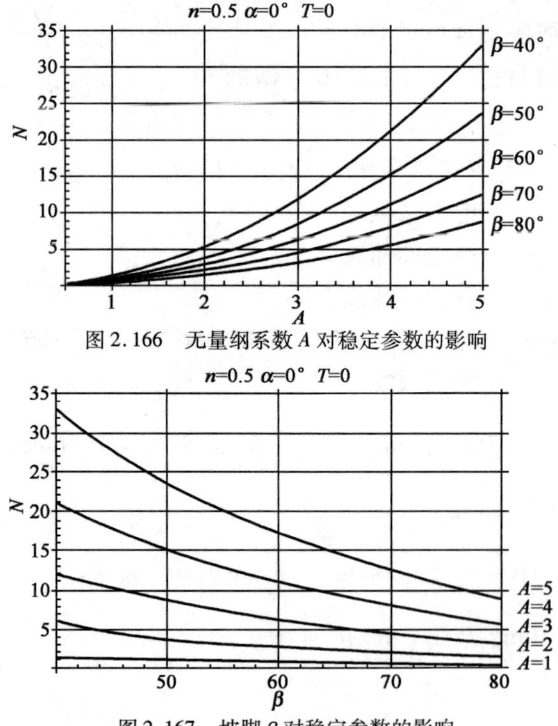

图 2.166　无量纲系数 A 对稳定参数的影响

图 2.167　坡脚 β 对稳定参数的影响

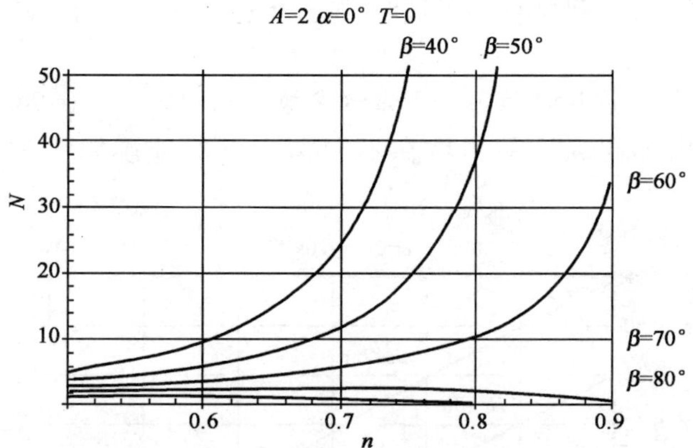

图 2.168　无量纲系数 n 对稳定参数的影响

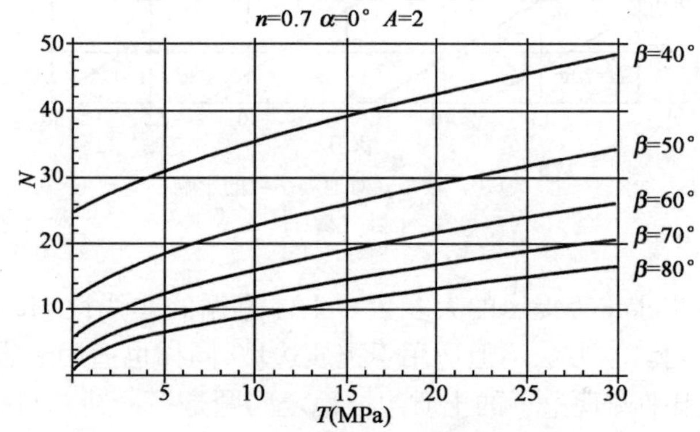

图 2.169　无量纲系数 T 对稳定参数的影响

由图 2.166 和图 2.167 可以看出，稳定系数随着无量纲参数 A 的增大而增大，随坡角的增大而减小；当 A 大于 2 时稳定系数快速增加；无量纲参数 T 对稳定系数的影响基本呈斜率较小的线性；对于无量纲参数 n，对稳定系数的影响表现为较强的无规律性，通过大量的数据显示，n 随 A 和 T 的不同，在各个角度表现出稳定系数的增加与减小与图 2.168 所示不同。

下面通过一具体问题给出计算方法，为工程实际提供参考依据。

[例 1]　已知岩质高切坡，边坡岩石为砂岩，坡角 $\beta = 90°$，填土角度为 $\alpha = 0°$，重度 $\gamma = 25\text{kN/m}^3$，破坏面通过坡趾，砂岩计算所需的无量纲参数 $A = 11.49$，$n = 0.617$，$T = 26.7\text{MPa}$。对应的边坡的稳定系数为：$N = 117.78$。

(2)地震荷载下边坡动力分析算例

[例 2]　已知某土质边坡，土质为伦敦黏土，坡角 $\beta = 60°$，填土角度为 $\alpha =$

$0°$,重度 $\gamma = 20\mathrm{kN/m^3}$,破坏面通过坡趾,试分析边坡在地震力下的地震屈服加速度系数。

对于伦敦黏土,通过计算可知无量纲参数 $A = 0.825$,$n = 0.945$,$T = 0.0015$。

分别计算出不同高度的边坡在不同角度下的地震屈服加速度系数,见图2.170。

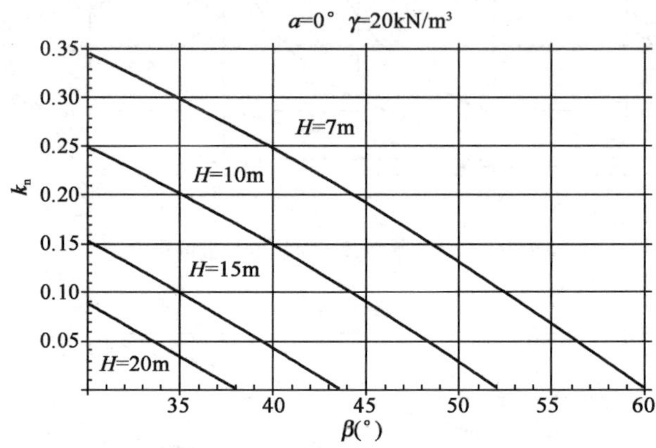

图 2.170　坡角 β 对地震系数的影响

4. 结论

首次应用 R. Baker 等提出的大多数岩土体遵循的非线性 Mohr 包络线来解决边坡稳定性问题。本方法不但适用于土质边坡,同样也适用于岩质边坡,这对 R. Baker 基于极限平衡理论下的土质边坡稳定问题是一种补充与检验。

基于"切线法"的思想,用切线强度代表非线性破坏准则下土体内一点的强度,从而把非线性破坏准则的问题转换为传统的 M-C 破坏准则下求解。通过上限定理推导出求解边坡临界高度的方法,并定义此种情况下的边坡稳定系数。最后给出计算方法,指导工程实践。

本节的计算方法在一定程度上弥补了极限分析中采用非线性破坏准则的不足。但是本节对边坡内的应力场计算进行了简化和假设,并且由于岩质边坡的稳定性主要受结构面的影响,因此具有一定的局限性。

第三章 危险性高切坡超前处治设计与施工关键技术

第一节 超前处治结构与高切坡的耦合作用机制

一、超前支护桩与高切坡作用机理

西部地区地质环境十分脆弱,区域地质构造复杂,新构造运动强烈,地震频发,断裂发育,岩体破碎,地形起伏大,降雨充沛,特殊的地形地貌、地质环境及气候条件使得该地区一直是滑坡、崩塌等地质灾害的高发区和多发区。在进行如修建公路、铁路、房屋及其他基础设施中,为满足工程建设场地需要,不得不开挖斜坡,形成高切坡。而自然边坡受长期自然营力作用,已处于天然条件下的极限平衡状态,在开挖边坡后,破坏了坡体原有的静力平衡条件,由此引起坡体内土体应力重分布,使得岩土体内原有的裂隙不断融合和扩展,在土体内产生大量的卸荷裂隙,并在开挖边坡一定深度范围内形成卸荷带,卸荷带内土体的抗剪强度急剧降低,严重地影响边坡的稳定。在降雨条件下,雨水沿坡体裂隙渗透进入坡体内部,造成土体抗剪强度降低,诱发新的地质灾害,造成重大的财产损失甚至人员伤亡,给工程建设造成不可弥补的损失。针对这一问题,何思明提出了危险性高切坡超前支护的概念。"超前支护"是指在高切坡形成之前,首先对其进行危险性评价,若判定高切坡属于危险性边坡,特别是在施工过程中就可能发生变形破坏的高切坡,在边坡形成之前先进行支护结构设计和施工,待支护结构完成后,再开挖边坡,这样一种提前支护的方法,称为超前支护,并对其进行了比较系统的研究。

超前支护桩是整治危险性高切坡常用的支护结构。边坡开挖后,由于卸荷回弹,必然在坡体一定深度范围内产生趋向于开挖面的坡面变形,超前支护桩的存在就可以约束坡面自由变形的发展,在高切坡坡体与支护桩之间产生相互作用,相当于超前支护桩给高切坡坡面施加了一个约束力,限制了坡面变形的进一步发展;同样,坡体也会有相应大小的荷载作用在超前支护桩上,即为作用在超前支护桩上的土压力,其大小及分布特征是进行超前支护桩结构设计的基础和依据。同时,由于钢筋混凝土超前支护桩自身的刚度较大,开挖坡体变形和应力调整难以充分进行,进而导致施加在超前支护桩上的荷载较大。为解决这一问题,我们通过在超前支护桩靠山侧设置一层刚度较小的 EPS 垫层材料,通过 EPS 材料自身的变形达到减小桩土压力的目的。因此,本节将采用数值模拟方法,研究其超前支护锚杆的受力机制;并揭示 EPS 垫层材料对高切坡超前支护桩作用机制的影响,为超前支护抗滑桩的设计和优化提供理论依据,这是一项具有重大现实意义的研究内容。

1. 超前支护桩与高切坡坡体之间的相互作用机制

(1)土体运动对桩的极限水平压力

Ito & Matsui(1975)基于土体塑性变形理论推导了计算土体运动作用在桩上最大水平力的计算公式。一系列的现场试验和模型测试,证明了 Ito 理论可以比较接近地预测变形土体对桩的压力(Ito et al,1982)。但是,这一公式只适用于桩间距在一定范围的情况,对大桩间距或很小的桩间距,其假定的桩间塑性流动机制并不是临界的状态(Poulos,1995)。因此,对黏性土,还可以采用一种经验解法。桩—土相对运动产生的作用于桩上的极限压力 p_u 和土的不排水抗剪强度 c_u 的关系,可以用下式表示(Poulos,1995):

$$p_u = N_p c_u \tag{3.1}$$

式中:N_p——水平抗力系数,对单桩来说,在地表面处取 2;随深度线性增加,到 3.5 倍桩径(桩宽)或更深处达到最大值 9,可表示为:

$$N_p = 2\left(1 + \frac{z}{d}\right) \leqslant 9 \tag{3.2}$$

z——距地表面的深度;

d——桩径或桩宽。

(2)高切坡计算模型及参数选取

本节以一个具体的高切坡为例,采用有限差分软件 FLAC^{3D}进行分析。研究超前支护桩与坡体之间的相互作用机制问题。假设自然边坡坡高 12m,坡度为 1∶1.5。因公路建设需要进行开挖,开挖高度为 6m。经过分析,若不对边坡进行支护直接开挖,将导致高切坡失稳破坏,为此,采用超前支护桩对高切坡进行超前加固防护。工程采用先施工超前支护桩,再进行边坡开挖。超前支护桩为 C25 钢筋混凝土结构,桩长 12m,截面尺寸 1.0m×0.8m。图 3.1 为模型的有限元网格。高切坡及支护桩的尺寸及材料参数见表 3.1。

桩和土体之间的相互作用通过 FLAC^{3D}内建的 Interface 单元模型来模拟,其中包括桩的四个侧面以及桩底与土体的接触面，接触面性质参数见表3.1。模型的边界条件：顶部为自由面，底面固定，其他为滚动铰支约束。作用在桩上的土压力考虑为桩前和桩背土压力、桩侧摩阻力和桩底摩阻力共同作用的合力。

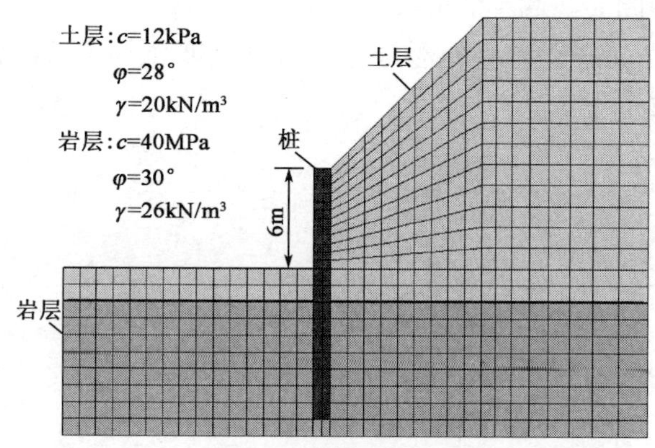

图3.1　开挖后边坡的模型有限元网格划分

材料参数及模型主要尺寸　　表3.1

土体		弹性模量(GPa)	15.0
重度(kN/m³)	20.0	泊松比	0.25
塑性常数(Mohr-Coulomb)		钢筋混凝土桩	
黏聚力(kPa)	12.0	重度(kN/m³)	24.0
内摩擦角(°)	28	弹性模量(kPa)	2.5×10^7, 5.0×10^7, 10.0×10^7
剪胀角(°)	0		
弹性常数		泊松比	0.2
弹性模量(kPa)	2.0×10^5	截面尺寸(m)	1.0×0.8
泊松比	0.25	接触面	
岩体		弹性模量(kPa)	2.0×10^5
重度(kN/m³)	26.0	泊松比	0.25
塑性常数(Mohr-Coulomb)		黏聚力(kPa)	6.0(土层),1 000(岩层)
黏聚力(MPa)	40.0	摩擦角(°)	18(土层),30(岩层)
内摩擦角(°)	30	剪胀角(°)	0
剪胀角(°)	0		

(3)计算结果与分析

图3.2和图3.3分别给出了不同刚度超前支护桩受到的土压力曲线和桩的位移挠度曲线。

从图 3.2 可以看出，桩的刚度大小对开挖段上桩的作用力大小和分布形式影响很小；而稳定岩土体部分桩的反力最大值和分布形式则因刚度不同而有较大的差异。另外开挖高度内土压力在深度上的分布既不是均匀分布，也不是线性增加，而是呈中间大两端小的形式。

图 3.3 反映了支护桩桩身变形量随桩身刚度变化的关系图，支护桩的刚度越大，桩的变形越小。

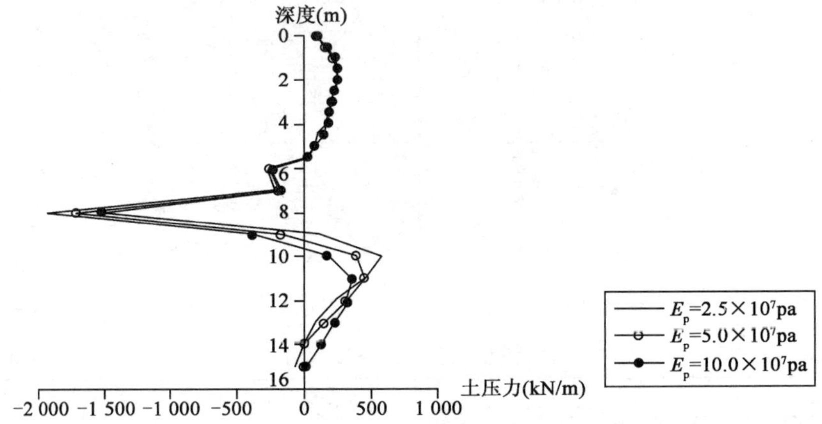

图 3.2 作用在桩的土压力的 FLAC3D 分析结果

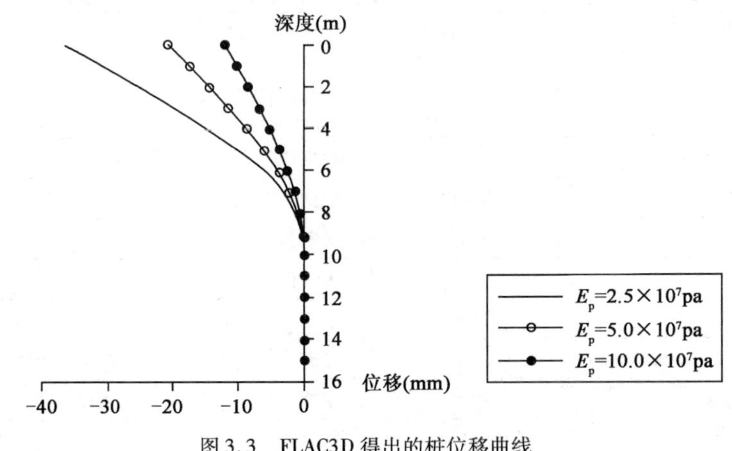

图 3.3 FLAC3D 得出的桩位移曲线

图 3.4 为作用在开挖面以上部分支护桩上的土压力，并与其他计算模式的结果进行比较。图中三条土压力曲线分别是 Poulos(1995)经验公式(3.1)和公式(3.2)计算结果，朗肯主动土压力和 $FLAC^{3D}$ 的计算结果。从 $FLAC^{3D}$ 计算结果看，作用在超前支护桩上的土压力还远没有达到极限土压力值，分布形式也与其

他分析方法确定的土压力分布形式有很大差别。与朗肯主动土压力的三角形分布相比,最大值相差不大,但土压力分布形式和合力作用点位置均有很大差异。与 Poulos 经验公式相比,土压力要小很多,土压力沿桩身分布也不相同。

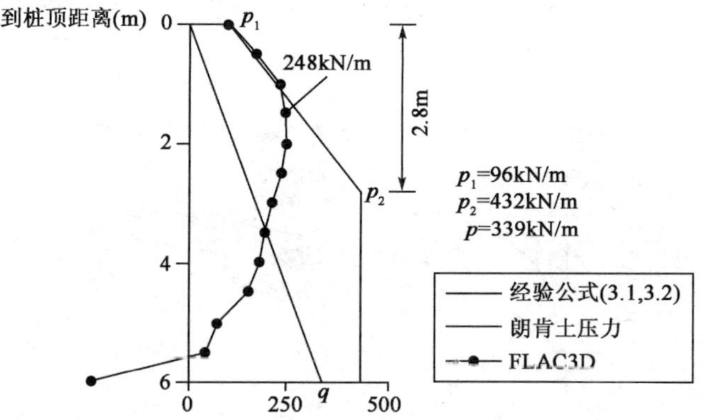

图 3.4 开挖段桩上的土压力分布

因此,对于高切坡超前支护桩的设计,其设计荷载无论是采用朗肯主动土压力还是极限土压力都是不合适的。极限土压力过高估计了施加在支护桩上的土压力的荷载,造成浪费;朗肯主动土压力则低估了土压力合力作用点位置,可能存在安全隐患。基于此,提出了一种超前支护梯形土压力分布模式(图 3.5 中实线),合力作用点位置为桩开挖部分的中点。土压力的大小为 $\beta\gamma H$,γ 和 H 分别为土的重度和开挖高度;α、β 为系数,可以根据数值模拟结果或实测数据进行取值。

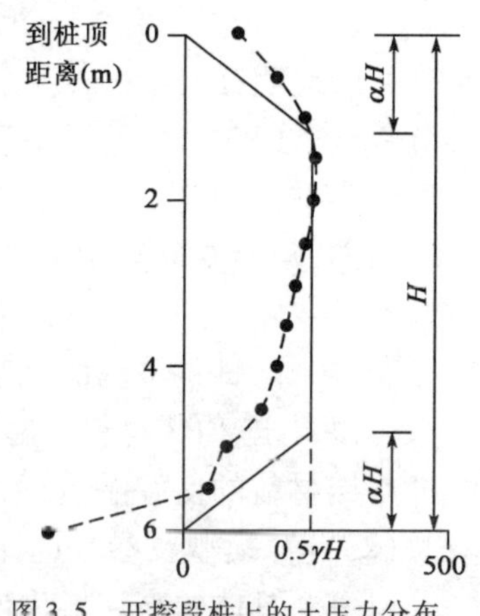

图 3.5 开挖段桩上的土压力分布

2. 新型高切坡超前支护桩作用机制研究

(1)EPS 材料的力学特性

EPS 是一种提炼自石油的化工材料,也称土工泡沫材料。EPS 材料在成型过程中颗粒膨胀形成了许多均匀的封闭空腔,这种结构决定了 EPS 具有轻质、耐压、耐水、耗能减震、隔热保温等诸多优良工程特性,EPS 在工程结构抗震和路基处理方面得到了越来越多的应用。欧洲、美国、日本等地已将 EPS 材料广泛应用于工程,并制定了专门的 EPS 设计及施工规范。

EPS 材料的物理力学性质与其密度密切相关,密度越高,对应的刚度、抗压强度也越大。近几年,加拿大的 Zarnani 和 Bathurst 采用理论分析、数值模拟和振动台试验等手段对 EPS 缓冲垫层进行了很多研究。国内,同济大学的凌建明等采用刚性试验机对 EPS 材料进行了单轴压缩试验及疲劳试验,得出了压缩条件下 EPS 材料的本构关系和疲劳特性,给出了抗压强度和弹性模量取值(图3.6)。

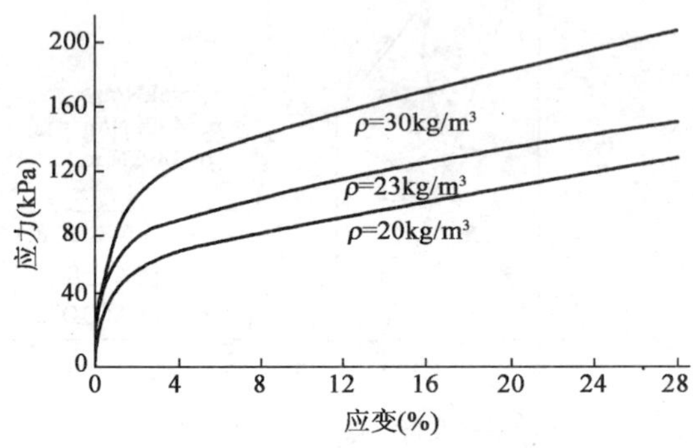

图 3.6　EPS 块体应力—应变曲线

试验表明,EPS 材料受压下,其应力—应变曲线上不存在弹性与塑性间的明确分界点。EPS 块体的抗压强度为对应于屈服阶段下的压缩应力值(存在一个范围),而非一般意义上的材料抗压强度。当压应变为 5% 时,材料已处于屈服阶段后期,塑性变形开始明显增加,并且此后的压应变及压应力仍在继续增长,不存在应变软化。因此取压缩应变为 5% 时对应的压应力值作为 EPS 的抗压强度,这与挪威、日本等国的规范取值是一致的。

可以看出,EPS 材料具有较高的抗压强度和很好的塑性变形能力,具有作为缓冲垫层材料的良好潜质。

(2)计算模型及参数选择

以一个具体的高切坡为例,采用 ANSYS 进行研究分析。研究 EPS 材料对超前支护桩与变形坡体相互作用机制的影响问题。

假设自然边坡坡高 12m,坡度为 1∶1.5,上部为土层,下部为岩体。因公路建设需要进行开挖,开挖高度为 6m。经过分析,若不对边坡进行支护直接开挖,将导致高切坡失稳破坏。为此,采用超前支护桩对高切坡进行超前加固防护,即用先施工超前支护桩,再进行边坡开挖。超前支护桩为 C25 钢筋混凝土结构,桩长 12m,截面尺寸 1.0m × 1.5m,桩顶距坡脚 6m,坡脚处土层厚 2m,以下为基岩。

滑体土和稳定基岩采用 ANSYS 中提供的面单元 PLANE42 进行模拟,抗滑桩认为是强度很高的弹性材料,桩采用 ANSYS 中提供的梁单元 BEAM3 模拟。抗滑桩的锚固段设在稳定基岩中,锚固长度为 6m,截面尺寸为 1m×1.5m,间距为 5m。有限元计算网格(见图 3.7)。

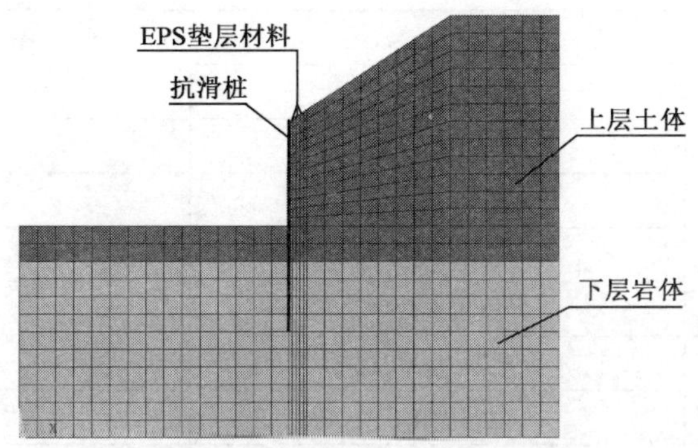

图 3.7　开挖后边坡的模型有限元网格划分

计算中考虑到岩土体材料的非线性特点,岩土体的本构关系采用理想弹塑性模型,屈服准则采用广泛应用于岩土类材料的 Drucker-Prager 屈服准则。作用在桩上的土压力,考虑为桩前和桩背土压力、桩侧摩阻力和桩底摩阻力共同作用的合力。材料参数的取值见表 3.2 和表 3.3。

超前支护桩截面尺寸 1m×1.5m,间距 5m,而本次平面应变计算纵向只有 1m,也就是说每根桩要承担 5m 宽的滑体的剩余下滑力,因此在有限元模型中可将土体的重量乘以 5,同时为了确保原有的稳定安全系数不发生变化,将岩土体的黏聚力也乘以 5,即保证 γ/c 不发生变化。

(3)聚苯乙烯(EPS)垫层厚度对超前支护桩的影响

为研究不同厚度 EPS 垫层材料对超前支护桩桩土共同作用的影响,分别选取在超前支护桩靠山侧布置 0~0.8m 厚,密度为 19kg/m^3 的聚苯乙烯垫层(EPS19),进行数值模拟研究分析。图 3.8~图 3.11 分别为不同厚度聚苯乙烯(EPS19)垫层下超前支护桩土压力、桩身位移、剪力和弯矩分布曲线。

从土压力分布曲线可以看出:虽然土压力分布曲线形状比较类似,但 EPS 垫层材料对土压力大小有着明显影响,设置 EPS 可以减小作用在超前支护桩上的土压力,EPS 越厚,土压力越小。

从图 3.9 可以看出:超前支护桩桩后不同聚苯乙烯泡沫(EPS)垫层厚度下,其桩身的位移分布形式一致,即最大位移出现在抗滑桩顶部,土体开挖段超前支护桩位移值自上而下逐渐减小,在埋深 3.0m 以下抗滑桩位移值基本为零;超前支护桩桩身位移随着 EPS 垫层厚度的增加而减小;未设置 EPS 时,超前支护桩最大位移值为35.5mm,当设置垫层厚度为0.2m、0.4m、0.6m、0.8m的EPS时,对应的桩身位移减少到:35.2mm、31.1mm、28.0mm、25.8mm。

岩土体材料参数表　　表3.2

材　料	参　数	参数取值
上层土体	黏聚力(kPa)	12.0
	内摩擦角(°)	20
	重度(kN/m³)	20.0
	泊松比	0.35
	弹性模量(MPa)	20.0
下层岩体	黏聚力(MPa)	0.8
	内摩擦角(°)	40
	重度(kN/m³)	26.0
	弹性模量(GPa)	15.0
	泊松比	0.25
钢筋混凝土桩	重度(kN/m³)	24.0
	弹性模量(kPa)	5.0×10^7
	泊松比	0.2
	截面尺寸(m)	1.0×1.5
	桩间距	5m

不同类型EPS垫层参数表　　表3.3

材　料	参　数	参数取值
EPS19	黏聚力(kPa)	40.7
	重度(kN/m³)	19.0
	泊松比	0.1
	弹性模量(MPa)	5.69
EPS22	黏聚力(kPa)	51.0
	重度(kN/m³)	22.0
	泊松比	0.12
	弹性模量(MPa)	6.9
EPS29	黏聚力(kPa)	75
	重度(kN/m³)	29.0
	泊松比	0.16
	弹性模量(MPa)	9.75

从图3.10可以看出:桩身剪力分布形式基本一致,但超前支护桩桩身剪力随着聚苯乙烯泡沫(EPS)垫层厚度的增加而减小;未设置EPS垫层时桩身最大主动剪力和最大被动剪力值分别为2 297kN、3 646.5kN;当垫层厚度为0.2m、0.4m、0.6m、0.8m时,其桩身最大主动剪力值分别为2 105kN、1 714.1kN、1 535.3kN、1 414.2kN,最大被动剪力值分别为-2 912.5kN、-2 666.3kN、-2 470.5kN、-2 312.2kN。

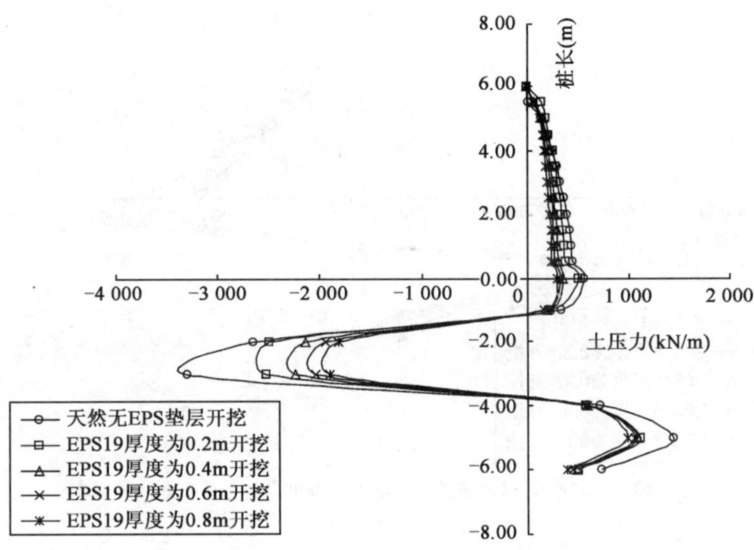

图3.8 不同厚度EPS垫层对超前支护桩桩身土压力分布曲线的影响

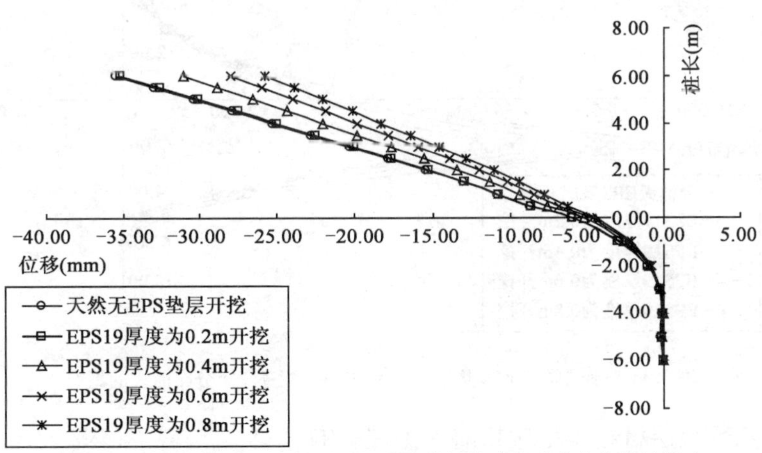

图3.9 不同厚度EPS19垫层对超前支护桩桩身位移分布曲线的影响

从图 3.11 可以看出:超前支护桩桩后不同聚苯乙烯泡沫(EPS)垫层厚度下,其桩身的弯矩分布形式一致,桩身最大弯矩值埋深 2m 处;超前支护桩桩身弯矩随着聚苯乙烯泡沫(EPS)垫层厚度的增加而减小,最大弯矩值的减小尤为明显;未设置 EPS 垫层时桩身最大弯矩值为 -8 974kN · m,当垫层厚度为0.2m、0.4m、0.6m、0.8m 时对应的桩身最大弯矩减少为: -8 274kN · m、-7 311 kN · m、-6 600kN · m、-6 084kN · m。

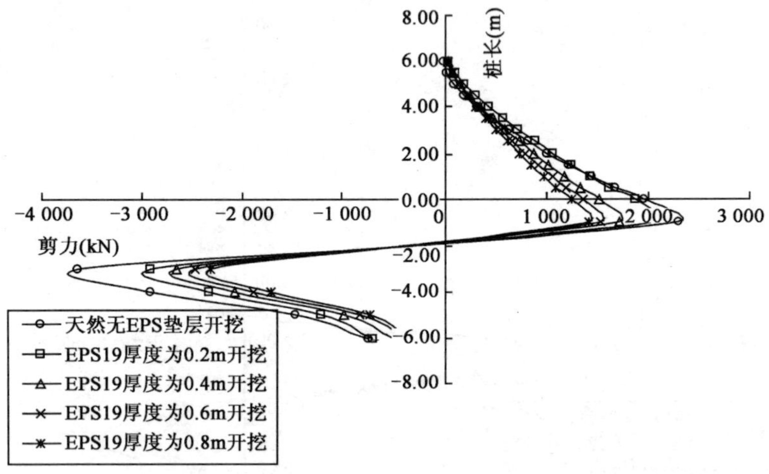

图 3.10 不同厚度 EPS 垫层对超前支护桩桩身剪力分布曲线的影响

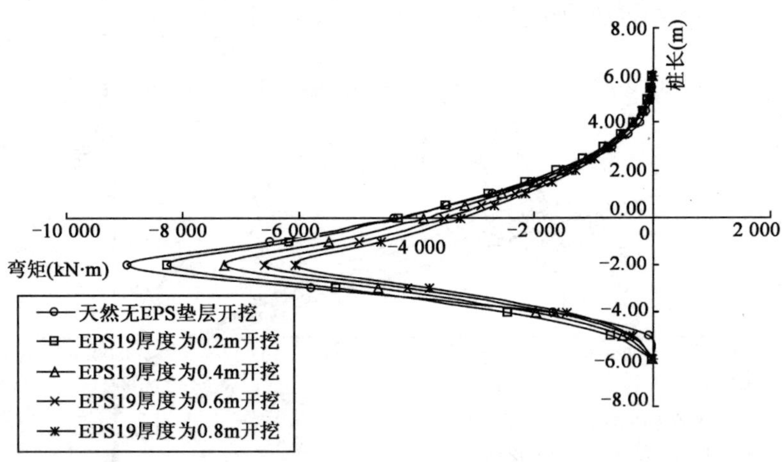

图 3.11 不同厚度 EPS 垫层对超前支护桩桩身弯矩分布曲线的影响

(4)EPS 垫层材料类型对超前支护桩影响

为研究不同类型 EPS 垫层材料对超前支护桩桩土共同作用的影响,选取在超前支护桩靠山侧布置0.4m厚的聚苯乙烯(EPS)垫层,选取3种不同密度的聚苯乙烯泡沫,分别为EPS19、EPS22、EPS29(其材料特性参见表3.3),进行数值模拟研究分析。图3.12～图3.15分别为不同类型聚苯乙烯(EPS)垫层材料下超前支护桩桩身土压力、桩身位移、剪力和弯矩曲线。

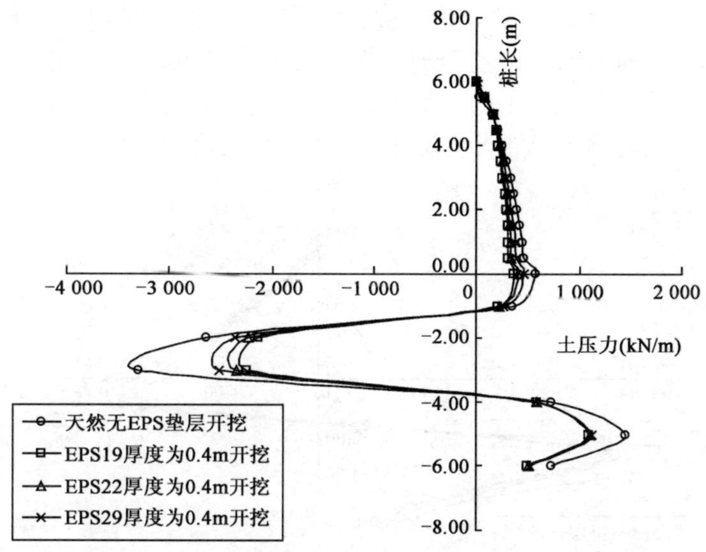

图3.12　不同类型EPS对超前支护桩桩身土压力分布的影响

从图3.12土压力分布曲线可以看出:虽然土压力分布曲线形状比较类似,但EPS垫层材料密度对土压力大小有明显影响,EPS材料密度越小,施加在超前支护桩上的土压力越小。

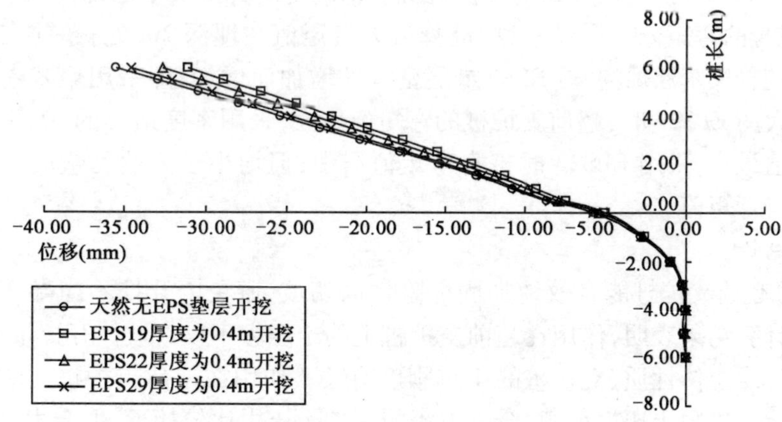

图3.13　不同类型EPS对超前支护桩桩身位移分布的影响

从图 3.13 可以看出：超前支护桩桩身位移随着聚苯乙烯泡沫（EPS）垫层密度的增加而增加，即采用聚苯乙烯泡沫密度最大的 EPS29 时，超前支护桩的桩身位移值最大，采用密度最小的 EPS19 时的桩身位移值最小，采用 EPS22 时桩身位移值居中；但均小于天然无垫层开挖情况时的桩身位移值。

从图 3.14 可以看出：超前支护桩桩身剪力随着聚苯乙烯泡沫（EPS）垫层密度的减小而减小；即采用聚苯乙烯泡沫密度最大的 EPS29 时，超前支护桩的桩身剪力值最大，采用密度最小的 EPS19 时的桩身剪力值最小，采用 EPS22 时桩身剪力值居中；但均小于天然无垫层开挖情况时的桩身剪力值。

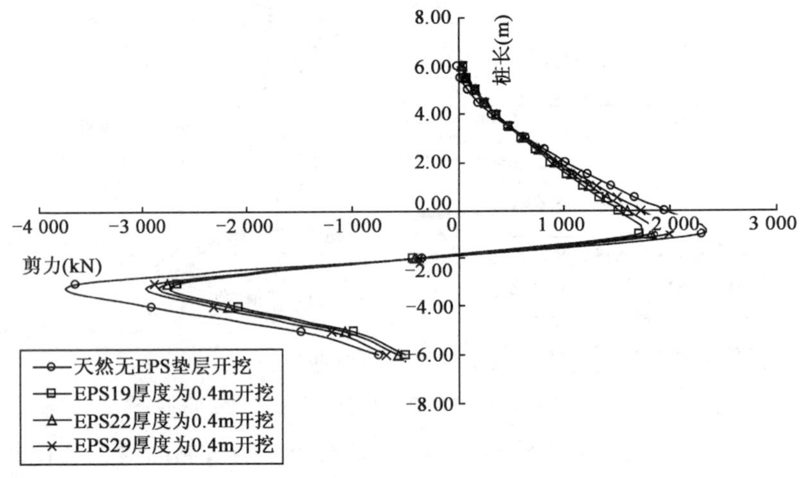

图 3.14　不同类型 EPS 对超前支护桩桩身剪力的影响

从图 3.15 可以看出：超前支护桩桩后采用不同类型聚苯乙烯泡沫（EPS）垫层，其桩身的弯矩分布形式一致，桩身最大弯矩值在埋深 2m 处；超前支护桩桩身弯矩随着聚苯乙烯泡沫（EPS）垫层密度的增加而增加；即采用聚苯乙烯泡沫密度最大的 EPS29 时，超前支护桩的弯矩值最大，采用密度最小的 EPS19 时，桩身弯矩值最小，采用 EPS22 时桩身弯矩值居中；但均小于天然无垫层开挖情况时的桩身弯矩值。

3. 结论

（1）超前支护桩能有效地加固危险性高切坡，避免因开挖不当导致的滑坡发生。计算结果表明，作用在超前支护桩上的土压力不仅与坡体开挖量有关，而且与坡体岩土体性质、支护桩的相对刚度有关。作用在超前支护桩上的土压力荷载远小于极限土压力荷载，合力大小与主动土压力比较接近，但合力作用点要比主动土压力分布所确定的合力作用点高，大致呈梯形分布。上述结论对高切

坡超前支护桩的设计具有重要的指导意义。

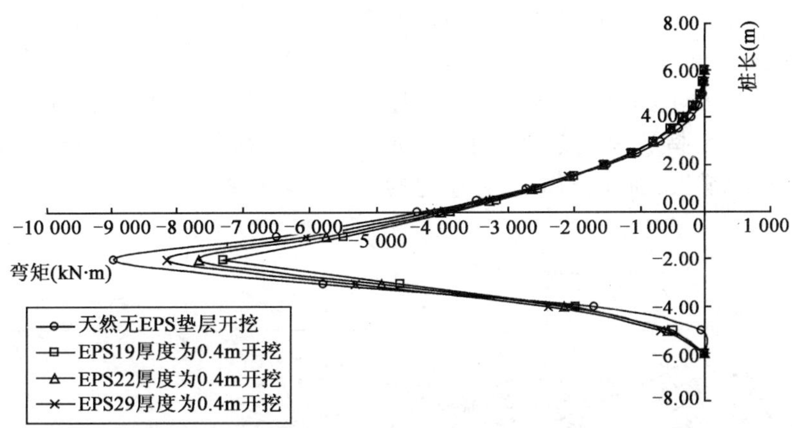

图 3.15　不同类型 EPS 对超前支护桩桩身弯矩分布的影响

(2)在超前支护桩桩后设置聚苯乙烯泡沫(EPS)垫层后,作用在超前支护桩桩身上的土压力、桩顶位移、桩身最大剪力、最大弯矩明显减少,说明本文提出这种新型超前支护结构是可行的。

(3)EPS 垫层厚度对超前支护桩桩土共同作用有显著影响,超前支护桩桩身土压力、桩顶位移、最大剪力、最大弯矩等均随 EPS 垫层厚度的增加而减小。

(4)EPS 材料的密度对超前支护桩桩土共同作用也有显著影响,超前桩桩身土压力、桩顶位移、最大剪力以及最大弯矩均随聚苯乙烯泡沫(EPS)垫层密度的减小而减小。

(5)工程具体应用中应从经济与安全角度合理选择 EPS 垫层的厚度和密度。

二、超前支护锚杆与高切坡作用机理研究

高切坡超前支护可用的支护结构有抗滑桩、锚杆等。其中灌浆锚杆在高切坡超前支护设计中具有非常明显的优点和地位。在边坡开挖之前,预先在边坡开挖面以下设置足够长度和密度的灌浆锚杆,在边坡开挖过程中,由于边坡卸荷回弹,必然在坡体一定深度范围内(卸荷带内)产生趋向于开挖面的坡面变形,由于超前支护锚杆的存在,可以约束这种变形的发生,进而大大减少坡面开挖卸荷带的形成和发展,有利于边坡的稳定(见图 3.16)。本节根据超前支护锚杆的受力特点,对高切坡超前支护锚杆的作用机制问题进行了研究。

1. 超前支护锚杆的受力特点

自 20 世纪 70 年代以来,许多人对埋置在各类岩体中的锚杆进行了原位监测,取得了大量的研究成果,其中尤以 Freeman 在 Kielder 试验隧道中进行的全

长黏结锚杆试验研究工作最为出色。他系统地研究了全长黏结式锚杆的受力过程和剪应力沿锚杆的分布规律，基于原位监测结果，他提出了“中性点”、“黏结长度”、“锚固长度”等重要概念。所谓“中性点”是指锚杆和灌浆体胶结面上的剪应力为零时所对应的点；“黏结长度”是指锚杆从锚头到中性点的锚杆长度；“锚固段长度”是指从中性点到锚杆末端的长度。在黏结段，作用在锚杆上的剪应力方向指向锚头，而在锚固段，剪应力的方向指向锚杆端部（见图3.17）。

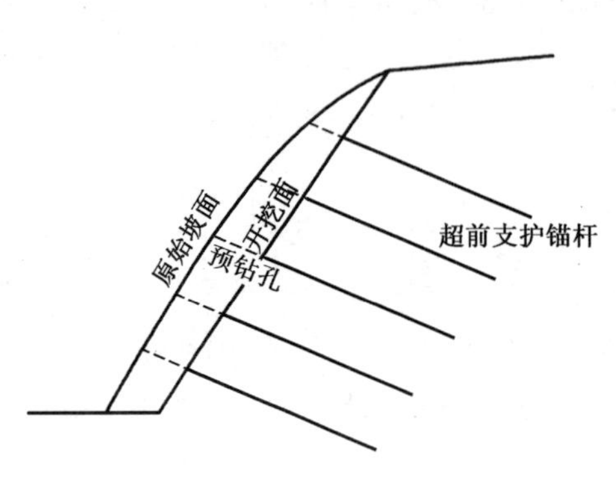

图3.16 边坡超前支护锚杆示意图

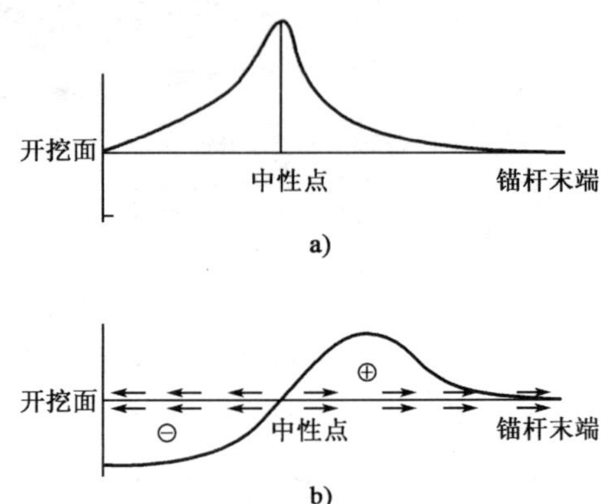

图3.17 超前支护锚杆荷载传递特性

a）锚杆轴力分布；b）超前支护锚杆剪应力分布

超前支护锚杆的受力特点与隧道全长黏结式锚杆的受力特点完全类似，同样存在“中性点”、“黏结长度”、“锚固长度”等概念。一旦边坡开挖后，坡体发生倾向于开挖面的卸荷回弹变形，由于超前支护锚杆的存在，限制了这种变形的进一步发展和传播，根据锚杆与岩体的相互作用行为，锚杆的超前设置约束了岩体边坡开挖后的自由变形，由此在锚杆内产生轴向力；同时，岩体锚杆又对岩体施加相应的反作用力，从而能避免边坡开挖卸荷带进一步向岩体深部发展，进而达到整治边坡的目的。

2. 高切坡开挖特性

大量的事实表明：自然边坡开挖后，会在坡体一定深度范围内形成卸荷带，卸荷带也常常是高切坡发生变形破坏的位置并在坡体开挖面上产生最大的自由变形，这种变形沿着坡体深度快速衰减并最终在卸荷带内边界处趋于零。通过弹性岩体开挖的简单力学分析表明：边坡开挖后，其应力场、位移场均会发生变化，而发生变化的区域就是开挖卸荷带的影响区，但这种开挖卸荷作用的影响是有限的，不会波及很大的范围。在影响范围内，边坡内的应力场和变形场会发生显著变化，而超过这个区域后，边坡则不受影响。

3. 超前支护锚杆荷载传递

(1)计算模型

自然边坡在开挖后,在无任何支护条件下,会在开挖面及其影响深度范围内产生自由变形。

如果在开挖前预先设置超前支护锚杆,超前锚杆的存在就可以约束坡面自由变形的发展,由于坡面岩土体与锚杆之间的相互作用,锚杆就给坡面施加了一个约束力,限制了自由变形的进一步发展;相应地,坡面也会对锚杆施加相应大小的荷载(见图3.18)。因此,坡面岩土体在边坡开挖后的自由变形量,应等于受超前支护锚杆施加在坡面的约束力导致的岩土体变形量与坡面施加在超前支护锚杆上的荷载使得超前支护锚杆产生伸长量两部分之和。

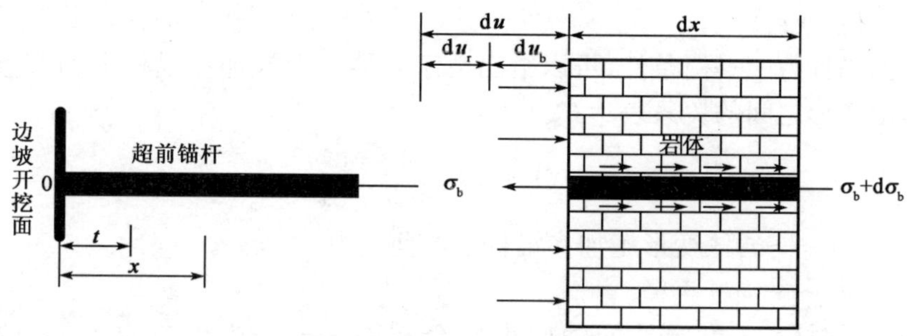

图3.18　锚杆及岩体受力分析

$$du = du_b + du_r = \frac{\sigma_b}{E_b}dx + \frac{\Delta\sigma_r}{E_r}dx \tag{3.3}$$

式中:du——岩体微段的自由变形量;

du_r——岩体微段在锚杆存在条件下的实际变形量;

du_b——岩体锚杆的伸长量;

σ_b——锚杆轴力;

E_b——锚杆的弹性模量;

$\Delta\sigma_r$——锚杆施加在岩体上的压应力增量;

E_r——岩体弹性模量。

根据力的平衡条件:

$$\sigma_b A = -\Delta\sigma_r S \tag{3.4}$$

式中:A——超前支护锚杆的截面面积;

S——单根锚杆加固的有效岩体坡面面积,与锚杆的布置有关,根据复合地基理论,可按下式计算:

$$S = \frac{\pi bc}{4} \tag{3.5}$$

式中：b、c——分别为锚杆布置的水平及垂直间距。

将式(3.4)式代入式(3.3)：

$$\sigma_{\mathrm{b}}(x) = -\xi G_{\mathrm{r}} \frac{\mathrm{d}u}{\mathrm{d}x} \tag{3.6}$$

$$\Delta\sigma_{\mathrm{r}}(x) = \xi G_{\mathrm{r}} \frac{A}{S} \cdot \frac{\mathrm{d}u}{\mathrm{d}x} \tag{3.7}$$

式中：$\xi = \dfrac{2(1+\nu_{\mathrm{r}})SE_{\mathrm{b}}}{AE_{\mathrm{b}}+SE_{\mathrm{r}}}$；

$G_{\mathrm{r}} = \dfrac{E_{\mathrm{r}}}{2(1+\nu_{\mathrm{r}})}$。

根据锚杆力的平衡条件，可以给出由于岩体变形施加在锚杆上的剪应力与岩体自由变形之间的关系表达式：

$$\tau_{\mathrm{b1}}(x) = \xi G_{\mathrm{r}} \frac{A}{\pi d_{\mathrm{b}}} \cdot \frac{\mathrm{d}^2 u}{\mathrm{d}x^2} \tag{3.8}$$

式中：$\tau_{\mathrm{b1}}(x)$——岩体变形施加在锚杆上的剪应力；

d_{b}——锚杆直径。

同时，锚杆在 t 位置处的轴向力也会在锚杆 x 处产生剪应力，可按下式计算：

$$\mathrm{d}\,\tau_{\mathrm{b2}}(x) = \frac{\alpha}{2}\mathrm{d}\sigma_{\mathrm{b}}(t)\,\mathrm{e}^{-2\alpha\frac{x-t}{d_{\mathrm{b}}}} \tag{3.9}$$

式中：$\alpha^2 = \dfrac{2G_{\mathrm{r}}G_{\mathrm{g}}}{E_{\mathrm{b}}\left[G_{\mathrm{r}}\ln\left(\dfrac{d_{\mathrm{g}}}{d_{\mathrm{b}}}\right)+G_{\mathrm{g}}\ln\left(\dfrac{d_{\mathrm{o}}}{d_{\mathrm{g}}}\right)\right]}$；

$\mathrm{d}\,\tau_{\mathrm{b}}(t)$——锚杆在位置 t 处的轴向应力增量；

G_{g}、G_{r}——分别为锚杆和岩体的剪切模量；

d_{b}、d_{g}、d_0——分别为锚杆直径、钻孔直径以及锚杆影响范围直径。

$$\tau_{\mathrm{b2}}(x) = \int_0^x \mathrm{d}\,\tau_{\mathrm{b2}}(x) = -\frac{\alpha}{2}\xi G_{\mathrm{r}}\int_0^x \frac{\mathrm{d}^2 u}{\mathrm{d}t^2} e^{-2\alpha\frac{x-t}{d_{\mathrm{b}}}}\mathrm{d}t \tag{3.10}$$

因此，实际作用在锚杆上的剪应力应为上述两部分之和，即：

$$\tau_{\mathrm{b}}(x) = \tau_{\mathrm{b1}}(x) + \tau_{\mathrm{b2}}(x) = \xi G_{\mathrm{r}}\left[\frac{A}{\pi d_{\mathrm{b}}}\frac{\mathrm{d}^2 u}{\mathrm{d}x^2} - \frac{\alpha}{2}\int_0^x \frac{\mathrm{d}^2 u}{\mathrm{d}t^2} e^{-2\alpha\frac{x-t}{d_{\mathrm{b}}}}\mathrm{d}t\right] \tag{3.11}$$

上述公式是在锚杆与岩体完全耦合的条件下确定出来的。

当锚杆与岩体接触面上的剪应力超过其胶结强度时，在锚杆前端会发生部分解耦，假设解耦段上的剪应力为均匀分布的残余强度（见图 3.19），则解耦段的长度可根据解耦段末端处的剪应力与胶结强度相等的条件，按下式计算：

$$S_p = \tau_{b1}(r_p) + \tau_{b2}(r_p) = \xi G_r \frac{d^2u}{dx^2} - \frac{\alpha}{2}\frac{\pi d_b}{A}s_r r_p \tag{3.12}$$

式中：S_p——锚杆与岩体的胶结强度；

r_p——锚杆解耦段长度；

s_r——解耦段的接触面上的残余强度；

其他符号意义同前。

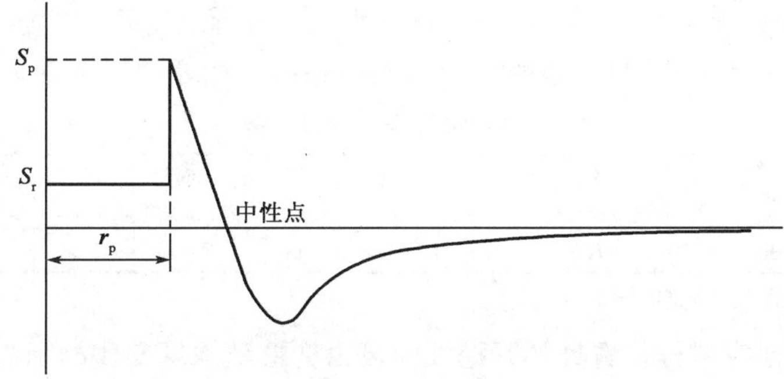

图 3.19　解耦条件下超前支护锚杆剪应力分布示意图

相应地，解耦段以后（$x \geqslant r_p$）部分锚杆任意位置处的剪应力可按下式计算：

$$\begin{aligned}\tau_b(x) &= \tau_{b1}(x) + \tau_{b2}(x)\\ &= \xi G_r\left[\frac{A}{\pi d_b}\frac{d^2u}{dx^2} - \frac{\alpha}{2}\int_p^x \frac{d^2u}{dt^2}e^{-2\alpha\frac{x-t}{d_b}}dt\right] - \frac{\alpha}{2}\frac{\pi d_b}{A}s_r r_p e^{-2\alpha\frac{x-r_p}{d_b}}\end{aligned} \tag{3.13}$$

根据中性点处剪应力为零的条件，可以计算出超前支护锚杆的中性点位置，按下式计算：

$$\xi G_r\left[\frac{A}{\pi d_b}\frac{d^2u}{dx^2} - \frac{\alpha}{2}\int_0^x \frac{d^2u}{dt^2}e^{-2\alpha\frac{x-t}{d_b}}dt\right] - \frac{\alpha}{2}\frac{\pi d_b}{A}s_r r_p e^{-2\alpha\frac{x-r_p}{d_b}} = 0 \tag{3.14}$$

显然，上述问题求解的关键在于确定岩体边坡开挖后的自由变形量，一般可通过埋设在坡体内不同深度处的位移监测设备，并通过函数拟合来确定岩体自由变形函数。

根据坡面变形量随深度迅速衰减的特点，为计算简化，假设高切坡坡面自由变形量随深度变化的函数形式如下：

$$u(x) = u_0 e^{-ax} \tag{3.15}$$

式中：$u(x)$——坡面任意深度位置处的自由变形量；

u_0——坡面自由变形量；

a——参数。

根据上述模型，可以确定超前支护锚杆的中性点位置、最大轴力大小、锚杆轴力分布特性、锚杆剪应力分布特性以及锚杆解耦段长度等超前支护锚杆作用机制问题，为超前支护锚杆的设计提供理论依据。

(2)算例

以上述计算模型为基础，给出一个算例予以说明。

岩质高切坡，岩体为砂岩，较完整，锚杆为 ϕ32 螺纹钢，锚杆钻孔孔径为 110mm，锚杆设计长度为 4.0m，浆体材料为纯水泥浆，强度等级为 M30，水灰比为 0.45，注浆设备为 100/2.5 型砂泵。模型相应的计算参数见表 3.4。

岩体、锚杆基本计算参数　　表 3.4

参数名称	G_r (GPa)	v_r	G_g (GPa)	E_b (GPa)	d_b (mm)	d_g (mm)	d_0 (mm)	S (m)	s_p (MPa)	s_r (MPa)
数值	2.0	0.25	7.5	210	32	110	2 000	2.5	4.0	1.8

注：表中参数物理意义同前。

假设所研究锚杆位置处的开挖坡面自由变形随深度变化的函数具有如下形式：$u(x) = -0.006e^{-2x}$，单位是 m。

以上述基本参数为基础，根据上述理论模型，计算了无解耦情况下，超前支护锚杆的剪应力分布曲线(见图 3.20)，从图中可以看出，超前支护锚杆的中性点位置在锚杆端部下 0.27m 的位置处。从图中可以看出，锚头部分的剪应力已经远远超过锚杆的胶结极限强度，因此，实际情况是锚杆会产生部分解耦，中性点向下部移动。考虑锚杆部分解耦时，锚杆剪应力分布见图 3.21，从计算结构看，锚杆解耦长度为 0.69m，中性点在 0.9m 左右。

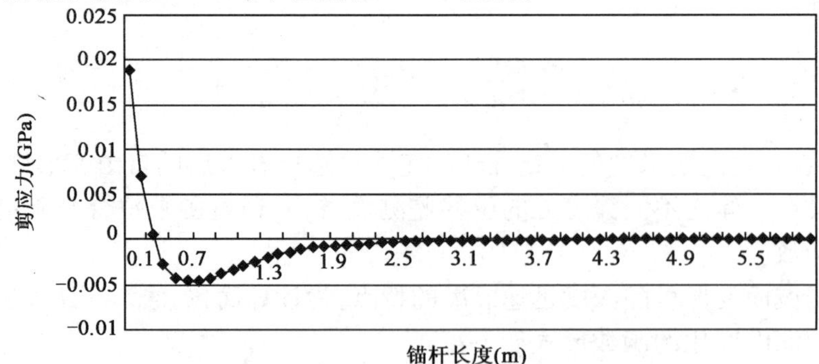

图 3.20　无解耦条件下，超前支护锚杆剪应力分布曲线

4. 高切坡超前支护锚杆数值模拟受力机制研究

(1)高切坡计算模型及参数选取

本文以一个高切坡为例,采用有限差分软件 FLAC2D 进行分析。研究超前支护锚杆与坡体之间的相互作用机制问题。

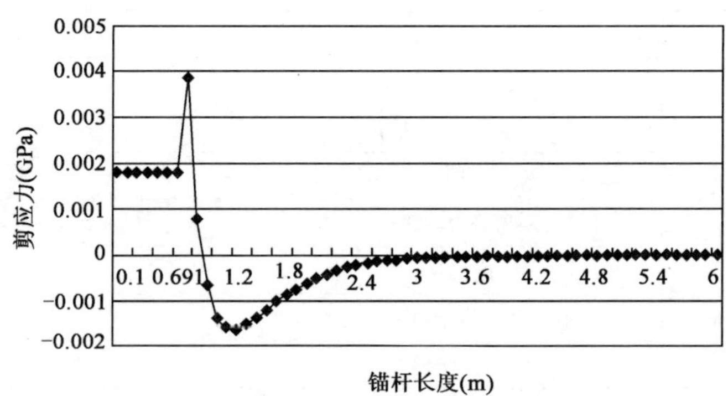

图 3.21　解耦条件下,超前支护锚杆剪应力分布曲线

假设自然边坡坡高 22m,坡度为 1∶1,上部为力学性能较差的岩体,下部岩体力学性能较好。因公路建设需要进行开挖,开挖高度为 7.5m。首先采用数值方法模拟自然边坡在无支护条件下,开挖后边坡的稳定性,经分析发现若不对边坡进行支护直接开挖,将导致高切坡失稳破坏,因此,采用超前支护锚杆对高切坡进行超前加固防护。工程采用先施工超前支护锚杆,再进行边坡开挖。经过数值模拟分析,得出超前支护措施。在坡面布设 4 排 ϕ32mm、长 15m、垂直间距为 2.5m,水平间距 2.5m 的锚杆,即能满足边坡开挖的稳定性。图 3.22 为超前支护锚杆加固后开挖模型的有限元网格。

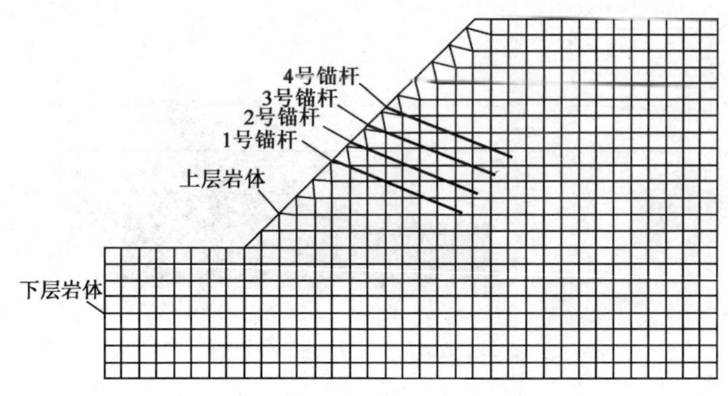

图 3.22　超前支护锚杆加固后的有限元网格图

锚杆采用FLAC2D中的cable单元模型来模拟,岩土体的本构关系采用理想弹塑性模型,屈服准则采用摩尔—库伦准则。模型的边界条件:顶部、坡面为自由面,底面固定,其他为滚动铰支约束。计算中所采用的参数见表3.5。

材料参数及模型主要尺寸　　表3.5

材　料	参　数	参数取值
上层岩体	黏聚力(kPa)	30.0
	重度(kN/m^3)	20.0
	泊松比	0.3
下层岩体	黏聚力(MPa)	0.8
	重度(kN/m^3)	24.0
	弹性模量(GPa)	15.0
	泊松比	0.25
锚杆	重度(kN/m^3)	78.0
	弹性模量(GPa)	200
	泊松比	0.2
	截面面积(m^2)	8.024×10^{-4}

(2)高切坡稳定性分析

对任何一个高切坡而言,如果无支护开挖能保证边坡稳定时,无支护开挖当然是首选。因此,进行无支护边坡开挖稳定性判别是进行超前支护的基础和前提,同时也能为高切坡超前支护结构的选择、布置方式的优化提供依据。所以,本文首先计算天然无支护开挖后形成高切坡的稳定性。图3.23为无支护开挖

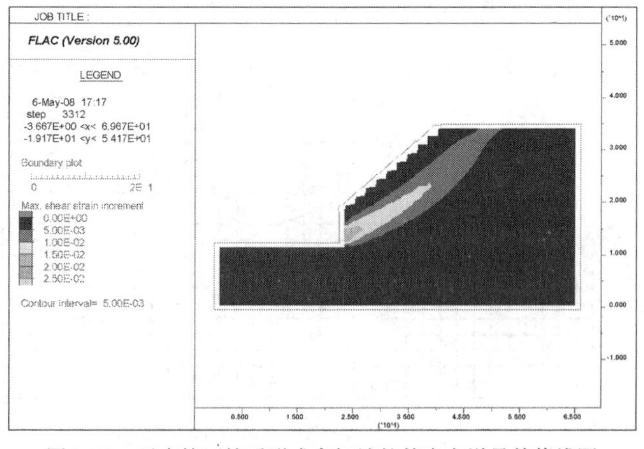

图3.23　无支护开挖后形成高切坡的剪应变增量等值线图

后形成高切坡的剪应变增量等值线图。从图中可以看出,在无支护开挖的情况下,贯通的剪应变增量轮廓表示边坡已经失稳;同时也显示出了破坏面的大致位置和形状。因此,该边坡在无支护条件下,开挖形成的高切坡处于不稳定状态,在施工过程中就有可能失稳。通过强度折减法得出该高切坡的安全系数为0.98。

从前面分析可以看出:无支护边坡开挖显然不满足工程要求。因此,针对无支护开挖高切坡破坏面的大致位置和形状,通过对不同超前支护锚杆方案的数值进行模拟计算和分析,最终采用的超前支护方案为:坡面布设4排 ϕ32mm,长15m,垂直间距为2.5m,水平间距2.5m的锚杆。其锚杆的布设图参见图3.22。图3.24、图3.25分别为采用超前支护锚杆加固后高切坡剪应变增量等值线图和当折减系数为1.16时高切坡的剪应变增量等值线图。从图中可以看出:施加超前支护锚杆后,剪应变增量没有贯通,边坡处于稳定状态;当采用强度折减法计算边坡稳定性时,当其折减系数为1.16时,贯通的剪应变轮廓表示边坡已经失稳,故其高切坡的安全系数为1.16,且满足工程要求。

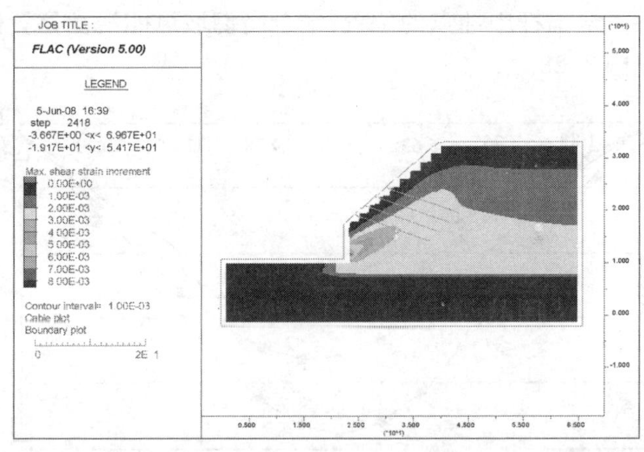

图3.24　采用超前支护锚杆加固后高切坡图剪应变增量等值线图

(3)超前支护锚杆轴力及剪应力分析

通过前面的数值模拟计算:可以看出采用超前支护锚杆后,再开挖边坡形成的高切坡处于稳定状态,提高了工程在施工过程中的安全性。可见超前支护锚杆在提高边坡稳定性中起到了明显作用。在锚杆支护中,锚杆是最为重要的一部分。锚杆具有比上层岩体更高的抗剪强度和抗拉强度,插入锚杆后,锚杆分担了上层岩体中的大部分应力,因此研究它的受力关系十分重要。故本小节研究了超前支护锚杆的轴力和剪应力的大小及分布特点。得出了不同加固部位的锚杆的内力分布。

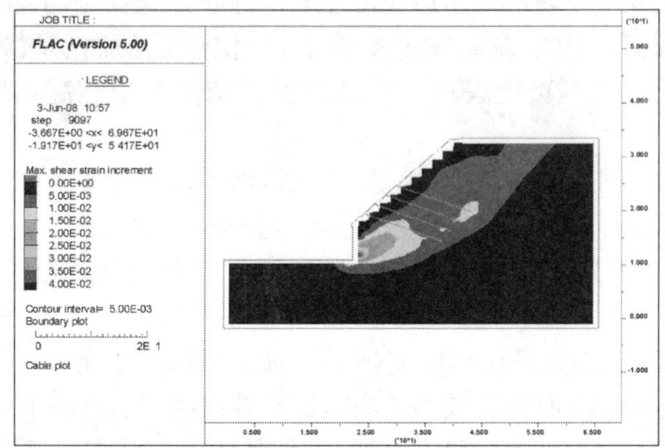

图 3.25　采用超前支护锚杆加固后折减系数 $R = 1.16$ 时的剪应变增量等值线图

图 3.26 为 1 ~ 4 号锚杆的轴力分布图,图 3.27 为 1 ~ 4 号锚杆的剪应力分布图。根据 1 ~ 4 号锚杆中性点的位置,结合高切坡可能滑面位置做出了高切坡坡体分区图,见图 3.28。

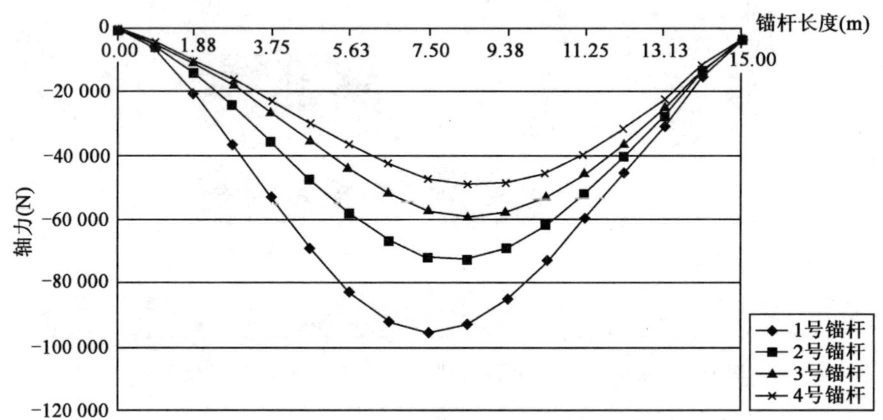

图 3.26　1 ~ 4 号锚杆轴力分布图

从图 3.26 中可以看出:1 ~ 4 号锚杆的轴力分布规律完全相似,即轴力呈“抛物线”形式分布,沿锚杆埋深先增大再减小,最大值在锚杆中部附近,两端头轴力较小。总体上讲,锚杆的轴力值随锚杆布设的位置不同而有所变化,即离开挖面越近的锚杆,其轴力值越大。4 根锚杆中,1 号锚杆的轴力最大,其值为 −95 400N,4 号锚杆的轴力最小,其值为 −49 570N。

从图 3.27 中可以看出：1 ~4 号锚杆的剪应力分布规律完全相似，即剪应力总体上呈“正弦线”形式分布，中性点为剪应力方向的变化点。从锚杆布设的位置来看：离开挖面越近的锚杆其中性点位置埋深越浅；离开挖面越近的锚杆其剪应力值越大。4 根锚杆中，1 号锚杆的剪应力极值分别为：－6 711Pa，5 879Pa；4 号锚杆的轴力最小，极值分别为：－2 753Pa，4 559Pa。1 ~4 号超前支护锚杆的剪应力在中性点处为零，轴力在中性点处最大。

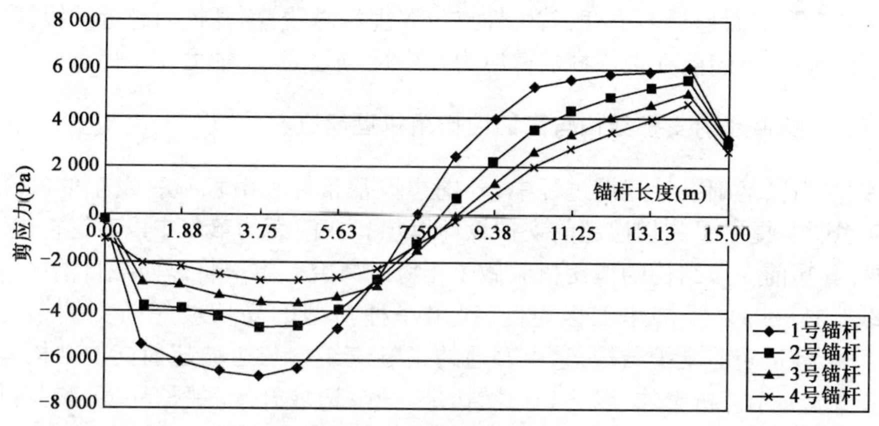

图 3.27　1 ~4 号锚杆剪应力分布图

从图 3.28 可以看出：高切坡被分为了开挖卸荷区（松动区）和稳定区，为坡体分区对锚杆锚固段的设计及优化提供了依据。

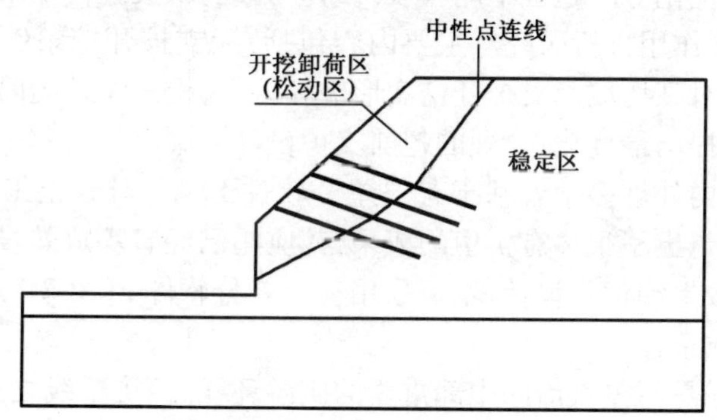

图 3.28　高切坡坡体分区图

5. 结论

针对人工高切坡开挖常常导致边坡变形破坏的问题，提出了高切坡超前锚杆支护的设计方法，超前支护锚杆能有效地抑制边坡的变形和开挖卸荷带的发展，从而达到稳定边坡的目的。根据超前支护锚杆与变形岩体之间相互作用机制，讨论了超前支护锚杆在完全耦合及部分解耦条件下的荷载传递规律，为超前支护锚杆的设计和施工提供了理论依据。

数值模拟分析我们得到，轴力呈“抛物线”形式分布，沿锚杆埋深先增大再减小，最大值在锚杆中部附近，两端头轴力较小。总体上讲，锚杆的轴力值随锚杆布设的位置不同而有所变化，即离开挖面越近的锚杆其轴力值越大。剪应力总体上呈“正弦线”形式分布，中性点为剪应力方向的变化点。从锚杆布设的位置来看：离开挖面越近的锚杆，其中性点位置埋深越浅；离开挖面越近的锚杆，其剪应力值越大。超前支护锚杆的剪应力在中性点处为零，轴力在中性点处最大。

三、半隧道超前支护结构与高切坡作用机理研究

针对山区基础设计建设过程中，开挖边坡常常导致滑坡灾害发生的实际情况，何思明等提出了高切坡超前支护设计思想。在前面的章节中以对支护桩、支护锚杆等超前支护结构的作用机制做了相应的研究。本节将以西藏自治区省道306线米林—郎县改扩建工程为例，提出一种新型的高切坡超前支护结构形式——半隧道超前支护结构，它由普通的半隧道结构与边坡超前支护结构有机组合，形成一个有机整体，以达到稳定边坡、减少边坡开挖、保护环境、减少投资的目的。

但是这种新型结构设计理论基础薄弱，没有相关的坡体—结构共同作用机制方面的理论研究文献资料可供参考，设计存在很大的盲目性，设计是否合理、有效，设计是否优化等问题也不能有效判断。为此，本文进行了半隧道超前支护结构与坡体共同作用分析研究。主要内容包括：无支护开挖条件下坡体变形破坏特征分析；针对高切坡无支护开挖变形破坏特点，提出4种超前支护模式并进行数值模拟，以提出最优化、合理的超前支护设计方案。

近年来，国内外许多学者基于有限差分软件FLAC对岩土工程中的许多问题进行了研究，得出了很多有价值的成果，其应用已经日臻成熟。为探讨超前支护结构的作用效果和优化设计，本节采用有限差分软件FLAC2D进行分析。

1. 工程地质条件

省道306线是西藏自治区中部重要的旅游环线、经济干线之一，是贡嘎机场与林芝机场连接通道的重要路段，也是西藏自治区重要的边防通道和通县油路，其路网地位十分重要。其中，米林—朗县公路改建整治工程，路线全长175.987km，主线采用三级公路标准建设，项目初步设计总概算为6.9亿多元。

研究工点位于S306线K232+400～K232+470段（见图3.29）靠近朗县处，距离县城12km。由于线路等级提高，要求更好的公路线形，为此需要开挖边坡。

自然边坡最大高度 120m，坡度 70°左右，公路下方为雅鲁藏布江，地势非常险要。

图 3.29　S306 线 K232 +400 ~ K232 +470 高切坡

坡体岩层为志留系板岩、千枚岩，以千枚岩为主，局部夹有板岩薄层状，层理不明显，节理、裂隙发育，呈薄层状角砾结构，产状不稳定，岩体破碎，局部结构面充填泥质物，面光滑、稳定性较差，千枚岩挤压揉皱，松软破碎。千枚岩为深灰色，千枚状构造，片理极其发育，岩体破碎，片理面手感光滑，有丝绢光泽。千枚岩硬度小，单轴抗压强度小于 1MPa，易风化。

2. *高切坡超前支护半隧道整治措施*

根据本段边坡的地形地貌特点以及工程地质条件，为满足公路线形和路面宽度的需要，最初的设计是采用分级开挖分级支护的方式进行高切坡整治设计。边坡开挖共分为 4 级，每级高度达 15m，开挖坡比为 1∶0.5，坡面采用预应力锚索框架进行整治。如果按照此方案进行施工，工程量非常大，施工工期、工程投资均难以接受；同时按照原交通部的要求，本段公路建设要建设成一条环保型公路，严禁大开挖，施工弃渣严禁直接倒入雅鲁藏布江。如此多的开挖弃渣的堆放、运输也是一个非常大的问题。针对这一难题，本义提出了超前支护半隧道结构形式，得到了业界普遍的认可，并付诸实践，取得了明显的经济效益，加快了工程施工速度，大大减少了工程开挖量，环保和经济性都十分突出。

常规的"半隧道结构"在公路边坡工程中经常使用，但主要用于结构完整、强度高的硬质岩中，而对于软质岩、结构破碎的岩层则不宜采用。其主要原因在于，在这类岩层中开挖半隧道容易导致岩层发生变形破坏，诱发新的地质灾害。为解决这一技术难题。本文采用了常规"半隧道结构"与超前支护锚索结合的整治措施。即在半隧道开挖影响范围内预先设置超前支护预应力锚索结构，对边坡进行加固处理，待预应力锚索结构发挥作用后，再开挖半隧道，并进行喷锚支护。预应力锚索的存在和预加固可以大大约束岩体内开挖卸荷带的形成和发展,减少开挖面岩体的变形,从而保证开挖半隧道的整体稳定,不会因为半隧道的开挖导致边坡整体失稳破坏的情况发生。

拟定的超前支护半隧道结构做法如下:

(1)半隧道结构:半隧道边墙高5.0m,宽7.5m,拱顶高2.0m。半隧道采用喷锚支护,喷射C20混凝土,厚度12cm,面层铺设ϕ6mm@20mm×20mm钢筋网。锚杆为ϕ25mm钢筋,长度4.0m,水平向间距2.5m,交错排列。喷射混凝土坡面设置排水孔,采用ϕ50PVC管,埋深300mm,纵横向间距3 000mm,交错排列。

(2)超前支护结构:超前支护结构采用垫墩式预应力锚索,锚索孔径130mm,长度20m,其中锚固段长度8m;锚索采用7根ϕ15mm钢绞线(1 860MPa),锚具用OVM15-7型。灌浆材料为水泥砂浆,1∶1水泥砂浆,水灰比0.38~0.45,砂浆体强度不小于30MPa。锚索设计荷载900kN,锁定荷载800kN。

超前支护锚索结构的数量和排列,是保证半隧道结构的整体稳定和结构优化的关键。为此,本文根据无支护开挖坡面变形情况,进行了多种支护方式的计算,确定了最优的超前支护结构布置。

3.超前支护半隧道结构数值分析

(1)计算模型的选取及相关参数的确定

选择S306线K232+400~K232+470段中的典型断面作为数值模拟原型。考虑开挖卸荷造成周围岩体的损伤,在计算时,将其抗剪强度指标进行折减(见图3.30)。开挖卸荷岩体的强度参数可通过损伤力学的方法计算。

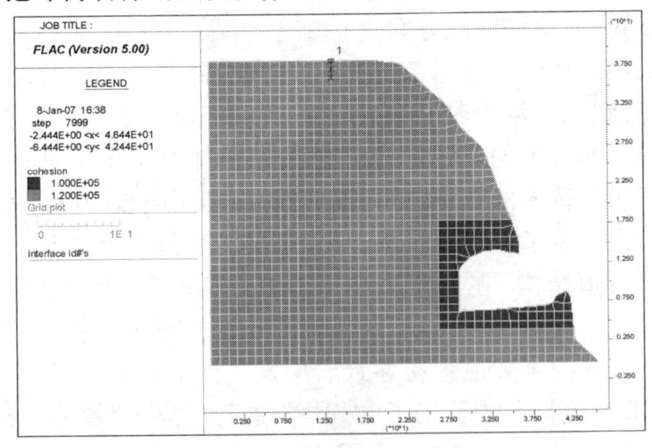

图3.30 高切坡数值计算模型

以岩体开挖前后测得的岩体波速来定义岩体的开挖卸荷损伤。

$$D = 1 - \left(\frac{v_P}{v_0}\right)^2 \tag{3.16}$$

式中：v_P——各向同性卸荷岩体的声波速度(m/s)；

v_0——原状岩体声波速度(m/s)；

D——边坡开挖卸荷损伤变量。

假设岩体为各向同性体，相应的开挖卸荷损伤变量为标量，根据各向同性损伤理论，可以定义卸荷带内岩体的抗剪强度指标如下所述。

卸荷损伤岩体内摩擦角：

$$\varphi' = \varphi(1 - D) \tag{3.17}$$

式中：φ'——卸荷岩体内摩擦角(°)；

φ——原状岩体内摩擦角(°)。

其余符号意义同上。

开挖卸荷损伤岩体的黏聚力：

$$c' = c(1 - D) \tag{3.18}$$

式中：c'——卸荷岩体黏聚力(kPa)；

c——原状岩体的黏聚力(kPa)。

开挖卸荷损伤岩体弹性模量：

$$E' = E(1 - D) \tag{3.19}$$

式中：E'——开挖卸荷岩体黏聚力；

E——原状岩体的黏聚力。

其余符号意义同上。

模型的相关计算参数见表3.6。

根据现场调查，在边坡后缘存在重力卸荷裂隙，裂隙最深处达2.0m，宽度近20cm。为此，在计算模型中设置了重力卸荷裂隙(见图3.30)。

(2)高切坡无支护开挖数值模拟

对任何一个高切坡而言，如果能无支护开挖且能保持边坡稳定时，无支护开挖无疑应该是首选。因此，高切坡稳定性的超前诊断是进行高切坡超前支护的基础和前提，同时也能为高切坡超前支护结构的选择、布置方式的优化提供依据。为此，本文进行了半隧道无支护开挖数值模拟。计算结果见图3.31。

数值模拟采用的材料参数 表3.6

原状岩体参数				卸荷损伤岩体参数				
弹性模量（GPa）	泊松比	黏聚力（kPa）	内摩擦角（°）	卸荷损伤	弹性模量（GPa）	泊松比	黏聚力（kPa）	内摩擦角（°）
15	0.25	120	40	0.2	12	0.25	100	32

预应力锚索					
弹性模量（GPa）	灌浆材料剪切模量（MPa）	灌浆材料黏结强度（kN·m）	预应力荷载（kN）	锚索间距（m）	屈服强度（kN）
200	1 000	80	800	4.0	1 000

锚　　杆						
屈服强度（kN）	间距（m）	直径（mm）	弹性模量（GPa）	长度（m）	灌浆材料黏结强度（kN/m）	灌浆材料剪切模量（MPa）
300	2.5	25	200	4.0	50	1 000

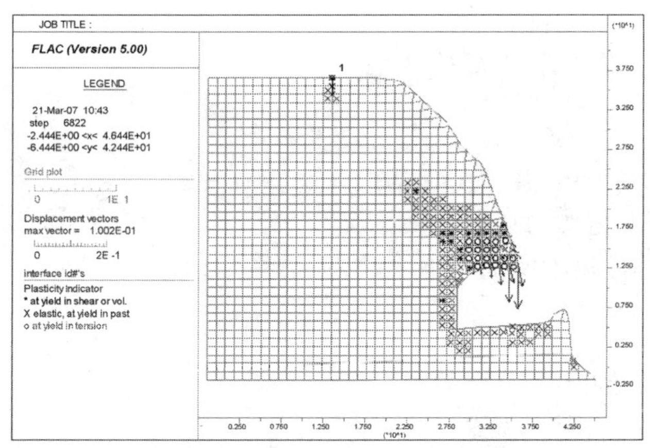

图3.31　半隧道无支护开挖数值模拟

结果表明，在无支护条件下开挖，会出现3种变形破坏情况：

①半隧道顶部会产生失稳破坏；

②开挖卸荷影响区产生剪切塑性变形区，特别是半隧道边墙和顶部位置；

③在坡体内部形成剪切塑性变形区，近1/2的区域已经形成连续的塑性变形区，可能与边坡后缘卸荷裂隙贯通，形成滑动面而诱发滑坡。

（3）高切坡超前支护数值模拟及优化设计

根据无支护开挖数值模拟结果，说明高切坡是一个危险性高切坡，在开挖过程中会发生失稳破坏，为此，应进行超前支护，根据坡体变形情况，提出了4种超前支护方式整治方案，并对4种支护方案进行了数值分析（分别见图3.32～图

3.35)，以提出合理有效的优化设计方案。

①第1种半隧道超前支护整治方案

根据高切坡无支护开挖数值模拟结果，针对半隧道开挖会在开挖卸荷区产生剪切塑性区，并且将沿拱顶产生失稳破坏的情况。采取在半隧道边墙、拱顶进行喷锚支护，并沿拱顶设置一排仰斜式超前支护锚索进行整治，锚索间距4.0m，长度20m，其中锚固段长8.0m，锁定预应力荷载800kN，其他相关计算参数见表3.6。

计算结果见图3.32，结果表明：经过方案1的整治后，开挖卸荷区内剪切塑性区得到明显改善，边墙、拱顶均能保持稳定；同时拱顶外侧在预应力荷载作用下也能有效地保持稳定。但坡体内部剪切塑性区有所发展，2/3以上的区域已经形成连续的塑性变形区，极易与坡体后缘卸荷裂隙连通，形成滑动面，导致坡体整体失稳。

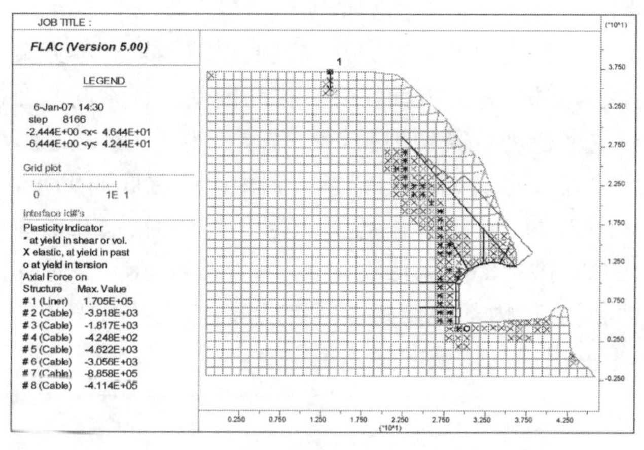

图3.32　第1种半隧道超前支护整治方案数值模拟

②第2种半隧道超前支护整治方案

根据高切坡无支护开挖数值模拟结果。采取在半隧道边墙、拱顶进行喷锚支护，并沿坡面设置两排超前支护锚索进行整治。锚索间距4.0m，长度20m，其中锚固段长8.0m，锁定预应力荷载800kN，锚索位置分别为距离隧道底面11m和15m。

计算结果见图3.33，结果表明：经过方案2整治后，开挖卸荷区内剪切塑性区明显改善，边墙、拱顶都能保持稳定，同时坡体内剪切塑性区大为减少，不会与坡体后缘裂隙一同形成滑动面，从而能保证边坡的整体稳定性；但拱顶外侧失稳没有得到有效控制，该部分岩体会发生失稳破坏。

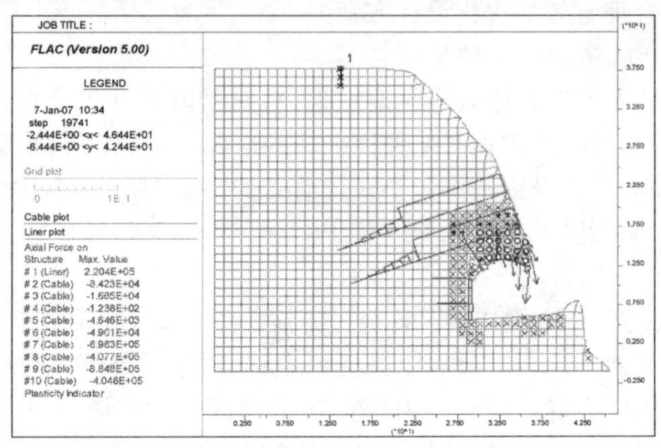

图 3.33　第 2 种半隧道超前支护方案数值模拟

③第 3 种半隧道超前支护结构数值模拟

根据方案 1、2 以及高切坡无支护开挖数值模拟结果。本方案采用在半隧道边墙、拱顶进行喷锚支护，并沿坡面设置一排超前支护锚索同时在拱顶设置一排仰斜超前支护锚索组合进行高切坡整治。锚索间距 4.0m，长度 20m，其中锚固段长 8.0m，锁定预应力荷载 800kN，锚索位置距离隧道底面 11m。

计算结果见图 3.34，结果表明：经过方案 3 的整治后，开挖卸荷区内剪切塑性区明显改善，边墙、拱顶都能保持稳定；拱顶外侧在预应力荷载作用下也能有效地保持稳定；同时坡体内部剪切塑性区有所改善，大约有 1/3 的区域形成了塑性变形区，基本上能保证高切坡的整体稳定性。

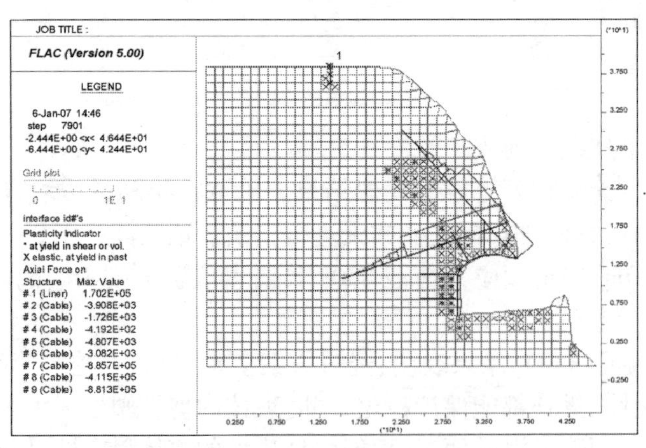

图 3.34　第 3 种半隧道超前支护方案数值模拟

④第 4 种半隧道超前支护结构数值模拟

根据方案 1 ~ 3 以及高切坡无支护开挖数值模拟结果，本文进一步提出了方案 4，即在方案 3 的基础上，在坡面再增设一排超前支护锚索，以减少坡体内剪切塑性区的范围，以保证高切坡的整体稳定性。锚索间距、位置等的设计与前几种方案相同。计算结果见图 3.35。结果表明：无支护开挖可能产生的 3 种破坏形式均可以得到有效控制，完全能保证高切坡的稳定性。

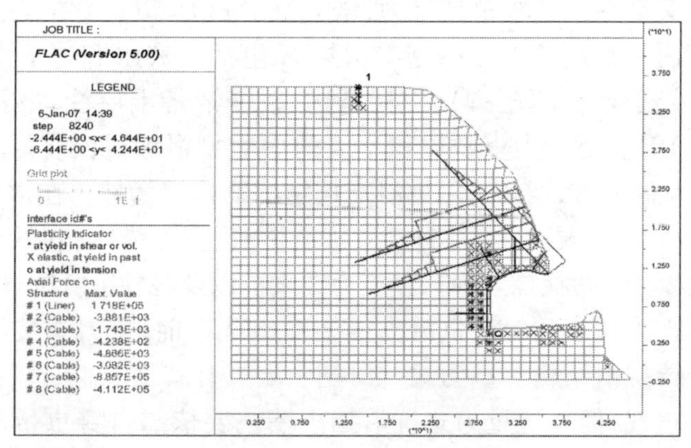

图 3.35　第 4 种半隧道超前支护方案数值模拟

综合上述 5 种情况的数值模拟与分析，我们最后确定方案 4 为最优化的超前支护整治方案。按照此方案设计的半隧道超前支护高切坡工程目前已经实施，效果明显。经过经济比较，本方案大约比常规放坡开挖整治方案节约投资 30% 以上，同时减少开挖方量 60%，缩短工期 20d 以上，是一种非常环保、经济的危险性高切坡超前支护结构。

4. 结语

通过上述分析，我们可以得出以下结论：

(1) 采用无支护半隧道形式开挖，高切坡将产生 3 种类型的破坏，是不稳定高切坡。

(2) 4 种高切坡超前支护方案中，第 4 种超前支护方案为最优方案（即半隧道喷锚支护 + 拱顶一排超前支护仰斜锚索 + 坡面两排超前支护锚索组合结构）。

(3) 与传统的高切坡开挖支护相比，这种新型超前支护结构具有开挖、弃渣量少，对边坡周围的植被破坏小，避免开挖诱发新的地质灾害，机械化施工，速度快，节约工程投资等优点。

第二节 危险性高切坡超前处治新型结构形式研究

一、预应力锚索抗滑挡土墙研究

整治滑坡关键在于减少滑坡推力，增大抗滑阻力，以达到提高滑坡整体稳定性的目的。国内外常用的工程措施有：排水（包括地表水和地下水）、改变边坡几何形状（削坡减载、回填压脚）、支挡结构、改变滑带土层性状（注浆、搅拌桩、高压喷射注浆）等。对于大多数体积不大的中小型滑坡或没有足够空间条件改变滑坡几何形状的滑坡，通常采用抗滑支挡结构物稳定滑坡。在常用的滑坡整治工程抗滑结构物中，主要有抗滑挡土墙、抗滑桩、预应力锚固（包括预应力锚索框架、预应力锚索地梁、肋板锚索等）、预应力锚索桩以及各种组合抗滑结构等。

在以抗滑桩为代表的轻型抗滑支挡结构出现以前，重力式抗滑挡土墙曾是整治滑坡的主要抗滑结构。重力式抗滑挡土墙具有就地取材、造价低、施工简单等特点而备受重视，但普通重力式抗滑挡土墙主要依靠自身重量产生的摩擦阻力来抵抗滑坡推力，因而挡土墙的截面尺寸必须足够大，因而导致抗滑挡土墙工程量大，施工开挖量大，抗滑能力有限等局限性，只能用于中小型滑坡的整治。为了改变普通重力式抗滑挡土墙受力不合理、适用范围狭窄的局限性，本节提出一种“预应力锚索抗滑挡土墙”组合抗滑结构用于整治滑坡，充分发挥预应力锚固技术和普通重力式抗滑挡土墙这两种抗滑结构的优点，以最佳的组合达到最有效地整治滑坡的目的。通过施加在普通重力式抗滑挡土墙上的垂直向预应力荷载和挡土墙自身重力所产生的摩擦阻力来平衡滑坡推力。预应力荷载既能提高重力式挡土墙的抗滑和抗倾覆能力，又能提高挡土墙墙体的抗剪强度，因而可以大大减小抗滑挡土墙的截面尺寸和基础埋深，减少墙体工程量及基础开挖方量，从而可以降低整治滑坡的工程造价，并能拓宽适用范围，不仅能用于中小型滑坡的整治，甚至可用于大型滑坡的整治，使重力式抗滑挡土墙这一传统的滑坡整治结构得到新生。尤其当挡土墙下存在断层或软弱夹层时，预应力锚索还能对其进行加固处理，效果更为显著。

1. 预应力锚索抗滑挡土墙组合结构特点

预应力锚索抗滑挡土墙是由预应力锚索和普通重力式抗滑挡土墙组合而成的新型抗滑结构形式，其具体构造图见图 3.36。它通过施加在抗滑挡土墙上的强大预应力荷载提供的摩擦阻力来平衡作用在挡土墙上的滑坡推力，并能提供较大的抗倾覆力矩,防治抗滑挡土墙发生倾倒破坏;同时,预应力锚索的存在,可以加强抗滑挡土墙自身的抗剪强度,防止抗滑挡土墙发生剪切破坏。

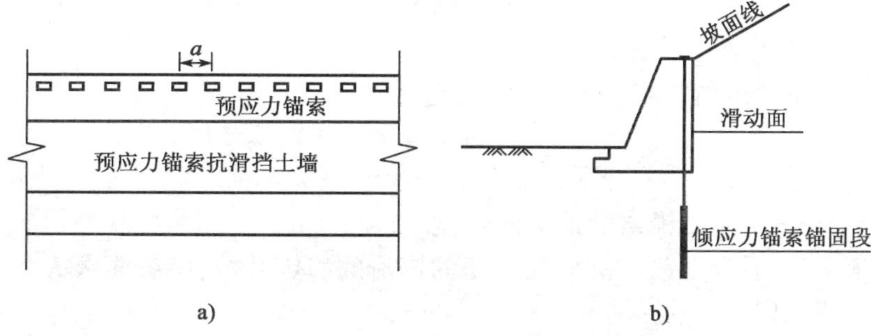

图 3.36　预应力锚索抗滑挡土墙结构图

抗滑挡土墙可以就地取材,采用浆砌片石砌筑。由于这里的抗滑挡土墙不再仅仅依靠自身重力产生的摩擦阻力来平衡滑坡推力,因而,抗滑挡土墙的截面尺寸不必做得太大,基础埋设深度也可以减小。但为了保证抗滑挡土墙基础的稳定,特别当施加在抗滑挡土墙上的预应力荷载较大时,对挡土墙基础的承载力要求较高。当地基承载力不能满足设计要求尺寸,可以采用地基处理技术(例如,扩大挡土墙基础底面积、加深基础埋置深度、复合地基等)对基础进行处理以满足要求。

预应力锚索锚固段应锚固在滑坡体下的稳定岩土层内,锚固长度应根据所需的预应力荷载及锚固段周围岩土体特性综合确定。埋设在抗滑挡土墙内的锚索孔可以通过预埋管件预留,在抗滑挡端砌筑完成后,直接从预留孔内施工其余部分的预应力锚索锚孔,可以节省部分钻探工程量。

2. 预应力锚索抗滑挡土墙设计原理

预应力锚索抗滑挡土墙在滑坡推力荷载或土压力荷载作用下,应满足抗滑、抗倾覆、抗剪以及地基稳定性等方面的要求。为此,考虑如图 3.37 所示的典型预应力锚索挡土墙结构,以此为基础,研究其设计方法。

作用在单位长度抗滑挡土墙上的荷载有:滑坡推力 E、墙体自身重力 G、预应力荷载 N 和基底摩擦阻力 F。

首先研究抗滑挡土墙的抗滑稳定性。作用在挡土墙上的水平推力为:

$$\sum T = E\cos\alpha + E_a \qquad (3.20)$$

式中:α——滑坡推力作用线与水平线的夹角;

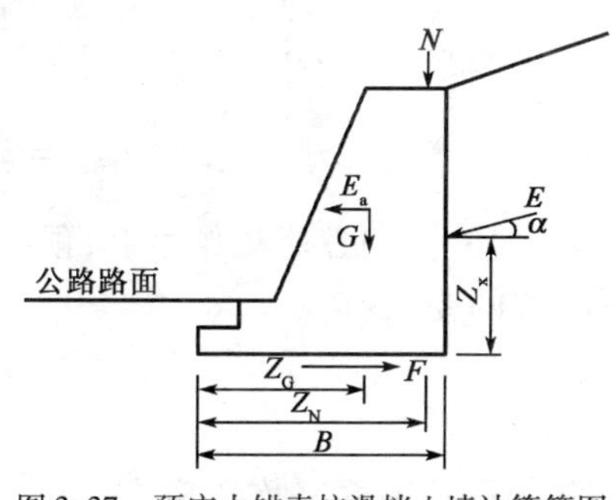

图 3.37　预应力锚索抗滑挡土墙计算简图

E_a——地震惯性力。

总的抗滑阻力即基底摩擦阻力为：

$$\sum N = F = (E\sin\alpha + G + N)\mu \tag{3.21}$$

式中：μ——基底摩擦系数。

抗滑挡土墙的抗滑稳定性安全系数为：

$$K_c = \frac{\sum N}{\sum T} = \frac{(E\sin\alpha + G + N)\mu + [F]}{E\sin\alpha + E_a} \tag{3.22}$$

式中：$[F]$——预应力锚索的抗剪断强度；

K_c——预应力锚索抗滑挡土墙的抗滑的稳定系数，一般要求 $K_c > 1.3$。

抗倾覆稳定性：

$$K_0 = \frac{G \cdot Z_G + N \cdot Z_N + E \cdot \sin\alpha \cdot B}{(E\sin\alpha + E_a) \cdot Z_x} \tag{3.23}$$

式中：K_0——预应力锚索抗滑挡土墙的抗倾覆稳定系数，一般要求大于1.6；

Z_G——墙体重力对墙趾力臂；

Z_N——预应力荷载对墙趾的力臂；

B——抗滑挡土墙基础宽度；

Z_x——滑坡推力的水平分量对墙趾的力臂。

作用在基底合力的法向分量对墙趾的力臂：

$$Z = \frac{G \cdot Z_G + N \cdot Z_N + E \cdot \sin\alpha \cdot B}{G + N + E\sin\alpha} \tag{3.24}$$

合力偏心距为：

$$e = \frac{B}{2} - Z \tag{3.25}$$

作用在基底的法向应力为：

$$\left.\begin{matrix}\sigma_1\\ \sigma_3\end{matrix}\right\} = \frac{G + N + E\sin\alpha}{B}\left(1 \pm \frac{6e}{B}\right) \tag{3.26}$$

当偏心距 $e \geqslant B/6$ 时，作用在基底的最大应力为：

$$\sigma_{\max} = \frac{2(G + N + E\sin\alpha)}{3Z_N} \tag{3.27}$$

因此，在偏心荷载作用下，预应力锚索抗滑挡土墙基础底面的压力应符合以下两式的要求：

$$\sigma \leqslant f_a \tag{3.28}$$

$$\sigma_{\max} \leqslant 1.2f_a \tag{3.29}$$

式中：σ——基底平均压应力；

σ_{max}——基底最大压应力；

f_a——地基承载力特征值。

墙体抗剪验算：

$$K = \frac{E \cdot \cos\alpha}{f_c \cdot A_c + f_h \cdot A_h + f_g \cdot A_g} \tag{3.30}$$

式中：K——预应力锚索抗滑挡土墙墙体抗剪断安全系数，一般要求大于1.5；

f_c、f_h、f_g——分别为墙体抗剪断强度、锚索孔灌浆材料抗剪强度，以及钢绞线抗剪断强度；

A_c、A_h、A_g——滑坡推力作用点处抗滑挡土墙净截面积、锚索孔灌浆材料截面积，以及钢绞线截面积。

如果在上述公式中，考虑地下水压力以及地震荷载的影响，可以用于地震区以及地下水丰富地区的滑坡整治工程。

3. 工程示范

中尼公路改建工程段因修建拟建路，开挖人工高切边坡。边坡最大高度30m，长约60m，最大坡度60°，未做任何支护工作，现部分已产生崩塌破坏，堆积在拟建公路上。

据工程地质钻探结果表明：场地地层主要为第四系松散堆积层（Q）和燕山期中酸性岩浆岩，第四系松散堆积物以角砾、碎石夹土、块石夹土、卵石夹土等块石土为主，岩浆岩主要为花岗岩。

（1）第四系漂石土（Q）

褐灰色，主要由花岗岩风化碎块石、弧石及黏性土组成。硬质物粒径200~800mm，最大黏径达3m，含量约占总质量的50%~60%，分布不均，结构松散，稍湿状。该层分布于整个场地。钻探揭露最大厚度11.62~28.23m。相应的物理力学指标见表3.7。

漂石土的物理力学指标　　表3.7

项目名称	重度（kN/m^3）	内摩擦角（°）	内聚力（kPa）	地基承载力（kPa）	挡土墙基底摩擦系数
第四系漂石土	21.5	41	15	500	0.6

（2）燕山期中酸性岩层（γ_{35}）

花岗岩：灰色，由石英、斜长石、角闪石、辉石及黑云母等矿物组成，中粒结构，整体块状结构，强风化花岗岩岩芯破碎，质软，强度低，层厚0.24~0.70m；弱风化花岗岩由石英、斜长石、角闪石、辉石及云母等矿物组成，中粒结构，整体块状结构，质地坚硬，完整性较好，强度高，竖向裂隙发育。相应的物理力学指标见

表3.8。

根据国家地震局编制的《中国地震动峰值加速区划图 A1》及《中国地震动反应谱特征周期区划图 B1》划分，设计基本地震加速度值为0.15g，设计地震分组为第2组，勘察区段地震设防烈度为8度。

花岗岩物理力学指标 表3.8

岩性	天然密度 (kg/cm^3)	天然抗压强度标准值 (MPa)	饱和抗压强度标准值 (MPa)	岩体内摩擦角标准值 (°)	岩体内聚力标准值 (MPa)	M30砂浆与锚孔壁黏结强度特征值 (MPa)	岩体破裂角 ϕ	岩体结构面	
								c (kPa)	φ (°)
中等风化花岗岩	27.70	98.30	88.90	45	2.38	500	62°24′	140	20

场地水文地质条件：①地表水。勘察区地表水系主要为雅鲁藏布江水，据区域资料可知其干流曲折，水量充沛，支流错综，大部分支流为季节性间断河流，多为暴雨时流量大，流速急，暴雨后一段时间，水流逐步变缓而致断流。②地下水。沿线地下水主要为碎石土中的孔隙型潜水及基岩风化裂隙水。

选用具有代表性的剖面进行稳定性验算，经验算，边坡开挖后，边坡稳定系数为0.96，稳定性差，相应的滑坡推力为1 200kN/m，方向与水平线呈10°夹角。

在设计上考虑了两种方案进行比选，即抗滑桩支护方案和预应力锚索抗滑挡土墙方案。

①抗滑桩方案

沿公路线布置10根抗滑桩，桩的截面尺寸为2.0m×3.0m，桩与桩中心距6.0m，平均桩长为22.0m，其中锚固段10m。抗滑桩为C25钢筋混凝土人工挖孔灌注桩，锚固段部分采用C20钢筋混凝土护壁，护壁厚度20cm，抗滑桩桩间部分采用喷锚支护，面层铺设ϕ8mm@200mm×200mm钢筋网并喷射12cm厚C20混凝土。相应条件下，边坡的抗滑安全系数为1.5，抗倾覆安全系数为2.0，相应的工程量及投资见表3.9（以西藏地区单价计算）。

②预应力锚索抗滑挡土墙方案

挡土墙采用M10浆砌片石砌筑，墙高10.0m，其中，基础埋深2.0m（图3.38），总长60m。预应力锚索间距1.0m，每束锚索设计为7根中ϕ^j15mm钢绞线，锚固段长度（进入中风化基岩内）10m，总长度25m，锚索孔径130mm，灌注M30水泥砂浆，设计荷载900kN。在上述条件下，按照本节提出的计算方法，得到预应力锚索抗滑挡土墙各安全系数分别为：抗滑安全系数K_c≥1.4、抗倾覆安全系数K_0≥1.8、抗剪断安全系数K≥2.0，且地基承载力满足设计要求。

抗滑桩支护工程量清单　　表 3.9

抗　滑　桩	单　　位	数　　量	单 价（元）	金 额（元）
C25 混凝土	m^3	1 320	890.25	1 175 130
钢筋	t	81.0	7 454.37	603 804
挖方量	m^3	100	100	10 000
C20 护壁混凝土	m^3	259.2	1 200	311 040
C20 喷射混凝土	m^3	57.6	2 206.6	127 100
渗水土工布	m^2	4.8	26.81	128.6
ϕ100mm 锚杆钻孔	m	350	83.25	29 137.5
50PVC 管	m	15	28.08	421.2
M30 水泥砂浆	m^3	2.5	923.72	2 309.3
合　　计				2 259 070.7

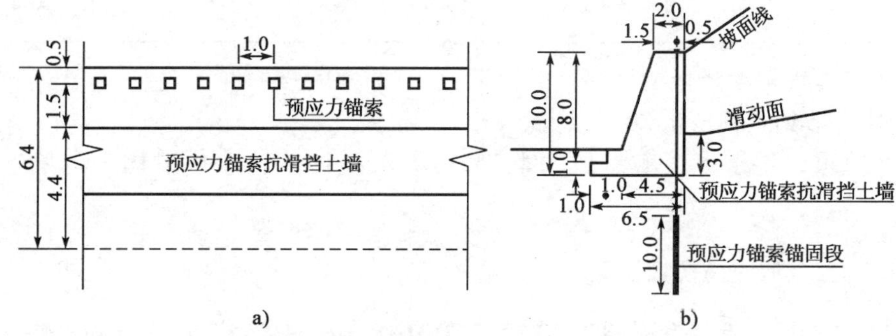

图 3.38 预应力锚索抗滑挡土墙设计图(尺寸单位:m)

相应的工程量及投资见表 3.10(以西藏地区单价计算)。

显然,采用预应力锚索抗滑挡土墙进行滑坡整治的费用要比普通抗滑桩的费用低得多,仅相当于抗滑桩工程费用的 61%,是一种非常有潜力的抗滑支挡结构形式。通过上述比较分析表明:预应力锚索抗滑挡土墙是一种安全可靠的抗滑结构,与通常采用的抗滑桩相比,也是一种非常经济的结构。

4. 结论

提出了一种新的滑坡整治抗滑结构——预应力锚索抗滑挡土墙组合抗滑结构,研究了其作用机理并给出了相应的设计方法,通过具体的工程示范显示了这种结构的优越性,进一步验证了这种特殊抗滑结构具有如下特点。

(1)充分发挥两种结构的优点,能显著提高普通抗滑挡土墙的抗滑稳定性、抗倾覆稳定性以及抗剪断能力。

预应力锚索抗滑挡土墙工程量清单　　表3.10

项目名称	项 目 分 项	单　　位	数　　量	单价(元)	金额(元)
预应力锚索	M30 水泥砂浆	m^3	24	923.72	22 169.3
	PVC 预埋管	m	60	30.0	18 000
	锚索	m	1 800	153.03	275 454
	130mm 锚索钻机	m	1 380	221.09	305 104
浆砌片石抗滑挡土墙	M10 浆砌片石	m^3	2 400	273.67	656 808
	挖方量	m^3	1 000	100	100 000
	渗水土工布	m^2	2.6	26.81	69.706
	50PVC 管	m	12	28.08	336.96
合　　计					1 377 942

(2)能大幅度降低滑坡整治的投资,具有非常明显的经济效益,与普通抗滑桩相比可节约工程造价20%以上。

(3)可以用于大中型滑坡的整治,极大地拓展了普通抗滑挡土墙的适用范围。

二、土钉加固高切坡研究

土钉支护技术的发展始于20世纪70年代,由于其经济、可靠且施工快速简便,已在公路、铁路等工程建设中得到迅速推广和应用。土钉支护作为永久性挡土工程,在边坡的治理中也发挥着重要的作用。然而对土钉支护的工作机理研究以及在设计方法上还不能说已经达到比较完善的地步。目前应用土钉支护技术多依靠经验和工程类比并与一定的计算分析和现场监测相结合,特别是在土钉加固高切坡方面,更是需要深入的研究。

近年来,极限分析在边坡的静、动稳定性分析以及永久位移预测方面取得了长足进展。为此,本节以极限分析上限定理为基础,推导出土钉加固高切坡在静力条件、坡顶上作用有外荷载情况下,土钉加固边坡稳定系数的公式,并通过算例取得了一系列的研究成果;此外,还推导了在地震作用下,土钉加固边坡的动力稳定性、边坡的屈服加速度以及坡体永久位移的计算公式,同样通过算例取得了一系列的研究成果。

1.极限分析上限定理

极限分析法采用塑性理论中的上、下限定理来确定稳定性问题真实解的范围。通过求解最小的上限解和最大的上限解,可以有效地缩小这个真实解的范围。极限分析上限定理的证明要求假定:

(1)岩土体为理想塑性材料。

(2)岩土体屈服方程满足在应力空间内外凸。

(3)岩土体服从相关联流动法则。

上限法中,如果假设破坏岩土体以刚体形式运动,则只需求解一个简单的方程。上限定理要求对于任意机动容许的破坏机制,内能损耗率不小于外力功率可用式(3.31)表示:

$$\int_V \sigma_{ij}\varepsilon_{ij} \geqslant T_i\int_S v_i \mathrm{d}S + F_i\int_V v_i \mathrm{d}V \tag{3.31}$$

式中:F_i——体积力;

T_i——表面力;

v_i——机动容许的速度场;

ε_{ij}——与 v_i 相容的应变率场;

σ_{ij}——与 F_i 和 T_i 关联的应力场;

S、V——分别为表面力作用面积和破坏的岩土体体积。

对于简单的边坡稳定性问题,外力做功为发生破坏部分土体的重力做功;而内能耗散则仅发生在沿破坏面的速度间断面上。

2.土钉加固边坡稳定性

(1)土钉加固边坡稳定性分析

边坡的滑移破坏模式,一般可分为平移破坏和旋转破坏,因此边坡的破坏机构分为平移机构和旋转机构。两种机构相比而言,旋转机构的破坏模式更为复杂,也是工程结构较多的形式。因此,本节对土钉加固高切坡的稳定性分析研究建立在边坡发生旋转破坏模式上,旋转机构示意图见图3.39。

旋转机构的滑移面可表示为对数螺旋线方程:

$$r = r_0\exp[(\theta - \theta_0)\tan\varphi] \tag{3.32}$$

式中:r_0——对数螺旋线滑面上与水平面的夹角为 θ_0 时对应的半径;

φ——坡体材料的内摩擦角。

考察如图3.39所示的土钉加固边坡旋转机构计算模型,根据极限分析上限定理,内、外力所做的功如下。

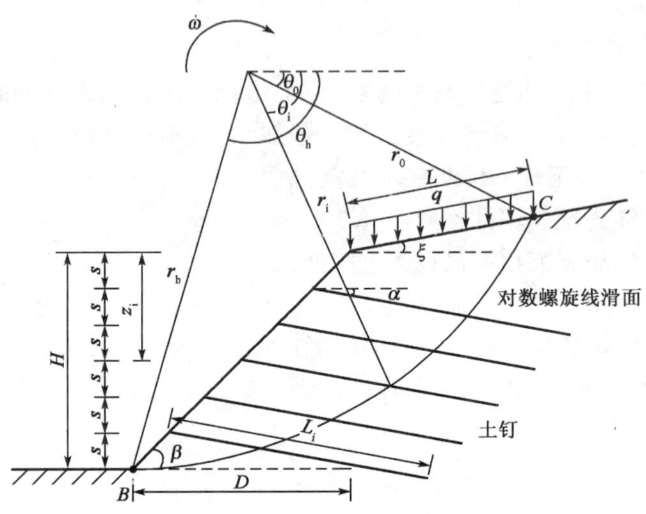

图 3.39　土钉加固边坡旋转机构示意图

滑体自重所做的外力功率：

$$\dot{W}_{\mathrm{soil}} = \dot{\omega} r_0^3 \gamma (f_1 - f_2 - f_3) \tag{3.33}$$

式中，$f_1 \sim f_3$ 是 θ_0、θ_h、φ、ξ 和 β 的函数，其表达式如下：

$$f_1 = \frac{1}{3(1 + 9\tan^2\varphi)}\{(3\tan\varphi\cos\theta_h + \sin\theta_h)\exp[3(\theta_h - \theta_0)\tan\varphi] - (3\tan\varphi\cos\theta_0 + \sin\theta_0)\} \tag{3.34}$$

$$f_2 = \frac{1}{6}\frac{L}{r_0}\left(2\cos\theta_0 - \frac{L}{r_0}\cos x\right)\sin(\theta_0 + x) \tag{3.35}$$

$$f_3 = \frac{1}{6}\exp[(\theta_h - \theta_0)\tan\varphi][\sin(\theta_h - \theta_0) - \frac{L}{r_0}\sin(\theta_h + \xi)] \times \left\{\cos\theta_0 - \frac{L}{r_0}\cos\xi + \cos\theta_h\exp[(\theta_h - \theta_0)\tan\varphi]\right\} \tag{3.36}$$

$$\frac{H}{r_0} = \frac{\sin\beta}{\sin(\beta - \xi)}\{\sin(\theta_h + \xi)\exp[(\theta_h - \theta_0)\tan\varphi] - \sin(\theta_0 + \xi)\} \tag{3.37}$$

$$\frac{L}{r_0} = \frac{\sin(\theta_h - \theta_0)}{\sin(\theta_h + \xi)} - \frac{\sin(\theta_h + \beta)}{\sin(\theta_h + \xi)\sin(\beta - \xi)}\{\exp[(\theta_h - \theta_0)\tan\varphi]\sin(\theta_h + \xi) - \sin(\theta_0 + \xi)\} \tag{3.38}$$

对于孔隙水压力的研究，Miller 把它考虑为旋转机构的内力，而 Michalowski 则将其考虑为外力。在目前的研究中，孔隙水压力包含的场压力和渗透力都被考虑为了外力，这一点和 Michalowski 的思想一致。孔隙水压力的分布通常用系数 r_u 表示。外力功率为土体自重、场压力和渗透力所做的功率的和，而内能耗散则只是沿间断面 BC 发生的。本节采用 Michalowski 提出的孔隙水压力所做的功率 W_u 为：

$$W_u = \gamma r_0^3 \dot{\omega} r_u f_4 \tag{3.39}$$

$$f_4 = \tan\varphi \int_{\theta_0}^{\theta_1} \frac{z_1}{r_0} \exp[2(\theta - \theta_0)\tan\varphi] d\theta + \tan\varphi \int_{\theta_1}^{\theta_2} \frac{z_2}{r_0} \exp[2(\theta - \theta_0)\tan\varphi] d\theta \tag{3.40}$$

$$\frac{z_1}{r_0} = \frac{r}{r_0}\sin\theta - \sin\theta_0 - \left(\cos\theta_0 - \frac{r}{r_0}\cos\theta_h\right)\tan\xi \tag{3.41}$$

$$\frac{z_2}{r_0} = \frac{r}{r_0}\sin\theta - \sin\theta_h \exp[(\theta_h - \theta_0)\tan\varphi] + \left(\frac{r}{r_0}\cos\theta - \cos\theta_h \exp[(\theta_h - \theta_0)\tan\varphi]\right)\tan\beta \tag{3.42}$$

式中：r_u——孔隙水压力系数；

f_4 是 Michalowski 给出的。

外荷载所作的功率为：

$$W_q = q r_0^2 \dot{\omega} f_5 \tag{3.43}$$

式中：q——铅直向荷载；

f_5——无纲量的表达式，可表示为：

$$f_5 = \frac{L}{r_0}\left(\cos\theta_0 - \frac{1}{2}\frac{L}{r_0}\cos\xi\right) \tag{3.44}$$

内能耗散分为两部分：一部分是沿滑面破坏土钉作用所产生的内能耗散；还有一部分是由于土体具有黏聚力而产生的内能耗散。

土钉作用所产生的内能耗散：

$$\dot{D}_{nail} = r_0 \dot{\omega} \sum_{i=1}^{n} T_i e^{(\theta_i - \theta_0)\tan\varphi} \sin(\theta_i - \alpha) \tag{3.45}$$

式中：θ_i——坡顶至各层土钉的距离（见图 3.39）；

n——土钉的层数；

α——土钉与水平面的夹角；

T_i——第 i 层单位宽度抗拔力，可表示为：

$$T_i = \pi d_i L_i [\tau] \tag{3.46}$$

式中：d_i——土钉直径；

L_i——土钉长度；

$[\tau]$——土钉与土体间的剪切强度。

θ_i 可用下式表示：

$$z_i = \frac{\{H\tan\alpha\cot\beta - L\sin\xi + r_0[\mathrm{e}^{(\theta_i-\theta_0)\tan\varphi}(\sin\theta_i - \cos\theta_i\tan\alpha) + \mathrm{e}^{(\theta_h-\theta_0)\tan\varphi}\cos\theta_h\tan\alpha - \sin\theta_0]\}}{1 + \tan\alpha\cot\beta} \tag{3.47}$$

土体黏聚力作用产生的内能耗散：

$$\dot{D}_{soil} = \frac{cr_0^2\dot{\omega}}{2\tan\varphi}[\mathrm{e}^{2(\theta_h-\theta_0)\tan\varphi} - 1] \tag{3.48}$$

边坡的安全系数可表达为：

$$k = \frac{\dot{D}_{nail} + \dot{D}_{soil}}{\dot{W}_{soil} + \dot{W}_q + \dot{W}_u} = \frac{\frac{cr_0}{2\tan\varphi}[\mathrm{e}^{2(\theta_h-\theta_0)\tan\varphi} - 1] + \sum_{i=1}^{n} T_i \mathrm{e}^{(\theta_i-\theta_0)\tan\varphi}\sin(\theta_i - \alpha)}{r_0^2\gamma(f_1 - f_2 - f_3) + \gamma r_0^2 r_u f_4 + q r_0 f_5} \tag{3.49}$$

可以看出，式(3.49)是关于 θ_0 和 θ_h 的函数，最优解是函数的最小值问题，即：

$$\left.\begin{aligned}\frac{\partial k}{\partial \theta_0} = 0\\ \frac{\partial k}{\partial \theta_h} = 0\end{aligned}\right\} \tag{3.50}$$

(2)算例分析

本节以一实例边坡为例，得出了一系列的研究成果。假设该边坡发生旋转破坏，计算中所用的参数及其取值见图3.40。在土钉加固边坡稳定性分析中，得出了土体特性、坡体形状对其稳定性的影响。

图3.41、图3.42给出了土体黏聚力 c 和内摩擦角 φ 与坡体稳定性系数 k 关系曲线。从图中我们可以看出：边坡稳定性系数 k 的增长与土体黏聚力 c 的增长呈线性关系；随着土体内摩擦角的增加，边坡的稳定性系数 k 也随之增加，当

内摩擦角达到35°之后,边坡稳定性系数 k 的增加变得急剧;在土体黏聚力和内摩擦角相同的情况下,土钉加固的作用变得明显,坡体稳定性随着土钉间距的减小而增加。

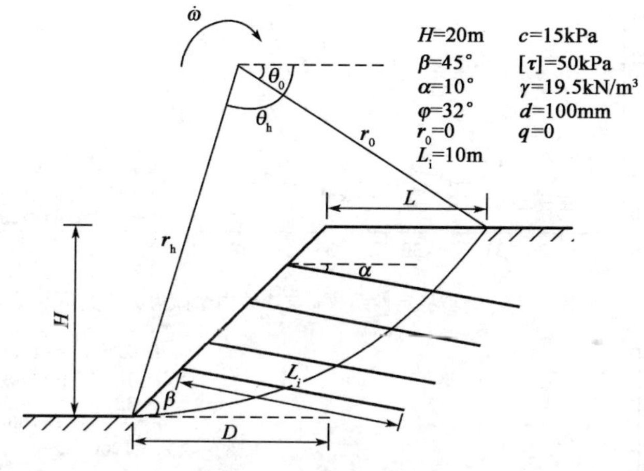

图 3.40　土钉加固边坡示意图

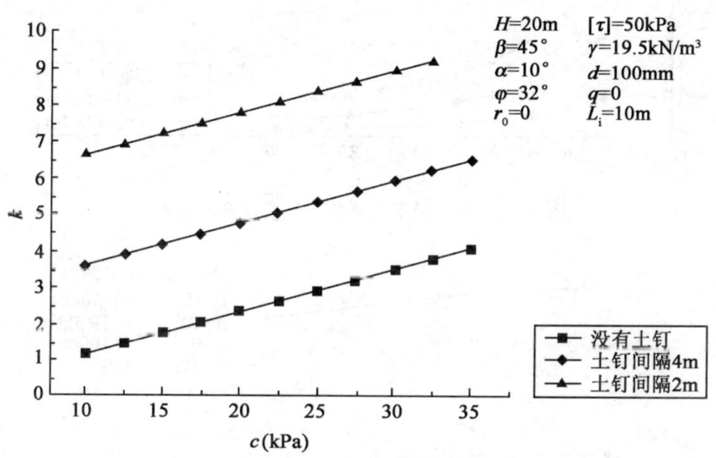

图 3.41　边坡稳定性系数 k 与土体黏聚力 c 的关系

图 3.43 和图 3.44 分别为边坡坡角 β、ξ 与坡体稳定性系数 k 关系图。从图中我们可以看出:坡角 β 在 0° ~50°时,坡体稳定性系数 k 随着坡角 β 的减小而增加变化明显;图 3.44 中的关系曲线基本上是平直的,所以可见坡角 ξ 对坡体稳定性的影响是不明显的。

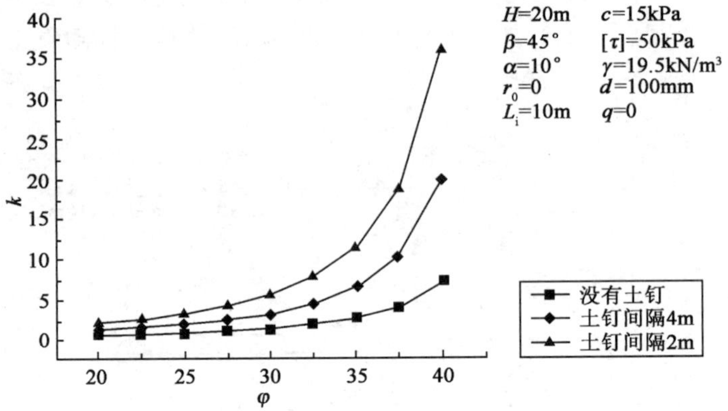

图 3.42 边坡稳定性系数 k 与土体内摩擦角 φ 的关系

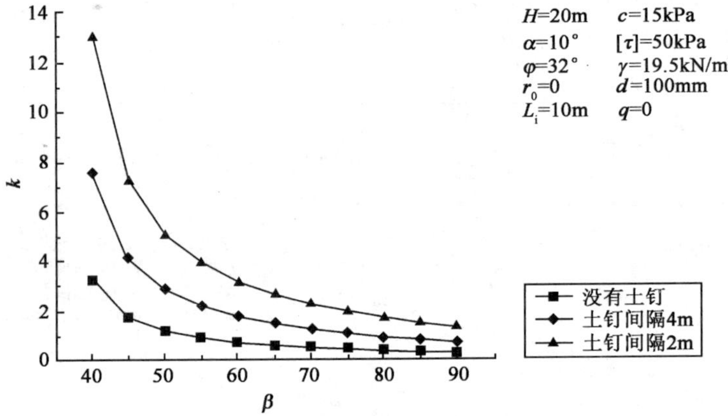

图 3.43 边坡稳定性系数 k 与坡角 β 的关系

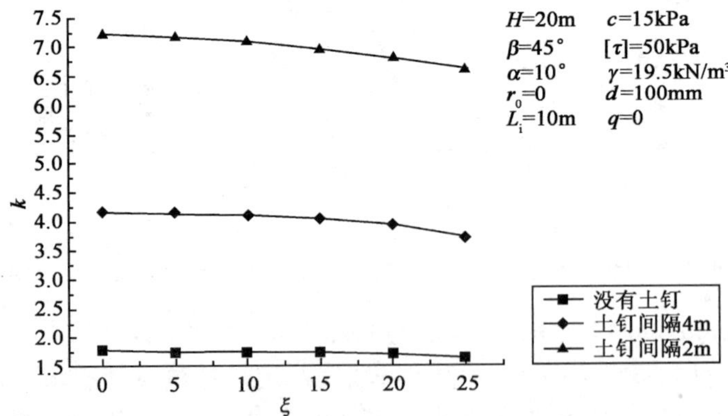

图 3.44 边坡稳定性系数 k 与坡角 ξ 的关系

加固土钉对边坡稳定性的影响，包括土钉的水平夹角 α、土钉长度 L_i、土钉的直径 d 以及土钉与周围土体的剪切强度 τ 与边坡稳定性系数 k 的关系。从图 3.45 我们可以看出：土钉水平夹角对边坡稳定性的影响不大；土钉长度 L_i、土钉的直径 d 以及土钉与周围土体的剪切强度 τ 对边坡稳定性的影响较为明显；边坡稳定性系数 k 随着土钉长度 L_i、土钉的直径 d 以及土钉与周围土体的剪切强度 τ 的增加而增加，如图 3.46 ~ 图 3.48 所示。

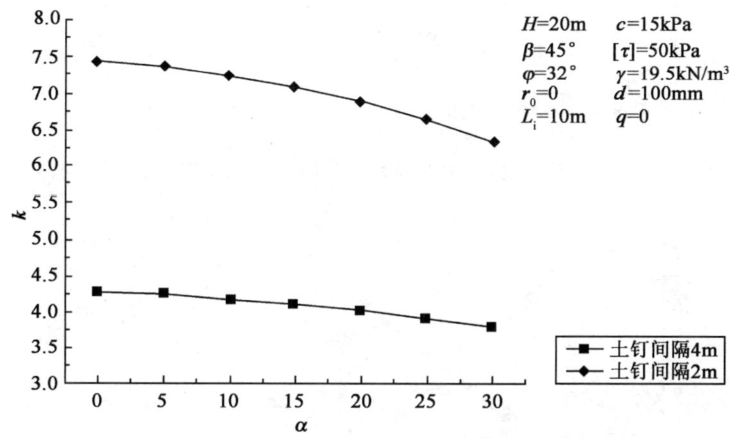

图 3.45　边坡稳定性系数 k 与土钉夹角 α 的关系

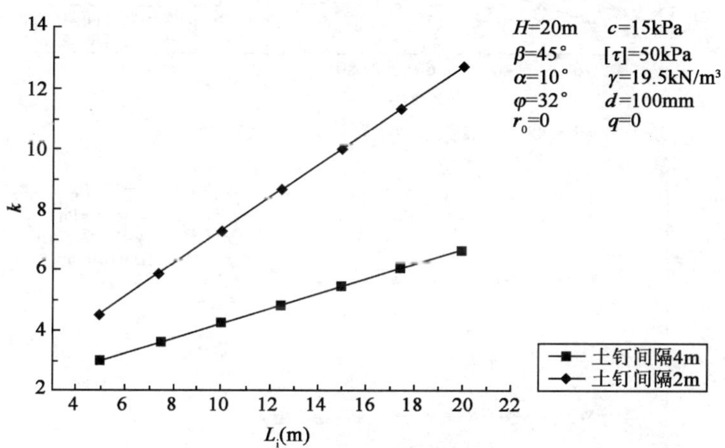

图 3.46　边坡稳定性系数 k 与土钉长度 L_i 的关系

图 3.49 ~ 图 3.50 为坡顶附加荷载对边坡稳定性的影响，包括坡顶附加均布荷载 q 和孔隙水压力系数 r_u 与边坡稳定性系数 k 的关系。可见，附加荷载对边坡稳定性的影响不大。

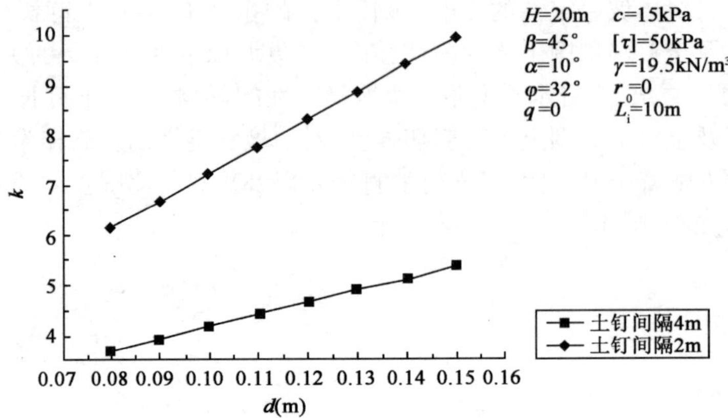

图 3.47 边坡稳定性系数 k 与土钉的直径 d 的关系

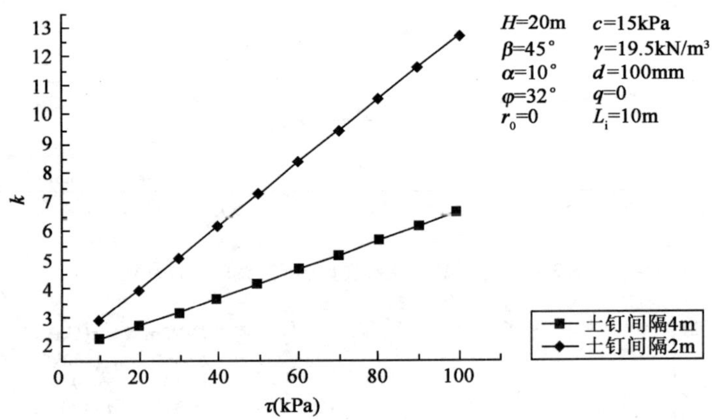

图 3.48 边坡稳定性系数 k 与剪切强度 τ 的关系

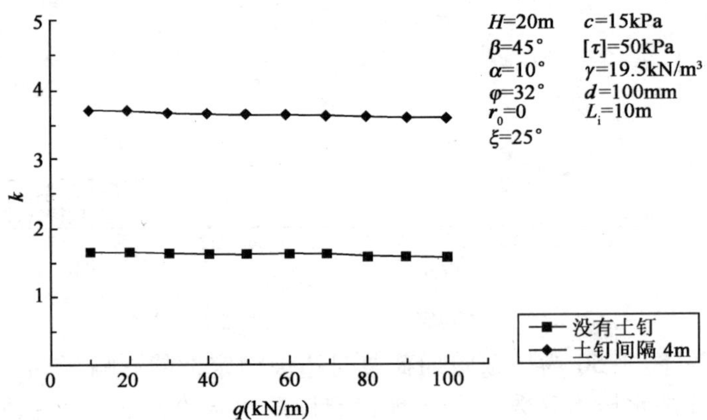

图 3.49 均布荷载 q 与边坡稳定性系数 k 的关系

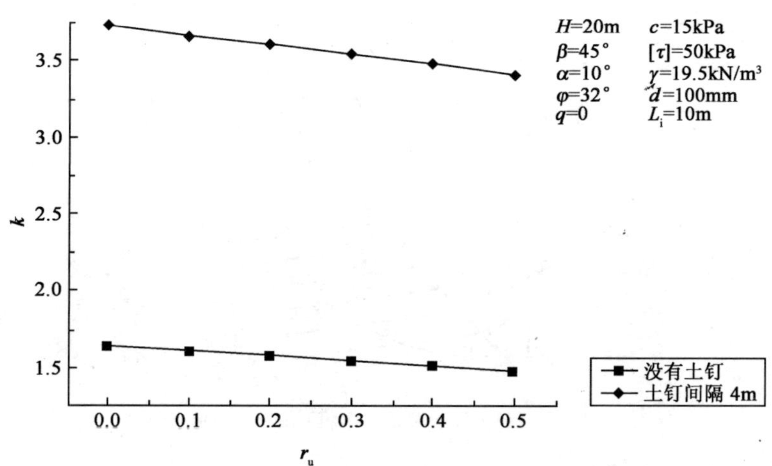

图 3.50　孔隙水压力系数 r_u 与边坡稳定性 k 的关系

(3)小结

①土钉技术加固边坡是有效的。

②边坡稳定性系数 k 的增长与土体黏聚力 c 的增长呈线性关系；随着土体内摩擦角的增加边坡的稳定性系数 k 也随之增加，当内摩擦角达到35°之后，边坡的稳定性系数 k 的增加变得急剧；在土体黏聚力和内摩擦角相同的情况下，土钉加固的作用变得明显，坡体稳定性随着土钉间距的减小而增加。

③坡角在0°～50°时，坡体稳定性系数 k 随着坡角 β 的减小而增加的变化明显；坡角 ξ 对坡体稳定性的影响是不明显的。

④土钉水平夹角对边坡稳定性的影响不大；土钉长度 L_i、土钉的直径 d 以及土钉与周围土体的剪切强度τ对边坡稳定性的影响较为明显；边坡稳定性系数 k 随着土钉长度 L_i、土钉的直径 d 以及上钉与周围土体的剪切强度τ的增加而增加。

⑤附加荷载对边坡稳定性的影响不大。

3. 土钉加固边坡的动力响应

(1)土钉加固边坡的动力稳定性

本节对土钉加固高边坡动力稳定性的分析研究建立在边坡发生旋转破坏模式上，旋转机构示意图见图 3.51。

考察如图 3.51 所示土钉加固边坡旋转机构计算模型，根据极限分析上限定理，内、外力所做的功率分别为：

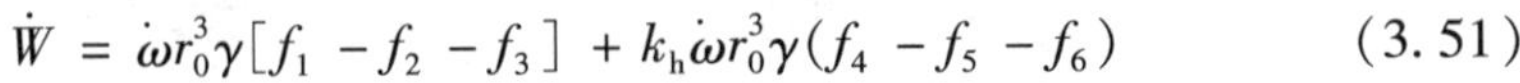

$$\dot{W} = \dot{\omega} r_0^3 \gamma [f_1 - f_2 - f_3] + k_h \dot{\omega} r_0^3 \gamma (f_4 - f_5 - f_6) \tag{3.51}$$

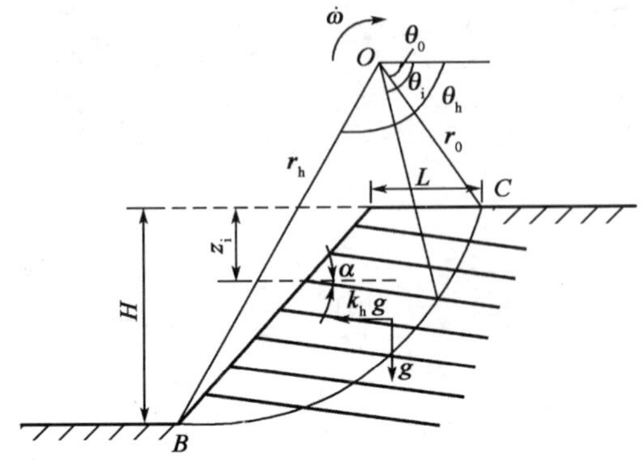

图 3.51　土钉加固边坡动力作用下旋转机构示意图

式中：k_h——地震系数；

γ——单位宽度土体重度；

$f_1 \sim f_6$——关于 θ_0、θ_h、φ、β 的函数，其表达式如下：

$$f_1 = \frac{\{(3\tan\varphi\cos\theta_h + \sin\theta_h)\exp[3(\theta_h - \theta_0)\tan\varphi] - 3\tan\varphi\cos\theta_0 - \sin\theta_0\}}{3(1 + 9\tan^2\varphi)}$$

$$f_2 = \frac{1}{6}\frac{L}{r_0}\left(2\cos\theta_0 - \frac{L}{r_0}\right)\sin\theta_0$$

$$f_3 = \frac{1}{6}\exp[(\theta_h - \theta_0)\tan\varphi]\left[\sin(\theta_h - \theta_0) - \frac{L}{r_0}\sin\theta_h\right] \times \left\{\cos\theta_0 - \frac{L}{r_0} + \cos\theta_h\exp[(\theta_h - \theta_0)\tan\varphi]\right\}$$

$$\frac{L}{r_0} = \frac{\sin(\theta_h - \theta_0)}{\sin\theta_h} - \frac{\sin(\theta_h + \beta)}{\sin\theta_h\sin\beta}\{\sin\theta_h\exp[(\theta_h - \theta_0)\tan\varphi] - \sin\theta_0\}$$

$$f_4 = \frac{\{(3\tan\varphi\sin\theta_h - \cos\theta_h)\exp[3(\theta_h - \theta_0)\tan\varphi] - 3\tan\varphi\sin\theta_0 + \cos\theta_0\}}{3(1 + 9\tan^2\varphi)}$$

$$f_5 = \frac{1}{3}\frac{L}{r_0}\sin^2\theta_0$$

$$f_6 = \frac{1}{6}\exp[(\theta_h - \theta_0)\tan\varphi]\left[\sin(\theta_h - \theta_0) - \frac{L}{r_0}\sin\theta_h\right] \times \{\sin\theta_0 + \sin\theta_h\exp[(\theta_h - \theta_0)\tan\varphi]\}$$

土钉作用所产生的内能耗散：

$$\dot{D}_1 = r_0\dot{\omega}\sum_{i=1}^{n}T_i e^{(\theta_i-\theta_0)\tan\varphi}\sin(\theta_i - \alpha) \tag{3.52}$$

式中：z_i——坡顶至各层土钉的距离(图3.51)；

n——土钉的层数；

α——土钉与水平面的夹角；

T_i——第 i 层单位宽度抗拔力，可表示为：

$$T_i = \pi d_i L_i[\tau] \tag{3.53}$$

式中：d_i——土钉直径；

L_i——土钉长度；

$[\tau]$——土钉与土体间的剪切强度。

θ_i 可用下式表示：

$$z_i = \frac{1}{1+\tan\alpha\cot\beta}\{H\tan\alpha\cot\beta + r_0[e^{(\theta_i-\theta_0)\tan\varphi}(\sin\theta_i - \cos\theta_i\tan\alpha) + e^{(\theta_h-\theta_0)\tan\varphi}\cos\theta_h\tan\alpha - \sin\theta_0]\} \tag{3.54}$$

土体黏聚力作用产生的内能耗散：

$$\dot{D}_2 = \frac{cr_0^2\dot{\omega}}{2\tan\varphi}[e^{2(\theta_h-\theta_0)\tan\varphi} - 1] \tag{3.55}$$

因此，总的内能耗散为：

$$\dot{W} = \dot{D}_1 + \dot{D}_2 \tag{3.56}$$

将式(3.51)、式(3.52)、式(3.55)代入式(3.56)得：

$$\omega r_0^3\rho g[(f_1 - f_2 - f_3) + k_h(f_4 - f_5 - f_6)] = r_0\omega\sum_{i=1}^{n}T_i c^{(\theta_i-\theta_0)\tan\varphi}\sin(0_i - \alpha) + \frac{cr_0^2\omega}{2\tan\varphi}[e^{2(\theta_0-\theta_h)\tan\varphi} - 1] \tag{3.57}$$

其中：

$$\frac{H}{r_0} = a \tag{3.58}$$

$$a = e^{(\theta_h-\theta_0)\tan\varphi}\sin\theta_h - \sin\theta_0 \tag{3.59}$$

因此，式(3.57)可以简化为：

$$H^2\gamma[(f_1 - f_2 - f_3) + k_h(f_4 - f_5 - f_6)] = a^2\sum_{i=1}^{n}T_i e^{(\theta_i-\theta_0)\tan\varphi}\sin(\theta_i - \alpha) + \frac{caH}{2\tan\varphi}[e^{2(\theta_h-\theta_0)\tan\varphi} - 1] \tag{3.60}$$

因此，旋转机构的屈服加速度可以表示为：

$$k_y = \frac{a^2\sum_{i=1}^{n} T_i e^{(\theta_i-\theta_0)\tan\varphi}\sin(\theta_i - \alpha) + \frac{caH}{2\tan\varphi}[e^{2(\theta_h-\theta_0)\tan\varphi} - 1] - H^2\gamma(f_1 - f_2 - f_3)}{H^2\gamma(f_4 - f_5 - f_6)} \tag{3.61}$$

屈服加速度 k_y 是关于 θ_0 和 θ_h 的最小值函数。这就意味着 k_y 的一次导为零，即：

$$\left.\begin{aligned}\frac{\partial k_y}{\partial \theta_0} = 0\\ \frac{\partial k_y}{\partial \theta_h} = 0\end{aligned}\right\} \tag{3.62}$$

对于一个给定高度为 H、土体单位重度为 γ 的边坡，我们就可以借助程序解出关于 θ_0、θ_h 的函数，从而获得土钉技术加固边坡坡体产生屈服的最小屈服加速度。

(2)土钉加固边坡永久位移

对于永久位移的计算，通常采用 Newark 滑块理论。根据这个方法，滑体土被看做是刚性体，因而任何超过屈服加速度而产生的沿潜在滑移面的位移。地震引起的永久位移可以通过对加速度两次积分获得。

$$\ddot{x} = [k_h(t) - k_y]g\frac{\cos(\varphi - \theta)}{\cos\varphi} \tag{3.63}$$

式中：$\ddot{x}$——滑体土沿滑面滑动的加速度；

$k_h(t)$——地面加速度时程；

k_y——屈服加速度；

g——重力加速度；

θ——边坡坡角。

在旋转机构中，用加速度的形式来表达永久位移是比较合适的，其表达式如下：

$$\ddot{\omega} = [k_h(t) - k_y]g\frac{R_{gy}}{R_g^2} \tag{3.64}$$

式中：$\ddot{\omega}$——旋转机构角速度；

R_g——滑体土重力中心至旋转中心的距离；

R_{gy}——R_g 的垂直分量。

当 $\ddot{\omega}$ 很小的时候，滑移面底端的位移由 ω 和 r 给出。

(3)算例分析

本节以一实例边坡为例,得出了一系列的研究成果。假设该边坡发生旋转破坏,计算中所用的参数及其取值为:坡高 $H=12\text{m}$;坡角 $\beta=45°$;内摩擦角 $\varphi=32°$;黏聚力 $c=25\text{kPa}$;重度 $\gamma=19.5\text{kN/m}^3$;剪切强度$[\tau]=50\text{kPa}$;土钉直径 $d=100\text{mm}$。图 3.52 为算例边坡示意图。土钉加固边坡屈服加速度的计算见式(3.61)和式(3.62),永久位移的计算见式(3.64)。

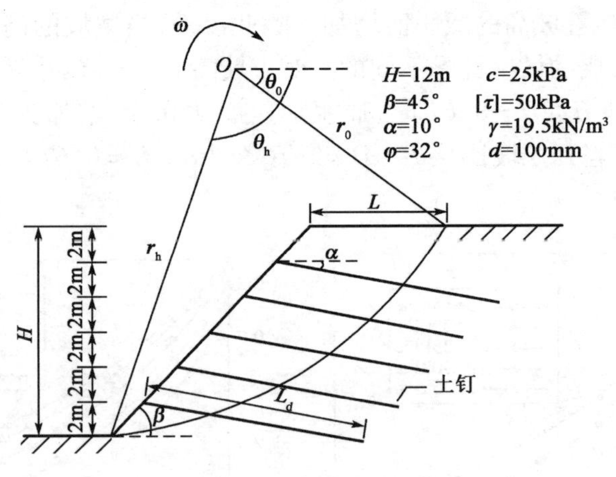

图 3.52　土钉加固边坡示意图

①土体特性对屈服加速度的影响

在土钉加固边坡几何参数不变的情况下,研究土体特性对屈服加速度的影响。图 3.53 给出了当土体黏聚力 $c=25\text{kPa}$ 时,土钉加固边坡坡体土的内摩擦角与屈服加速度的关系。从图中可以看出:内摩擦角 $\varphi=24°\sim40°$时,屈服加速度的变化是明显的,随着内摩擦角的增加屈服加速度也在增加,坡高对屈服加速度的影响也是明显的;随着坡高的减小,屈服加速度急剧减小。图 3.54 给出了当土体内摩擦角 $\varphi=32°$时,土钉加固边坡坡体土的黏聚力与屈服加速度的关系。从图中可以看出:土体黏聚力 $c=15\sim35\text{kPa}$ 时,屈服加速度的变化是明显的,随着土体黏聚力的增加屈服加速度也在增加。

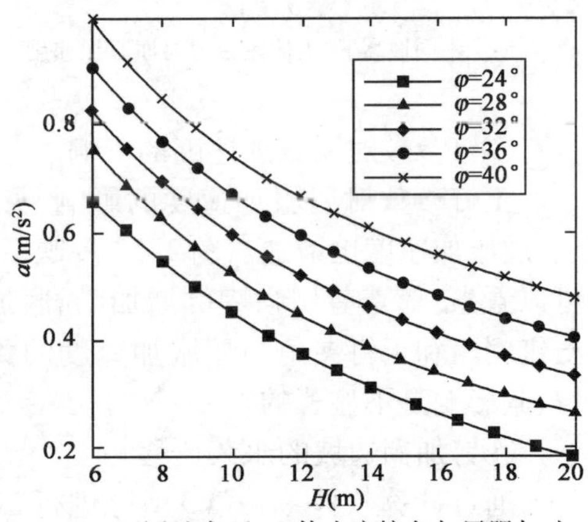

图 3.53　不同坡高下,土体内摩擦角与屈服加速度关系

②坡比对屈服加速度的影响

在边坡工程中,如果地形条件允许,最有效的开挖措施就是放缓开挖坡比以确保边坡稳定性。本节在其他参数不变的情况下,研究五种不同开挖坡比(1∶0.5,1∶0.75,1∶1,1∶1.25,1∶1.5)下,土钉加固边坡屈服加速度的影响,如图3.55所示。从图中可以看出:不同开挖坡比下,屈服加速度的变化是明显的。在坡高相同时,屈服加速度随着开挖坡比的减小而增加;在开挖坡比相同时,屈服加速度随着坡高的减小而增加。除此以外,当边坡的高度不同时,屈服加速度对开挖坡比的敏感性是不同的。对于坡高 $H=6$m 的边坡,当开挖坡比从 $H:D=2$ 下降到 $H:D=0.67$ 时,屈服加速度从0.75增加到0.84;对于坡高 $H=20$m的边坡,当开挖坡比从 $H:D=2$ 下降到 $H:D=0.67$ 时,屈服加速度从0.16增加到0.43。

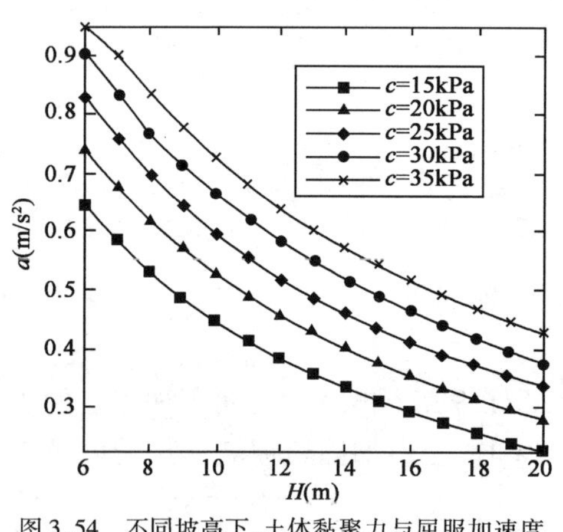

图3.54　不同坡高下,土体黏聚力与屈服加速度关系

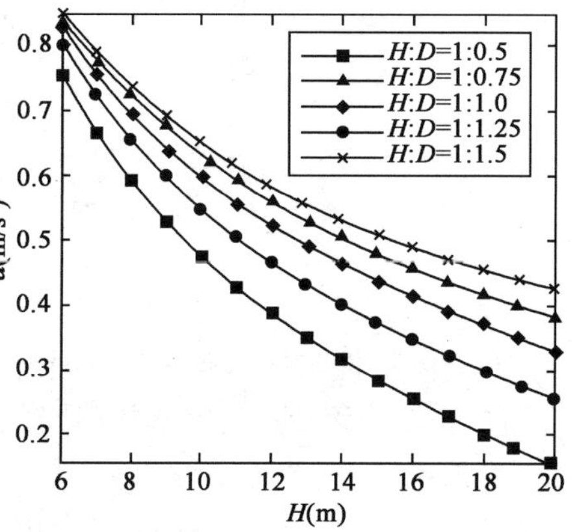

图3.55　不同坡高,开挖坡比与屈服加速度关系图

③钉参数对屈服加速度的影响

土钉参数对屈服加速度的影响,见图3.56~图3.59。随着土钉长度的增加,屈服加速度也增加。图3.57反映了剪切强度与屈服加速度的关系。从图中可以看出:随着剪切强度的增加,屈服加速度也增加。图3.58、图3.59给出了土钉间距和土钉夹角与屈服加速度的关系。研究结果揭示了对不同高度的边坡,其影响是不显著的。

④钉加固边坡的永久位移

通过计算软件,对式(3.64)进行二次积分,通过地震时程中实际地震加速度 k_h 中超过 k_c 的时段可以获得加固边坡的永久位移。假设实际的地震加速度 $k_h=0.15$,持续时间 $t=3$s。土钉加固边坡示意图见图3.52,通过计算分析得到

地震屈服加速度 $k_c = 0.05$。因此，地震作用引起的边坡永久位移 $\Delta\omega = 0.145\text{rad}$。

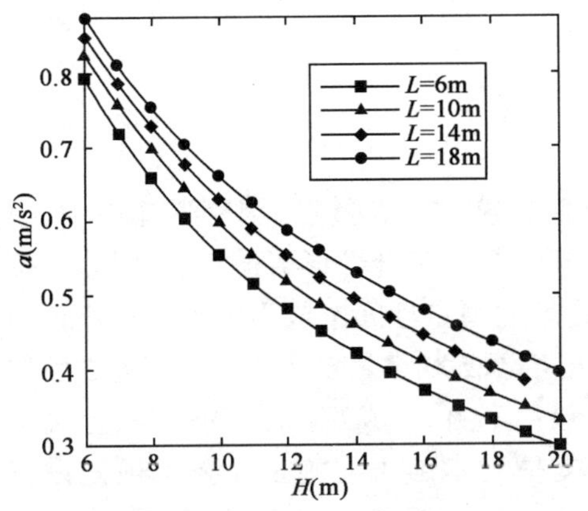

图3.56 不同坡高下，土钉长度与屈服加速度关系

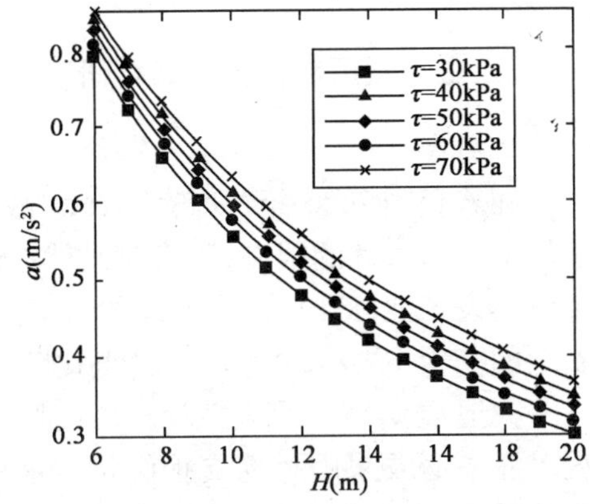

图3.57 不同坡高下，剪切强度与屈服加速度关系

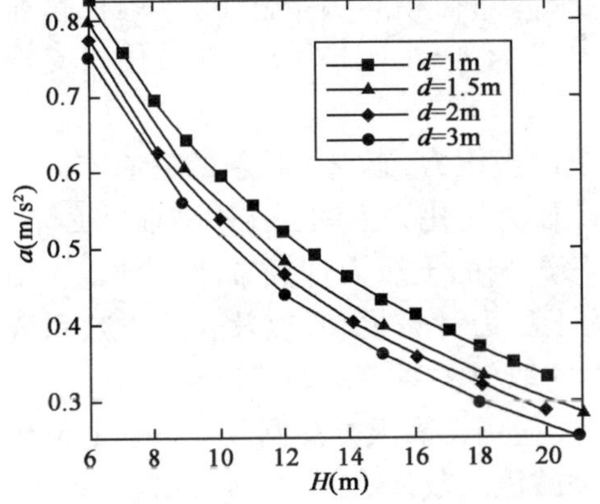

图3.58 不同坡高下，土钉间距与屈服加速度关系

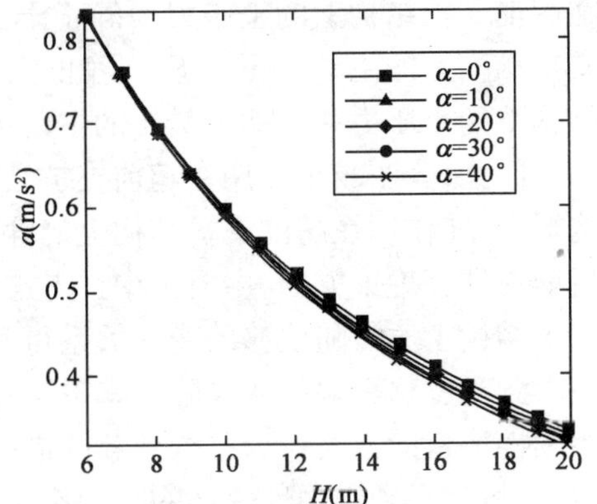

图3.59 不同坡高下，土钉夹角与屈服加速度关系

(4)小结

本节以极限分析上限定理为基础，研究分析了土钉加固边坡在地震作用下的地震屈服加速度和边坡永久位移，推导出了一系列的计算公式。基于一系列的研究成果，我们得出了如下结论：

①土体特性对土钉加固边坡地震屈服加速度的影响是明显的；地震屈服加速度随坡体土的内摩擦角和黏聚力的增加而增加。

②边坡开挖坡比对土钉加固边坡地震屈服加速度的影响也是明显的；屈服加速度随着开挖坡比的减小而增加，随着坡高的减小而增加。

③土钉参数对土钉加固边坡地震屈服加速度也有影响；地震加速度随着土钉长度、剪切强度的增加而增加；不同高度的边坡下，土钉间距和土钉角度对地震屈服加速度影响是不显著的。

三、主动减压超前支护结构研究

1. 引言

随着我国2000年“西部大开发”战略的实施，在山区城镇与交通建设中，由于场地地形条件的限制，很多时候就不得不进行人工开挖形成道路、房屋建筑等工程建设场地，此时，开挖形成的人工高边坡的稳定性问题成为威胁工程建筑物安全的一项主要因素。人工切坡引起的灾害已成为继滑坡、崩塌、泥石流之后的又一大地质病害。因此，为了在山区建设过程不形成“工程—灾害—更大工程”，很有必要采用超前支护结构。这种支护技术由于在施工前要求预先设置支护结构，在防止边坡变形失稳方面有其不可比拟的优点，而又由于超前支护结构的存在限制了岩土体的变形，使材料自身抗剪能力未得到充分发挥，此时作用在超前支护结构上的土压力为静止土压力 E_0，而在相同的条件下，作用在超前支护结构上的主动土压力 E_a < 静止土压力 E_0 < 被动土压力 E_p，这就使得支护结构上的土压力并未达到最小的主动土压力。

因此，为了减小作用在超前支护结构上的土压力，研究一种新的超前支护结构形式，使作用在超前支护结构上的静止土压力转化为主动土压力就非常必要。目前在计算理论方面，主要集中在考虑位移影响的土压力计算方法，比如，利用挡土结构土压力随位移的变化关系得到的土压力计算模型，以及采用折减系数法得到受位移影响的非极限状态下土压力的取值关系等。在实际应用方面，采用柔性填料的方式作为结构减载的措施主要应用在高填方涵洞以及桩基上覆垫层，其机理是利用柔性填料的缓冲作用达到减压的效果。

在支护结构与边坡体作用机理的基础上，分析了支护结构受力随边坡体位移变化的规律，总结出支护结构推力最小时对应的边坡体位移值，同时建立了采用边坡超前支护结构后填充柔性材料的方式对结构进行减载，一方面柔性填料促使岩土体在边坡施工后发生变形，另一方面超前支护结构限制边坡体变形的自由发展，当位移值控制适当时，岩土体抗剪能力得到充分发挥，此时作用在超前支护结构上的静止土压力转变为主动土压力，从而达到主动减压的目的，起到“以柔克刚”的作用。

2. 边坡体与支护结构作用机理

边坡岩土体根据材料进入塑性状态后表现出的力学性质，可分为：应变硬化、理想塑性和应变软化材料。实际上，边坡沿滑动面的失稳破坏基本上都是应变软化材料强度从峰值强度向残余强度转变的，这么一个不稳定过程，岩土体产生剪切破坏面后，材料的变形主要表现为沿破坏面的滑移，已不能单纯的用应力—应变关系表征材料的变形规律，而只能采用应力—位移关系来表征，如图3.60所示。

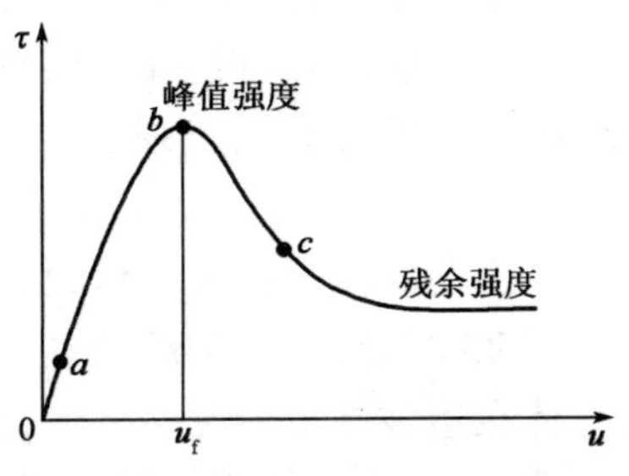

图3.60　应变软化应力变形关系曲线

边坡体与支护结构的耦合作用是通过边坡体的应力应变状态与支护结构的荷载关系体现的。根据弹性力学理论中半无限体的应力应变状态与作用荷载的关系可知：边坡体应力应变状态的不同将导致支护结构承受荷载差异较大；相应地，不同的支护结构对应不同的边坡体应力应变状态。比如，当支护结构承受主动土压力、静止土压力或被动土压力时，边坡岩土体所处的应力应变状态是不一样的。因此，合理地控制边坡体的应力应变状态，才能使支护结构产生较小的推力。

从图3.60中应变软化材料应力变形关系可以看出：边坡岩土体变形的大小，直接影响材料应力是否达到峰值强度或越过峰值强度进入残余强度阶段，同时也能反映出材料的抗剪能力是否得到充分发挥。当 $u < u_f$ 时，岩土体抗剪能力未完全发挥；当 $u = u_f$ 时，岩土体抗剪能力得到充分发挥；当 $u > u_f$ 时，岩土体发生破坏。在边坡工程中，支护结构与边坡体的作用时机直接反映出边坡体变形的大小，相应的应力状态也会不同。对于边挖边固、先挖后固以及先固后挖三种边坡体与支护结构的耦合作用，岩土体所处的应力状态是不同的。比如，若采取先挖后固方式，在实施支护结构时边坡岩土体已发生较大的变形，此时岩土体应力状态极有可能处于残余强度阶段 c 点，支护结构将承受较大的推力。采取边挖边固方式，若支护过早，边坡体变形很小，可能处于 a 点，此时岩土体应力状态可能还远未达到峰值强度，导致未充分发挥自身的抗剪能力；若当边坡体变形处于 b 点正好达到峰值强度所需的位移量时进行支护，此时岩土体抗剪能力得到充分发挥，真正实现“新奥法”边坡施工；若支护不及时，边坡体自由变形得不到有效控制，极有可能处于 c 点，岩土体应力状态处于残余强度阶段，从而出现失稳破坏。而采取先固后挖方式，边坡体几乎没有产生或变形很小，可能处于 a 点，此时岩土体应力状态还远未达到峰值强度，并未充分发挥自身的抗剪能力。

边坡岩土体不同的应力状态将决定支护结构推力的大小，从上述三种支护结构与边坡体的耦合作用分析可知，若边挖边固方式控制得当，将会对支护结构产生较小的推力，然而目前的“新奥法”施工监测费用较大，根本无法推广。因此，在支护结构与边坡体的耦合作用时，使岩土体应力状态达到峰值强度，以充分发挥自身的抗剪能力，此时对支护结构产生推力最小，从而达到主动减压的作用。

3. 主动减压超前支护结构关键参数计算

主动减压超前支护结构主要由柔性填料和超前支护结构构成，一部分促使岩土体在边坡施工后发生变形，另一部分限制边坡体变形的自由发展，当位移值控制适当时，岩土体应力状态正好处于峰值强度，岩土体抗剪能力得到充分发挥。此时边坡体下滑推力由超前支护结构独自承担向支护结构和岩土体共同承担转变，也就是使支护结构承受的静止土压力转化为主动土压力，超前支护结构承受的推力达到最小，从而达到主动减压的效果，真正实现边坡工程的“新奥法”施工。因此，如何设置柔性填料厚度使边坡岩土体变形正好达到应力状态为峰值强度时所需的位移值，是主动减压超前支护结构实施成败的关键。

(1)主动减压超前支护结构变形特性分析

通过支护结构与岩土体耦合作用机理分析，根据作用力与反作用力的关系，柔性填料、隔板、支护结构以及边坡岩土体都承受压力，产生压缩变形，由于隔板的设置属于施工构造，弹性模量较大，变形不予考虑。设边坡体任意位置处的水平变形总量为 $U_0(z)$，柔性填料变形量为 $U_1(z)$，超前支护结构变形量为 $U_2(z)$，则这三种变形量之间应该满足式(3.65)的关系，如图3.61所示。

$$U_0(z) = U_1(z) + U_2(z) \tag{3.65}$$

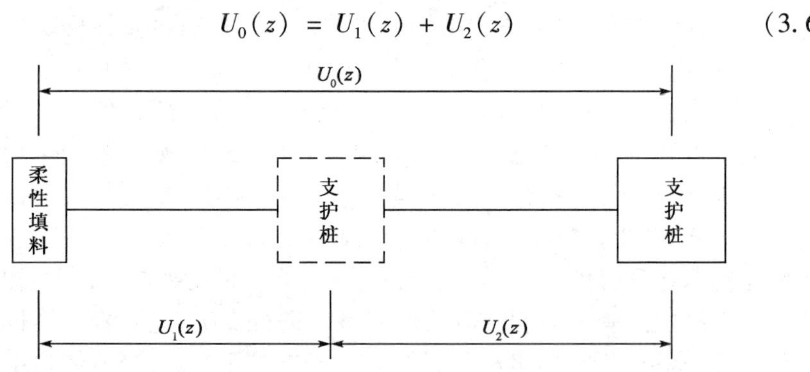

图3.61 主动减压超前支护结构变形协调关系图

(2)主动减压超前支护结构柔性填料厚度计算

根据主动减压超前支护结构作用机理和变形特性的分析可知：柔性填料、支护结构以及边坡岩土体承受相同的荷载。为了对主动减压超前支护结构柔性填料厚度进行计算，必须将主动减压超前支护结构体系解耦为边坡体、柔性填料和超前支护结构分别进行变形计算(图 3.62),再根据式(3.65)的变形协调关系对柔性填料厚度进行计算。

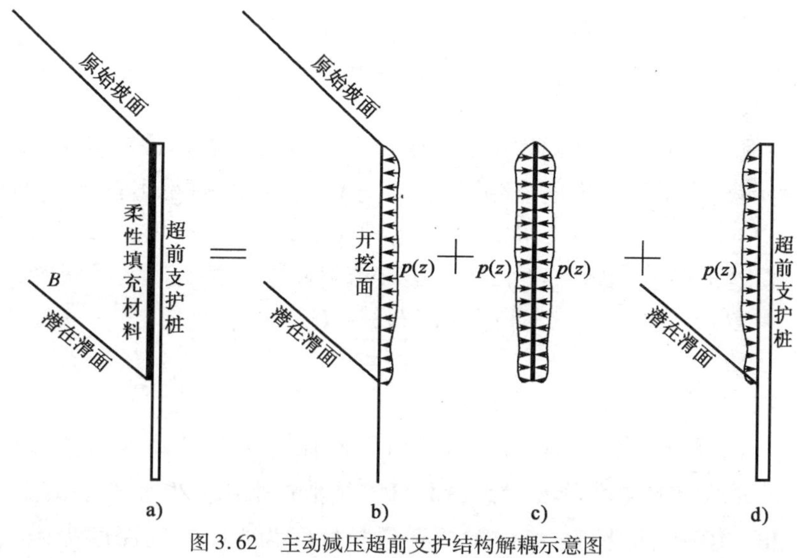

图 3.62　主动减压超前支护结构解耦示意图

如图 3.62b)所示,边坡体在荷载作用下的变形计算可以采用半无限平面体的弹性力学位移解。

$$U'_0(z) = \int_0^h \frac{(1-2v)p(z)}{\pi E_0(h-z)}\mathrm{d}z \tag{3.66}$$

式中:$p(z)$——荷载分布函数;

$U'_0(z)$——边坡体任意位置处的水平位移;

E_0、v——分别为边坡岩土体的弹性模量和泊松比;

h——边坡高度。

如图 3.62c)所示,柔性填料在荷载作用下的变形可以按单轴压缩计算。假设柔性材料为弹性体,设柔性填料的厚度为 U。

$$U_1(z) = \frac{p(z)}{E_1}U \tag{3.67}$$

式中:$U_1(z)$——柔性填料任意位置处的水平位移;

E_1、U——分别为柔性填料的弹性模量和厚度;

$p(z)$意义同上。

如图 3.62d)所示,超前支护结构在荷载作用下的变形计算采用抗滑桩承受水平荷载的变形计算方法。

$$U_2(z)=U_2'(z)+U_2''(0)+\varphi(0)\cdot z \tag{3.68}$$

式中：$U_2(z)$——支护结构自由段的水平总变形；

$U_2'(z)$——支护结构自由段隔离体的水平变形；

$U_2''(0)$——支护结构锚固段顶部水平位移值；

$\varphi(0)$——支护结构锚固段顶部转角。

主动减压超前支护结构实施的关键就是要保证边坡体位移量为 U_f，而边坡体在压力荷载作用下产生压缩变形，方向与 U_f 相反，则可得出：

$$U_0(z)=U_f+U_0'(z) \tag{3.69}$$

根据式(3.65)~式(3.69)，则得柔性填料厚度 U 的计算表达式为：

$$U=\frac{[u_f+U_0'(z)-U_2(z)]}{p(z)}E_1 \tag{3.70}$$

4. 工程应用

某边坡工程滑体的弹性模量 E_0 和泊松比 v 分别为 5×10^7Pa、0.3，$u_f=0.01$m；柔性填料弹性模量 E_1 为 3×10^7Pa；抗滑桩采用C20钢筋混凝土，弹性模量 $E_2=28\times10^9$Pa，桩长 H 为10m，受荷段长度 h 为6m，锚固深度为4m，桩中心距 l 为6m，下滑力 $E_h=400$kN/m，桩截面为矩形，面积 $S=b\times a=1\times1.5=1.5\text{m}^2$，截面惯性矩 $I=0.281\,25\text{m}^4$，相对刚度系数 $E_2I=0.85\times28\times10^9\times0.281\,25=6.693\,75\times10^6\ \text{kN}\cdot\text{m}^2$，桩的计算宽度 $B_p=1+1=2$m。

采用m法计算桩身内力，根据岩性地层，滑面处的地基系数采用 $A=300\,000\text{kN/m}^3$，滑床土的地基系数随深度变化的比例系数采用 $m=80\,000\ \text{kN/m}^4$。

(1)计算抗滑桩变形系数

$\alpha=\left(\frac{mB_p}{E_2I}\right)^{\frac{1}{5}}=0.473\,9$，$\alpha\cdot(H-h)=1.9<2.5$，则支护桩为刚性桩。

(2)计算外力

每根抗滑桩承受的水平推力为 $E_h\times l=2\,400$kN，推力分布按矩形分布计算，则 $p(z)=400$kN/m。

(3)算位移

根据式(3.66)可得到 $U_0'(h)=1.83\times10^{-3}$m；

根据式(3.69)则可得 $U_0(h)=10\times10^{-3}+1.83\times10^{-3}\text{m}=11.83\times10^{-3}$m；

根据式(3.68)可得 $U_2(h)=9.8\times10^{-3}$m。

(4)算柔性填料厚度

根据式(3.70)得柔性填料厚度 U 为0.15m。

5.结论

主动减压超前支护结构是在超前支护结构后填充适当厚度的柔性材料，可为废旧橡胶或普通泡沫等弹性体。通过支护结构与边坡体的作用机理分析、主动减压超前支护结构关键问题研究等可得到如下结论：

(1)主动减压超前支护结构形式是充分利用先固后挖施工方式和边挖边固施工方式两者优点建立起来的，主要由柔性填料和超前支护结构构成，前者促使岩土体在边坡施工后发生变形，后者限制边坡体变形的自由发展。

(2)柔性填料厚度设置的大小直接关系到边坡岩土体抗剪能力是否完全发挥，若设置合理，支护结构承受的荷载将从静止土压力转变为主动土压力，从而实现主动减压的作用，柔性材料具体厚度可根据柔性填料、超前支护结构以及边坡岩土体之间的变形协调关系进行计算。

(3)为了在施工中做到主动减压超前支护结构中的柔性填料和超前支护结构在施工中互不影响，在使用中共同发挥作用，采用在挖孔适当位置设置隔板的方式，将挖孔分割成两个相互独立的空间，然后再设置柔性填料，最后设置超前支护结构的施工方式。

第三节　超前处治结构的实用设计方法研究

一、支护桩的实用设计方法研究

1.支护桩设计推力研究

(1)引言

支护桩作为边坡治理中有效工程措施，在世界各国防治边坡失稳中占有重要地位。据统计，迄今为止，它是边坡工程中应用最多的支护结构物，国外对它的研究始于20世纪30年代美国工程新闻杂志《滑坡和桩的作用》的出版，国内从20世纪50年代初，支护桩较多地应用于铁路边坡治理中，其设计理论也随着日益广泛而成功的应用得到长足的发展。根据支护桩支挡坡体的作用机理分析，支护桩并不是直接承受外荷载，而是由于桩周岩土体在自重或外荷载作用下发生变形或移动将压力传递给支护桩，然后它凭借与周围岩、土的共同作用，把下滑推力传递到稳定地层，利用稳定地层的锚固作用和被动抗力来平衡下滑推力。

滑坡推力的计算是支护桩设计的重要依据，在理论计算中，一般有两种计算方法:一种是先求出全截面的总滑坡推力,然后得到各段单位宽的滑坡推力;另一种是先求出每段单位宽的滑坡推力,然后得出总滑坡推力。支护桩设计推力基本上都是在传递系数法的基础上,通过求解不同安全系数下边坡体的滑坡推力确定的,目前主要有三种方法:

①在工程设计要求下剪出口的滑坡推力作为支护桩的设计推力;

②在工程设计要求下支护桩设置处的滑坡推力作为支护桩的设计推力;

③将在工程设计要求和极限平衡状态下的支护桩设置处的滑坡推力之差作为支护桩的设计推力。其中,第一种方法根本没有考虑支护桩的设置,也没有考虑边坡体前缘抗滑段的作用;第二种方法,未考虑边坡体前缘抗滑段的阻滑作用,使支护桩的设计推力偏大,偏于保守,容易造成浪费;第三种方法充分考虑了边坡体前缘抗滑段的阻滑作用,但未考虑滑坡推力通过支护桩向桩前岩土体传递,容易使设计推力偏小,偏于不安全。

针对支护桩设计推力存在的问题,很多学者基本上都是在上述第三种方法的基础上进行改进。潘家铮提出用边坡原始情况下由传递系数法计算的各条块下滑力绘制天然下滑力曲线,考虑达到设计要求安全系数时边坡的下滑力绘制设计下滑力曲线,用两条曲线在支护桩所设位置处的差值作为支护桩承受的设计推力值;而贺建清、张家生等则提出用工程设计要求情况下两条不平衡下滑力曲线之间的差值,一条曲线是在该安全系数下用传递系数法从上至下计算得到的,另一条曲线是在同一安全系数下假定剪出口处下滑力为零由下至上计算而得到的;和海芳、祁生文等则考虑设计推力修正量ΔE,在工程设计要求安全系数下,采用穷举法或迭代法,从支护桩设置处从上往下计算剩余下滑力,直至剪出口剩余下滑力为零,实际设计推力应为$E+\Delta E$,E为前述第三种方法的设计推力;聂文波、张利洁等在贺建清方法的基础上考虑设计推力传递系数,实际设计推力应为P,P的取值在没有试验资料的情况下,可根据经验类比法确定,P为贺建清方法的设计推力。这些方法使支护桩设计推力取值更为合理,但由于未通过计算桩前抗滑力确定支护桩设计推力,使得各计算结果差别较大。目前支护桩前抗滑力只有通过有限元进行计算,在理论分析中有时作为安全储备不予考虑,有时按被动土压力进行计算,使设计推力计算结果不准确。

针对上述问题,利用传递系数法思想,在工程设计要求下,从上往下计算所有条块的剩余下滑力,同时从下往上逆向计算各条块的剩余抗滑力,两者在支护桩设置处水平投影之差作为支护桩的设计推力。

(2)剩余下滑力与剩余抗滑力的差异

①传递系数法的假设

在边坡工程治理中，对于由一些倾角较缓、相互间变化不大的折线组成的滑面，传递系数法是计算剩余下滑力和稳定性的常用方法，而且在相关规范中也明确规定将其作为折线形滑坡稳定性分析和下滑推力计算的方法，传递系数法在中国水利、交通尤其铁路边坡稳定性分析中得到广泛应用。

在我国的支护桩设计中，多采用刚体极限平衡法中的传递系数法来计算支护桩所受的边坡体作用其上的力，计算方法基于如下几点基本假设：

a. 将边坡稳定性问题视为平面应变问题，垂直失稳坡体主轴取单位长度宽的岩土体作为计算的基本断面，不考虑条块两侧的摩阻力；

b. 滑动力以平行于滑动面的剪应力和垂直于拟滑面的正应力集中作用于拟滑面上；

c. 视失稳坡体为理想刚塑性材料，认为整个加载过程中，失稳坡体不可压缩，一旦沿拟滑面剪应力达到其剪切强度，则滑坡体开始沿拟滑面作整体下滑，不考虑条块之间挤压变形；

d. 拟滑面的破坏服从莫尔—库仑破坏准则；

e. 条块之间只传递推力不传递拉力，不出现条块之间的拉裂，剩余下滑力方向与拟滑面倾角一致，剩余下滑力为负值时则传递的剩余下滑力为0；

f. 沿整个拟滑面满足静力的平衡条件，但不满足力矩平衡条件。

按稳定系数求解过程和静力平衡条件的差异，可将传递系数法分为三类：超载法、强度储备法和定义法，在实际应用中，超载法是符合规范要求的，强度储备法处于学术研究探讨阶段。

②剩余下滑力的计算公式

超载法是在选定安全系数 F_s 后，将下滑力乘以 F_s，再减去抗滑力作为条块的剩余下滑力。第 i 条块的剩余下滑力计算如下。

如图 3.63 所示，P_{i-1} 为第 $i-1$ 条块的剩余推力，P_i 为第 i 条块的剩余推力。根据条块 i 的力的平衡条件，P_i 也就是第 $i+1$ 条块的反作用力。

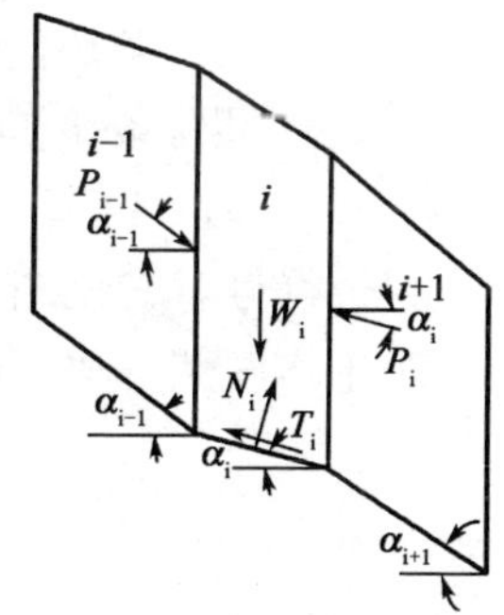

图 3.63　剩余下滑力计算条块示意图

条块 i 的自重为 W_i，则自重在滑面的法向分量和切向分量分别为 N_i^W 和 T_i^W，即：

$$N_i^W = W_i \cdot \cos\alpha_i$$

$$T_i^W = W_i \cdot \sin\alpha_i$$

a. 沿 i 条块滑面方向的抗滑阻力

已知 P_{i-1} 在 i 条块滑面上的分解为：

$$N_i^{i-1} = P_{i-1} \cdot \sin(\alpha_{i-1} - \alpha_i)$$

$$T_i^{i-1} = P_{i-1} \cdot \cos(\alpha_{i-1} - \alpha_i)$$

则抗滑阻力为：

$$P_i - P_{i-1} \cdot \cos(\alpha_{i-1} - \alpha_i) + [W_i \cdot \cos\alpha_i + P_{i-1} \cdot \sin(\alpha_{i-1} - \alpha_i)]\tan\varphi_i + c_iL_i$$
$$= P_i + (W_i \cdot \cos\alpha_i \cdot \tan\varphi_i + c_iL_i) - P_{i-1} \cdot [\cos(\alpha_{i-1} - \alpha_i) - \sin(\alpha_{i-1} - \alpha_i)\tan\varphi_i]$$

令 $T_i = (W_i \cdot \cos\alpha_i \cdot \tan\varphi_i + c_iL_i)$，第 $i-1$ 条块对第 i 条块的剩余推力传递系数为 ψ_{i-1}：

$$\psi_{i-1} = \cos(\alpha_{i-1} - \alpha_i) - \sin(\alpha_{i-1} - \alpha_i)\tan\varphi_i$$

则沿 i 条块滑面方向的抗滑阻力为：$P_i + T_i - P_{i-1} \cdot \psi_{i-1}$。

b. 沿 i 条块滑面方向的下滑力

沿 i 条块滑面方向的下滑力即为条块 i 的自重沿滑面的切向分量 T_i^W。

c. 下滑推力计算

根据稳定系数的定义，则：

$$F_s = \frac{P_i + T_i - P_{i-1} \cdot \psi_{i-1}}{T_i^W}$$

于是，下滑推力 P_i 为：

$$P_i = P_{i-1} \cdot \psi_{i-1} + F_s \cdot T_i^W - T_i$$

即剩余下滑力：

$$P_i = P_{i-1} \cdot \psi_{i-1} + F_s \cdot T_i^W - T_i \tag{3.71}$$

其中：

$$T_i = (W_i \cdot \cos\alpha_i \cdot \tan\varphi_i + c_iL_i)$$
$$\psi_{i-1} = \cos(\alpha_{i-1} - \alpha_i) - \sin(\alpha_{i-1} - \alpha_i)\tan\varphi_i$$
$$T_i^W = W_i \cdot \sin\alpha_i$$

式中：P_i——第 i 条块的剩余下滑力；

T_i^W——沿 i 条块滑面方向的下滑力；

T_i——沿 i 条块滑面方向的抗滑力；

ψ_{i-1}——第 $i-1$ 条块对第 i 条块的剩余下滑力传递系数；

其余符号意义见图 3.63。

对于强度储备法，同理可得第 i 条块的剩余下滑力计算公式如下：

$$P_i = P_{i-1} \cdot \psi_{i-1} + T_i^W - T_i \cdot \frac{1}{F_s} \tag{3.72}$$

其中：

$$\psi_{i-1} = \cos(\alpha_{i-1} - \alpha_i) - \sin(\alpha_{i-1} - \alpha_i) \cdot \tan\varphi_i \cdot \frac{1}{F_s}$$

其他符号意义同上。

③剩余抗滑力求解

借鉴传递系数法的思想，剩余抗滑力即为逆向求解各个条块的富余强度储备，其方向与拟滑面倾角一致，剩余抗滑力为负值时则传递的剩余抗滑力为零。显然，剩余下滑力和剩余抗滑力在条块接触面上不在同一直线上，两者的夹角大小为相邻条块倾角之和的补角。

剩余抗滑力求解思路如下：条块在给定安全系数 F_s 的条件下，从最后一个条块 n 开始，从下往上计算各个条块剩余抗滑力，并将下一条块的剩余抗滑力向上一条块的滑动面逐块投影，剩余抗滑力为负值时则传递的剩余抗滑力为0，直到计算出所有条块的剩余抗滑力。若条块1的剩余抗滑力为零时，F_s 就是边坡体基于剩余抗滑力为零对应的安全系数，见图3.64。

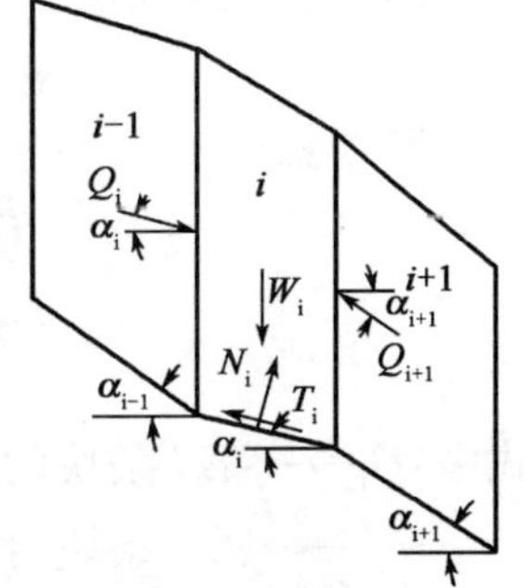

图3.64　剩余抗滑力计算条块示意图

超载法是在选定安全系数 F_s 后，将抗滑力减去下滑力的 F_s 倍，作为条块的剩余抗滑力。如图3.64所示，第 i 条块的剩余抗滑力计算如下。

如图3.64所示，Q_{i+1}为第 $i+1$ 条块的剩余抗滑力，Q_i 为第 i 条块的剩余抗滑力。根据条块 i 的力的平衡条件，Q_i 也就是第 $i-1$ 条块的反作用力。

条块 i 的自重为 W_i，则自重在滑面的法向分量和切向分量分别为 N_i^W 和 T_i^W，即：

$$N_i^W = W_i \cdot \cos\alpha_i$$

$$T_i^W = W_i \cdot \sin\alpha_i$$

a. 沿 i 条块滑面方向的抗滑阻力

已知 Q_{i+1}在 i 条块滑面上的分解为：

$$N_i^{i+1} = Q_{i+1} \cdot \sin(\alpha_{i+1} - \alpha_i)$$

$$T_i^{i+1} = Q_{i+1} \cdot \cos(\alpha_{i+1} - \alpha_i)$$

则抗滑阻力为：

$$Q_{i+1} \cdot \cos(\alpha_{i+1} - \alpha_i) - Q_i + [W_i \cdot \cos\alpha_i - Q_{i+1} \cdot \sin(\alpha_{i+1} - \alpha_i)]\tan\varphi_i + c_i L_i$$
$$= Q_{i+1} \cdot [\cos(\alpha_{i+1} - \alpha_i) - \sin(\alpha_{i+1} - \alpha_i)\tan\varphi_i] + W_i \cdot \cos\alpha_i \cdot \tan\varphi_i + c_i L_i - Q_i$$

令 $T_i = (W_i \cdot \cos\alpha_i \cdot \tan\varphi_i + c_i L_i)$，以及第 $i+1$ 条块对第 i 条块的剩余抗滑力传递系数为 ψ_{i+1}：

$$\psi_{i+1} = \cos(\alpha_{i+1} - \alpha_i) - \sin(\alpha_{i+1} - \alpha_i)\tan\varphi_i$$

则沿 i 条块滑面方向的抗滑阻力为 $\psi_{i+1} \cdot Q_{i+1} + T_i - Q_i$。

b. 沿 i 条块滑面方向的下滑力

沿 i 条块滑面方向的下滑力即为条块 i 的自重沿滑面的切向分量 T_i^W。

c. 剩余抗力计算

根据稳定系数的定义，则：

$$F_s = \frac{\psi_{i+1} \cdot Q_{i+1} + T_i - Q_i}{T_i^W}$$

于是，剩余抗力 Q_i 为：

$$Q_i = \psi_{i+1} \cdot Q_{i+1} + T_i - F_s \cdot T_i^W$$

即剩余抗滑力：

$$Q_i = \psi_{i+1} \cdot Q_{i+1} + T_i - F_s \cdot T_i^W \tag{3.73}$$

其中：

$$T_i^W = W_i \cdot \sin\alpha_i$$

$$\psi_{i+1} = \cos(\alpha_{i+1} - \alpha_i) - \sin(\alpha_{i+1} - \alpha_i)\tan\varphi_i$$

$$T_i = (W_i \cdot \cos\alpha_i \cdot \tan\varphi_i + c_i L_i)$$

式中：Q_i——第 i 条块的剩余抗滑力；

T_i^W——沿 i 条块滑面方向的下滑力；

T_i——沿 i 条块滑面方向的抗滑力；

ψ_{i+1}——第 $i+1$ 条块对第 i 条块的剩余抗滑力传递系数；

其余符号意义见图 3.64。

对于强度储备法，同理可得第 i 条块的剩余抗滑力计算公式如下：

$$Q_i = \psi_{i+1} \cdot Q_{i+1} + \frac{T_i}{F_s} - T_i^W \tag{3.74}$$

其中：

$$\psi_{i+1} = \cos(\alpha_{i+1} - \alpha_i) - \sin(\alpha_{i+1} - \alpha_i) \cdot \tan\varphi_i \cdot \frac{1}{F_s}$$

其他符号意义同上。

(3) 支护桩设计推力的确定

根据上述逆向求解的思路，支护桩设计推力的求解步骤如下：

①确定拟滑面及边坡体的物理力学参数等；

②定工程设计要求安全系数 F_s；

③拟失稳破体分条并用式(3.71)或式(3.72)从第 1 个条块起，从上向下计算每个条块的剩余下滑力，绘制剩余下滑力曲线，见图 3.65 中 aa 曲线；

④拟失稳破体分条并用式(3.73)或式(3.74)从第 n 个条块起，从下向上逆

向计算每个条块的剩余抗滑力，绘制剩余抗滑力曲线，并从 n 条块平移到 $n-1$ 条块后得到图 3.65 中 bb 曲线；

⑤根据步骤③和④的计算结果，在支护桩设置处两者在水平方向上的差值即是支护桩的设计推力值。

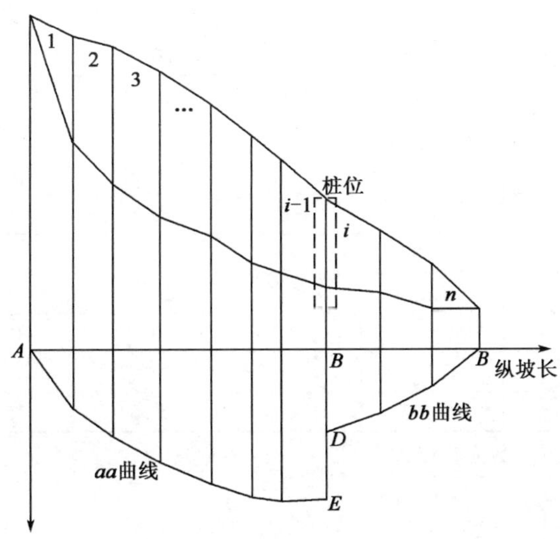

图 3.65　支护桩设计推力计算简图

若在条块 i 与条块 $i+1$ 接触处设置支护桩，条块接触处受力见图 3.66，设支护桩设计推力为 E_i，则：

$$E_i = P_i \cdot \cos\alpha_i - Q_{i+1} \cdot \cos\alpha_{i+1} \tag{3.75}$$

对于超载法，将式(3.71)、式(3.73)代入式(3.75)得：

$$E_i = (P_{i-1} \cdot \psi_{i-1} + F_s \cdot T_i^W - T_i) \cdot \cos\alpha_i - (\psi_{i+2} \cdot Q_{i+2} + T_{i+1} - F_s \cdot T_{i+1}^W) \cdot \cos\alpha_{i+1} \tag{3.76}$$

对于强度储备法，同理可得支护桩设计推力 E_i 的表达式：

$$E_i = \left(P_{i-1} \cdot \psi_{i-1} + T_i^W - T_i \cdot \frac{1}{F_s}\right) \cdot \cos\alpha_i - \left(\psi_{i+2} \cdot Q_{i+2} + \frac{T_{i+1}}{F_s} - T_{i+1}^W\right) \cdot \cos\alpha_{i+1} \tag{3.77}$$

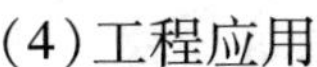

(4)工程应用

①计算模型

以某边坡为例，计算剖面如图 3.67 所示，并对拟滑边坡

图 3.66　条块接触处受力分析简图

体进行分块，根据实际情况，共分 10 个条块。边坡整体稳定性较差，可能产生整体失稳，计算参数见表 3.11。

主要物理力学参数 表 3.11

条块号	重度 γ_i (kN/m³)	重力 W_i (kN/m)	倾角 α_i (°)	黏聚力 c_i (kPa)	内摩擦角 φ_i (°)	条块长度 l_i (m)
1	20	497.86	63	20.57	15.7	11.292
2	20	719	47	20.57	15.7	4.948
3	20	1 125.46	36	20.57	15.7	5.76
4	20	1 374.22	31	20.57	15.7	6.467
5	20	1 200.52	18	20.57	15.7	5.751
6	20	714.38	17	20.57	15.7	4.18
7	20	712.4	14	20.57	15.7	5.071
8	20	567.54	9	20.57	15.7	4.941
9	20	385.3	7	20.57	15.7	4.39
10	20	264.72	6	20.57	15.7	7.426

注：工程设计要求安全系数为 1.15。

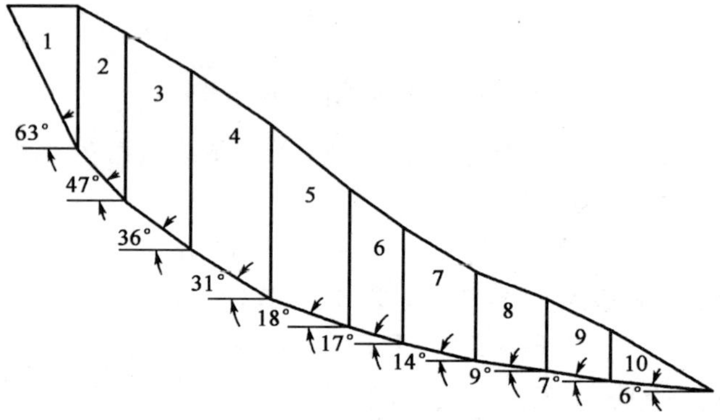

图 3.67 典型剖面计算模型图

通过计算，边坡体剪出口剩余下滑力为零，边坡处于极限平衡状态，工程设计要求安全系数要达到 1.15。通过剩余下滑力计算公式，可分别得出极限平衡状态下的剩余下滑力曲线和工程设计要求安全系数 1.15 下的剩余下滑力曲线，如图 3.68 所示。由图 3.68 可以看出，1 ~ 4 条块剩余下滑力逐渐增大，为拟滑坡体的下滑段；而 5 ~ 10 条块剩余下滑力逐渐减小，为拟滑坡体的抗滑段。因此，按照支护桩应设置在拟滑坡体的抗滑段，拟设在第 7 块和第 8 块接触处。

②护桩设计推力计算及对比分析

按照本文提出的支护桩设计推力计算方法，按照超载法分别计算边坡体剩余下滑力和剩余抗滑力，如图 3.69 所示。然后利用设计推力等于两者计算值在水平投影之差，得到边坡体各条块接触面上的设计推力，如图 3.70 所示。

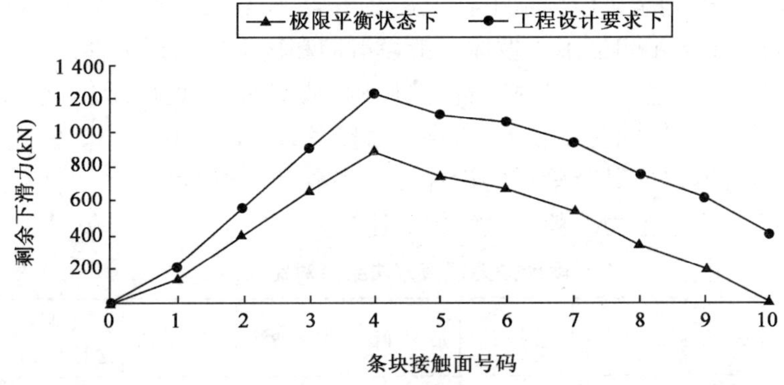

图 3.68　剩余下滑力曲线图

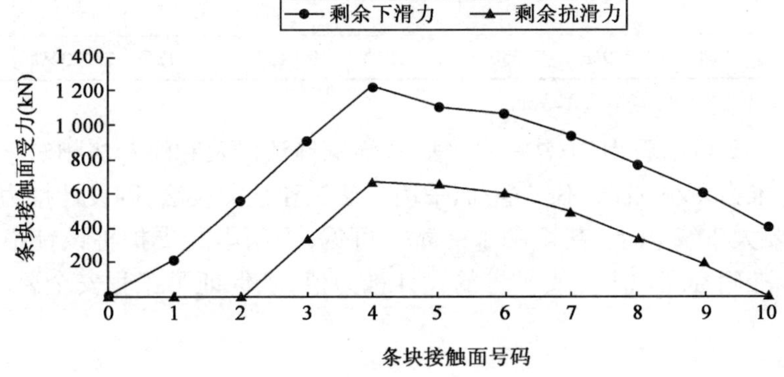

图 3.69　设计推力计算曲线图

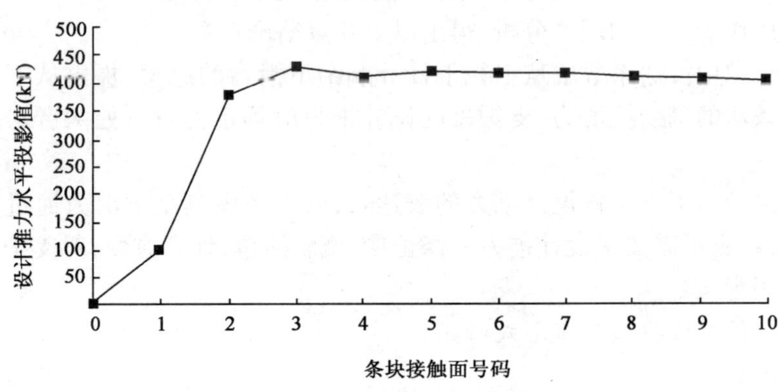

图 3.70　设计推力水平投影值曲线图

从图3.69中可以看出:剩余下滑力和剩余抗滑力变化趋势基本一致。在边坡体下滑段,剩余下滑力从上往下逐渐增大,而剩余抗滑力从下往上逐渐减小。在边坡体抗滑段,剩余抗滑力从下往上逐渐增大,而剩余下滑力从上往下逐渐减小。两者的变化互相印证了边坡体下滑段滑动和抗滑段阻滑的性质。

根据抗滑桩设置在边坡体抗滑段的原则,从图3.70可以看出,设计推力在边坡体下滑段各条块间变化较大,而在抗滑段各条块间变化很小。因此,只要支护桩设置在抗滑段处,其上承受的设计推力基本上相差不大。

表3.12为设计推力取值方法结果对比表。

设计推力取值方法结果对比表 表3.12

超载法	方法一	方法二	方法三	潘家铮法	贺建清法	和海芳法	聂文波法(ξ取0.2)	本文方法
设计推力水平值(kN)	407.159	914.895	390.631	390.631	415.216	415.216	519.021	421.166
对比	-3.326%	117.229%	-7.250%	-7.250%	-1.413%	-1.413%	23.234%	0

注:以本文所述方法计算结果为基准。

从表3.12可以看出,方法一、方法三、潘家铮法以及和海芳法相对于本文方法,其设计推力要小,偏于不安全;而采用方法二和聂文波法,则设计推力相对于本文方法要大20%以上,甚至翻了一番。可见,采用本文支护桩设计推力计算方法,可以准确合理地求出支护桩的设计推力值,既保证了工程安全要求,又节省了投资。

(5)结论

在传递系数法的基础上,分别采用剩余下滑力和剩余抗滑力对支护桩设计推力的作用作进一步的理论分析,得出以下几点结论:

①该法利用传递系数法从上往下计算剩余下滑力的思想,提出从下往上逆向计算各条块的剩余抗滑力,支护桩的设计推力就等于桩设置处两者水平投影值之差。

②该法给出了支护桩设计推力的表达式,既不考虑剩余下滑力通过支护桩的传递系数,也不需要求设计推力的修正量,概念简单,计算方便,对支护桩的设计具有实用意义。

2. 支护桩滑坡推力分布形式研究

(1)引言

边坡治理工程一般围绕“挡、排、削、护、改、绕”六字方针,结合具体工程进行综合治理。在工程中常用的工程措施为削坡、排水、锚固、支挡工程（包括抗滑桩和挡土墙）及岩土体性质改良等，具体可以划分为以下五类：

①支挡措施，是指用抗滑桩、抗滑挡墙、锚杆（索）等改善滑坡力学平衡条件，以提高滑坡的抗滑力；

②移载，也就是减荷反压，即通过后缘减负、前缘压填的方法减小滑体的下滑力而增大滑体的抗滑力；

③排水措施，包括地表排水和地下排水，常用的排水措施有截水沟、盲沟、水平钻孔、盲洞、集水井等；

④岩土体性质改良，指用化学灌浆法、电渗排水法和焙烧法等方法改良滑坡体及滑动带的物理力学性质；

⑤护坡措施，指用浆砌石、灰浆抹面及草皮等进行护坡，以防止水流对滑体的冲刷以及坡面的风化。

抗滑桩在支挡边坡的过程中主要承受侧向力，依靠桩与周围岩土体的共同作用，将滑坡推力传到稳定的地层，利用稳定地层的锚固作用和被动抗力来平衡滑坡推力。它和一般建筑地基和桥梁桩基中承受侧向力的桩性质完全不同，后者中桩基是直接承受荷载并主动向土中传递应力的“主动桩”，而边坡治理工程中的抗滑桩并不直接承受外荷载的作用，只是由于边坡体在自重或其他外因的作用下发生变形或移动，而被动的承受坡体由于变形而产生的荷载作用，所以，抗滑桩又被称为“被动桩”。在边坡防治方法中，支挡措施一直是边坡防治的最主要手段之一，而在支挡措施中，抗滑桩由于具有抗滑能力强、开挖量小、在施工中不易造成滑坡体稳定条件恶化等优点在工程实践中应用最为广泛。

在工程实践中，常采用不平衡推力法计算设桩处的推力。不平衡推力法是刚体极限平衡法中应用很广泛的一种，也是岩土工程勘察规范中推荐的计算方法。其实对于特定的滑坡，各种方法计算的滑坡推力一般差别不大，但是在滑坡推力分布形式的选择上差别很大。分布形式选择的是否合理，直接影响着滑动面以上抗滑桩桩身内力的计算准确与否，进而影响滑动面以下桩身内力计算的准确性，影响抗滑桩设计的合理性。一方面有可能偏于保守，造成浪费；另一方面，导致抗滑桩工程失效，给人们生命财产造成威胁。

（2）滑坡推力分布形式研究现状

滑坡推力分布与滑坡的类型、部位、地层性质、变形情况及地基系数等因素有关。目前，国内外研究者主要采用模型试验法、现场测试法以及数值模拟法对此进行研究，取得了丰硕的成果。模型试验主要在边坡岩土体一定的情况下研究滑坡推力的分布形式，比如当滑体为松散介质或砂黏土时，滑坡推力的分布形式为三角形，而滑体为黄土时，下滑推力则为矩形分布；现场测试法主要应用在特定的工程实践中，利用土压力计在抗滑桩有限点上的数值，拟合滑坡推力的分布形式，结果发现大多数呈抛物线以及梯形分布形式；数值模拟法主要采用数值分析方法模拟边坡整个支护过程，获得抗滑桩桩身若干点的水平应力，进而绘制滑坡推力的分布图式，结果发现大多数呈抛物线形状。根据上述不同边坡岩土体和几何特性的滑坡，其滑坡推力分布形式主要有：三角形、抛物线、矩形、梯形以及两者的组合形式。对于不同的分布形式，采用数学方法可得出相应滑坡推力分布函数。无论模型试验、数值模拟还是现场测试法都仅是在某种特定的条件下滑坡推力的分布形式，对于相同的边坡岩土体与不同的几何特性或相同的几何特性与不同的边坡岩土体组合，其滑坡推力分布形式都会千差万别，因此，上述方法在工程实践中应用推广性不强。针对滑坡推力分布在理论上研究很少，仍处于经验或半经验阶段，提出以定点剪出假设为基础采用不平衡推力法确定滑坡推力分布的计算方法，详见表3.13。

下滑推力分布函数表 表3.13

边坡岩土体类别	下滑推力分布形式	下滑推力分布函数
松散介质	三角形	$p(z)=\dfrac{P}{h_1^2}z$
岩石	矩形或平行四变形	$p(z)=\dfrac{P}{h_1}$
砂土散体	三角形～抛物线形	$p(z)=\dfrac{(36k-24)P}{h_1^3}z^2+\dfrac{(18-24k)P}{h_1^2}z$
黏土	二角形～抛物线形	$p(z)=\dfrac{(36k-24)P}{h_1^3}z^2+\dfrac{(18-24k)P}{h_1^2}z$
介于砂土及黏性土之间	梯形	$p(z)=\dfrac{1.8P}{h_1^2}z+\dfrac{P}{10h_1}$

注：h_1为支护桩自由段或受荷段长度，z为离桩顶的距离，k为合力作用点与自由段长度的比值。

(3)滑坡推力分布形式的计算方法

抗滑桩作为一种整治边坡工程的支护措施必须满足以下几点要求：

①提高滑坡体的稳定系数，达到治理的安全标准；

②保证滑坡体不越过桩顶或从桩间滑动；

③桩身要有足够的稳定性及强度；

④治理后的滑坡体不产生新的深层滑动。

可以理解为：整个边坡工程都要达到设计安全系数。若从桩顶剪出或桩顶安全系数没有达到设计安全系数则产生下滑推力，相应地以桩顶下若干点为剪出口计算；若都达到设计安全系数，则无剩余推力，否则需计算滑坡推力。

①定点剪出滑坡推力的确定

设边坡岩土体的内摩擦角为 φ，则边坡体破裂面与水平面的夹角为 $45° - \varphi/2$。基本假设为：潜在滑面由部分原滑面与定点剪出破裂面组成的组合面；不考虑支护结构的变形影响；抗滑桩指定点桩段以上的下滑推力由以该点为剪出口失稳坡体产生。

如图 3.71 所示的典型边坡体断面，边坡滑面为 ABC，自开挖基岩面 C 点处剪出。设置支护结构后边坡体也可能从 $ABD'D$ 段剪出，若支护结构自由段长度为 CE，边坡体也可能不会从 $ABE'E$ 段剪出，即：假设支护结构的自由段仅为 CE 段，即 DE 段无支护，则坡体 $ABE'ED$ 是否整体从点 E 处失稳剪出取决于滑面 ABE' 和滑体内潜在破裂面 $E'E$ 所构成的组合滑面的整体安全系数，称该安全系数为定点剪出安全系数。若该安全系数小于 1，则坡体 $ABE'ED$ 必然自 E 点剪出，若边坡体的岩土体强度足够高，则组合滑面 $ABE'E$ 的安全系数大于 1，坡体 $ABE'ED$ 不会整体失稳。但在滑面 $ABE'E$ 的安全系数小于工程设计要求的条件下，必须对临空面 DE 段施加支护结构。此时作用在 DE 段的滑坡推力按如下方法进行计算：

a. 根据边坡岩土体的内摩擦角，计算边坡体破裂角，进而自 D、E、F 等点作一系列与水平面成 $45° - \varphi/2$ 的直线，与整个边坡滑动面 ABC 交于 D'、E'、F' 等点，确定边坡体潜在破裂面 $D'D$、$E'E$、$F'F$ 段等。逐一验算各组合滑面的整体稳定性，求出相应的安全系数。

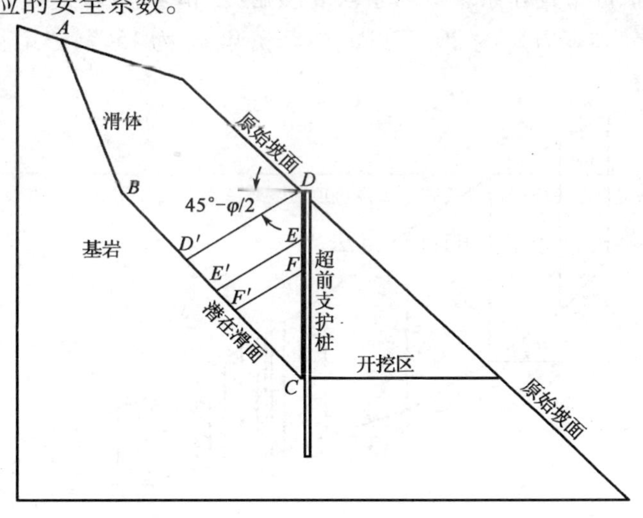

图 3.71 典型边坡支护体系断面图

b. 比较工程设计安全系数 K 和组合滑面安全系数 F_s。

若组合滑面安全系数 F_s 大于工程设计安全系数 K,则组合滑体不产生滑坡推力;若组合滑面安全系数 F_s 小于工程设计安全系数 K,则需计算滑坡推力。

②坡推力分布形式的确定

采用上述计算方法可以得到抗滑桩自由段上若干点的滑坡推力,然后根据各点计算结果和相对位置确定抗滑桩滑坡推力的分布。如图 3.71 所示,设求得 D、E、F 点的下滑推力分别为 P_D、P_E、P_F,且 E、F 点为两相邻计算点,则抗滑桩 EF 段上作用的滑坡推力 ΔP 为:

$$\Delta P = P_F - P_E$$

若 EF 段长度 l_{EF} 较小,则可认为滑坡推力 ΔP 在 EF 段为线性分布,设 E 点的滑坡推力分布值为 p_E,F 点的滑坡推力分布值为 p_F,则两者满足如下关系:

$$p_F = \frac{2\Delta P}{l_{EF}} \cdot \cos\left(45° - \frac{\varphi}{2}\right) - p_E$$

根据上述计算方法可以依次求得整个桩身若干点的分布值,进而确定抗滑桩滑坡推力的分布。

(4)工程应用

①计算模型

以某边坡为例,计算剖面如图 3.72 所示,并对拟滑边坡体进行分块,根据实际情况,共分 10 个条块。边坡整体稳定性较差,可能产生整体失稳,需要对边坡进行支护,支护桩布置在条块 7 与条块 8 接触处,滑坡体主要力学参数为:重度 γ_i 为 20kN/m^3、黏聚力 c_i 为 20.57kPa、内摩擦角 φ_i 为 15.7°。工程设计要求安全系数为 1.15。

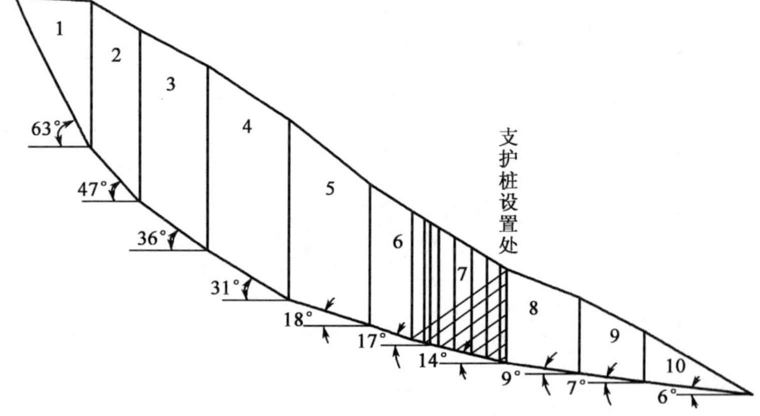

图 3.72　支护结构下滑推力分布计算模型图

②滑坡推力分布值计算

根据不平衡推力法,可以求出距桩顶0m、1m、2m处安全系数都大于设计安全系数1.15,无滑坡推力产生;而距桩顶3m、4m、5m、6m、6.4m处安全系数都小于设计安全系数1.15,因此,计算的定点剪出滑面滑坡推力分别为36.1kN/m、127.3kN/m、229.2kN/m、341.9kN/m、942.9kN/m。根据滑坡推力分布确定方法分别计算距桩顶0m、1m、2m、3m、4m、5m、6m、6.4m处滑坡推力分布值为0、0、0、57.6kN/m^2、88.1kN/m^2、74.7kN/m^2、105.2kN/m^2、3 281.9kN/m^2。抗滑桩桩身滑坡推力分布如图3.73所示。

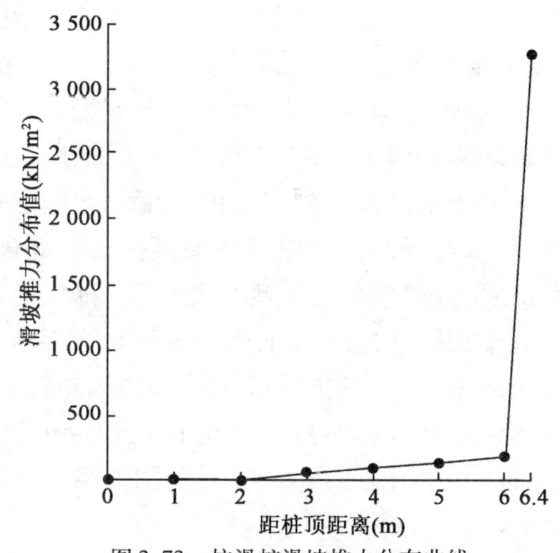

图3.73　抗滑桩滑坡推力分布曲线

从图3.73曲线可知:滑坡推力主要集中在滑动面附近较小范围内,而大部分桩身受力相对较小。因此,在抗滑桩结构设计中可采用变截面配筋,以节省材料。

(5)结论

在定点剪出假设的基础上,采用部分原滑面与破裂面的组合滑面对抗滑桩推力分布作进一步的理论分析,得出以下几点结论:

①该法在不平衡推力法的基础上,运用定点剪出假设计算潜在滑坡体自桩身若干点剪出的可能性,并比较通过该点的组合滑面安全系数与设计安全系数计算该点以上抗滑桩段的滑坡推力,进而确定抗滑桩桩身滑坡推力的分布形式。

②该法可通过对桩身定点剪出的稳定性分析和滑坡推力分布值,在抗滑桩结构设计中,可采用变截面配筋,以节省工程投资。

该法可以充分反映边坡岩土体性质与几何特性对滑坡推力分布形式的影

响,但由于边坡体定点剪出时,可能形成新的滑动面而不是沿部分原滑面和破裂面的组合滑面滑动,因此,其是否具有普遍适用性还有待更多工程的检验。

3. 支护桩桩长优化研究

(1)引言

抗滑桩由于具有抗滑能力强、开挖量小、在施工中不易造成边坡体稳定条件恶化等优点在工程实践中被广泛应用,桩的长度是抗滑桩设计的重要指标之一。桩过长,容易使工程施工困难,投资过大,造成浪费;桩过短,容易使边坡体产生越顶失稳,造成抗滑桩阻滑作用失效。因此,桩长的确定对工程的安全、经济具有重要意义。抗滑桩桩长由自由段长度和锚固深度两部分组成,它与边坡的类型、部位、地层性质、变形情况及地基系数等因素有关。目前锚固深度主要根据工程类比法和强度控制法确定,首先根据经验对于土层或软质岩层取 1/3 ~ 1/2 桩长,对于完整、较坚硬的岩层取 1/4 ~ 1/3 桩长,然后根据抗滑桩传递到滑动面以下地层的侧壁应力不大于锚固段桩周岩石的强度综合确定;对于自由段长度,目前主要采用模型试验法、现场测试法以及数值模拟法对此进行研究,取得了丰硕的成果。无论模型试验、数值模拟还是现场测试法,都仅是在某种特定条件下确定抗滑桩的桩长。对于相同的边坡岩土体与不同的几何特性,或相同的几何特性与不同的边坡岩土体的组合,其抗滑桩桩长都会相差较大。因此,上述方法在工程实践中应用推广性不强。针对抗滑桩桩长在理论上研究很少,仍处于经验或半经验阶段,提出以定点剪出假设为基础,采用矢量法确定抗滑桩桩长的计算方法。

(2)抗滑桩桩长的计算方法

抗滑桩作为一种整治边坡工程的支护措施必须满足以下几点要求:

a. 提高滑坡体的稳定系数,达到治理的安全标准;

b. 保证滑坡体不越过桩顶或从桩间滑动;

c. 桩身要有足够的稳定性及强度;

d. 治理后的滑坡体不产生新的深层滑动。

可以理解为:整个边坡工程都要达到设计安全系数。若从桩顶剪出或桩顶安全系数没有达到设计安全系数,则需要增加桩长,相应地以桩顶下若干点为剪出口计算;若都达到设计安全系数,则无需设置桩,否则需设计抗滑桩。

①计算基本假定

a. 定点剪出潜在滑坡体由原坡面和定点剪出以上临空面组合而成。

b. 不考虑抗滑桩变形对抗滑桩桩长的影响。

c. 抗滑桩指定点以上潜在滑坡体稳定性由以该点为剪出口的所有可能失稳

模式对应稳定系数最小值决定。

②抗滑桩桩长的计算

如图3.74所示的典型边坡体断面，边坡滑面为$ABCD$自开挖基岩面C点处剪出。设置支护结构后边坡体也可能从ABD段剪出，若支护结构自由段长度为CE，边坡体也可能不会从$ABDE$段剪出，即：假设支护结构的自由段仅为CE段，即DE段无支护，则坡体$ABDE$是否从点E处失稳剪出取决于以矢量DE代表的单一边坡稳定性、以矢量$\boldsymbol{BE}$代表的单一边坡稳定性和以矢量$\boldsymbol{AE}$代表的单一边坡稳定性的最小值，称该稳定系数最小值为定点剪出安全系数。若该安全系数小于工程设计要求，则桩长必须设置在CE点以上，若该安全系数大于工程设计要求，则施加抗滑桩桩长没必要设置到E点，具体计算方法如下：

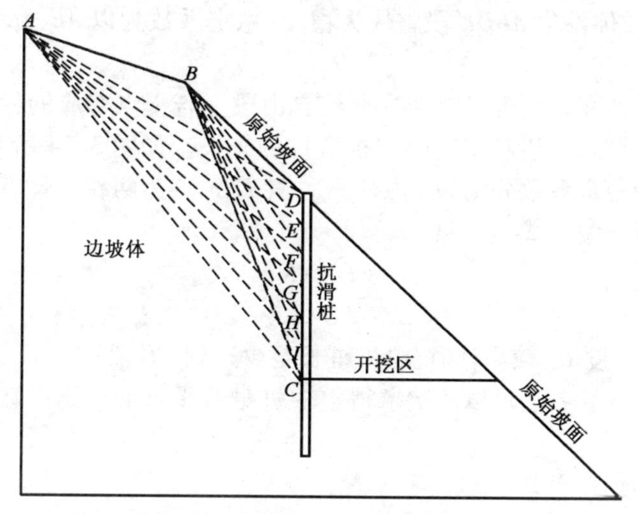

图3.74　典型边坡支护体系断面图

a. 自上而下间隔适当距离逐点假设可能的剪出口D、E、F、G、H、I、C，计算所有可能破坏模式的矢量或矢量和，如图3.74中：若沿F点的边坡体局部失稳，其矢量为$\boldsymbol{DF}$或矢量为$\boldsymbol{BF}$；若沿F点的边坡体整体失稳，其矢量为$\boldsymbol{AF}$。逐一验算各矢量代表的单一边坡的稳定性，找出它们的最小值，即相应剪出口的安全系数。

b. 比较工程设计安全系数K和相应剪出口安全系数F_s。

若相应剪出口安全系数F_s大于工程设计安全系数K，则桩长无需设置到该点；若相应剪出口安全系数F_s小于工程设计安全系数K，则桩长必须设置到该点以上。

③滑桩桩长的确定

采用泰勒稳定图法对所有矢量或矢量和表示的单一边坡稳定性进行计算。如在图 3.74 中，矢量 **DE** 代表的是以 *DE* 为坡面的单一边坡；矢量 **BE** 代表的是以 *BE* 为坡面的单一边坡；矢量 **AE** 代表的是以 *AE* 为坡面的单一边坡。

最小安全系数对应的滑坡体就是最先发生的破坏模式，最小安全系数就是复杂边坡的安全系数。如在图 3.74 中，若以矢量 **BE** 和矢量 **AE** 代表的单一边坡稳定性大于以矢量 **DE** 代表的单一边坡的稳定性，则边坡体发生 *DE* 段局部失稳，其稳定系数为以 *DE* 为坡面的单一边坡的稳定系数；若以矢量 **DE** 和矢量 **AE** 代表的单一边坡稳定性大于以矢量 **BE** 代表的单一边坡的稳定性，则边坡体发生 *BDE* 段局部失稳，其稳定系数为以 *BE* 为坡面的单一边坡的稳定系数；若以矢量 **BE** 和矢量 **DE** 代表的单一边坡稳定性大于以矢量 **AE** 代表的单一边坡的稳定性，则边坡体发生 *ABDE* 段整体失稳，其稳定系数为以 *AE* 为坡面的单一边坡的稳定系数。

采用上述计算方法可以得到抗滑桩自由段上若干点对应的稳定系数，然后根据各点计算结果和相对位置确定抗滑桩的桩长。如图 3.74 所示，设求得 *D*、*E*、*F* 点对应的稳定系数分别为 F_D、F_E、F_F，且 *E*、*F* 点为两相邻计算点，其对应安全系数满足以下关系式：

$$F_E > K$$

$$F_F < K$$

若 *EF* 段长度 L_{EF} 较小，则抗滑桩桩长至少达到 *CE* 段。

根据上述计算方法可以依次求得整个桩身若干点的稳定系数，进而确定抗滑桩的桩长。

(3) 工程应用

①计算模型

以某边坡工程为例，计算剖面如图 3.75 所示，边坡切坡后整体稳定性较差，可能产生整体或局部失稳，需要对边坡进行抗滑桩支护，初步设计抗滑桩桩长 25m，自由段长度 18m，锚固深度 7m。边坡体主要力学参数为：重度 γ_i 为 $20kN/m^3$、黏聚力 c_i 为 20.57kPa、内摩擦角 φ_i 为 15.7°。工程设计要求安全系数为 1.15。

②抗滑桩桩长计算

在抗滑桩自由段自上而下间隔 3m 距离逐点假设可能的剪出口 *D*、*E*、*F*、*G*、*H*、*I*、*C*。根据矢量法求复杂边坡稳定性的原则，可以求出距预设桩顶 0m、3m 处安全系数都大于设计安全系数 1.15；而距桩顶 6m、9m、12m、15m、18m 处安全系数都小于设计安全系数 1.15，抗滑桩桩身若干点潜在滑坡体安全系数如图 3.76

所示。

从图3.76所示曲线可知:距桩顶距离越大,定点剪出潜在滑坡体安全系数越小,整体上呈递减趋势。当定点剪出潜在滑坡体安全系数为1.15时,对应的定点M距桩顶距离为5.5m。因此,在抗滑桩结构设计中桩长可设计为M,其长度为12.5m。

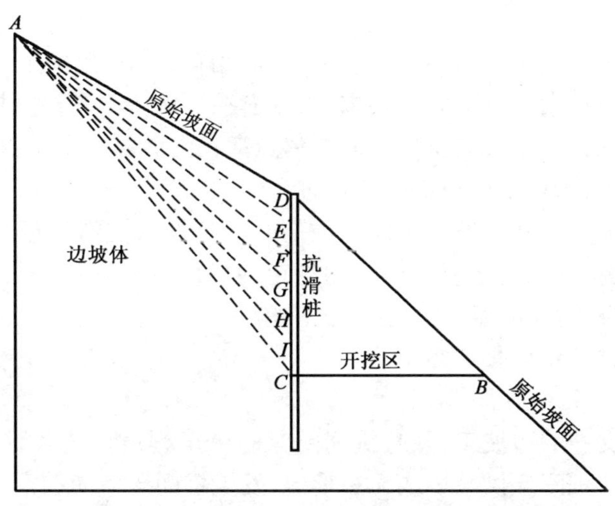

图3.75　支护结构定点剪出潜在滑坡体稳定性计算模型图

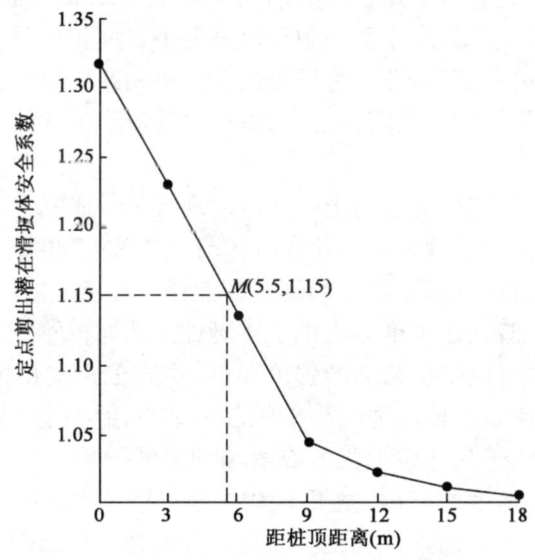

图3.76　抗滑桩定点剪出潜在滑坡体安全系数分布曲线

(4)结论

在定点剪出假设的基础上,运用矢量法对由原坡面和定点剪出以上临空面组合而成定点剪出潜在滑坡体的稳定性作进一步的理论分析,得出以下几点结论:

①该法在矢量法的基础上,运用定点剪出假设计算潜在滑坡体自桩身若干点剪出的最小稳定系数。

②该法通过比较定点剪出的安全系数与设计安全系数确定抗滑桩的桩长,若每点稳定系数都大于工程安全要求时,则潜在滑坡体不需要设桩;若某点潜在滑坡体稳定系数大于工程安全要求而相邻点潜在滑坡体稳定系数小于工程安全要求时,则该点剪出以下临空面需要设桩。

该法可以充分反映边坡岩土体性质与几何特性对抗滑桩桩长的影响,但由于边坡体定点剪出时,对于复杂边坡的稳定性理论计算还不是很成熟,因此,其是否具有普遍适用性还有待更多工程的检验。

4. 支护桩桩间距优化研究

(1)引言

在抗滑桩支护的边坡工程中,桩间距是整个工程设计的关键参数之一。桩间距过大容易使桩间土拱破坏或无法形成,发生桩间土体向前滑动,造成抗滑桩抗滑作用失效;桩间距过小又会造成资金浪费或施工困难。因此,桩间距的确定对工程的安全、经济具有重要意义。目前由于一般很难观察桩间土拱的自然现象,人们研究抗滑桩土拱效应主要集中于以下三个方面:

①从理论推导的角度,来分析抗滑桩的合理桩间距的范围;

②从计算机数值模拟的角度,对抗滑桩土拱效应产生的机理、条件及合理桩间距进行研究;

③通过离心模型实验,对桩间土拱效应的现象进行研究。

而关于桩间距的计算理论基本上都是基于“合理拱轴线”为抛物线的基础上,按照一定的控制条件进行推导的,这些控制条件主要有:桩侧摩阻力承担桩间全部滑坡推力;拱脚处水平推力应小于拱脚处土体与桩侧之间的最大摩阻力;拱跨中截面的强度条件;拱脚截面的强度条件;拱脚三角受压区的强度条件;桩间土拱体传递到桩前岩土体的力应小于桩前滑体抗滑力;桩间土体不发生绕流等。而合理拱轴线由于只考虑土压力或滑坡推力的影响,而并未考虑土体侧压力对土拱形状、拱圈厚度的影响,显得不太合理。鉴于此,本文将从土拱受力分析出发,综合考虑静力平衡条件和土拱强度条件来建立桩间距的合理计算方法,以使其更加符合工程实际。

(2)土拱效应特征分析

在土压力或滑坡推力的作用下,土体主要表现为挤压、滑移、错动等行为。在桩间土拱形成的过程中,由于受到剩余下滑力的推力作用,桩后土体产生向前移动的趋势,但由于桩的作用,土体向中间挤压,从而导致土体变形的不均匀;由于土体存在着一定的抗剪强度,为了抵抗这种相对变形趋势,土拱由土体不均匀变形的应力传递和调整而自发形成,是调动自身抗剪强度以抵抗外力的结果,所产生的拱形必然使土体介质能最大限度地发挥其强度作用,土体中沿最大主应力方向的迹线就是"合理拱轴线";由于土拱的作用,将滑坡推力传递到抗滑桩上。关于桩间土拱拱脚的问题,主要存在三种观点。第一种观点认为桩间土拱拱脚由桩侧与土体之间存在的摩擦阻力提供,由此假定拱厚与桩侧宽度相等,并导出极限状态下桩间距与桩侧宽度成正比的关系;第二种观点认为由于抗滑桩一般都是连续分布,两相邻土拱会在桩后一定范围内形成一个"三角压密区",桩间土拱拱脚由桩后相邻土拱挤压形成的"三角压密区"提供,并导出极限状态下桩间距与桩宽度成正比的关系;第三种观点实际上是前两种观点的综合,认为桩间土拱拱脚是由桩后相邻土拱挤压形成的"三角压密区"和桩侧与土体的摩擦力同时提供的,桩本身作为拱脚形成的土拱称为"大土拱","摩擦拱脚"形成的土拱称为"小土拱",但在进行理论推导时一般将滑坡推力按一定比例系数分配给大小土拱。显而易见,两种拱脚形式在抗滑桩实际应用中都是存在的,那么仅以摩擦拱脚作为计算条件显然是不合理的。根据数值模拟的结果,实际上两种拱脚形式最先发挥作用的应该是直接拱脚,因为土体单元发生不均匀位移产生应力转移从桩后较远距离处就已经开始了,此部分转移的应力是由桩结构本身直接承担的,而真正传递到桩侧并由其摩阻力提供平衡的土压力已经很小。因此,本课题认为,桩间土拱的应力主要应该是前文所述的"直接拱脚"所承担的。桩间土拱和一般的实体拱形结构物如拱桥等不一样,由于在拱脚即设桩处受到抗滑桩的阻挡,在下滑力作用下滑体土体产生不均匀位移,导致土体自身抗剪强度发挥作用而产生应力传递。因此,桩间土拱的形成过程其实是滑体土体在抗滑桩和下滑力的共同作用下产生不均匀位移或位移趋势的过程,桩间土拱并没有实物形态,只具有概念上的"拱形结构";桩间土体下滑力向抗滑桩转移是在桩后一定范围内的土体中形成的,而不是直接施加在桩后某一个位置出现的"拱"上,根据土拱的力学传递机制可知:桩间距和土体强度控制着矢高和拱圈厚度。

(3)桩间距计算方法

①模型的建立

目前,桩间土拱效应的力学模型研究多采用平面应变假定,并结合 Mohr-Coulomb 强度准则,而忽略滑体侧压力对土拱屈服的影响。为了充分考虑侧压力对土拱形状以及土拱作用的影响,对模型作如下假设:

a. 桩及桩间土体共同承受其后滑坡推力的作用,应是一空间问题,假设土拱沿桩长方向均匀分布。为研究简便,将其简化于一单位厚度的水平土层上进行,其重心距坡面高度为 z,化空间问题为平面问题。

b. 将桩间净距视为土拱前缘对应的拱跨,同时将桩间净距与桩宽之和视为土拱后缘对应的拱跨。

c. 将极限状态时土拱前缘临空面视为附近不受桩间水平拱效应约束的区域,其提供抗滑力较小,土拱前缘任一点最小主应力为零。

d. 极限状态时桩任意高度水平面上的拱圈满足合理拱轴线的假设,即任意垂直拱轴线的截面剪力可视为零,水平面上拱轴线的切线方向仅受均匀分布的轴向应力作用。

e. 考虑土体侧压力的影响,其值取决于土体的自重应力与侧压力系数的大小关系。

依据以上假设,建立分析简图,如图 3.77 所示。

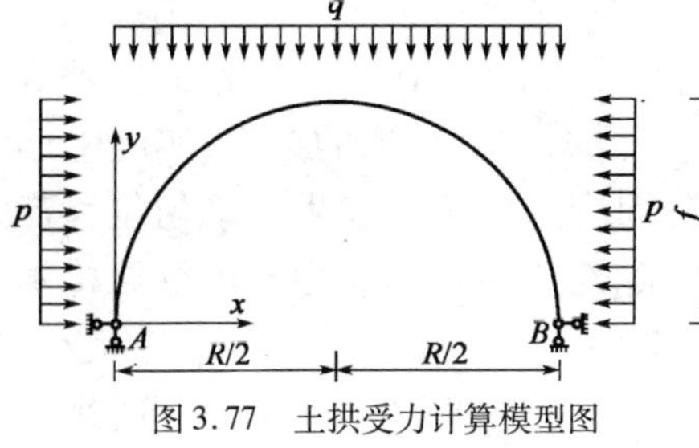

图 3.77 土拱受力计算模型图

在上述模型中,q 为土压力,p 为侧向压力,R 为土拱跨度,f 为土拱矢高。

②土拱形状分析

关于抗滑桩桩间土拱形状,人们普遍的观点认为,由于土拱效应是土体变形后受力自我优化调整的结果,主要是利用土体抗压性能好、抗拉能力差的特点。因此,土拱形状一定是最合理的,结构力学上称这种拱形为"合理拱轴线"。合理拱轴线的每一截面上只存在压力,没有弯矩和拉力,适合于土体抗压不抗拉的特点。

拱圈的作用可以用拱的推力线描述出来,根据合理拱轴线的定义可知,推力线就是合理拱轴线。对于一般形状的地下隧洞拱的推力线,采用极限平衡分析方法即可求得。由结构和荷载的对称性,根据推力线的概念,可取半结构作为基本结构来研究,如图 3.78 所示。

图 3.78 中各符号的意义同图 3.77,设拱支座 A 受力为 V_A、H_A。

由图 3.78 可知,A 支座受力、土压力、作用在拱上的侧压力对推力线任一点 $i(x,y)$ 取矩,则有:

$$M_i = V_A \cdot x - H_A \cdot y - p \cdot y \cdot \frac{y}{2} - q \cdot x \cdot \frac{x}{2}$$

由推力线的概念可知，当 $M_i = 0$ 时：

$$V_A \cdot x - H_A \cdot y - p \cdot y \cdot \frac{y}{2} - q \cdot x \cdot \frac{x}{2} = 0 \tag{3.78}$$

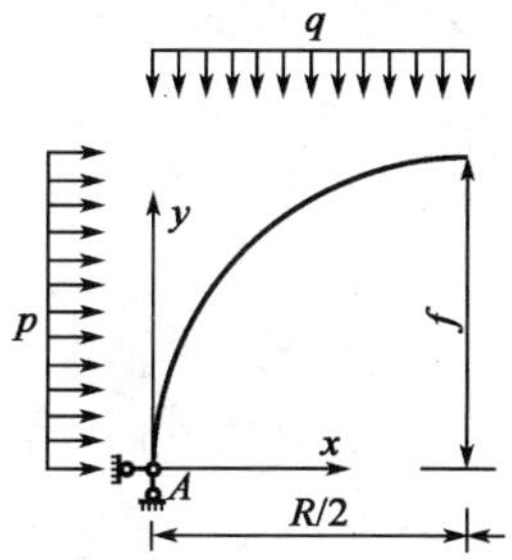

根据结构力学可知：

$$V_A = V_B = \frac{q \cdot R}{2} \tag{3.79}$$

$$H_A = H_B = \frac{q \cdot R^2 - 4 \cdot p \cdot f^2}{8 \cdot f} \tag{3.80}$$

图 3.78　推力线计算基本结构模型图

令：

$$a^2 = \left(\frac{V_A^2}{q} + \frac{H_A^2}{p}\right)\Big/q \qquad b^2 = \left(\frac{V_A^2}{q} + \frac{H_A^2}{p}\right)\Big/p$$

则推力线形状为椭圆，方程为：

$$\frac{\left(x - \frac{V_A}{q}\right)^2}{a^2} + \frac{\left(y + \frac{H_A}{p}\right)^2}{b^2} = 1 \qquad (x \geqslant 0, y \geqslant 0) \tag{3.81}$$

中心点 0 坐标为 $\left(\frac{V_A}{q}, -\frac{H_A}{p}\right)(x \geqslant 0, y \geqslant 0)$。

根据土拱水平方向的稳定性要求，拱脚处水平推力应小于拱脚处土体与桩之间的最大摩阻力。

$$H_A \leqslant c \cdot m + V_A \cdot \tan\varphi \tag{3.82}$$

当拱脚处于极限状态时，上式取等号，令 $A = c \cdot m + V_A \cdot \tan\varphi$ 可得：

$$f = \frac{-A + \sqrt{A^2 + \frac{pqR^2}{8}}}{p} \tag{3.83}$$

从土拱矢高表达式可以看出，土拱的形状不仅与桩间距有关，而且与土体的物理力学参数、滑坡推力以及距坡面高度等相关。

③土拱厚度分析

土拱厚度其实就是土拱的作用范围，它与土拱的形状密不可分。桩间土拱属于水平拱，从平面问题的角度考虑，其作用范围与桩间距、土体物理力学参数、滑坡推力、桩的截面尺寸以及与距坡面高度等因素有关。土拱截面厚度随高度不同,可能发生中截面大(小),拱脚截面小(大)。合理的土拱拱圈不应该是截面保持不变的,而应是变截面的,即拱圈中部横截面积大(小),拱脚区域横截面积小(大)。

根据合理拱轴线的定义,可确定拱的内轮廓线和外轮廓线为同心椭圆。

外轮廓线方程为:

$$\frac{\left(x - \frac{V_A}{q}\right)^2}{a_1^2} + \frac{\left(y + \frac{H_A}{p}\right)^2}{b_1^2} = 1 \qquad (y \geqslant 0) \tag{3.84}$$

内轮廓线方程为:

$$\frac{\left(x - \frac{V_A}{q}\right)^2}{a_2^2} + \frac{\left(y + \frac{H_A}{p}\right)^2}{b_2^2} = 1 \qquad (y \geqslant 0) \tag{3.85}$$

根据拱轴线的定义可知:

$$a_1 + a_2 = 2a \tag{3.86}$$

$$b_1 + b_2 = 2b \tag{3.87}$$

同时根据土拱成拱机理,假设有效拱脚为桩整个正面宽度 m,桩间静距为 n。

对于土拱内轮廓线,经过点 $A\left(\frac{V_A}{q} - n, 0\right)$;

对于土拱外轮廓线,经过点 $B\left(\frac{V_A}{q} - n - m, 0\right)$。

四个方程,四个未知数,可求得 a_1, b_1, a_2, b_2。

④模型控制条件

a. 由于土拱的跨中截面是最不利截面,所以在此处土体要满足强度条件;同时,由于跨中截面处的前缘点比后缘点受力更为不利,因此取跨中截面处前缘点 M(图 3.79)满足强度条件,这里采用 M-C 强度准则。

此时,跨中截面处前缘点应力 σ_M 为:

$$\sigma_M = F_x/(b_1 - b_2) \tag{3.88}$$

由于极限状态时土拱前缘临空面附近不受桩间水平拱效应约束的区域提供的抗滑力较小,所以在土拱前缘任一点最小主应力为零,M 点处于单向应力状态,因而根据莫尔—库仑强度准则可得:

$$\sigma_M = \frac{2c\cos\varphi}{1 - \sin\varphi} \tag{3.89}$$

将式(3.88)代入式(3.89)可得：

$$\frac{F_x}{(b_1 - b_2)} = \frac{2c\cos\varphi}{1 - \sin\varphi} \tag{3.90}$$

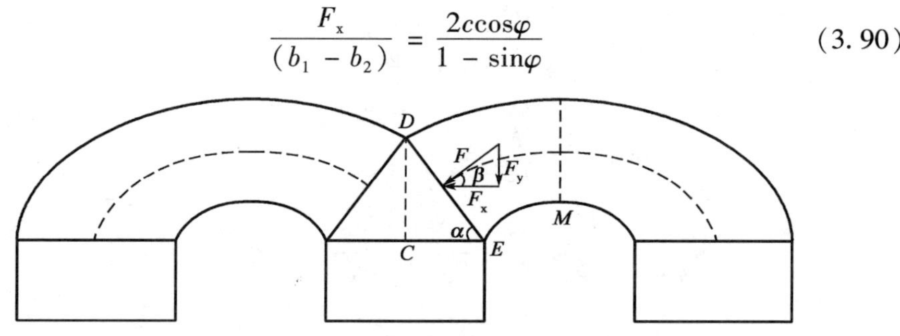

图3.79　土拱不利截面示意图

b. 在桩间距设置合理的情况下，同一桩体后侧的局部区域内（桩顶及其以下附近范围内），相邻两侧的土拱会在此处形成三角形受压区，如图3.79所示。因此，应该保证该三角形受压区能正常发挥效用而不被破坏，即此处应该满足强度条件。

具体地说，这时在截面 DE 上根据M-C强度准则应有：

$$F \cdot \cos(\alpha + \beta) = c \cdot |DE| + F \cdot \sin(\alpha + \beta) \cdot \tan\varphi \tag{3.91}$$

式中：F——作用于截面 DE 上的合力，$F = \sqrt{F_x^2 + F_y^2}$；

α——截面 DE 与水平方向的夹角；

β——合力 F 与水平方向的夹角。

这样，根据上述两个主要控制条件，就可以较为合理地确定桩间距。

⑤桩间距的计算

合理的桩间距应该是使所有控制截面同时达到极限状态，也就是说，条件a、b同时满足抗剪强度条件。

对于条件a：

$$b_1 - b_2 = \frac{1 - \sin\varphi}{2c\cos\varphi} F_x = \frac{1 - \sin\varphi}{2c\cos\varphi} H_A \tag{3.92}$$

对于条件b：

设 $|CD| = y_1$，则对于土拱外轮廓线，$x_1 = \frac{R}{2} - m - \frac{n}{2}$，$y = y_1 = |CD|$。

已知 $|CE| = \frac{n}{2}$，则：

$$|DE| = \sqrt{|CE|^2 + |CD|^2} = \sqrt{\left(\frac{n}{2}\right)^2 + y_1^2}$$

$$\sin\alpha = \frac{|CD|}{|DE|} = \frac{y_1}{\sqrt{\left(\frac{n}{2}\right)^2 + y_1^2}}$$

$$\cos\alpha = \frac{|CE|}{|DE|} = \frac{\frac{n}{2}}{\sqrt{\left(\frac{n}{2}\right)^2 + y_1^2}}$$

$$F = \sqrt{F_x^2 + F_y^2} = \sqrt{H_A^2 + V_A^2}$$

$$\sin\beta = \frac{F_y}{F} = \frac{V_A}{\sqrt{H_A^2 + V_A^2}}$$

$$\cos\beta = \frac{F_x}{F} = \frac{H_A}{\sqrt{H_A^2 + V_A^2}}$$

根据上述公式,可得出合理的桩净距 n。

在实际计算时,为安全起见,可以将 c、$\tan\varphi$ 除以适当的安全系数得到的 c'、φ'代入桩间距,计算公式中作为工程安全要求的桩间距。

(4)工程实例

某路段工点碎石土高边坡的最下一级边坡采用了悬臂式抗滑桩结构支挡坡体,测得桩后碎石土体的黏聚力 $c=80\text{kPa}$,内摩擦角 $\varphi=300$,重度 $\gamma=20\text{kN/m}^3$,泊松比 $\lambda=0.3$,桩截面正面宽度 $m=2\text{m}$,侧面宽度 $d=3\text{m}$,桩全长 $h=13\text{m}$,悬臂段长度 $h_1=7\text{m}$。经用传递系数法算得桩后的坡体推力 $P=560\text{kN/m}$,工程安全要求 $F_s=1.15$,作用于单位高度土拱上的桩后坡体线分布压力为 q,$q=P/h_1\times1=560/8\times1=70\text{kN/m}$,取抗滑桩自由段中点处为代表截面,将其他相关参数代入上述公式得:$n=4.8\text{m}$。

(5)结论

在边坡工程中,确定抗滑桩的桩间距应该考虑土体侧压力对土拱形状、拱圈厚度的影响,结合土拱静力平衡条件和强度条件来建立合理桩间距的表达式,以使计算结果更加符合工程实际,主要结论为:

①土拱拱形的合理拱轴线至多为半个椭圆,其椭圆长短轴与受力有关,部分椭圆的大小与坡体物理力学参数及桩间距有关。

②土拱的作用范围,也就是拱圈的厚度,不应该是截面保持不变的,而是变截面的,随着荷载的大小变化,可能出现拱圈中部横截面积大(小),拱脚区域横截面积小(大)。

③合理的桩间距应该是使所有土拱控制截面同时达到极限状态得到的桩间

距,同时可按将 c、$\tan\varphi$ 除以工程要求的安全系数得到的 c'、φ' 代入桩间距计算公式中作为实际工程中的桩间距。

二、预应力锚索超前支护研究

常用的超前支护结构包括:超前支护桩、预应力锚索、普通锚杆等。对于岩质高切坡来说,预应力锚索是整治危险性岩质高切坡最为有效的超前支护结构。具体做法包括以下步骤:首先对给定切坡方式下无支护岩质高切坡的稳定性进行超前诊断,若判断该高切坡为危险性边坡,则在高切坡开挖前预先设置预应力锚索,在预应力锚索施工完成并达到设计强度后再开挖边坡,从而保证岩质高切坡的整体稳定性。显然,高切坡稳定性的超前判识、预应力锚索与高切坡的共同作用分析、地震荷载下预应力锚索加固高切坡的动力响应等关键科学问题的解决,是关系预应力锚索加固高切坡整治工程成败的关键。

在边坡稳定分析中,由于极限分析方法避免了极限平衡方法的不合理假定与有限元方法的繁琐计算而具有精确性和简便性的特点,近年来,极限分析在边坡的静、动稳定性分析以及永久位移预测方面取得了长足进展。为此,本节将极限分析上限定理与高切坡超前支护基础理论有机结合,研究了不同开挖方式下遵循非线性 Hoek-Brown 准则岩质高切坡的整体稳定性;确保危险性高切坡稳定所需要施加的预应力荷载、地震荷载下预应力锚索加固高切坡的临界屈服加速度、永久位移的预测,为岩质高切坡超前支护设计理论提供依据。

1. Hoek-Brown 准则

对于非线性破坏准则下极限分析的研究,Yang 提出了采用“切线法”的思想来求解边坡稳定性的上限解,即通过“切线法”将非线性破坏准则进行线性化处理。因为提高材料的屈服强度不会降低结构极限荷载,认为在外切线表示的现行破坏准则下的上限解,一定是真实的极限荷载的上限解。本节采用类似的方法研究基于 Hoek-Brown 准则岩质高切坡的稳定性与超前支护。

Hoek-Brown 准则是建立在完整岩石或节理岩体剪切强度基础上的半经验准则,它能综合反映岩体结构、岩石强度、应力状态对岩体抗剪强度的影响,经过多年的不断完善和工程实践检验,目前已成为岩体强度和稳定性分析最为有效的屈服准则。

Hoek-Brown 屈服准则可以用下式表达:

$$\sigma_1 - \sigma_3 = \sigma_c\left[\frac{m\sigma_3}{\sigma_c} + s\right]^n \tag{3.93}$$

式中:σ_c——岩石的单轴抗压强度;

σ_1、σ_3——分别为大主应力与小主应力；

s、m、n——分别为经验参数，可以通过地质强度指标 GSI 估算。

$$\frac{m}{m_i} = \exp\left(\frac{\mathrm{GSI} - 100}{28 - 14D}\right) \tag{3.94}$$

$$s = \exp\left(\frac{\mathrm{GSI} - 100}{9 - 3D}\right) \tag{3.95}$$

$$n = \frac{1}{2} + \frac{1}{6}\left[\exp\left(-\frac{\mathrm{GSI}}{15}\right) - \exp\left(-\frac{20}{3}\right)\right] \tag{3.96}$$

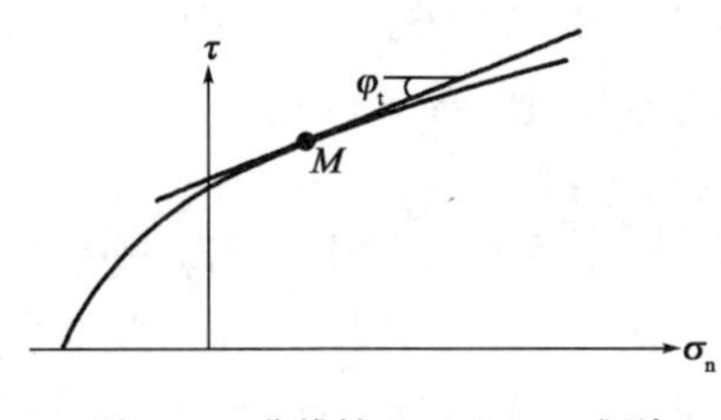

图 3.80　非线性 Hoek-Brown 准则

式中：GSI——岩体地质强度指标；

D——岩体分布系数，在 0 ~ 1 之间变化，对于完整岩石取 1，对于完全扰动岩体取 1。

在(σ_n，τ)应力空间下，Hoek-Brown 准则为曲线，曲线上 M 点的切线方程(图 3.80)可表达为：

$$\tau = c_t + \sigma_n \tan\varphi_t \tag{3.97}$$

式中：φ_t——切线摩擦角；

c_t——对应的截距。

参数 c_t 与 φ_t 之间满足如下关系：

$$\frac{c_t}{\sigma_c} = \frac{\cos\varphi_t}{2}\left[\frac{mn(1 - \sin\varphi_t)}{2\sin\varphi_t}\right]^{n/(1-n)} - \frac{\tan\varphi_t}{m}\left(1 + \frac{\sin\varphi_t}{n}\right) \times \left[\frac{mn(1 - \sin\varphi_t)}{2\sin\varphi_t}\right]^{1/(1-n)} + \frac{s}{m}\tan\varphi_t \tag{3.98}$$

2. 岩质高切坡稳定性的超前诊断

在本文中，我们假设岩质高切坡的破坏模式为旋转破坏。考察如图 3.81 所示典型岩质高切坡计算模型：假设边坡从距离坡脚 x_F 处以坡角 ζ 开挖，高切坡的潜在滑面为对数螺旋线，滑体可看做是绕圆心 O 点转动的旋转机构。

对数螺旋破裂面方程可表达为：

$$r(\theta) = r_0 \exp[(\theta - \theta_0)\tan\varphi_t] \tag{3.99}$$

式中：r_0——对数螺旋线滑面上与水平面的夹角为 θ_0 时对应的半径；

φ_t——岩体切线摩擦角。

(1)外力功率的计算

假设作用在岩质高切坡上的外荷载只有重力，则外力功率由滑坡体重力提供，高切坡重力所做的功率可表达为：

$$\dot{W}_{\text{rock}} = \dot{\omega}\gamma[r_0^3(f_1 - f_2 - f_3 - f_4) - f_5] \tag{3.100}$$

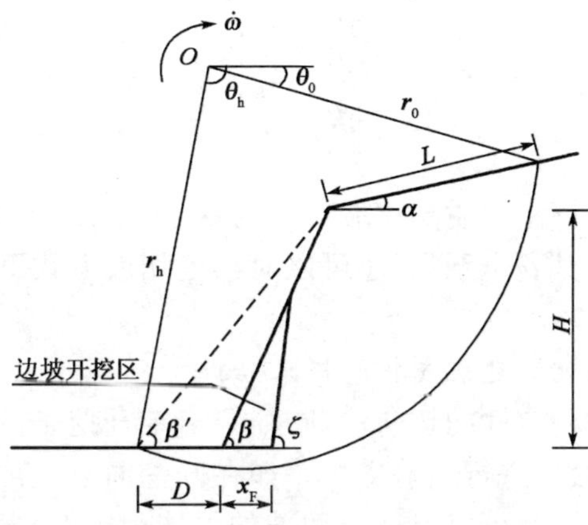

图 3.81　岩质高切坡破坏机理

式中：$\dot{W}_{\text{rock}}$——高切坡重力做的外力功率；

γ——岩体重度；

$\dot{\omega}$——滑坡启动时旋转机构的角速度；

f_1 ~ f_5 的表达式见附录 B。

(2)滑动面上的能量耗散

$$\dot{D}_{内} = \frac{c_t r_0^2 \omega}{2\tan\varphi_t}\{\exp[2(\theta_h - \theta_0)\tan\varphi_t] - 1\} \tag{3.101}$$

式中：$\dot{D}_{内}$——滑动断面上的能量耗散；

c_t——岩体强度参数；

其他符号意义同前。

根据极限分析上限定理，岩质高切坡安全系数可以表达为：

$$K = \frac{\dot{D}_{内}}{\dot{W}_{\text{soil}}} = \frac{\dfrac{c_t r_0^2 \dot{\omega}}{2\tan\varphi_t}\{\exp[2(\theta_h - \theta_0)\tan\varphi_t] - 1\}}{\dot{\omega}\gamma[r_0^3(f_1 - f_2 - f_3 - f_4) - f_5]} \tag{3.102}$$

岩质高切坡的安全系数是包含 4 个未知参数(θ_0、θ_h、β、φ_t)的函数，在所有可能的潜在滑动面中，真实的滑动面对应高切坡最小安全系数。通过对多元函数求极值的方法确定最小安全系数：

$$\left.\begin{array}{l}\dfrac{\partial K}{\partial\theta_0}=0\\ \dfrac{\partial K}{\partial\theta_h}=0\\ \dfrac{\partial K}{\partial\beta'}=0\\ \dfrac{\partial K}{\partial\varphi_t}=0\end{array}\right\} \tag{3.103}$$

根据上式可以计算出岩质高切坡对应的 θ_0、θ_h、β、φ_t 参数，进而确定岩质高切坡的真实破裂面及其安全系数，还可以对给定切坡方式下岩质高切坡的稳定性进行超前诊断。

3. 预应力锚索高切坡超前支护的极限分析

通过岩质高切坡稳定性的超前诊断，如果给定开挖条件下岩质高切坡处于不稳定状态，就必须对其进行超前支护。如在开挖面以上部位预先进行预应力锚索加固，再开挖边坡，就可以保证高切坡的整体稳定性。为此，我们需要知道高切坡在满足一定安全系数条件下，预应力锚索需要提供的预应力荷载。

假设需要在边坡开挖前预先设置 n 排预应力锚索，如图 3.82 所示，则预应力锚索在滑面上的内能耗散可以由下式得出：

$$D_{\text{Anchor}} = r_0\omega\sum_{i=1}^{n}T_i e^{(\theta_i-\theta_0)\tan\varphi_t}\sin(\theta_i - \alpha) \tag{3.104}$$

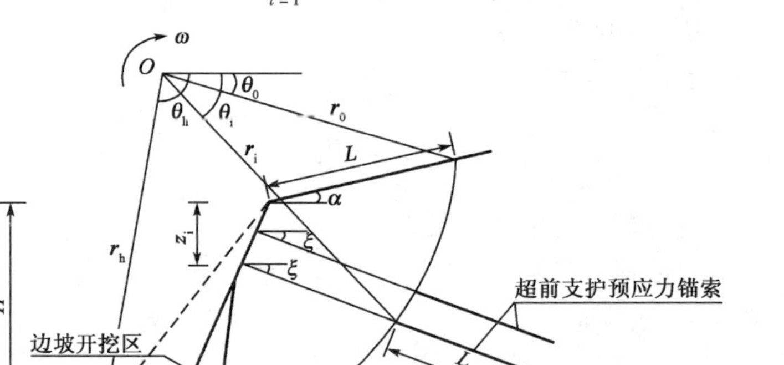

图 3.82　预应力锚索加固岩质高切坡

单根锚索的预应力抗力荷载力可表达为：

$$T_i = \pi dL_i[\tau] \tag{3.105}$$

式中：d——锚索钻孔的直径；

L_i——第 i 排锚索锚固段长度；

$[\tau]$——灌注砂浆与围岩体之间的黏结强度。

根据几何关系，θ_i 可按下式计算：

$$z_i = \frac{1}{1+\tan\xi\cot\beta}\{H\tan\xi\cot\beta + r_0[e^{(\theta_i-\theta_0)\tan\varphi_t}(\sin\theta_i - \cos\theta_i\tan\xi) + e^{(\theta_h-\theta_0)\tan\varphi_t}\cos\theta_h\tan\xi - \sin\theta_0]\} \tag{3.106}$$

式中：ξ——锚索钻孔倾角。

根据极限分析上限定理，可知坡体的稳定程度取决于外力功与内能耗散的相对关系，故可定义坡体稳定性系数 K 为：

$$K = \frac{\dot{D}_{内} + \dot{D}_{Anchor}}{\dot{W}_{rock}} \tag{3.107}$$

加固岩质高切坡要达到给定安全系数 K_c（比如 $K_c = 1.2$），则预应力锚索每延米需要提供的预应力荷载可表达为：

$$T = \frac{K_c\gamma\left(\frac{H}{A}\right)^2(f_1 - f_2 - f_3 - f_4) - \frac{c_t}{2\tan\varphi_t}\left(\frac{H}{A}\right)\{\exp[2(\theta_h - \theta_0)\tan\varphi_t] - 1\}}{\sum_{i=1}^{n} e^{(\theta_i-\theta_0)\tan\varphi_t}\sin(\theta_i - \alpha)} - \frac{K_c\gamma f_5}{\sum_{i=1}^{n} e^{(\theta_i-\theta_0)\tan\varphi_t}\sin(\theta_i - \alpha)} \tag{3.108}$$

其中：

$$A = \frac{\sin\beta'}{\sin(\beta' - \alpha)}\{\sin(\theta_h + \alpha)\exp[(\theta_h - \theta_0)\tan\varphi_t] - \sin(\theta_0 + \alpha)\}$$

式中各符号意义同前。

式(3.108)中同样包含 4 个未知参数（θ_0、θ_h、β、φ_t），需要确定真实的滑动面所对应的最小预应力荷载，即计算式(3.108)的最小值：

$$\left.\begin{aligned} \frac{\partial T}{\partial \theta_0} &= 0 \\ \frac{\partial T}{\partial \theta_h} &= 0 \\ \frac{\partial T}{\partial \beta'} &= 0 \\ \frac{\partial T}{\partial \varphi_t} &= 0 \end{aligned}\right\} \tag{3.109}$$

根据式(3.109),可以计算出预应力锚索加固岩质高切坡所相应的 θ_0、θ_h、β、φ_t 参数,进而确定加固岩质高切坡的破裂面形状、预应力锚索需要提供的预应力荷载。

4. 地震荷载下预应力锚索加固高切坡的屈服加速度

Newmark 最早提出采用滑块模型计算地震荷载下边坡的永久位移。地震荷载为往复荷载,即使是在某一时间段内高切坡的安全系数小于 1 也不会导致边坡的整体失稳,只会产生部分永久位移。为此,有必要研究各类加固边坡的永久位移计算方法,使强震带边坡防治工程设计从安全系数控制设计向以永久位移控制设计转变。因此,要计算地震荷载作用下预应力锚索加固岩质高切坡的永久位移,首先必须确定地震荷载下加固岩质高切坡的屈服加速度。

考察预应力锚索桩加固岩质高切坡(图 3.83),研究地震荷载作用下加固高切坡的临界屈服加速度计算。

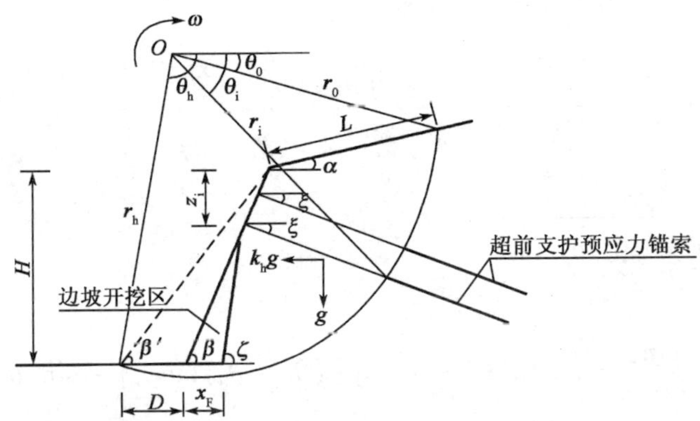

图 3.83 地震荷载下超前支护预应力锚索加固高切坡

重力与地震惯性力做的外力功率可表达为:

$$\dot{W}_{\text{seismic}} = \gamma\dot{\omega}\{r_0^3[(f_1 - f_2 - f_3 - f_4) + k_c(f_6 - f_7 - f_8 - f_9)] - (f_5 + k_c f_{10})\} \tag{3.110}$$

式中:k_c——地震系数,$k_c = a/g$,a 为地震加速度,g 为重力加速度;

$f_6 \sim f_{10}$的具体表达式见附录 B。

当能量安全系数为 1 时,可以计算出高切坡的地震屈服加速度系数的表达式:

$$k_h = \frac{r_0\sum_{i=1}^{n}T_i\exp[(\theta_i-\theta_0)\tan\varphi_t]\sin(\theta_i-\alpha)+\frac{c_t r_0^2}{2\tan\varphi_t}\{\exp[2(\theta_h-\theta_0)\tan\varphi_t]-1\}-r_0^3\gamma(f_1-f_2-f_3-f_4)+\gamma f_5}{\gamma r_0^3(f_6-f_7-f_8-f_9)-\gamma f_{10}} \tag{3.111}$$

式中:k_h 为超前支护桩加固高切坡的屈服加速度系数;

其他符号意义同前。

预应力锚索加固岩质高切坡的地震屈服加速度系数的表达式(3.111)中包含4个未知参数(θ_0、θ_h、β、φ_t),需要确定地震荷载下加固高切坡对应的真实滑动面和真实的屈服加速度系数。对式(3.111)中各参数分别求导,即可获得加固高切坡的最小临界屈服加速度。

$$\left.\begin{aligned}\frac{\partial k_h}{\partial\theta_0}&=0\\ \frac{\partial k_h}{\partial\theta_h}&=0\\ \frac{\partial k_h}{\partial\beta'}&=0\\ \frac{\partial k_h}{\partial\varphi_t}&=0\end{aligned}\right\} \tag{3.112}$$

5. 地震荷载下预应力锚索加固高切坡的永久位移计算

当地震加速度超过加固高切坡临界屈服加速度,高切坡就会产生旋转变形并形成永久位移。对于满足对数螺旋破坏模式的高切坡,其对应的永久位移计算可表达为:

$$\ddot{\omega} = [k(t) - k_h]g\frac{R_{gy}}{R_g^2} \tag{3.113}$$

式中:$\ddot{\omega}$——滑体的角加速度;

$k(t)$——实际地震加速度;

R_g——滑体重心到旋转点中心点的距离;

R_{gy}——R_g 垂直分量;

其他符号意义同前。

6. 算例

某岩质边坡坡高为20m,坡角 $\beta=40°$,坡顶以上倾角为 $\alpha=0°$,岩体重度为

$\gamma = 25\text{kN/m}^3$。边坡岩体相关参数 GSI = 10，$D = 0.8$，$m_i = 7$，$S_c = 60\text{MPa}$（图 3.84）。研究边坡开挖对其稳定性的影响。

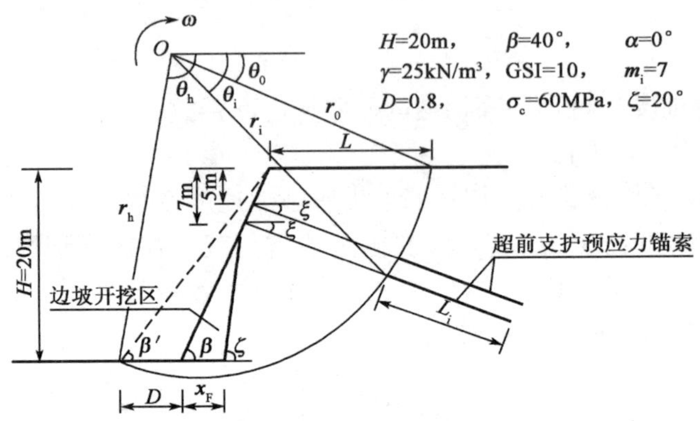

图 3.84　开挖边坡计算图示

我们首先研究了切坡距离 x_F 从 0 ~ 7m 变化，开挖坡角 z 分别为 90°、80°、70°条件下，不同切坡方式对岩质高切坡稳定性的影响，计算结果见图 3.85。在 z 相同的条件下，岩质高切坡稳定系数随 x_F 的增加而降低；在 x_F 相同的条件下，高切坡稳定系数随 z 的增加而增加。

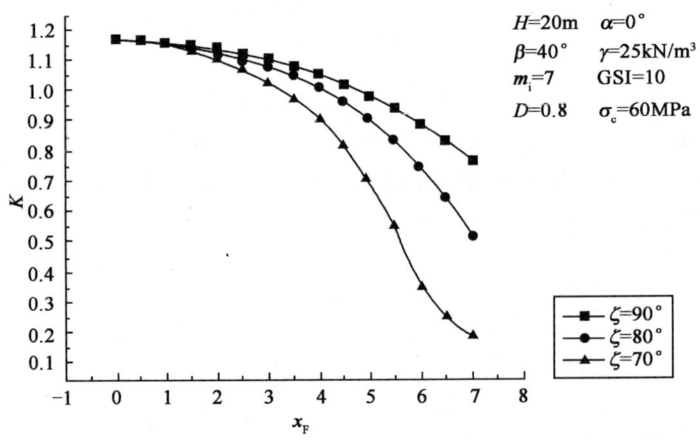

图 3.85　切坡方式对高切坡整体安全系数的影响

研究了岩体系数 m_i 分别为 7、10、15、17、25 时，节理扰动系数 D 对高切坡稳定性的影响，计算结果见图 3.86。在 m_i 相同的条件下，高切坡稳定系数随着扰动系数的增加而降低；在节理扰动系数 D 相同的条件下，高切坡稳定系数随 m_i

的增加而增加。

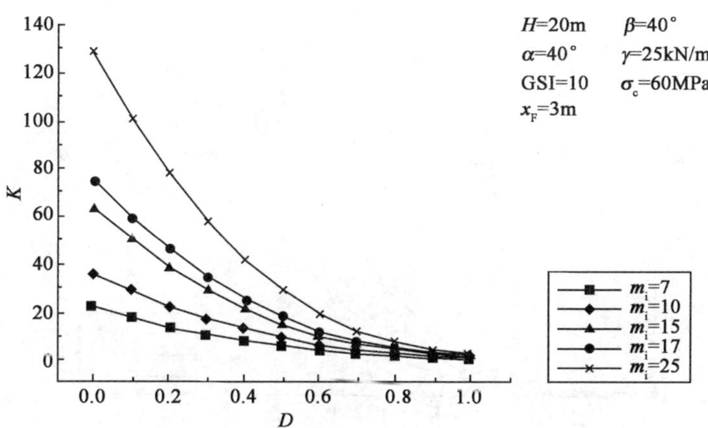

图 3.86　岩体节理扰动系数对高切坡整体安全系数的影响

研究了岩石单轴抗压强度 σ_c 分别为 80MPa、100MPa、150MPa、180MPa 时，不同岩体强度指标 GSI 对岩质高切坡稳定性的影响，计算结果见图 3.87。在 σ_c 相同的条件下，高切坡稳定系数随着岩体强度指标 GSI 的增加而增加；在地质强度指标 GSI 相同的条件下，高切坡稳定系数随 σ_c 的增加而增加。

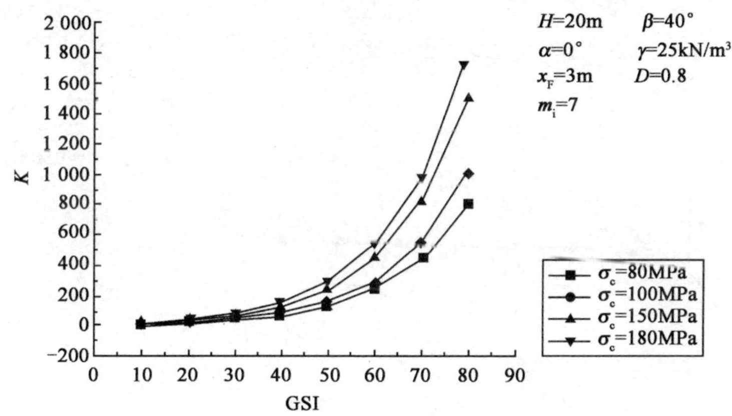

图 3.87　岩体强度指标 GSI 对高切坡整体安全系数的影响

对于判断为危险性高切坡的，需要采用预应力锚索进行超前支护加固，假定加固后高切坡需要达到的静力安全系数为 1.2，我们计算了切坡距离 x_F、切坡坡角 ζ 对预应力锚索需要提供单位长度预应力荷载的影响，计算结果见图 3.88。

在切坡坡度相同的条件下，x_F 对预应力荷载有显著影响，并随 x_F 的增加急剧增大；而在切坡坡角相同的条件下，预应力荷载随着切坡角度的增加而增加。

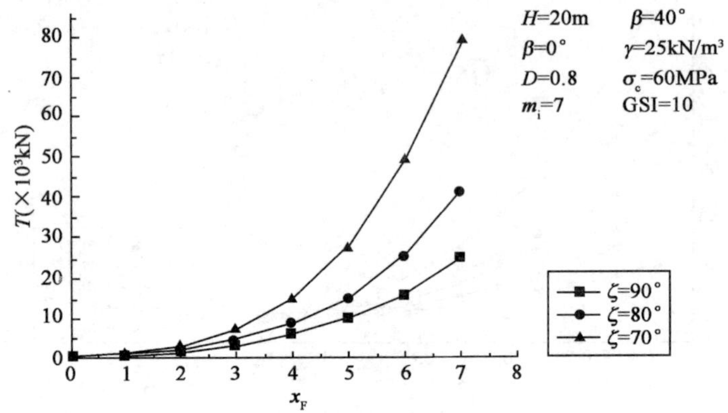

图 3.88　预应力锚索锚固力与 x_F 关系曲线

加固岩质高切坡在地震荷载下的动力响应是强震带边坡工程关注的关键问题。为此，我们研究了不同切坡方式对预应力锚索加固岩质高切坡的临界屈服加速度的影响，结果如图 3.89 所示。从图中可以看出，对于已采用预应力锚索加固整治的岩质高切坡，切坡距离 x_F 对加固岩质高切坡的地震屈服加速度系数的影响较小。

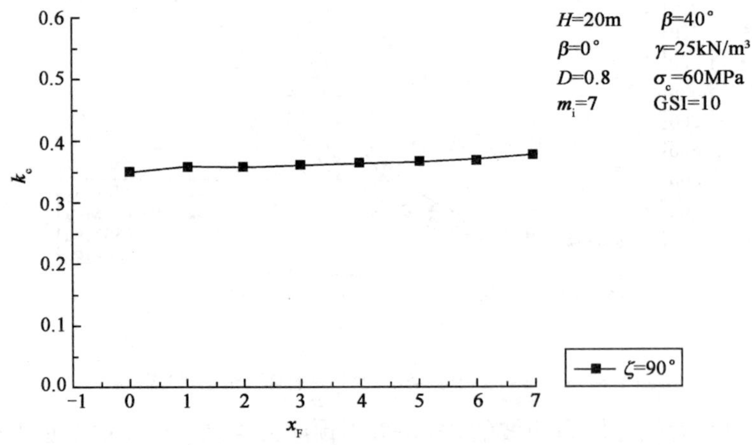

图 3.89　地震屈服加速度系数与 x_F 关系曲线

最后，我们给出预应力加固岩质高切坡永久位移的计算，假设 $x_F=4\text{m}$，对应的临界屈服加速度系数 $k_h=0.37$，地震平均加速度系数 $k=0.45$，持续时间 $t=5\text{s}$，则可计算出加固高切坡对应的永久位移为 0.254rad。

7. 结论

应用 Hoek-Brown 强度准则将极限分析上限定理与岩质高切坡超前支护理论相结合，研究了岩质高切坡稳定性的超前诊断理论和预应力锚索超前加固危险性岩质高切坡的计算方法以及强震荷载下加固岩质高切坡的屈服加速度和永久位移预测。通过算例的解析，可以得出以下结论：

(1)切坡方式对岩质高切坡的稳定性有显著影响，在 ζ 相同的条件下，高切坡稳定系数随 x_F 的增加而降低；在 x_F 相同的条件下，高切坡稳定系数随 ζ 的增加而增加。

(2)Hoek-Brown 强度准则的相关参数对岩质高切坡的稳定性响应很大。岩质高切坡稳定系数随 m_i 的增加而增加；随着岩体扰动系数 D 的增加而降低；随 σ_c 的增加而增加；随着岩体强度指标 GSI 的增加而增加。其中，岩体强度指标 GSI 对岩质高切坡稳定性系数影响最大，而综合反映岩石软硬程度的材料常数 m_i、岩体扰动系数 D、岩体单轴抗压强度 σ_c 等参数对高切坡稳定性的敏感性要显著低于岩体强度指标。

(3)切坡距离 x_F 对预应力锚索加固荷载有重要影响，且随 x_F 的增加而增长。

(4)对于已加固采用预应力锚索加固岩质高切坡来说，切坡距离 x_F 对地震临界屈服加速度的影响较小。

三、基于非线性破坏准则的超前支护桩研究

近年来，极限分析在边坡的静、动力稳定性分析以及永久位移预测方面取得了长足进展，为此，本节将极限分析上限定理与高切坡超前判识与超前支护有机结合，研究了不同边坡开挖方式下高切坡的整体稳定性；给定开挖条件下高切坡保持稳定所需要施加的预应力荷载以及地震荷载下超前支护桩加固高切坡的屈服加速度、永久位移的计算及其敏感度分析。

经典的极限分析理论是建立在线性 M-C 强度准则基础上。大量的试验表明，岩土体的材料包络线具有非线性特征。因此，对非线性强度准则下应用极限分析方法研究高切坡的稳定性具有十分重要的意义。对于非线性破坏准则下极限分析的研究，Yang 提出了采用“切线法”的思想来求解边坡稳定性的上限解，即通过“切线法”将非线性破坏准则进行线性化处理。因为提高材料的屈服强

度不会降低结构极限荷载，认为在外切线表示的现行破坏准则下的上限解，一定是真实的极限荷载的上限解。本节采用类似的方法研究基于非线性强度准则高切坡的稳定性与超前支护。

1. 岩土体的非线性强度准则

大多数岩土类材料常常遵循非线性强度准则，R. Baker 通过大量的试验，证明大多数岩土材料均遵循如下非线性强度准则：

$$\tau = P_a A\left(\frac{\sigma_n}{P_a} + T\right)^n \tag{3.114}$$

式中：τ——剪切应力；

σ_n——法向应力；

P_a——大气压强；

A、n、T——无量纲参数。

Jing 等人提出：参数 n 受岩土体剪切强度的影响；A 是一个尺度参数，控制剪切强度大小；T 是转换参数，控制强度包络线在 σ_n 轴上的位置，他们的取值范围：$1/2 \leqslant n \leqslant 1$、$0 < A$、$0 \leqslant T$、$A$、$n$、$T$ 可根据岩土体的三轴试验数据通过迭代处理确定。

当 $n=1$，$A=\tan\varphi$，$T=(c/P_a)\tan\varphi$ 时，式(3.114)即为 M-C 强度准则的表达形式。

当 $c=0$ 时，$T=0$ 为纯摩擦材料的强度准则(PF 模型)，对于大多数土体，可以近似地取 $c=0$；但对于岩体材料，一般认为抗拉强度不可以忽略。

当 $n=0.5$，$A=2\sqrt{t/P_a}$，$T=t/P_a$ 时，即为格里菲斯强度准则；另外，Hoek-Brown 强度准则也可以写成式(3.114)的形式。

正如 R. Baker 提出的那样，非线性破坏准则式(3.114)是 M-C 破坏准则和格里菲斯强度准则的推广形式，也是 Hoek-Brown 准则的另外一种表现形式，是一种更为广义的岩土体强度准则。

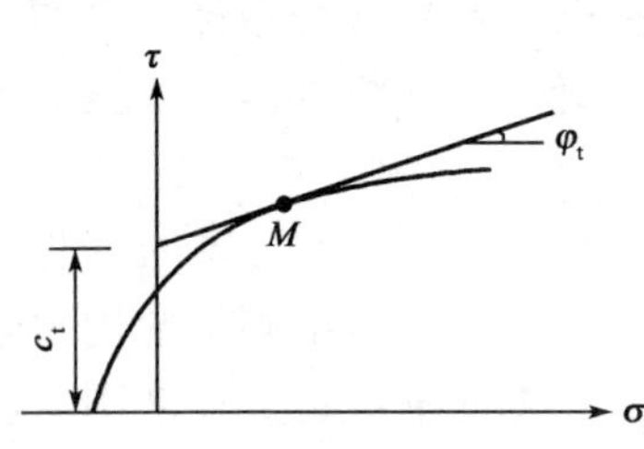

图 3.90　Baker 非线性破坏准则的切线强度

为研究方便，非线性强度准则式(3.114)可以写成 M-C 强度准则的形式，对于强度包络线(图 3.90)上任意一点 M，其对应的 M-C 强度准则可表达为：

$$\tau = c_t + \sigma_n \tan\varphi_t \tag{3.115}$$

式中：c_t、φ_t——分别为 M 点处的黏聚力和内摩擦角，可由式(3.116)和式(3.117)确定。

$$c_t = \frac{1-n}{n}P_a\tan\varphi_t\left[\left(\frac{\tan\varphi_t}{nA}\right)^{\frac{1}{n-1}} - T\right] + \frac{1}{n}P_a\tan\varphi_t T \tag{3.116}$$

$$\tan\varphi_t = nA\left(\frac{\sigma_n}{P_a} + T\right)^{n-1} \tag{3.117}$$

2. 极限分析上限定理

极限分析法采用塑性理论中的上、下限定理来确定稳定性问题的真实解范围。通过求解最小的上限解和最大的上限解，可以有效地缩小这个真实解的范围。极限分析上限定理的证明要求假定：

(1) 岩土体为理想塑性材料；

(2) 岩土体屈服方程满足在应力空间内外凸；

(3) 岩土体服从关联流动法则。

上限法中，如果假设破坏岩土体以刚体形式运动，则只需求解一个简单的方程。上限定理要求对于任意机动容许的破坏机制，内能损耗率不小于外力功率，可用式(3.118)表示：

$$\int_V \sigma_{ij}\dot{\varepsilon}_{ij} \geqslant T_i\int_S v_i \mathrm{d}S + F_i\int_V v_i \mathrm{d}V \tag{3.118}$$

式中：F_i——体积力；

T_i——表面力；

v_i——机动容许的速度场；

ε_{ij}——与 v_i 相容的应变率场；

σ_{ij}——与 F_i 和 T_i 关联的应力场；

S、V——分别为表面力作用面积和破坏的岩土体体积。

孔隙水压力和地震荷载对边坡稳定的影响可以在式(3.118)左边第二项中加以考虑。对于简单的边坡稳定性问题，外力做功为发生破坏部分土体的重力做功；而内能耗散则仅发生在沿破坏面的速度间断面上。

3. 高切坡稳定性的超前判识

考察如图 3.91 所示高切坡计算模型：假设边坡从距离坡脚距离 x_F 处，以坡角 ζ 开挖，高切坡潜在滑面为对数螺旋面，滑体可看做是绕圆心 O 点转动的旋转机构，那么便可采用极限分析的上限定理研究不同开挖坡比条件下高切坡的稳定性，并对高切坡稳定性进行超前判识。

如图 3.91 所示的滑动面为对数螺旋滑移面，假设滑坡体前后缘与旋转中心 O 连线对水平面的夹角分别为 θ_0 和 θ_h。

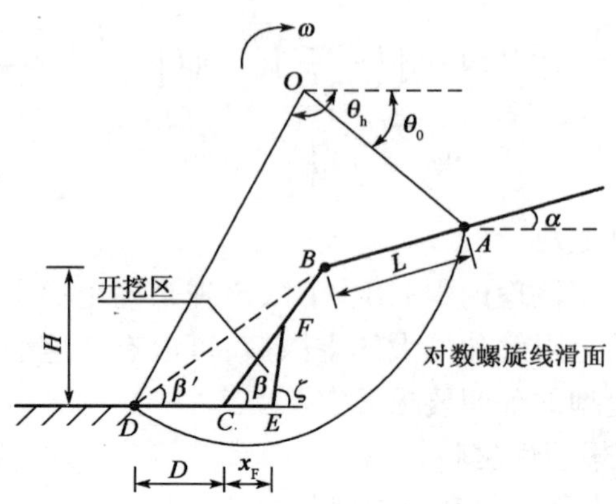

图 3.91　高切坡破坏机理

相应的对数螺旋线方程可表达为：

$$r(\theta) = r_0 \exp[(\theta - \theta_0)\tan\varphi_t] \tag{3.119}$$

式中：r_0——对数螺旋线滑面上与水平面的夹角为 θ_0 时对应的半径；

φ_t——坡体内摩擦角。

从几何关系可以看出：

$$\frac{H}{r_0} = \frac{\sin\beta'}{\sin(\beta' - \alpha)}\{\sin(\theta_h + \alpha)\exp[(\theta_h - \theta_0)\tan\varphi_t] - \sin(\theta_0 + \alpha)\} \tag{3.120}$$

式中：H——边坡高度；

α——高切坡坡顶倾角；

其他符号意义见图 3.91。

$$\frac{L}{r_0} = \frac{\sin(\theta_h - \theta_0)}{\sin(\theta_h + \alpha)} - \frac{\sin(\theta_h + \beta')}{\sin(\theta_h + \alpha)\sin(\beta' - \alpha)}\{\exp[(\theta_h - \theta_0)\tan\varphi_t] \times \sin(\theta_h + \alpha) - \sin(\theta_0 + \alpha)\} \tag{3.121}$$

(1)外力功率

分别求出四边形 $OADO$、$OABO$、$OBDO$、$FECF$ 和 $BCDB$ 土体重力做的功率，从而得到多边形 $ABFEDA$ 土体重力所做功率：

$$\dot{W}_{soil} = \dot{\omega}\gamma[r_0^3(f_1 - f_2 - f_3 - f_4) - f_5] \tag{3.122}$$

式中：$\dot{W}_{soil}$——高切坡重力做的外力功率；

γ——滑体土的重度；

$\dot{\omega}$——高切坡旋转破坏对应的角速度。

其中：

$$f_1 = \frac{1}{3(1+9\tan^2\varphi_t)}\{(3\tan\varphi_t\cos\theta_h + \sin\theta_h)\exp[3(\theta_h-\theta_0)\tan\varphi_t] - 3(\tan\varphi_t\cos\theta_0+\sin\theta_0)\} \tag{3.123}$$

$$f_2 = \frac{1}{6}\frac{L}{r_0}\left(2\cos\theta_0 - \frac{L}{r_0}\cos\alpha\right)\sin(\theta_0+\alpha) \tag{3.124}$$

$$f_3 = \frac{1}{6}\exp[(\theta_h-\theta_0)\tan\varphi_t]\left[\sin(\theta_h-\theta_0) - \frac{L}{r_0}\sin(\theta_h+\alpha)\right]\times \left\{\cos\theta_0 - \frac{L}{r_0}\cos\alpha + \cos\theta_h\exp[(\theta_h-\theta_0)\tan\varphi_t]\right\} \tag{3.125}$$

$$f_4 = \left(\frac{H}{r_0}\right)^2\frac{\sin(\beta-\beta')}{2\sin\beta\sin\beta'}\left[\cos\theta_0 - \frac{L}{r_0}\cos\alpha - \frac{1}{3}\frac{H}{r_0}(\operatorname{cotg}\beta + \operatorname{cotg}\beta')\right] \tag{3.126}$$

$$f_5 = \frac{x_F^2\tan\beta}{2(1-\tan\beta\cot\xi)^2}\left\{H(\cot\beta' - \cot\beta) + \frac{2-tan\beta\cot\xi}{3(1-\tan\beta\cot\xi)}x_F + r_0\exp[(\theta_h-\theta_0)\tan\varphi_t]\cos\theta_h\right\} \tag{3.127}$$

(2)滑动面的内能耗散

滑动面上的内能耗散表达为：

$$\dot{D}_{内} = \int_{\theta_0}^{\theta_h} c_t V\cos\varphi_t\frac{r\mathrm{d}\theta}{\cos\varphi_t} = \frac{c_t r_0^2\dot{\omega}}{2\tan\varphi_t}\{\exp[2(\theta_h-\theta_0)\tan\varphi_t] - 1\} \tag{3.128}$$

式中：$\dot{D}_{内}$——沿滑动间断面上的能量耗散；

c_t——滑面土体的内聚力；

其他符号意义同前。

根据极限分析上限定理，高切坡稳定安全系数可以表达为：

$$K = \frac{\dot{D}_{内}}{\dot{W}_{soil}} = \frac{\frac{c_t r_0^2}{2\tan\varphi_t}\{\exp[2(\theta_h-\theta_0)\tan\varphi_t] - 1\}}{\gamma[r_0^3(f_1-f_2-f_3-f_4)-f_5]} \tag{3.129}$$

式中：K——给定切坡条件下高切坡对应的安全系数。

显然，高切坡的安全系数是包含 4 个未知参数（θ_0、θ_h、β'、φ_t）的函数，在所有可能的滑动面中，真实的滑动面对应最小安全系数，于是有：

$$
\left.\begin{aligned}
\frac{\partial K}{\partial \theta_0} &= 0 \\
\frac{\partial K}{\partial \theta_h} &= 0 \\
\frac{\partial K}{\partial \beta'} &= 0 \\
\frac{\partial K}{\partial \varphi_t} &= 0
\end{aligned}\right\} \tag{3.130}
$$

根据上式，可以计算出高切坡相应的 θ_0、θ_h、β'、φ_t 参数，进而确定对应的高切坡破裂面以及高切坡的稳定系数，从而可以对给定切坡方式下高切坡的稳定性进行超前诊断。

4. *危险性高切坡抗滑桩超前支护*

通过高切坡稳定性的超前诊断，如果给定开挖条件下高切坡处于不稳定状态，就必须对其进行超前支护。例如，在开挖面处预先设置超前支护桩后再开挖边坡，就可以保证高切坡的整体稳定性。在进行超前支护桩的设计时，我们需要知道高切坡在满足一定安全系数条件下，超前支护桩所需提供的抗力荷载。在此，我们采用极限分析方法，研究确保高切坡稳定超前支护桩需要施加的抗力荷载。

将超前支护桩对高切坡的稳定作用简化为横向抗力荷载和抗滑力矩（图3.92）。因此超前支护桩所做的功率可表达为：

$$
\dot{D}_p = Fr_0\sin\theta_p\dot{\omega}\exp[(\theta_p - \theta_0)\tan\varphi_t] - M\dot{\omega} \tag{3.131}
$$

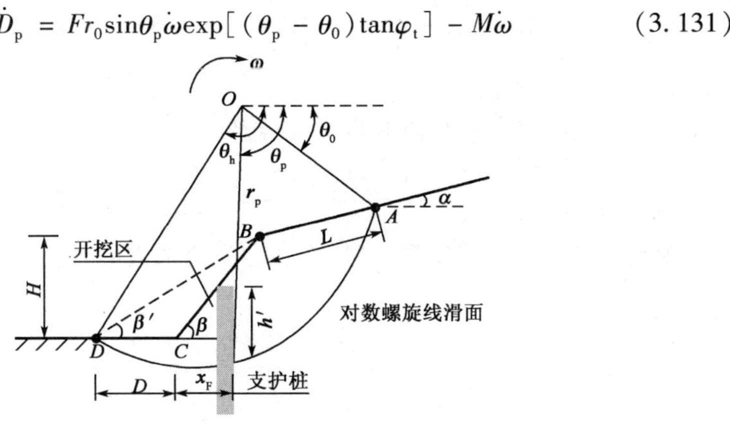

图 3.92　超前支护桩加固高切坡

式中：$\dot{D}_p$——超前支护桩所作的外力功率；

F——单位宽度上超前支护桩所提供的抗力荷载；

θ_p——抗滑桩所在位置与中心点连线与水平面的夹角；

M——考虑作用在滑面以上部分的超前支护桩抗力弯矩。

$$M = Fmh' \tag{3.132}$$

式中：h'——滑面以上部分超前支护桩的长度；

m——系数，本文中，假设超前支护桩在滑面以上部分的抗力荷载为线性分布式，m 取 1/3；

其他符号意义同前。

h'可按下式计算：

$$h' = r_p\sin\theta_p - r_h\sin\theta_h + x_F\tan\beta \tag{3.133}$$

根据几何关系，θ_p 应满足如下方程：

$$x_F = r_p\cos\theta_p - r_h\cos\theta_h - \frac{\sin(\beta - \beta')}{\sin\beta\sin\beta'}H \tag{3.134}$$

根据极限分析上限定理，可知坡体的稳定程度取决于外力功与内能耗散的相对关系，根据能量安全系数的定义，超前支护桩加固高切坡的稳定性系数 K 表达为：

$$K = \frac{\dot{D}_{内} + \dot{D}_p}{\dot{W}_{soil}} \tag{3.135}$$

高切坡要达到给定安全系数 K_0（如 $K_0 = 1.2$），则超前支护桩需要提供的每延米抗力荷载可表达为：

$$F = \frac{\frac{K_0\gamma H}{A}(f_1 - f_2 - f_3 - f_4) - \frac{c_t}{2\tan\varphi_t}\{\exp[2(\theta_h - \theta_0)\tan\varphi_t] - 1\}}{\frac{A}{H}\left\{\sin\theta_p[\exp(\theta_p - \theta_0)\tan\varphi_t] - \frac{A}{3H}h'\right\}} - \frac{K_0\gamma f_6}{\frac{H}{A}\left\{\sin\theta_p[\exp(\theta_p - \theta_0)\tan\varphi_t] - \frac{A}{3H}h'\right\}} \tag{3.136}$$

式中：

$$f_6 = \frac{x_F^2\tan\beta}{2}\left[H(\cot\beta' - \cot\beta) + \frac{2x_F}{3} + \frac{H}{A}\exp[(\theta_h - \theta_0)\tan\varphi_t]\cos\theta_h\right] \tag{3.137}$$

$$A = \frac{\sin\beta'}{\sin(\beta' - \alpha)}\{\sin(\theta_h + \alpha)\exp[(\theta_h - \theta_0)\tan\varphi_t] - \sin(\theta_0 + \alpha)\} \tag{3.138}$$

式(3.136)中同样包含4个未知参数(θ_0、θ_h、β'、φ_t),需要确定真实的滑动面所对应的最小抗力荷载,即计算抗力荷载的最小值:

$$\left.\begin{aligned}\frac{\partial F}{\partial \theta_0} &= 0\\ \frac{\partial F}{\partial \theta_h} &= 0\\ \frac{\partial F}{\partial \beta'} &= 0\\ \frac{\partial F}{\partial \varphi_t} &= 0\end{aligned}\right\} \tag{3.139}$$

根据式(3.139),可以计算出超前支护桩加固高切坡所相应的θ_0、θ_h、β'、φ_t参数,进而确定加固高切坡的破裂面形状、超前支护桩需要提供的抗力。

5.地震荷载作用下超前支护桩加固高切坡的永久位移预测

Newmark最早提出采用滑块模型计算地震荷载下边坡的永久位移。事实上,地震荷载为往复荷载,即使是在某一时间段内高切坡的安全系数小于1也不会导致边坡的整体失稳,只会产生部分永久位移。为此,有必要研究各类加固边坡的永久位移计算方法,使强震带边坡防治工程设计从安全系数控制设计向以永久位移控制设计转变。因此,要计算地震荷载作用下超前支护桩加固高切坡的永久位移,首先必须确定地震荷载下加固高切坡的屈服加速度。

(1)地震荷载下超前支护桩加固高切坡的屈服加速度

考察超前支护桩加固高切坡(图3.93),研究地震荷载作用下加固高切坡的临界屈服加速度计算。同样采用极限分析上限定理,分别计算土体重力、超前支护桩的抗力以及地震惯性力所做的外力功及破裂面上的能量耗散。

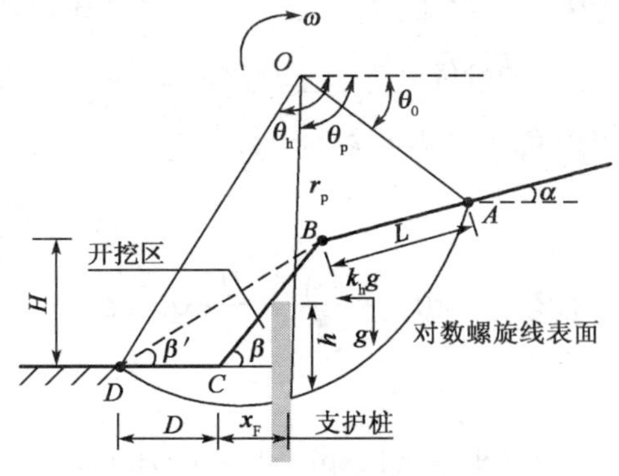

图3.93 地震荷载下超前支护桩加固高切坡

其中,高切坡自重及地震惯性力做的外力功率可表达为:

$$\dot{W}_{\text{seismic}} = \gamma\dot{\omega}\{[r_0^3(f_1 - f_2 - f_3 - f_4) + k_h(f_7 - f_8 - f_9 - f_{10})] - (f_6 + a_h f_{11})\} \tag{3.140}$$

式中:k_h——地震系数,$k_h = a/g$,a 为地震加速度,g 为重力加速度。

其中:

$$f_7 = \frac{(3\tan\varphi_t\sin\theta_h - \cos\theta_h)\exp[3(\theta_h - \theta_0)\tan\varphi_t] - (3\tan\varphi_t\sin\theta_0 - \cos\theta_0)}{3(1 + 9\tan^2\varphi_t)} \tag{3.141}$$

$$f_8 = \frac{1}{6}\frac{L}{r_0}\left(2\sin\theta_0 + \frac{L}{r_0}\sin\alpha\right)\sin(\theta_0 + \alpha) \tag{3.142}$$

$$f_9 = \frac{\exp[(\theta_h - \theta_0)\tan\varphi_t]}{6}\left(\frac{H}{r_0}\right)\frac{\sin(\theta_h + \beta')}{\sin\beta'}\left\{2\sin\theta_h\exp[(\theta_h - \theta_0)\tan\varphi_t] - \frac{H}{r_0}\right\} \tag{3.143}$$

$$f_{10} = \left(\frac{H}{r_0}\right)^2\frac{\sin(\beta - \beta')}{6\sin\beta\sin\beta'}\left\{3\sin\theta_h\exp[(\theta_h - \theta_0)\tan\varphi_t] - \frac{H}{r_0}\right\} \tag{3.144}$$

$$f_{11} = \frac{x_F^2\tan\beta}{2}\left[\frac{H}{A}\exp[(\theta_h - \theta_0)\tan\varphi_t]\sin\theta_h - \frac{x_F\tan\beta}{3(1 - \tan\beta)}\right] \tag{3.145}$$

超前支护桩所做的外力功率及滑动面上的能量耗散与式(3.131)、式(3.128)相同。

根据极限分析上限定理,当外力功率等于内能耗散时,可以计算出超前支护桩加固高切坡的地震屈服加速度表达式:

$$\dot{W}_{\text{seismic}} = \dot{D}_p + \dot{D}_{内} \tag{3.146}$$

$$k_h = \frac{Fr_0\sin\theta_p[\exp(\theta_p - \theta_0)\tan\varphi_t] - \frac{1}{3}Fh' + \frac{c_t r_0^2}{2\tan\varphi_t}\{\exp[2(\theta_h - \theta_0)\tan\varphi_t] - 1\} - r_0^3\gamma(f_1 - f_2 - f_3 - f_4) + \gamma f_6}{\gamma r_0^3(f_7 - f_8 - f_9 - f_{10}) - \gamma f_{11}} \tag{3.147}$$

式中:k_h——超前支护桩加固高切坡的屈服加速度系数;

其他符号意义同前。

地震屈服加速度系数的表达式(3.147)中同样包含4个未知参数(θ_0、θ_h、β'、φ_t),需要确定地震荷载下加固高切坡对应的真实滑动面,以及真实的屈服加速度系数。对式(3.147)中各参数分别求导,即可获得超前支护桩加固高切坡的临界屈服加速度。

$$\left.\begin{aligned}\frac{\partial k_{\mathrm{h}}}{\partial \theta_0} &= 0 \\ \frac{\partial k_{\mathrm{h}}}{\partial \theta_{\mathrm{h}}} &= 0 \\ \frac{\partial k_{\mathrm{h}}}{\partial \beta'} &= 0 \\ \frac{\partial k_{\mathrm{h}}}{\partial \varphi_{\mathrm{t}}} &= 0\end{aligned}\right\} \tag{3.148}$$

(2)地震荷载下超前支护桩加固高切坡的永久位移

当地震加速度超过加固边坡屈服加速度,高切坡就会产生旋转变形并形成永久位移。对于满足对数螺旋破坏模式的高切坡,其对应的永久位移计算可表达为:

$$\ddot{\omega} = [k(t) - k_{\mathrm{h}}]g\frac{R_{\mathrm{gy}}}{R_{\mathrm{g}}^2} \tag{3.149}$$

式中:$\ddot{\omega}$——滑体的角加速度;

$k(t)$——实际地震加速度系数;

R_{g}——滑体重心到旋转点中心点的距离;

R_{gy}——R_{g} 垂直分量;

其他符号意义同前。

6. 工程算例

已知土质边坡坡高为15m,坡角 $\beta = 40°$,填土角度 $\alpha = 0°$,土体抗剪强度相关的指标参数分别为:$A = 0.535$,$n = 0.604$,$T = 0.001\ 5$,土体重度 $\gamma = 20\text{kN/m}^3$,假设高切坡为旋转机构滑坡模式(图3.94)。采用上述相关理论研究高切坡稳定性的超前诊断、超前支护桩的抗力、地震荷载下加固高切坡的屈服加速度以及永久位移进行计算。需要指出的是,从理论上看,式(3.120)、式(3.139)、式(3.148)可以获得最小解,但实际计算却很困难。在本节中,我们采用数学规划方法,利用 Mathematics 优化工具箱进行优化计算。

我们首先研究了切坡距离 x_{F} 从0~6m变化,开挖坡角 ζ 分别为90°、75°、60°条件下,不同切坡方式对高切坡稳定性的影响,计算结果见图3.95。计算结果表明:在 ζ 相同的条件下,高切坡稳定系数随 x_{F} 的增加而降低;在 x_{F} 相同的条件下,高切坡稳定系数随 ζ 的增加而增加。

图3.96给出了 $x_{\mathrm{F}} = 2\text{m}$、4m、6m,$\zeta = 90°$时,不同切坡方式下高切坡各自对应的破裂面形状。结果表明:无论在哪种切坡方式下,破裂面均通过坡趾,切坡

距离越小，破裂面通过坡顶的位置越远。

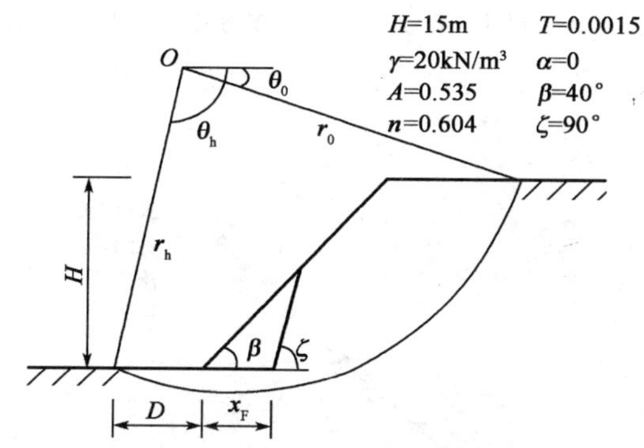

图 3.94　开挖边坡计算图示

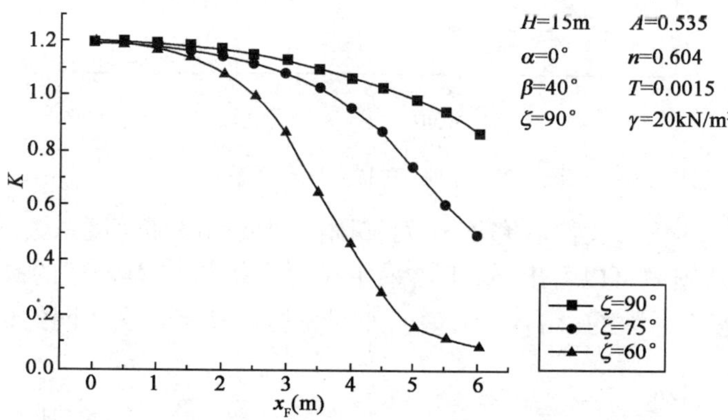

图 3.95　切坡方式对高切坡整体安全系数的影响

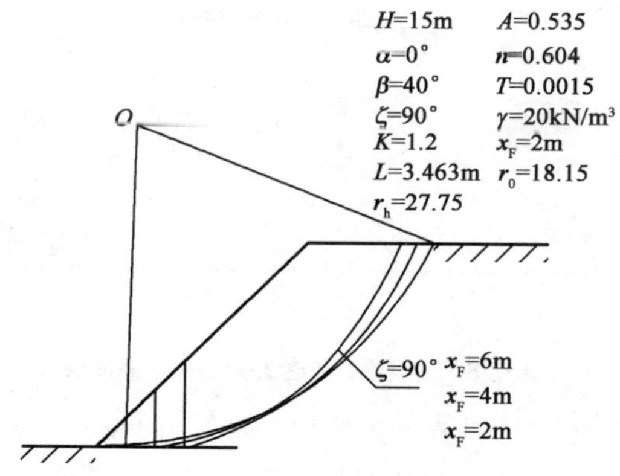

图 3.96　开挖模式对高切坡破裂面的影响

对于危险性高切坡需要采用超前支护桩进行加固，假定加固高切坡需要达到的安全系数为1.2，我们计算了 x_F 对超前支护桩需要提供每延米抗力的影响，计算结果见图3.97。结果表明：x_F 对超前支护桩需要提供的抗力荷载有显著影响，随 x_F 的增加呈线性方式增长。

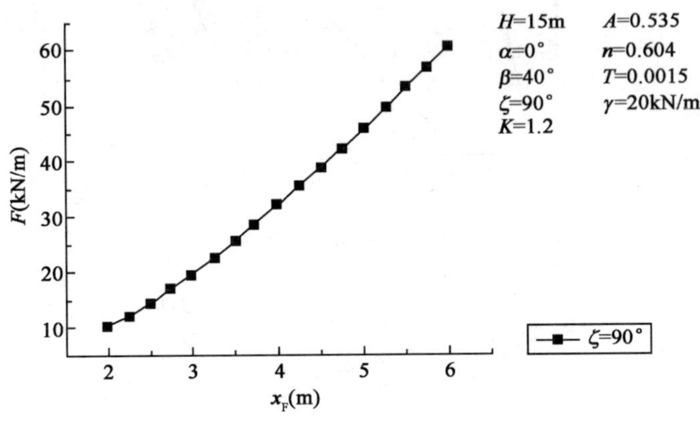

图3.97　超前支护抗力与 x_F 关系曲线

利用式(3.148)，我们研究了 x_F 对加固高切坡屈服加速度系数的影响，结果见图3.98。从图中可以看出，对于已采用超前支护桩加固处理的高切坡，x_F 对地震屈服加速度系数的影响较小，说明加固高切坡具有几乎相同的抗震性能。

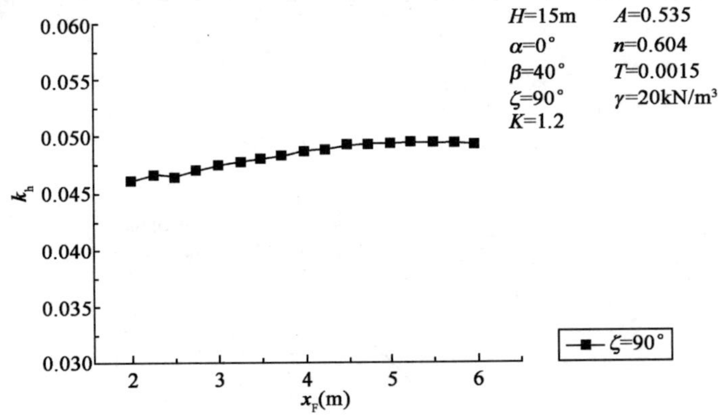

图3.98　地震屈服加速度系与 x_F 关系曲线

最后，我们给出加固高切坡永久位移的计算，假设 $x_F=3\text{m}$，对应的屈服加速度系数 $k_h=0.047\,65$，地震平均加速度系数 $k=0.15$，持续时间 $t=5\text{s}$，则可计算出加固高切坡对应的永久位移为0.45rad。

7. 结论

将极限分析上限定理与高切坡超前支护理论有机结合，研究了遵循 Baker 非线性破坏准则高切坡稳定性的超前诊断理论和超前支护桩加固危险性高切坡的计算方法以及强震荷载下加固高切坡的屈服加速度和永久位移预测方法，结果表明：

(1)切坡方式对高切坡的稳定性有显著影响，在 ζ 相同的条件下，高切坡稳定系数随 x_F 的增加而降低；在 x_F 相同的条件下，高切坡稳定系数随 ζ 的增加而增加。

(2)开挖距离 x_F 对超前支护桩需提供的抗力荷载有重要影响，抗力随 x_F 的增加呈线性方式增长。

(3)对于已加固高切坡来说，x_F 对地震屈服加速度的影响较小。

四、路堤边坡抗滑桩超前支护研究

在公路、铁路等线状基础设施建设过程中，常常遇到路基宽度不足或路基面高于天然地面，需要进行填筑以保证路基宽度或高度，就会形成所谓的路堤边坡。如果原天然边坡本身就处于不稳定或极限平衡状态，或者原天然边坡本身虽然处于稳定状态，但是进行填筑后新形成的路堤边坡也可能处于不稳定状态。填筑路堤边坡传统的做法是：直接按设计坡面填筑，如遇上述不稳定情况则采取放缓边坡的方法。放缓坡度虽然对提高填筑路堤边坡稳定性有明显的作用，但是在一些地势险峻、地形条件受限不能采用放缓填筑边坡这一方法的情况下，何种工程措施能在保证工程需求的同时满足填筑边坡的稳定性。针对这一问题，本节提出了路堤边坡填筑的一种新思路，即路堤边坡超前支护的概念。所谓“路堤边坡超前支护”是指在路堤边坡形成之前，根据边坡设计资料，通过数值模拟方法首先对其稳定性进行评价，若判定设计路堤边坡属于危险性边坡，特别是在填筑过程中就有可能发生变形破坏的路堤边坡，则根据边坡变形破坏特点，采用预先在边坡变形破坏关键部位设置支护结构，待支护结构形成后，再填筑路堤，这样一种提前支护的优化设计方法，称为路堤边坡超前支护。该方法不仅能明显地增加路堤边坡的稳定性，还能有效地节省填筑材料、人力、物力以及工程造价。在地势陡峭，地形条件受限的填筑路堤边坡工程方面更具有重要的工程意义。

抗滑桩是整治路堤边坡常用的手段，但是有关路堤边坡抗滑桩超前支护优化设计的相关研究并不多见。何思明、李新坡在高切坡的超前支护结构及超前支护桩与坡体共同作用等方面做了较多的研究工作，其研究内容主要是对开挖边坡的分析。对于路堤边坡这种由于填筑形成的边坡，超前支护桩与变形坡体共同作用机制方面的研究文献较少，因此在具体的设计上存在很大的盲目性，设计是否合理、有效，设计是否优化等问题也不能有效判断。因此，本节采用以国道214线滇藏公路为依托，研究路堤边坡抗滑桩超前支护结构的优化设计及桩、土间的作用机制。通过对多种设计方案的分析比较，提出最优的设计方案，并分析作用在超前支护桩上的土压力和位移的大小、分布特点。

1. 弹塑性有限元强度折减法

Duncan(1996)指出边坡的安全系数 F_s 可以定义为使边坡刚好达到临界破坏态时，对土体材料的抗剪强度进行折减的程度，即定义边坡安全系数是土体实际的抗剪强度与临界破坏时折减后的剪切强度的比值，具有强度储备系数的物理意义。

基于强度储备概念的安全系数可定义为：当土体材料的抗剪强度参数 c 和 φ 分别用其临界抗剪强度参数 c_c 和 φ_c 代替后，结构处于临界破坏状态，其中：

$$c_c = c/F_s, \varphi_c = \arctan(\tan\varphi/F_s) \tag{3.150}$$

再用有限元法求解式(3.150)所示的安全系数 F_s 时，通常需要求解一系列具有下列强度参数 c' 和 φ' 的表达式：

$$c' = c/R, \varphi' = \arctan(\tan\varphi/R) \tag{3.151}$$

式中：c、φ——土体抗剪强度参数；

R——抗剪强度的折减系数。

强度折减技术的要点是假设外荷载不变，利用式(3.151)来折减土体的强度指标 c、φ，然后对边坡进行弹塑性有限元分析，通过不断地增加折减系数 R，反复进行应力应变分析，直至边坡达到临界破坏，此时的折减系数就是安全系数 F_s。

弹塑性非线性有限元分析同弹性非线性有限元分析不同，可以考虑材料参数剪胀性对计算结果的影响。在弹塑性分析中如果采用同屈服函数形式相同的塑性势函数，那么剪胀角同内摩擦角的关系将影响流动法则。例如，屈服准则采用 M-C 屈服准则，塑性势函数取同屈服函数相同的形式，那么当 $\varphi=\psi$ 时流动法则为关联流动法则，当 $\varphi\neq\psi$ 时流动法则为非关联流动法则。综上所述，为了保持在强度折减计算过程中流动法则不变，对材料参数剪胀角也进行折减，且折减公式采用同内摩擦角折减公式相同的形式，如下式所示：

$$\psi' = \arctan(\tan\psi/R) \tag{3.152}$$

2. 工程点概况

国道214线滇藏公路北起青海省西宁市，纵贯青、藏、滇三省区，南至云南西双版纳傣族自治州景洪市，全线长3 273km，西藏境内长约783km。滇藏公路（西藏境）是国道214线西宁至景洪公路的重要组成部分，是国家重点公路第11纵张掖至打洛公路的重要路，又是西藏骨架公路网规划第一纵。滇藏公路（西藏境）对西藏，特别是昌都地区的政治稳定、民族团结、经济繁荣和社会发展具有重要意义，对滇川藏“金三角”地区旅游优势产业的开发具有决定性的重要作用。其中，类乌齐至俄洛桥段公路整治改建工程，路线全长95.5km，采用三级公路标准建设，投资约5.2亿多元。

研究工点位于国道214线K1231+516~K1231+560靠近类乌齐，为傍山沿溪线，地势陡峭，布设于紫曲河谷中，顺流而下。该段有自然横坡30°~45°，滑坡体高4~20m，厚2~3m，主要为碎石土类坡积物。由于线路等级提高，路面宽度增加，为此需要进行填筑。

该整改路段原路基宽度3.5~4.5m，根据本段边坡的地形地貌特点以及工程地质条件，为满足公路线形和路面宽度的需要，最初的设计是采用碎石土填筑垫高、加宽路基，采用1∶1.5的坡比填筑，回填高度约10.5m，设计图详见图3.99。

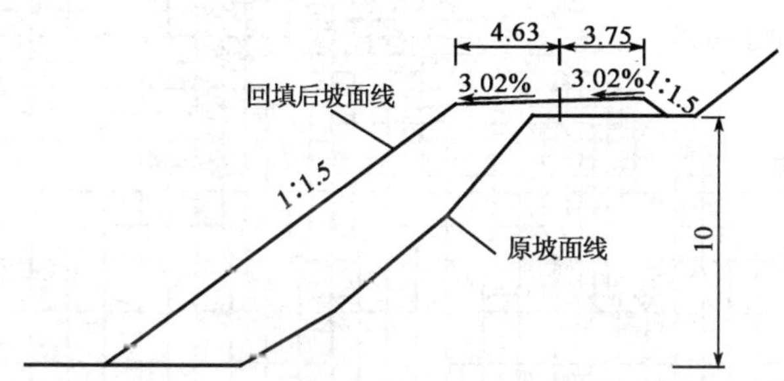

图3.99　K1231+550剖面设计图（尺寸单位：m）

3. 路堤边坡计算模型及参数选取

本文选取K1231+550~K1231+560段为研究对象，采用Ansys有限元分析软件，研究抗滑桩超前支护结构以及桩、土间的相互作用机制。

采用等参实体单元实现对岩土体和抗滑桩的离散，采用Ansys提供的接触单元Contact单元来模拟桩和土体之间相互作用中的接触问题。分别建立原设计方案和采用抗滑桩截面尺寸为1.5m×2m、2m×2.5m、2m×3m、2.5m×3.5m，间距为5m，埋设深度为8m的路堤边坡有限元计算模型。图3.100为采用抗滑桩超前支护作用的有限元计算网格图。计算中考虑到岩土体材料的非线性特点,土体的本构关系采用理想弹塑性模型,屈服准则采用广泛应用于岩土类材料的 Drucker-Prager 屈服准则。作用在桩上的土压力考虑为桩前和桩背土压力、桩侧摩阻力和桩底摩阻力共同作用的合力。材料参数的取值见表 3.14。利用强度折减法计算时,路堤边坡岩体、填筑土体及滑体土的抗剪强度参数 c 和 φ 均参与折减,钢筋混凝土抗滑桩参数不折减。

材料参数表 表 3.14

力学参数 \ 材料	路堤边坡岩体	填筑土体	滑体土	钢筋混凝土抗滑桩
重度(kN/m^3)	24	19.5	19.5	24
弹性模量(MPa)	5×10^3	20	20	25×10^3
泊松比	0.25	0.3	0.3	0.2
黏聚力(kPa)	600	8.5	8.5	—
内摩擦角(°)	40	35	35	—

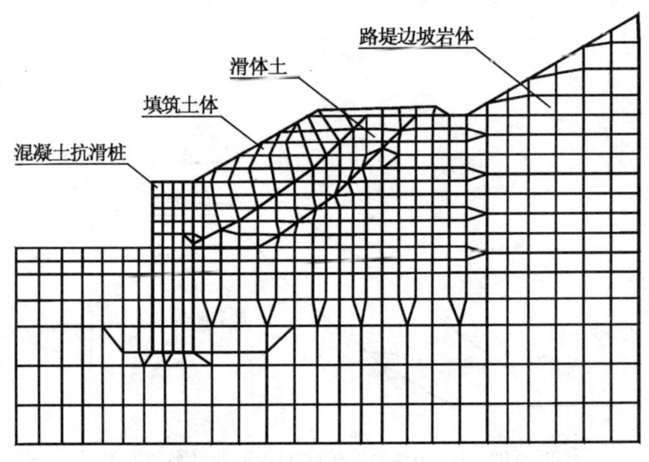

图 3.100 采用抗滑桩超前支护作用下有限元计算网格图

4. 路堤边坡稳定分析

(1)路堤边坡稳定性判别

连镇营等基于强度折减有限元法对开挖边坡稳定性进行了全面的分析,结果表明:当折减达到某一数值时,若坡内一定幅值的广义剪应变自坡底向坡顶贯通,则认为边坡已经失稳破坏,并定义前一个强度折减系数即作为该边坡的稳定安全系数。广义剪应变即等效应变,等效塑性应变是材料塑性变形的一个度量。

(2)原设计填筑路堤边坡稳定性分析

对任何一个路堤边坡而言,如果能按原设计坡度填筑,当然是最好的。但是如果原设计方案不能满足工程需要,且在地形条件受限,不能采用放缓填筑边坡这一最为简单的设计方法时,超前支护是最为有效的方法。因此,对原设计方案路堤边坡的稳定性判别是进行超前支护的基础和前提,同时也能为路堤边坡超前支护结构的选择、布置方式的优化提供依据。因此,首先对原设计填筑路堤边坡的稳定性进行了计算分析,计算结果见图3.101。

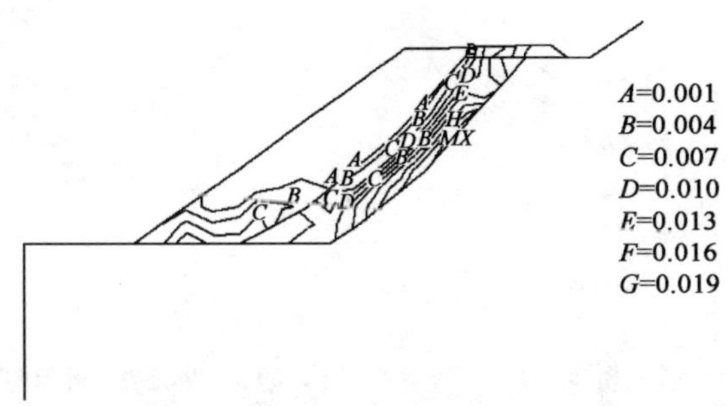

图3.101　折减系数 $R=0.98$ 时,路堤边坡等效塑性应变分布

从图3.101可以看出:原设计方案填筑形成的路堤边坡,当其折减系数 $R=0.98$ 时,边坡的等效塑性应变已从坡角到坡顶贯通(从坡角到坡顶贯通的等效塑性应变值为0.001),认为边坡破坏,对应的边坡安全系数取为 $F_s=0.97$,不能满足规范要求的安全系数($F_s\geqslant1.15$),因此该边坡处于不稳定状态。

(3)抗滑桩超前支护加固路堤边坡稳定性分析

通过对原设计路堤边坡的有限元计算结果分析,得出填筑后形成的路堤边坡不稳定。由于该工程点傍山沿溪,布设于紫曲河谷中,受地形条件限制,不能再放缓填筑边坡坡度。为此,根据原设计方案的坡体变形情况,提出了4种不同截面尺寸的抗滑桩超前支护方案(即截面尺寸为1.5m×2m、2m×2.5m、2m×3m、2.5m×3.5m,埋设深度均为8m),并对4种方案进行了有限元计算分析,优选出合理有效的超前支护方案,计算结果分别见图3.102~图3.105。结果表明:

①在采取抗滑桩超前支护措施截面尺寸1.5m×2m时(图3.102),当其折减系数 $R=1.09$ 时,边坡的等效塑性应变已从坡角到坡顶贯通(从坡角到坡顶贯通的等效塑性应变值为0.005),则认为边坡破坏,故其边坡安全系数取为 $F_s=1.08$,不满足规范要求的安全系数($F_s\geqslant1.15$),因此该边坡处于不稳定状态。

②在采取抗滑桩超前支护措施截面尺寸2m×2.5m时(图3-103),当其折

减系数 $R=1.13$ 时，边坡的等效塑性应变已从坡角到坡顶贯通（从坡角到坡顶贯通的等效塑性应变值为0.006），则认为边坡破坏，故其边坡安全系数取为 $F_s=1.12$，不满足规范要求的安全系数（$F_s\geq1.15$），因此该边坡处于不稳定状态。

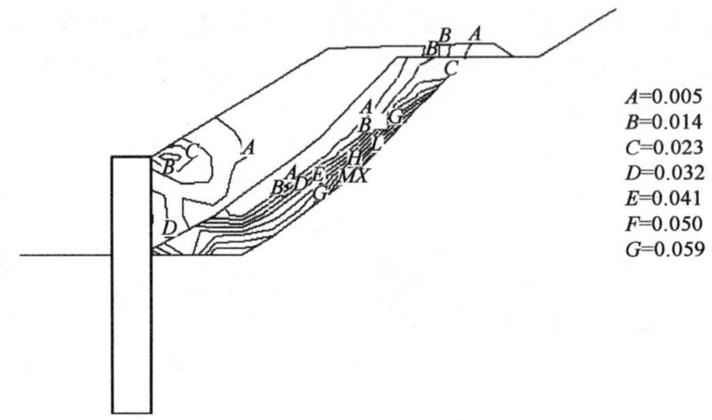

图3.102　1.5m×2m超前支护桩折减系数 $R=1.09$ 时，路堤边坡等效塑性应变分布

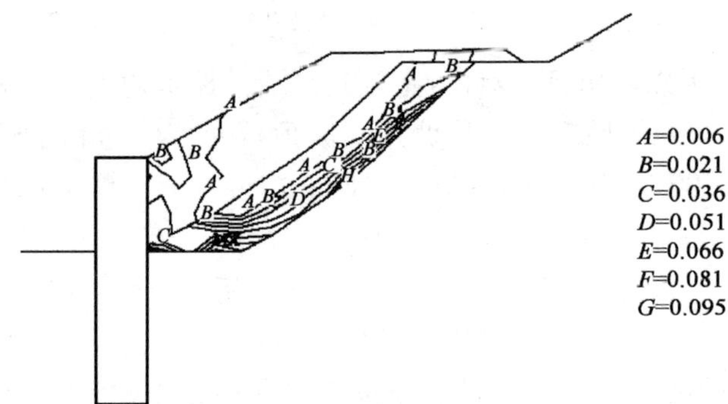

图3.103　2m×2.5m超前支护桩折减系数 $R=1.13$ 时，路堤边坡等效塑性应变分布

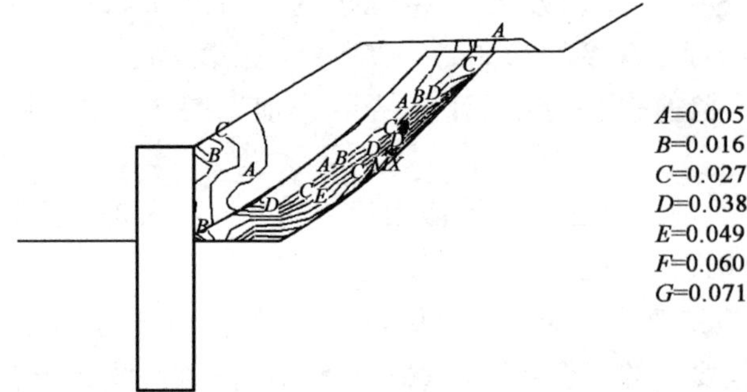

图3.104　2m×3m超前支护桩折减系数 $R=1.16$ 时，路堤边坡等效塑性应变分布

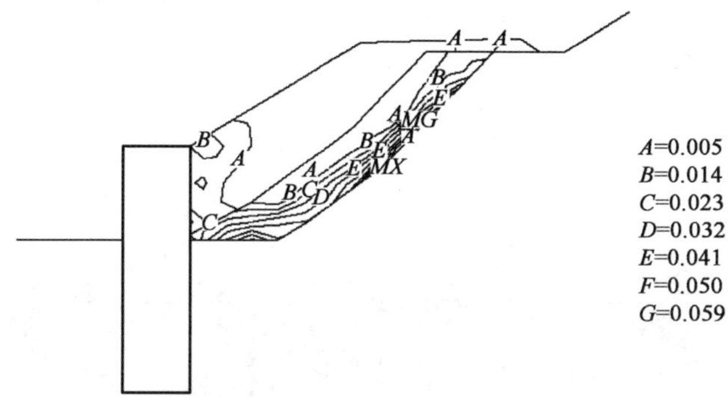

图 3.105　2.5m×3.5m 超前支护桩折减系数 $R=1.18$ 时，路堤边坡等效塑性应变分布

③在采取抗滑桩超前支护措施截面尺寸 2m×3m 时（图 3-104），当其折减系数 $R=1.16$时，边坡的等效塑性应变已从坡角到坡顶贯通（从坡角到坡顶贯通的等效塑性应变值为 0.005），则认为边坡破坏，故其边坡安全系数取为 $F_s=1.15$，刚好满足规范要求的安全系数（$F_s\geqslant 1.15$），因此该边坡处于稳定状态。

④在采取抗滑桩超前支护措施截面尺寸 2.5m×3.5m 时，当其折减系数$R=1.18$ 时，边坡的等效塑性应变已从坡角到坡顶贯通（从坡角到坡顶贯通的等效塑性应变值为 0.005），则认为边坡破坏，故其边坡安全系数取为 $F_s=1.17$，满足规范要求的安全系数（$F_s\geqslant 1.15$），因此该边坡处于稳定状态。

综上所述，当采用超前支护抗滑桩截面尺寸 1.5m×2m、2m×2.5m 时，其边坡仍处于不稳定状态。当采用超前支护抗滑桩截面尺寸 2m×3m、2.5m×3.5m 时，均能使边坡处于稳定状态。基于从经济、优化的考虑，因此提出最终的路堤边坡填筑设计方案为：选取截面尺寸 2m×3m 的抗滑桩，桩间设挡土板，设计示意图见图 3.106。

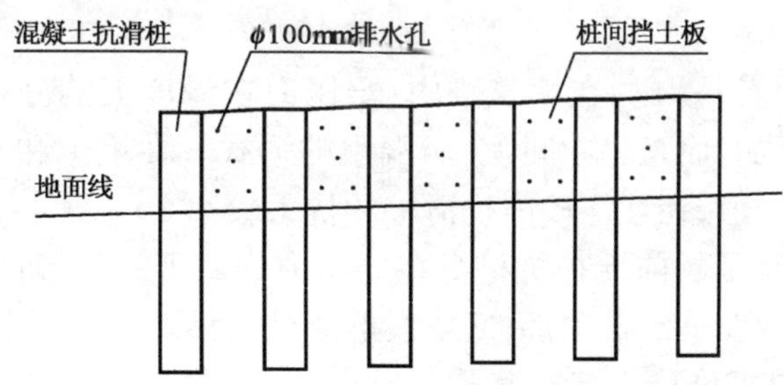

图 3.106　K1231+515～K1231+565 段抗滑桩超前支护立面布置示意图

（4）超前支护抗滑桩土压力及变形分析

针对前面优选出来的抗滑桩超前支护方案，对填筑后形成的路堤边坡，运用

有限元数值模拟方法研究了桩与变形坡体共同作用机制，计算结果见图3.107～图3.108。图3.107和图3.108分别为超前支护桩受到的土压力曲线和桩的位移挠度曲线。

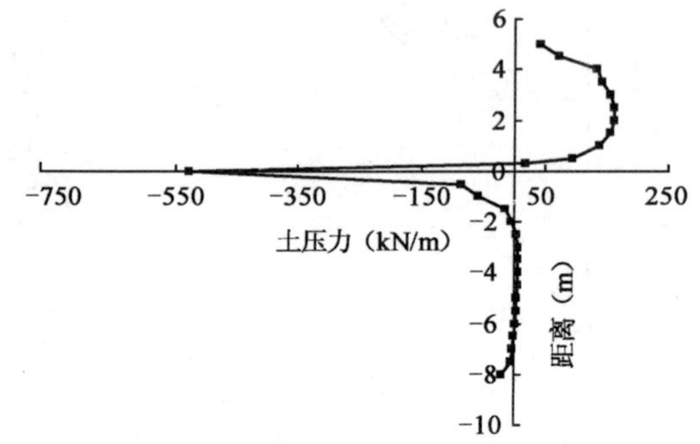

图3.107　作用在桩上的土压力及抗力曲线

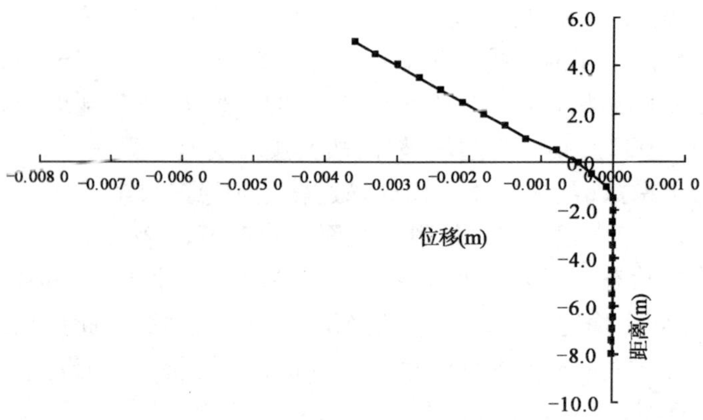

图3.108　抗滑桩位移曲线

从图3.107可以看出，在填筑段内，土压力在深度上的分布既不是均匀分布，也不是线性增加，而是呈中间大、两端小的形式。在填土和基岩的交界处抗滑桩的抗力达到极值，在埋深段内抗滑桩的抗力较小。

图3.108反映了超前支护桩桩身在土压力作用下的变形情况，从图中可以看出最大位移出现在抗滑桩顶部，回填段抗滑桩位移值自上而下逐渐减小，在埋深1.5m以下抗滑桩位移值基本为零。

5. 结论

通过上述分析，我们可以得出以下结论：

（1）根据设计资料，得出按原设计方案填筑的路堤边坡将产生失稳破坏，是不稳定路堤边坡。

(2)对4种不同截面尺寸超前支护桩的方案进行数值分析,结果表明:第3种超前支护桩为最优方案(即抗滑桩截面尺寸为2m×3m)。

(3)在地势陡峭、地形条件受限的填筑路段,这种抗滑桩超前支护方法具有能在满足工程要求的同时,节省填筑材料、人力物力以及工程造价的特点。

(4)作用在超前支护桩回填段的土压力分布既不是均匀分布,也不是线性增加,而是呈中间大两端小的近似梯形分布。在填土和基岩的交界处抗滑桩的抗力达到极值,在埋深段内抗滑桩的反力较小。

(5)在土压力作用下,抗滑桩最大位移出现在抗滑桩顶部,回填段抗滑桩位移值自上而下逐渐减小,在埋深1.5m以下抗滑桩位移值基本为零。

五、超前支护桩加固高切坡的静动力响应与永久位移预测研究

超前支护桩是整治危险性高切坡常用的支护结构。通过对给定切坡方式下无支护高切坡的稳定性判识,若高切坡处于不稳定状态,则在高切坡开挖前预先设置超前支护桩,在超前支护桩施工完成并达到设计强度后再开挖边坡,从而保证高切坡的整体稳定性。在实施高切坡超前支护过程中,无支护边坡稳定性的超前判识、给定安全系数条件下高切坡所需施加抗力荷载以及地震荷载下加固高切坡的动力响应等问题是关系高切坡整治工程成败的关键。

1975年,W. F. Chen专著《Limit Analysis and Soil Plasticity》的问世,产生了岩土极限分析法。由于极限分析法避免了极限平衡方法的不合理假定与有限元方法的繁琐计算而具有精确性和简便性的特点,所以在岩土工程设计与计算中得到了广泛的应用。近年来,极限分析在边坡的静、动稳定性分析以及永久位移预测方面取得了长足进展,为此,本文将极限分析上限定理与高切坡超前判识与超前支护有机结合,提出了基于上限定理的高切坡超前支护研究方法。

1. 高切坡稳定性的超前诊断

考察如图3.109所示土质高切坡计算模型,土质遵循M-C破坏准则,假设边坡从距离坡脚x_F处以坡角ζ开挖,假定高切坡潜在滑面是对数螺旋线,滑体可看作是绕圆心O点转动的旋转机构,本文采用极限分析上限定理研究不同开挖方式下高切坡的稳定性。

假设高切坡潜在滑动面为对数螺旋面,对应的破裂面方程可表达为:

$$r(\theta) = r_0\exp[(\theta - \theta_0)\tan\varphi] \tag{3.153}$$

式中:r_0——对数螺旋线滑面上与水平面的夹角为θ_0时对应的半径;

φ——坡体的内摩擦角。

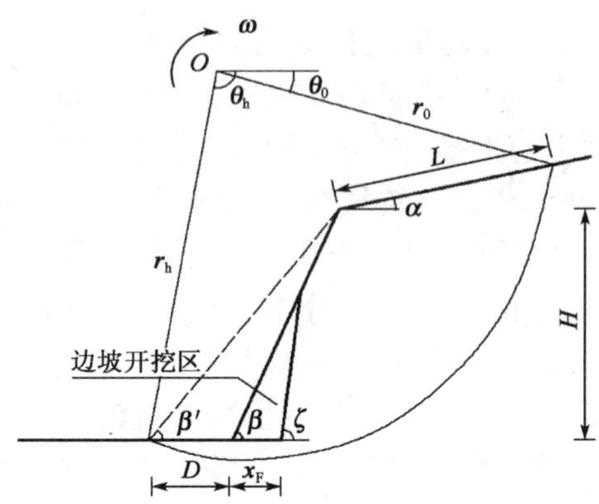

图 3.109　高切坡破坏机理

(1)外力功率的计算

作用在高切坡上的外荷载只有重力,则外力功率由坡体土重力提供,高切坡重力所做的功率可表达为:

$$\dot{W}_{soil} = \dot{\omega}\gamma[r_0^3(f_1 - f_2 - f_3 - f_4) - f_5] \tag{3.154}$$

式中:$\dot{W}_{soil}$——高切坡重力做的外力功率;

γ——高切坡土体的重度;

$\dot{\omega}$——滑坡启动时旋转机构的角速度;

$f_1 \sim f_5$ 的表达式见附录 C。

(2)内能耗散

滑动面上的内能耗散为:

$$\dot{D}_{内} = \frac{cr_0^2\dot{\omega}}{2\tan\varphi}\{\exp[2(\theta_h - \theta_0)\tan\varphi] - 1\} \tag{3.155}$$

式中:$\dot{D}_{内}$——滑动面上的能量耗散;

c——滑面土体的内聚力;

其他符号意义同前。

根据极限分析上限定理,高切坡安全系数可以表达为:

$$K = \frac{\dot{D}_{内}}{\dot{W}_{soil}} = \frac{\dfrac{cr_0^2}{2\tan\varphi}\{\exp[2(\theta_h - \theta_0)\tan\theta] - 1\}}{\gamma[r_0^3(f_1 - f_2 - f_3 - f_4) - f_5]} \tag{3.156}$$

式(3.156)中包含 3 个未知参数(θ_0、θ_h、β'),在高切坡所有可能的潜在滑动

面中,真实的滑动面对应最小的安全系数,于是可以通过多元函数求极值的方法确定高切坡的最小安全系数:

$$\left.\begin{aligned}\frac{\partial K}{\partial \theta_0} &= 0\\ \frac{\partial K}{\partial \theta_h} &= 0\\ \frac{\partial K}{\partial \beta'} &= 0\end{aligned}\right\} \tag{3.157}$$

根据上式,可以计算出高切坡潜在破裂面所相应的 θ_0、θ_h、β' 等参数,进而确定对应的高切坡破裂面形状、高切坡对应的最小安全系数。

如果高切坡最小安全系数小于 1 或需要的设计安全系数,则判断该高切坡为危险性高切坡,在切坡过程中就可能发生变形破坏,需要进行超前支护。

2. 高切坡超前支护桩抗滑力的极限分析

如果在给定开挖条件下高切坡处于不稳定状态,就必须对其进行超前支护,其中超前支护桩是最为有效的超前支护结构。假设在给定开挖面处预先设置超前支护桩(图 3.110),就可以保证加固高切坡的整体稳定性。在进行超前支护桩设计时,我们需要知道高切坡在满足一定安全系数条件下,超前支护桩需要提供的抗力荷载。

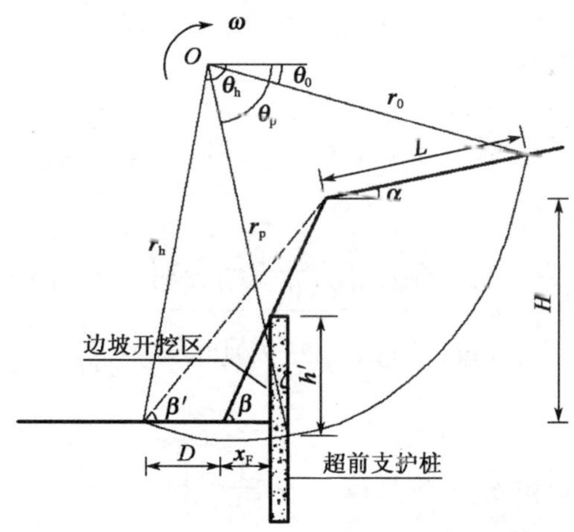

图 3.110　超前支护桩加固高切坡

将处于滑体内部的抗滑桩上半部分的抗力考虑为一个横向的力和一个力矩,则抗滑桩提供的内能耗散可表达为:

$$\dot{D}_{\mathrm{p}} = Fr_0\sin\theta_{\mathrm{p}}\dot{\omega}\exp[(\theta_{\mathrm{p}} - \theta_0)\tan\varphi] - M\dot{\omega} \tag{3.158}$$

式中：$\dot{D}_{\mathrm{p}}$——抗滑桩提供的内能耗散；

F——单位宽度上抗滑桩所提供的抗力；

θ_{p}——抗滑桩所在位置与中心点连线与水平面的夹角；

M——考虑作用在滑面以上部分的抗滑桩抗力分布力的弯矩。

$$M = Fmh' \tag{3.159}$$

式中：h'——滑面以上部分抗滑桩的长度；

m——系数，本节中抗滑桩滑面以上部分的抗力考虑为线性分布式，m 取 1/3；

其他符号意义同前。

根据几何关系，h'可按下式计算：

$$h' = r_{\mathrm{p}}\sin\theta_{\mathrm{p}} - r_{\mathrm{h}}\sin\theta_{\mathrm{h}} + x_{\mathrm{F}}\tan\beta \tag{3.160}$$

θ_{p} 应满足如下关系：

$$x_{\mathrm{F}} = r_{\mathrm{p}}\cos\theta_{\mathrm{p}} - r_{\mathrm{h}}\cos\theta_{\mathrm{h}} - \frac{\sin(\beta - \beta')}{\sin\beta\sin\beta'}H \tag{3.161}$$

根据极限分析得上限定理，可知坡体的稳定程度取决于外力功率与内能耗散的相对关系，故可定义坡体稳定性系数 K 为：

$$K = \frac{\dot{D}_{内} + \dot{D}_{\mathrm{p}}}{\dot{W}_{\mathrm{soil}}} \tag{3.162}$$

边坡的稳定性一般由安全系数来确定。当安全系数 $K \geqslant 1$ 时，表明边坡处于稳定状态。在给定安全系数下（如 $K_{\mathrm{c}} = 1.2$），超前支护桩需要提供的抗力荷载可表达为：

$$F = \frac{\frac{K_{\mathrm{c}}\gamma H}{A}(f_1 - f_2 - f_3 - f_4) - \frac{c}{2\tan\varphi}\{\exp[2(\theta_{\mathrm{h}} - \theta_0)\tan\varphi] - 1\}}{\frac{A}{H}\left\{\sin\theta_{\mathrm{p}}[\exp(\theta_{\mathrm{p}} - \theta_0)\tan\varphi] - \frac{A}{3H}h'\right\}} - \frac{K_{\mathrm{c}}\gamma f_6}{\frac{H}{A}\left\{\sin\theta_{\mathrm{p}}[\exp(\theta_{\mathrm{p}} - \theta_0)\tan\varphi] - \frac{A}{3H}h'\right\}} \tag{3.163}$$

式中，f_6 的表达式见附录 C。

$$A = \frac{\sin\beta'}{\sin(\beta' - \alpha)}\{\sin(\theta_{\mathrm{h}} + \alpha)\exp[(\theta_{\mathrm{h}} - \theta_0)\tan\varphi] - \sin(\theta_0 + \alpha)\}$$

其余各符号意义同前。

式(3.163)中同样包含3个未知参数(θ_0、θ_h、β'),在所有可能的潜在滑动面中,真实的滑动面对应最小的抗力荷载,于是有:

$$\left.\begin{aligned}\frac{\partial F}{\partial \theta_0} &= 0\\ \frac{\partial F}{\partial \theta_h} &= 0\\ \frac{\partial F}{\partial \beta'} &= 0\end{aligned}\right\} \tag{3.164}$$

根据上式,可以计算加固高切坡潜在破裂面所相应的θ_0、θ_h、β'等参数,进而确定对应的高切坡破裂面形状、超前支护桩的抗力荷载。

3. *地震荷载下超前支护桩加固高切坡的屈服加速度*

Newmark最早提出采用滑块模型计算地震荷载下边坡的永久位移。事实上,地震荷载为往复荷载,即使是在某一时间段内高切坡的安全系数小于1,也不会导致边坡的整体失稳,只会产生部分永久位移。为此,有必要研究各类加固边坡的永久位移计算方法,使强震带边坡防治工程设计从安全系数控制设计向以永久位移控制设计转变。因此,要计算地震荷载作用下超前支护桩加固高切坡的永久位移,首先必须确定地震荷载下加固高切坡的屈服加速度。

考察超前支护桩加固高切坡(图3.111),研究地震荷载作用下加固高切坡的临界屈服加速度计算,同样采用极限分析上限定理,分别计算土体重力、超前支护桩的抗力以及地震惯性力所做的外力功率及破裂面上的能量耗散。

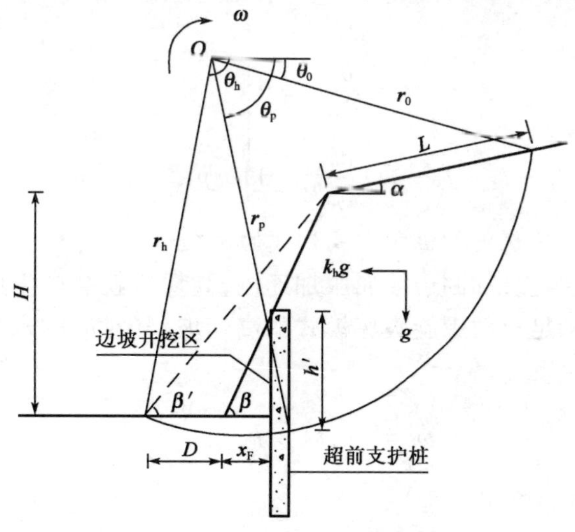

图3.111　地震荷载下超前支护桩加固高切坡

高切坡土体自重与地震荷载做的外力功率可表达为:

$$\dot{W}_{\text{seismic}} = \gamma\dot{\omega}\{[r_0^3(f_1 - f_2 - f_3 - f_4) + k_c(f_7 - f_8 - f_9 - f_{10})] - (f_6 + a_h f_{11})\} \tag{3.165}$$

式中:k_c——地震系数,$k_h = a/g$,a 为地震加速度,g 为重力加速度。

$f_7 \sim f_{11}$ 的具体表达式见附录 C。

当加固高切坡安全系数为 1 时,可以计算出超前支护桩高切坡地震屈服加速度系数的表达式:

$$\dot{W}_{\text{seismic}} = \dot{D}_p + \dot{D}_{内} \tag{3.166}$$

整理上式:

$$k_h = \frac{Fr_0\sin\theta_p[\exp(\theta_p - \theta_0)\tan\varphi] - \frac{1}{3}Fh' + \frac{cr_0^2}{2\tan\varphi}\{\exp[2(\theta_h - \theta_0)\tan\varphi] - 1\} - r_0^3\gamma(f_1 - f_2 - f_3 - f_4) + \gamma f_6}{\gamma r_0^3(f_7 - f_8 - f_9 - f_{10}) - \gamma f_{11}} \tag{3.167}$$

式中:k_h——超前支护桩加固高切坡的屈服加速度系数;

其他符号意义同前。

在超前支护桩加固高切坡地震屈服加速度系数的表达式(3.167)中包含 3 个未知参数(θ_0、θ_h、β'),需要确定地震荷载下加固高切坡对应的真实滑动面以及最小的屈服加速度系数。需要对式(3.167)的多元函数求极值,即可获得超前支护桩加固高切坡的最小临界屈服加速度。

$$\left.\begin{aligned} \frac{\partial k_h}{\partial \theta_0} &= 0 \\ \frac{\partial k_h}{\partial \theta_h} &= 0 \\ \frac{\partial k_h}{\partial \beta'} &= 0 \end{aligned}\right\} \tag{3.168}$$

4. 地震荷载下超前支护桩加固高切坡的永久位移

当地震加速度超过加固边坡屈服加速度,高切坡就会产生旋转变形并形成永久位移。对于满足对数螺旋破坏模式的高切坡,其对应的永久位移计算可表达为:

$$\ddot{\omega} = [k(t) - k_h]g\frac{R_{gy}}{R_g^2} \tag{3.169}$$

式中:$\ddot{\omega}$——滑体的角加速度;

$k(t)$——实际地震加速度系数;

R_g——滑体重心到旋转点中心点的距离；

R_{gy}——R_g 垂直分量；

其他符号意义同前。

5. 算例

土质边坡坡高为15m，坡角 $\beta = 40°$，填土角度 $\alpha = 0°$，内摩擦角 $\varphi = 32°$，黏聚力 $c = 6\text{kPa}$，重度 $\gamma = 20\text{kN/m}^3$，假设高切坡为旋转机构滑坡模式（图3.112）。采用上述相关理论研究高切坡稳定性的超前诊断、超前支护桩的抗力、地震荷载下加固高切坡的屈服加速度以及永久位移进行计算。需要指出的是，从理论上看，式(3.157)、式(3.164)、式(3.168)可以获得最小解，但实际计算却很困难。在本文中，我们采用数学规划方法，利用 Mathematics 优化工具箱进行优化计算。

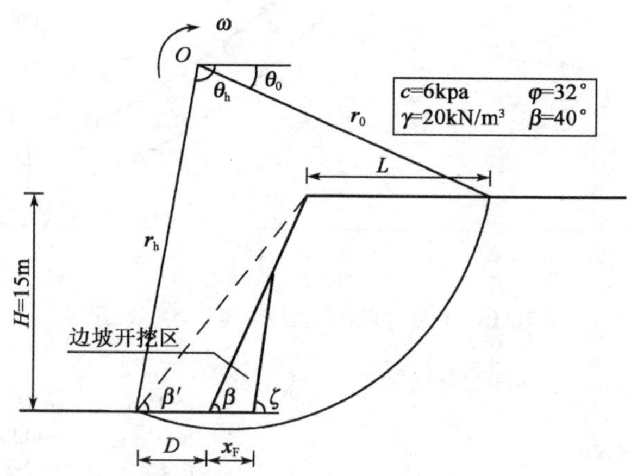

图3.112　开挖边坡计算图示

我们首先研究了切坡距离 x_F 从0~6m变化，开挖坡角 ζ 分别为90°、80°、70°条件下，不同切坡方式对高切坡稳定性的影响，计算结果见图3.113。结果表明：在 ζ 相同的条件下，高切坡稳定系数随 x_F 的增加而降低；在 x_F 相同的条件下，高切坡稳定系数随 ζ 的增加而增加。

图3.114给出了切坡距离 x_F 对破裂面形状的影响，结果表明：无论在哪种切坡方式下，破裂面均通过切坡坡脚，切坡距离越小，破裂面通过坡顶的位置越远。

研究了边坡土体抗剪强度参数(c,φ)对高切坡稳定系数的影响（图3.115），结果表明：高切坡安全系数随内摩擦角的增加而增大，随内聚力的增加而增大。其中内摩擦角对高切坡稳定性的影响更为强烈。

对于危险性高切坡需要采用超前支护桩对边坡预加固，假定加固高切坡需要达到的安全系数为1.2，我们计算了 x_F 对超前支护桩需要提供每延米抗力荷载的影响，结果见图3.116。x_F 对超前支护桩需要提供的抗力荷载有显著影响，并随 x_F 的增加几乎呈线性方式增长。

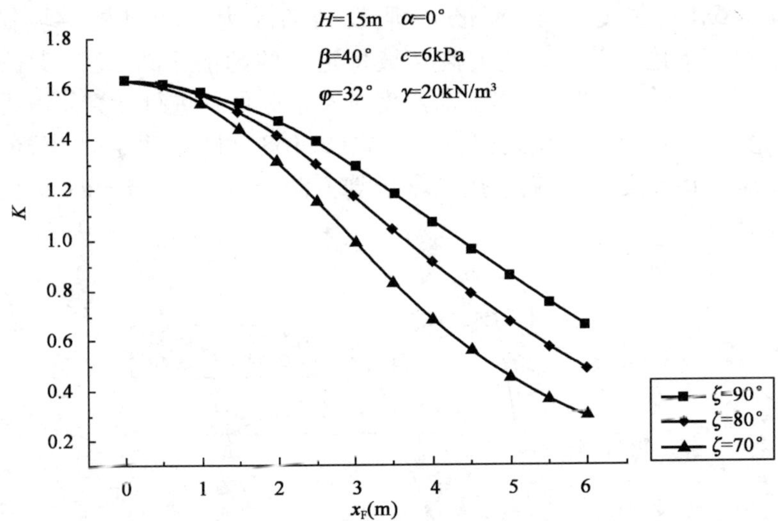

图3.113 切坡方式对高切坡整体安全系数的影响

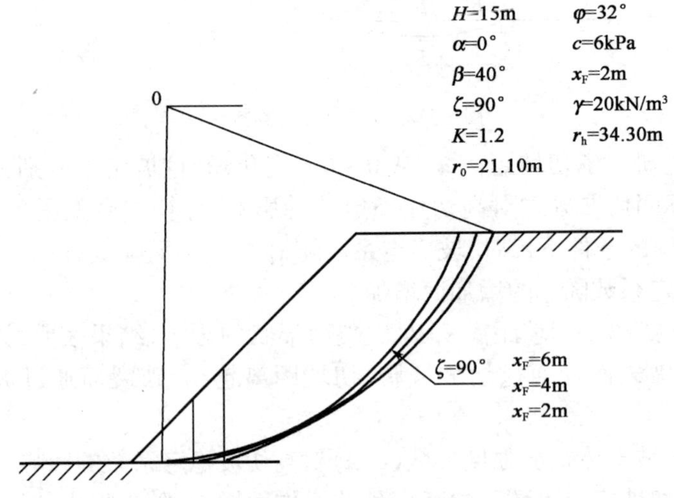

图3.114 开挖模式对高切坡破裂面的影响

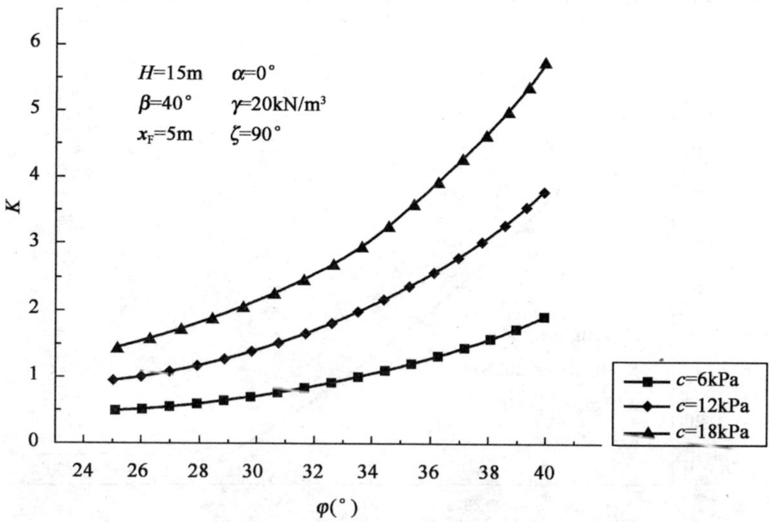

图 3.115　土体抗剪强度参数对高切坡安全系数的影响

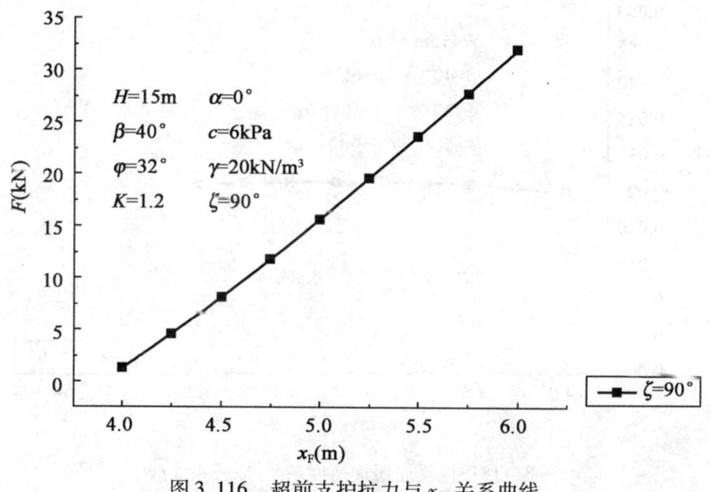

图 3.116　超前支护抗力与 x_F 关系曲线

图 3.117 给出了高切坡土体内摩擦角对超前支护桩抗力的影响,结果表明:在其他条件一定的条件下,超前支护桩需要提供的抗力荷载随土体内摩擦角的增加而成线性降低。

研究了切坡距离 x_F 对超前住户支护桩加固高切坡临界屈服加速度系数的影响,结果见图 3.118。从图中可以看出,对于已采用超前支护桩加固处理的高切坡,x_F 对地震屈服加速度系数的影响较小,说明加固高切坡具有几乎相同的抗震性能。

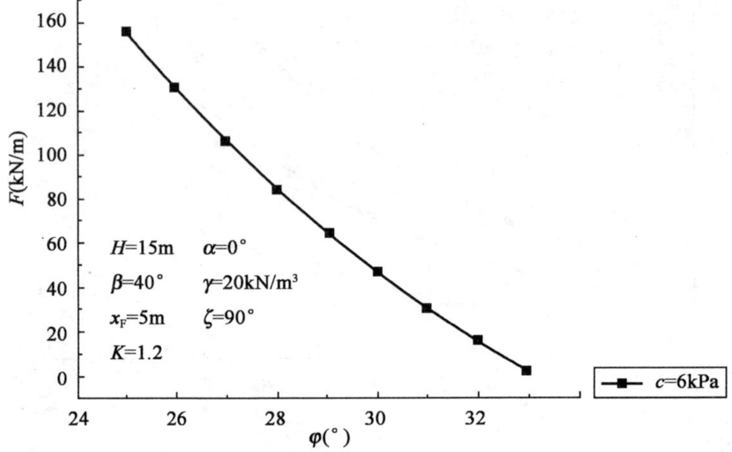

图 3.117　土体内摩擦角对超前支护抗力 F 的影响

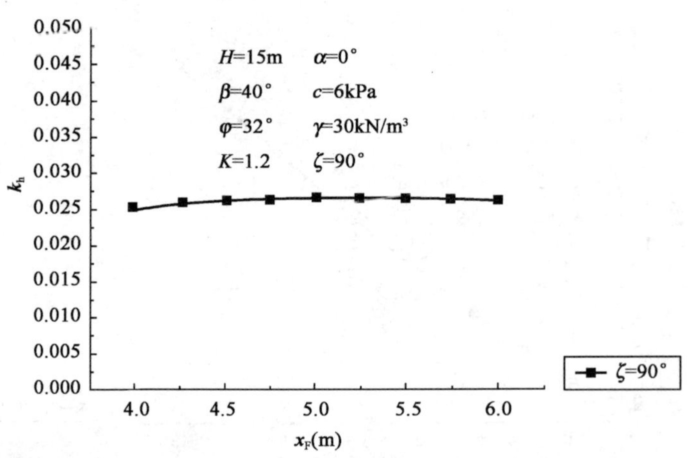

图 3.118　地震屈服加速度系与 x_F 关系曲线

此外,我们还研究了加固高切坡在不同设计静力安全系数下所对应的地震临界屈服加速度系数,结果见图 3.119。从图中可以看出:随着静力安全系数的增加,对应的地震临界屈服加速度也显著增大,因此在强震带采用超前支护结构加固高切坡时,为提高加固高切坡的抗震性能,可适当增加加固高切坡的静力设计安全系数。

最后,我们给出加固高切坡永久位移的计算,假设 $x_F=4\text{m}$,对应的屈服加速度系数 $k_h=0.025$,地震平均加速度系数 $k=0.15$,持续时间 $t=2.5\text{s}$,则可计算出加固高切坡对应的永久位移为0.64rad。

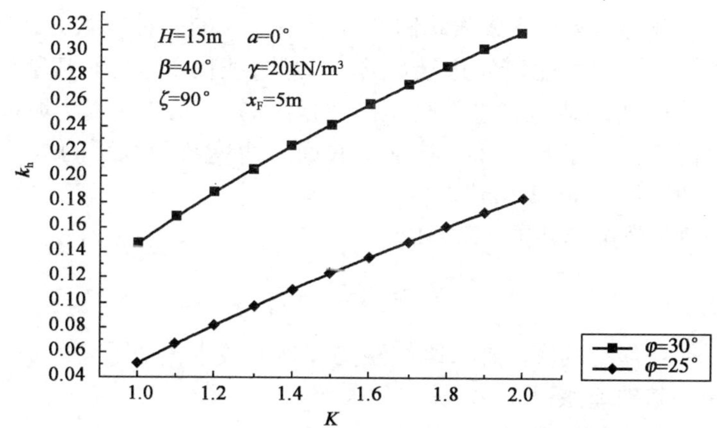

图3.119 加固高切坡静力设计安全系数对地震临界屈服加速度系数的影响

6. 结论

将极限分析上限定理与高切坡超前支护理论有机结合,研究了高切坡稳定性的超前诊断理论和超前支护桩加固危险性高切坡的计算方法以及强震荷载下加固高切坡的屈服加速度和永久位移预测方法,结果表明:

(1)切坡方式对高切坡的稳定性有显著影响,在 ζ 相同的条件下,高切坡稳定系数随 x_F 的增加而降低;在 x_F 相同的条件下,高切坡稳定系数随 ζ 的增加而增加。

(2)高切坡土体抗剪强度对高切坡稳定性有重要影响,高切坡安全系数随内摩擦角的增加而增大,随内聚力的增加而增大。其中,内摩擦角对高切坡稳定性的影响更为强烈。

(3)开挖距离 x_F 对超前支护桩需提供的抗力荷载有重要影响,抗力随 x_F 的增加呈线性方式增长。

(4)在其他条件一定的情况下,超前支护桩需要提供的抗力荷载随土体内摩擦角的增加成线性降低。

(5)对于已加固高切坡来说,x_F 对地震屈服加速度的影响较小。

(6)随着加固高切坡静力安全系数的增加,加固高切坡的地震临界屈服加速度也显著增大,可通过适当提高加固高切坡的静力设计安全系达到提高加固高切坡抗震性能的目的。

六、条形基础荷载作用下的研究

山地城镇一般坐落在山间盆地和谷地,随着全国基础建设的全面发展,特别是西部基础建设和城镇化建设的蓬勃兴起,建设用地的问题日益突出,在边坡上修筑各种建筑物与构筑物成为我们合理利用土地的一种有效方式,但在坡顶不合理地修建构筑物可能诱发边坡破坏。为此,我国《建筑地基基础设计规范》(GB 50007—2002)规定:"位于稳定边坡顶上的建筑,当垂直于坡顶边缘线的基础底面边长小于或等于3m时,其基础底面外边缘线至坡顶的水平距离应符合下式要求,但不得小于2.5m"。

位于坡顶的条形基础(图3.120):

$$B \geqslant 3.5b - \frac{d}{\tan\beta} \tag{3.170}$$

式中:B——条形基础底面外边缘线距离坡顶的最小水平距离;

d——基础埋深;

b——条形基础宽度;

β——边坡坡角。

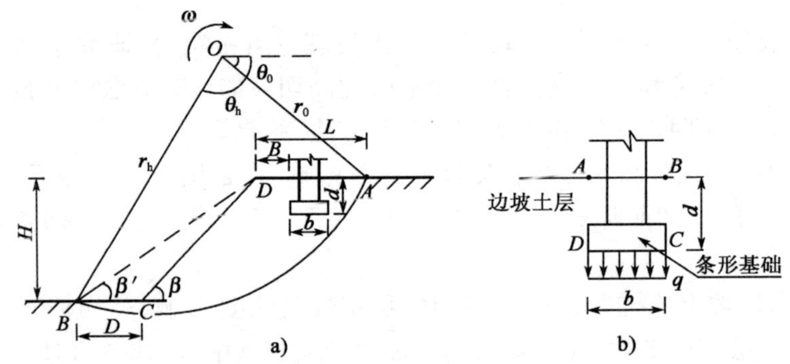

图3.120 条形基础附加应力作用下的土质边坡破坏机理

a)破坏机理;b)条形基础附加应力作用坡顶

从式(3.170)可以看出,边坡的稳定距离似乎仅与基础宽度、埋设深度以及边坡坡角有关,这显然是不合理的。事实上,坡顶超载、坡体抗剪强度指标、边坡高度等因素对参数B的确定有显著影响。同时,如果边坡处于不稳定状态,则需要对边坡进行加固,采用何种结构进行加固?如何确定需要的加固荷载?也是我们必须解决的问题。

近年来,极限分析理论在复杂荷载下边坡稳定性分析方面取到了长足发展。本节结合极限分析上限定理,以M-C准则为基础,针对上述问题开展系统研究,推导了相关计算公式,研究了边坡稳定性与各主控影响因素的定量关系、不稳定边坡加固防护需要施加的外力荷载以及地震荷载作用下加固边坡临界屈服加速度,为山区边坡工程稳定性判识与防护提供指导。

1. 坡顶条形基础荷载下边坡稳定性的超前判识

考察如图3.120a)所示条形基础超载作用下边坡的稳定性计算模型:假设边坡从距离坡顶 B 处埋置深度为 d 的条形基础宽为 b,该土质边坡潜在滑面为对数螺旋面 AB,滑体可看做是绕圆心 O 点转动的旋转机构,那么便可采用极限分析的上限定理研究条形基础距坡顶 B、条形基础宽度 b、条形基础埋置深度 d 对土质边坡稳定性的影响,并对该种边坡稳定性进行判识。

假设边坡满足对数螺旋破坏模式,如图3.120a)所示,滑动面为对数螺旋滑移面 AB,假设滑坡体前后缘与旋转中心 O 连线对水平面的夹角分别为 θ_0 和 θ_h。

相应的对数螺旋线方程可表达为:

$$r(\theta) = r_0\exp[(\theta - \theta_0)\tan\varphi] \tag{3.171}$$

式中:r_0——对数螺旋线滑面上与水平面的夹角为 θ_0 时对应的半径;

φ——滑土体内摩擦角。

从几何关系可以看出:

$$\frac{H}{r_0} = \frac{\sin\beta'}{\sin(\beta' - \alpha)}\{\sin(\theta_h + \alpha)\exp[(\theta_h - \theta_0)\tan\varphi] - \sin(\theta_0 + \alpha)\} \tag{3.172}$$

式中:H——边坡高度;

α——高切坡坡顶倾角,此处 $\alpha = 0$;

其他符号意义见图3.120a)。

$$\frac{L}{r_0} = \frac{\sin(\theta_h - \theta_0)}{\sin(\theta_h + \alpha)} - \frac{\sin(\theta_h + \beta')}{\sin(\theta_h + \alpha)\sin(\beta' - \alpha)}\{\exp[(\theta_h - \theta_0)\tan\varphi] \times \sin(\theta_h + \alpha) - \sin(\theta_0 + \alpha)\} \tag{3.173}$$

(1)外力功率

图3.120a)属于平面应变问题,分别求出四边形 $OABO$,$OADO$,$ODBO$ 和 DBC 土体重力做的功率,从而得到多边形 $ABCDA$ 土体重力所做功率:

$$\dot{W}_{soil} = \dot{\omega}\gamma r_0^3(f_1 - f_2 - f_3 - f_4) \tag{3.174}$$

式中:$\dot{W}_{soil}$——高切坡重力做的外力功率;

γ——滑土体重度;

$\dot{\omega}$——高切坡旋转破坏对应的角速度；

$f_1 \sim f_4$ 见附录 D。

条形基础附加应力的计算见图 3.120b)，由于回填土与基础的平均重度与原边坡土的重度相差很小，对边坡的影响较小，所以我们近似认为条形基础的附加荷载为上部结构传递到基底的平均压力值。由图 3.120 推得：

$$f_5 = \int_0^b q(r_0\cos\theta_0 - B + x)\,\mathrm{d}x = qb\left(\frac{1}{2}b + r_0\cos\theta_0 - B\right) \tag{3.175}$$

式中：b——条形基础的宽度；

q——基底平均荷载；

B——基础边缘到坡顶的水平距离。

则外力功率为：

$$\dot{W}_{外} = \dot{\omega}gr_0^2(f_1 - f_2 - f_3 - f_4) + \dot{\omega}f_5 \tag{3.176}$$

(2)滑动面上的内能耗散

滑动面上的内能耗散表达为：

$$\dot{D}_{内} = \int_{\theta_0}^{\theta_h} cV\cos\varphi\,\frac{r\mathrm{d}\theta}{\cos\varphi} = \frac{cr_0^2\dot{\omega}}{2\tan\varphi}\{\exp[2(\theta_h - \theta_0)\tan\varphi] - 1\} \tag{3.177}$$

式中：$\dot{D}_{内}$——沿滑动面上的能量耗散；

c——滑面土体的内聚力；

其他符号意义同前。

根据极限分析上限定理，高切坡稳定安全系数可以表达为：

$$K = \frac{\dot{D}}{\dot{W}_{外}} = \frac{\dfrac{cr_0^2}{2\tan\varphi}\{\exp[2(\theta_h - \theta_0)\tan\varphi] - 1\}}{\gamma r_0^3(f_1 - f_2 - f_3 - f_4) + f_5} \tag{3.178}$$

式中：K——给定边坡对应的安全系数。

显然，边坡的安全系数是包含 3 个未知参数(θ_0、θ_h、β')的函数，在所有可能的滑动面中，真实的滑动面对应最小安全系数，于是有：

$$\left.\begin{aligned}\frac{\partial K}{\partial \theta_0} &= 0\\ \frac{\partial K}{\partial \theta_h} &= 0\\ \frac{\partial K}{\partial \beta'} &= 0\end{aligned}\right\} \tag{3.179}$$

根据上式，可以计算边坡相应的θ_0、θ_h、β'参数，进而确定对应边坡破裂面以及边坡的稳定系数。

2. 不稳定边坡抗滑桩超前支护加固

通过对边坡稳定性进行超前诊断，如果给定条件下边坡处于不稳定状态，就必须对其进行超前支护。首先对边坡进行加固处理，再在坡顶修建构筑物，就可以保证边坡的整体稳定性。在此，我们采用超前支护桩对边坡进行支护。在进行超前支护桩设计时，我们需要知道边坡在满足一定安全系数的条件下，超前支护桩需要提供的抗力荷载。在此，我们采用极限分析方法，研究确保边坡稳定超前支护桩需要施加的抗力荷载。

将超前支护桩对土坡的稳定作用简化为横向抗力荷载和抗滑力矩（图3.121）。因此超前支护桩所做的功率可表达为：

$$\dot{D}_p = Fr_0\sin\theta_p\dot{\omega}\exp[(\theta_p - \theta_0)\tan\varphi] - M\dot{\omega} \tag{3.180}$$

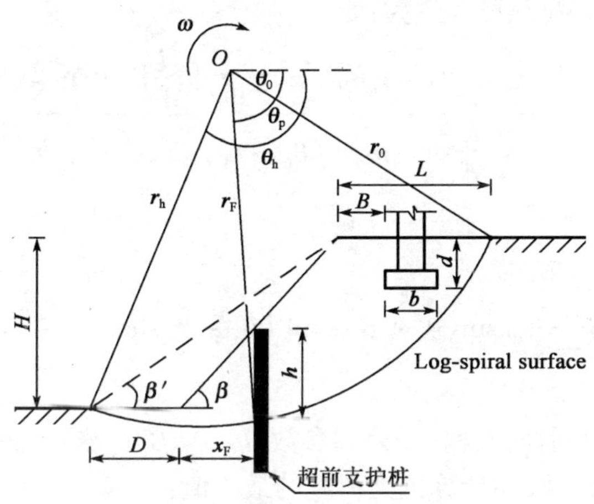

图3.121　超前支护桩加固边坡

式中：$\dot{D}_p$——超前支护桩所作的外力功率；

F——单位宽度上超前支护桩所提供的抗力荷载；

θ_p——抗滑桩所在位置与中心点连线与水平面的夹角；

M——考虑作用在滑面以上部分的超前支护桩抗力弯矩。

$$M = Fmh \tag{3.181}$$

式中：h——滑面以上部分超前支护桩的长度；

m——系数，本文中，假设超前支护桩在滑面以上部分的抗力荷载为线性分布式，m取1/3；

其他符号意义同前。

其中，h 可按下式计算：

$$h = r_{\mathrm{p}}\sin\theta_{\mathrm{p}} - r_{\mathrm{h}}\sin\theta_{\mathrm{h}} + x_{\mathrm{F}}\tan\beta \tag{3.182}$$

根据几何关系，θ_{p} 应满足如下方程：

$$x_{\mathrm{F}} = r_{\mathrm{p}}\cos\theta_{\mathrm{p}} - r_{\mathrm{h}}\cos\theta_{\mathrm{h}} - \frac{\sin(\beta - \beta')}{\sin\beta\sin\beta'}H \tag{3.183}$$

根据极限分析上限定理，可知坡体的稳定程度取决于外力功率与内能耗散的相对关系，根据能量安全系数的定义，超前支护桩加固边坡的稳定性系数 K 表达为：

$$K = \frac{\dot{D}_{内} + \dot{D}_{p}}{\dot{W}_{外}} \tag{3.184}$$

要使边坡达到相应的设计安全系数 K_0（如 $K_0 = 1.2$），则超前支护桩需要提供的每延米抗力荷载可表达为：

$$F = \frac{K_0\gamma\left(\frac{H}{A}\right)^3(f_1 - f_2 - f_3 - f_4) + K_0 f_5 - \frac{c}{2\tan\varphi}\left(\frac{H}{A}\right)^2\{\exp[2(\theta_{\mathrm{h}} - \theta_0)\tan\varphi] - 1\}}{\frac{H}{A}\sin\theta_{\mathrm{p}}\exp[(\theta_{\mathrm{p}} - \theta_0)\tan\varphi] - \frac{1}{3}h} \tag{3.185}$$

式中：

$$A = \frac{\sin\beta'}{\sin(\beta' - \alpha)}\{\sin(\theta_{\mathrm{h}} + \alpha)\exp[(\theta_{\mathrm{h}} - \theta_0)\tan\varphi_{\mathrm{t}}] - \sin(\theta_0 + \alpha)\} \tag{3.186}$$

式(3.186)中同样包含3个未知参数（θ_0、θ_{h}、β'），需要确定真实的滑动面所对应的最小抗力荷载，即计算抗力荷载的最小值：

$$\left.\begin{aligned}\frac{\partial F}{\partial\theta_0} &= 0\\ \frac{\partial F}{\partial\theta_{\mathrm{h}}} &= 0\\ \frac{\partial F}{\partial\beta'} &= 0\end{aligned}\right\} \tag{3.187}$$

根据式(3.187)，可以计算出超前支护桩加固边坡所相应的 θ_0、θ_{h}、β' 参数，进而确定加固边坡的破裂面形状以及超前支护桩需要提供的抗力。

3. 地震荷载作用下超前支护桩加固边坡的临界屈服加速度

考察如图3.122所示的超前支护桩加边坡，研究地震荷载作用下加固边坡的临界屈服加速度。同样采用极限分析上限定理，分别计算土体重力、条形基础附加应力、超前支护桩的抗力以及地震惯性力所做的外力功率及破裂面上的能量耗散。

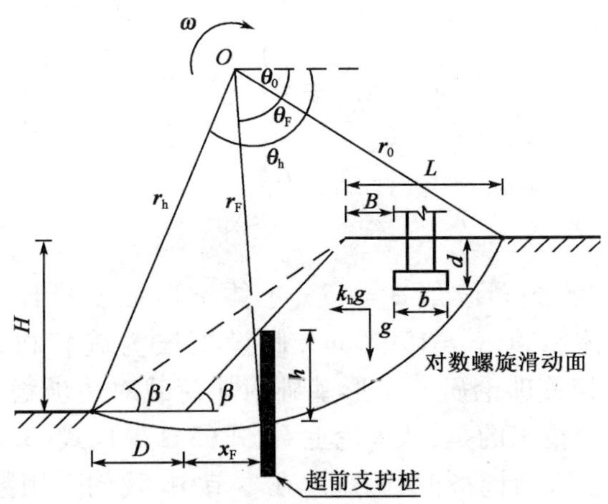

图 3.122　地震荷载下超前支护桩加固高切坡

其中，高切坡自重及地震惯性力做的外力功率可表达为：

$$\dot{W}_{\text{seismic}} = \gamma\dot{\omega}r_0^3[(f_1 - f_2 - f_3 - f_4) + k_h(f_6 - f_7 - f_8 - f_9)] + f_5 \tag{3.188}$$

式中：k_h——地震临界屈服加速度系数，$k_h = a/g$，a 为地震加速度，g 为重力加速度；

$f_6 \sim f_9$ 见附录 D。

超前支护桩所做的外力功率及滑动面上的能量耗散与式(3.180)相同。

根据极限分析上限定理，当外力功率等于内能耗散时，可以计算出超前支护桩加固高切坡的地震屈服加速度系数表达式：

$$\dot{W}_{\text{seismic}} = \dot{D}_p + \dot{D}_{内} \tag{3.189}$$

$$k_h = \frac{\dfrac{cr_0^2}{2\tan\varphi}\{\exp[2(\theta_h - \theta_0)\tan\varphi] - 1\} + Fr_0\sin\theta_p[\exp(\theta_p - \theta_0)\tan\varphi] - \dfrac{1}{3}Fh - r_0^3\gamma(f_1 - f_2 - f_3 - f_4) - f_5}{\gamma r_0^3(f_6 - f_7 - f_8 - f_9)} \tag{3.190}$$

式中：k_h——超前支护桩加固高切坡的屈服加速度系数；

其他符号意义同前。

加固边坡地震屈服加速度系数的表达式(3.190)中同样包含 3 个未知参数(θ_0、θ_h、β')，需要确定地震荷载下加固边坡对应的真实滑动面以及真实的屈服加速度系数。对式(3.191)中各参数分别求导,即可获得加固边坡对应的最小临界屈服加速度系数。

$$\left.\begin{aligned}\frac{\partial k_{\mathrm{h}}}{\partial \theta_0} &= 0\\ \frac{\partial k_{\mathrm{h}}}{\partial \theta_{\mathrm{h}}} &= 0\\ \frac{\partial k_{\mathrm{h}}}{\partial \beta'} &= 0\end{aligned}\right\} \tag{3.191}$$

4. 算例

已知边坡坡高为 15m,坡角 $\beta = 45°$,土体抗剪强度指标参数分别为:$c = 20\mathrm{kPa}$,$\varphi = 20°$,土体重度 $\gamma = 15\mathrm{kN/m^3}$,假设土坡为旋转机构滑坡模式(图 3.123)。采用上述相关理论研究条形基础附加荷载对边坡稳定性与超前支护桩的影响计算。需要指出的是,从理论上看,式(3.179)、式(3.187)、式(3.191)可以获得最小解,但实际计算却很困难。在本节中,我们采用数学规划方法,利用的 Mathematics 优化工具箱进行优化计算。

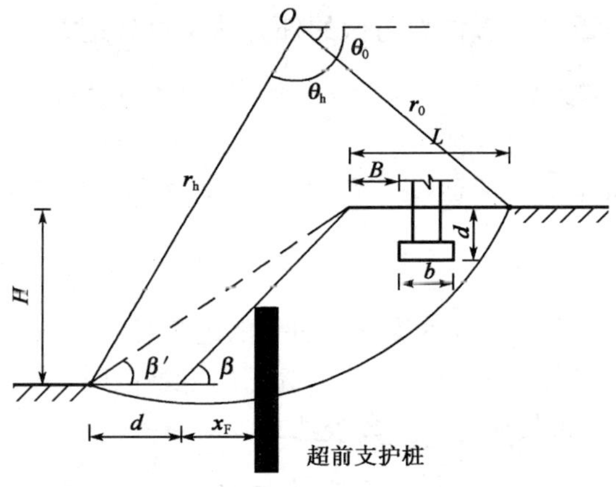

图 3.123　边坡计算图示

我们首先研究了条形基础不同的埋置参数对土质边坡安全性的影响,分别讨论了条形基础基底宽度 b 从 1 ~ 3m,条形基础外边缘距坡顶距离 B 从 0 ~ 10m,边坡坡角 β 分别为 45°、60°、75°条件下,边坡稳定系数的变化,结果见图 3.124、图 3.125。从图中可以看出:在 β 相同的条件下,边坡安全性系数随着条形基础宽度 b 的增大而减小,随着 B 的增大而增大;在 b 、B 相同的条件下,边坡稳定系数随 β 的增加而降低。

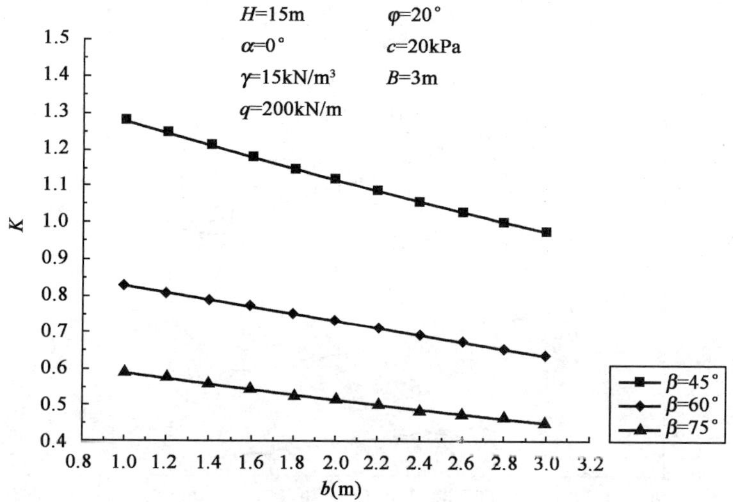

图 3.124　条形基础基底宽度 b 的坡整体安全系数的影响

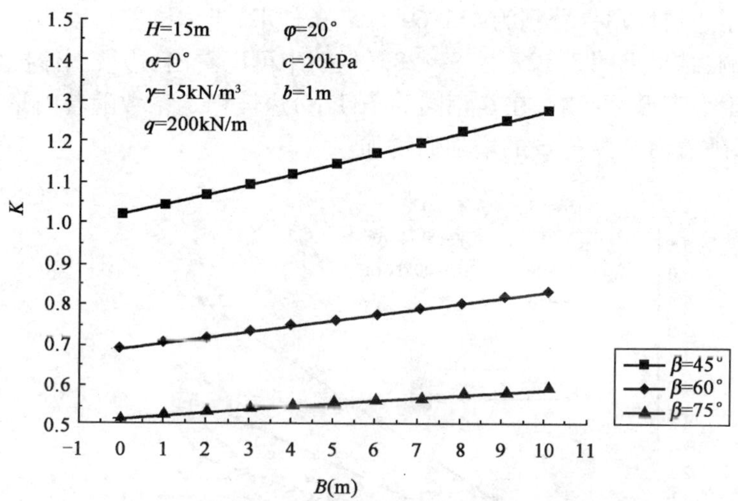

图 3.125　条形基础外边坡距平坡顶距离 B 的坡整体安全系数的影响

研究了边坡坡角 β 分别为 45°、60°、75°条件下，基底均布荷载对边坡稳定性的影响，结果见图 3.126。从图中可以看出：在 β 相同的条件下，边坡稳定系数随基底均布荷载的增加而降低；在基底荷载相同的条件下，边坡坡稳定系数随 β 的增加而降低。

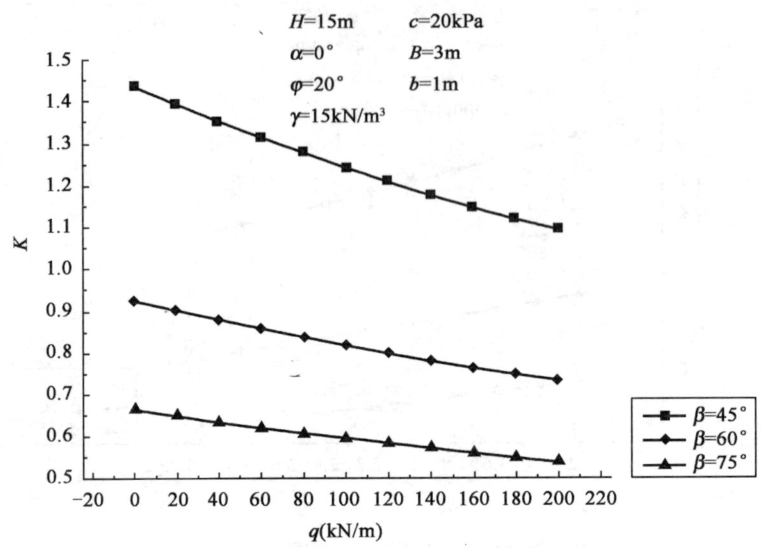

图 3.126　作用在基础上的竖向力对坡整体安全系数的影响

研究了边坡坡角 β 分别为 45°、60°、75°条件下，土体抗剪强度指标对边坡稳定性的影响，结果见图 3.127、图 3.128。从图中可以看出：边坡土体抗剪强度指标对边坡稳定有显著影响，在 β 相同的条件下，边坡稳定系数随着内聚力 c 的增加而增加，随着内摩擦角 φ 的增加而增加。

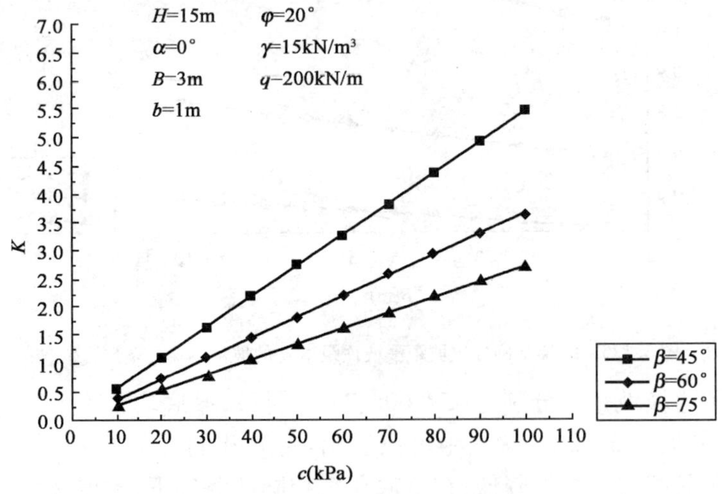

图 3.127　内聚力 c 对坡整体安全系数的影响

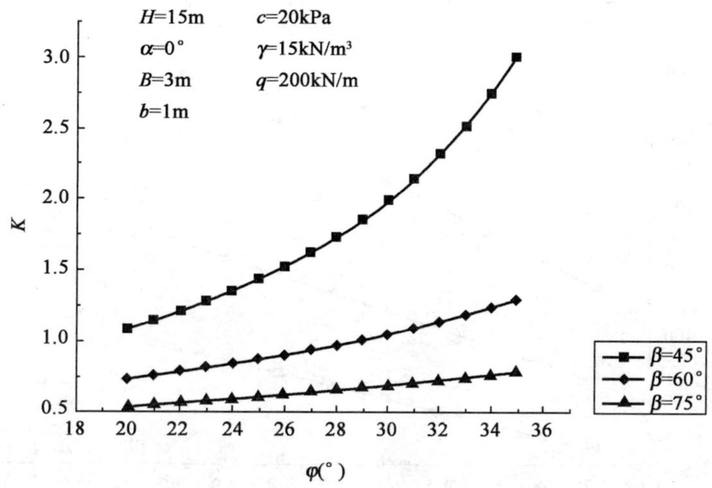

图 3.128　内摩擦角 φ 对坡整体安全系数的影响

对于危险性边坡需要采用超前支护桩进行加固，假定加固高切坡需要达到的安全系数为 $K=1.2$，我们计算了 x_F 对超前支护桩需要提供每延米抗力的影响，计算结果见图 3.129。结果表明：在坡角 β 相同时，抗滑桩提供的抗力 F 随 x_F 的增加而增加。安全性系数 K 的不同抗滑桩所提供的抗力 F 也会不同，图 3.130 给出了安全性系数与抗力的关系曲线，结果表明：安全性系数对抗滑桩提供的抗力影响很大，抗力随着安全性系数的增加呈线性方式增加，且坡角越大要求的抗力越高。

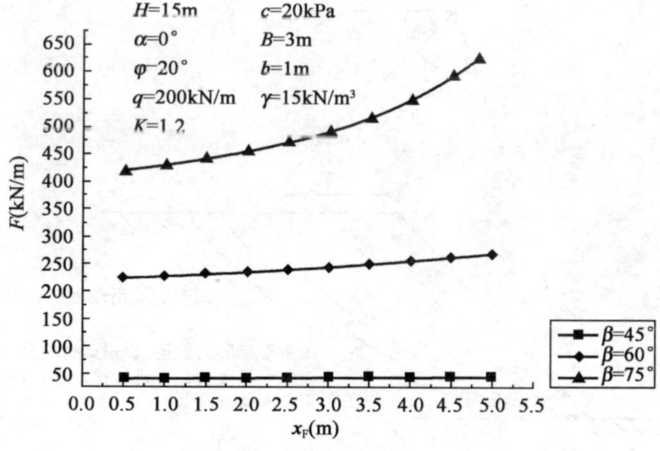

图 3.129　超前桩支护抗力 F 与 x_F 关系曲线

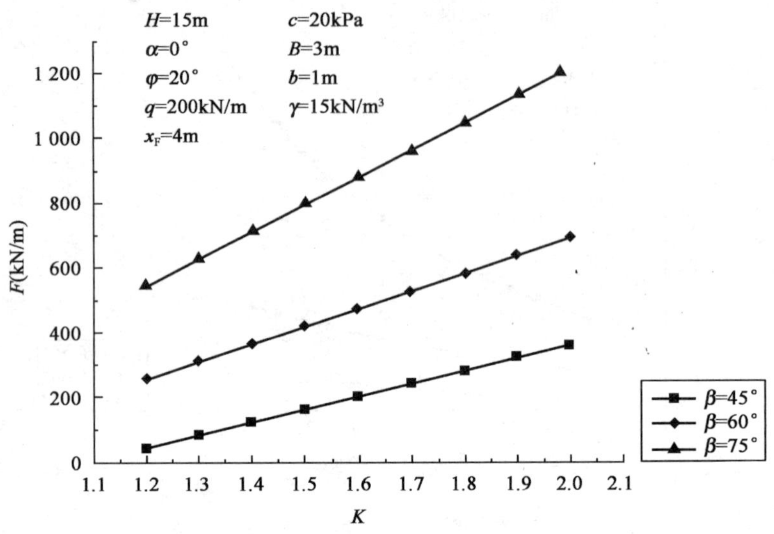

图 3.130　超前支护抗力 F 与 K 关系曲线

研究了无附加荷载作用、条形基础附加荷载作用以及抗滑桩加固边坡三种情况下的边坡的破裂面形状，结果见图 3.131。无附加荷载作用时，该边坡安全性系数 $K=1.436\ 5$，$\theta_0=0.654\ 8$，$\theta_h=1.776\ 7$，$L=4.120\ 4\text{m}$；条形基础附加荷载作用时，边坡安全系数 $k=1.066\ 7$，$\theta_0=0.580\ 8$，$\theta_h=1.783\ 8$，$L=3.075\text{m}$；采用超前支护桩加固后，边坡安全系数 $K=1.4$，超前支护桩需要提供的每延米荷载 $F=129.54\text{kN/m}$，$\theta_0=0.609\ 3$，$\theta_h=1.789\ 3$，$L=3.646\ 9\text{m}$。

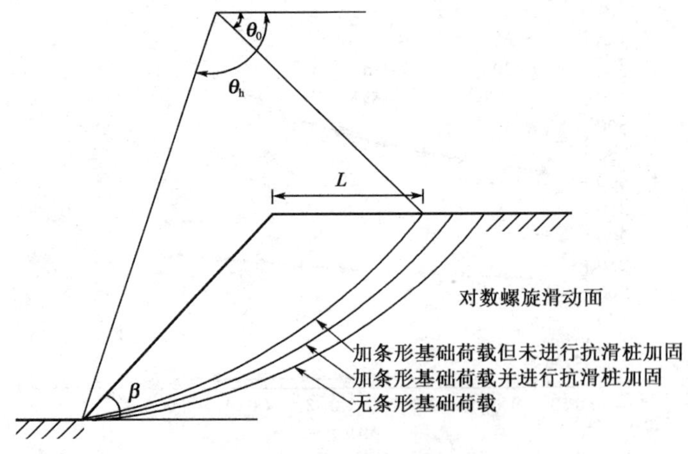

图 3.131　边坡潜在滑面的位置

利用式(3.191),我们研究了 x_F 与边坡稳定系数 K 对加固边坡地震临界屈服加速度系数的影响,结果见图 3.132、图 3.133。从图中可以看出,对于已采用超前支护桩加固处理的边坡,x_F 对地震屈服加速度系数的影响较小,说明加固边坡具有几乎相同的抗震性能。地震临界屈服加速度系数随着稳定性系数 K 的增大而显著增大。

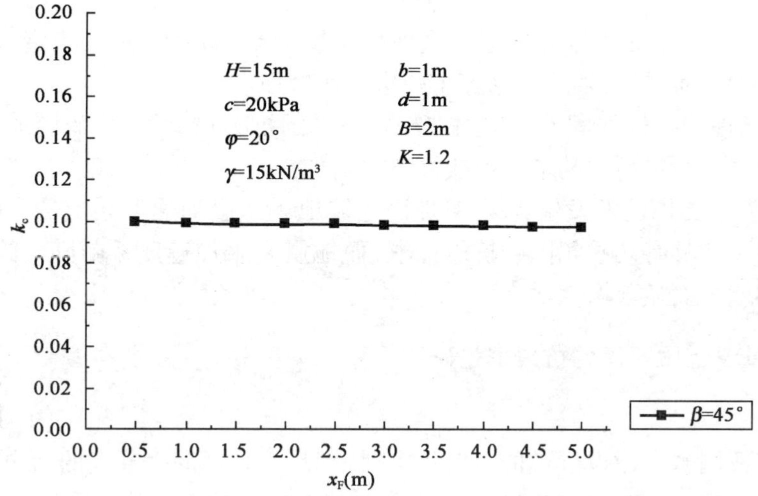

图 3.132　地震屈服加速度系与 x_F 关系曲线

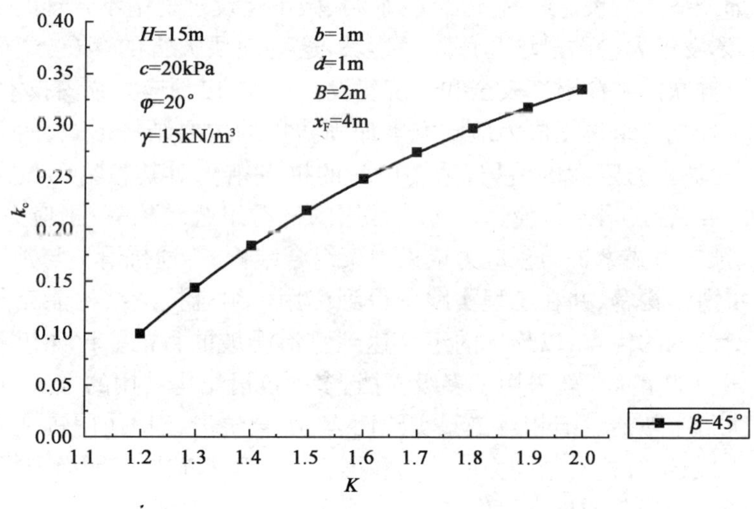

图 3.133　地震屈服加速度系数与 K 关系曲线

5. 结论

(1)条形基础不同的埋置参数对边坡稳定性有显著影响,在 β 相同的条件下,边坡稳定系数随着条形基础基底宽度 b 的增大而减小,随着条形基础距坡顶距离 B 的增大而增大;边坡稳定系数随 β 的增加而降低。

(2)基底荷载对边坡稳定性有重要影响,边坡稳定系数随基底荷载的增加而降低。

(3)边坡土体抗剪强度指标对边坡稳定性的影响最大,边坡稳定系数随着内聚力的增加而增加,随着内摩擦角的增加而增加。

(4)超前支护桩加固不稳定边坡需要提供的抗力荷载随 x_{F} 的增加而增加,抗力随着边坡稳定系数的增加呈线性方式增加。

(5)超前支护桩埋设位置 x_F 对加固边坡地震屈服加速度系数的影响较小,说明加固边坡具有几乎相同的抗震性能,而地震屈服加速度系数随着边坡稳定性系数的增大而显著增大。

七、基于上限定理的抗滑群桩研究

1. 前言

随着我国基本建设规模的日益扩大,特别是面临西部大开发的历史机遇,铁路、公路、水利等基础设施建设都进入了空前大发展时期。作为西部多为山区,在进行各种工程建设中,地质灾害频繁,滑坡、崩塌、高切坡等地质灾害已严重地制约了西部经济的发展。特别在公路、水利、城镇建设过程中不合理的切坡以及降雨影响,诱发了大量的滑坡和危险性边坡,这些地质灾害的存在,严重地威胁着广大人民群众的生命财产安全和经济建设。目前,以预应力锚固技术、抗滑桩为代表的各种抗滑结构正成为地质灾害加固防护的主要结构形式,而对于一些性质复杂、滑坡推力巨大的滑坡,采用单一的抗滑结构对其整治已显得无能为力,于是各种组合抗滑结构应运而生。常用的抗滑组合结构有:预应力锚索桩、抗滑群桩、预应力锚索桩与预应力锚索框架组合结构、普通抗滑桩与预应力锚索框架组合抗滑结构等,并在工程实践中得到应用。组合抗滑结构能充分发挥各种单一抗滑结构的优点,以最优的组合达到整治滑坡的目的。比如川藏公路上著名的天堑“102 滑坡”就采用了多级支挡、多种抗滑结构并用的方式,才有效地对该滑坡进行了整治。但相对工程实践而言,组合抗滑结构作用机理的研究尚处于初级阶段,组合抗滑结构力的传递和推力分配等基础性问题尚未得到解决,设计上无统一的规范或标准可供参考,不同的单位主要根据各自的经验或假设进行设计,常常造成不必要的浪费或工程失效,因而急需进行这方面的研究。

双排桩在滑坡治理中已经得到了广泛应用，但对滑坡推力如何分配、不同排桩之间的相互作用影响等问题，国内外学术界没有系统的相关研究。中铁西北科学院结合双排桩大型室内模型试验，对上述问题进行了研究，得出了以下结论：

(1)土类滑坡第一排抗滑桩上滑坡推力呈梯形—三角形分布；

(2)第二排桩上滑坡推力呈梯形分布；

(3)抗滑桩受到的桩前滑体抗力，第一排桩呈上大下小的倒梯形分布，第二排呈矩形分布。

上述结论是建立在两排桩间距较小的条件下得出的，当增大前后排桩的间距时，可以大大弱化桩与桩之间的相互影响，必将得出不同的滑坡推力分布模式。门架式双排抗滑桩具有较大的刚度，可以有效地限制结构的变形，具有位移小、抵抗力大的特点。针对这一问题，周翠英、刘祚秋、尚伟等提出了一个新的计算模式：将前、后排桩及中间连系梁和桩间土视为一个整体，前排桩和后排桩受到的地基土的抗力简化为弹性支承；提出了桩间土对前排桩的作用模式和作用力计算分析模型，采用有限元理论和 Winkler 弹性地基梁建立了求解门架式双排抗滑桩内力的力学模型。郑刚、李欣、刘畅、高喜峰等在对双排桩现有计算模型进行分析的基础上，提出了一种新的考虑桩土相互作用的平面杆系有限元双排桩分析模型，将双排桩之间土视为薄压缩层，并以水平向弹簧模拟，可以考虑两排桩间土层分布变化、压缩性、桩间土加固等对双排桩相互作用的影响，避免对前后排桩土压力分布作出人为分配。

在本文中，以极限分析的上限定理为基础，提出了一种新的双排抗滑群桩整治滑坡的设计方法：增大第一排抗滑桩的桩间距，使得作用在第一排抗滑桩上的荷载为极限土压力，并以此荷载进行第一排抗滑桩的结构设计；第二排抗滑桩按照普通抗滑桩设计，为减少两排桩之间的相互影响，保持两排桩之间有足够的距离。按照上述设计思想，给出了一种抗滑群桩的设计方法。

2. 极限分析上限定理

极限分析法采用塑性理论中的上、下限定理来确定稳定性问题的真实解的范围。通过求解最小的上限解和最大的下限解，可以有效地缩小这个真实解的范围。极限分析上限定理的证明要求以下的假定：

(1)岩土体为理想塑性材料；

(2)岩土体屈服方程满足在应力空间内外凸；

(3)岩土体服从相关联流动法则。

极限分析的下限法要求求解一个同时满足力的平衡条件、边界条件和屈服条件(一般采用库仑屈服准则)的应力场,一般宜采用有限元分析。上限法中,如果假设破坏岩土体以刚体形式运动,则只需求解一个简单的方程。上限定理要求在任意的机动场(符合正交法则并满足速度边界条件的应变率场)中外荷载和体力的功率之和与内能损耗率相平衡,可用下式表示:

$$\int_S T_i v_i \mathrm{d}S + \int_V X_i v_i \mathrm{d}V = \int_V \sigma_{ij}\, \dot{\varepsilon}_{ij} \mathrm{d}V \qquad (i,j = 1,2,3) \tag{3.192}$$

式中:X_i——体积力;

T_i——表面力;

v_i——机动容许的速度场;

$\dot{\varepsilon}_{ij}$——与 v_i 相容的应变率场;

σ_{ij}——与 X_i 和 T_i 关联的应力场;

S、V——分别为表面力作用面积和破坏的岩土体体积。

根据上限定理,由上式所确定的荷载 T_i 和 X_i 必大于或等于实际的极限荷载。

3. 作用在前排抗滑桩上的极限土压力

由于在设计上人为增大了第一排抗滑桩的间距(如间距为 10m 左右),使得桩间土可以绕过桩产生塑性流动(图 3.134),作用在抗滑桩上的土压力就是极限水平土压力。这个荷载的大小及其分布是进行第一排抗滑桩结构设计的基础。

Ito & Matsui(1975)基于土体塑性变形理论推导了一种计算土体运动作用在桩上的最大水平力的计算公式。假设土体可以绕桩发生塑性变形,且仅桩周部分土体达到塑性平衡状态,则作用于单排桩的极限水平土压力可以由下式计算。图 3.132 为桩周土体的塑性变形状态。

$$\begin{aligned} p(z) = {} & cA\left(\frac{1}{N_\varphi \tan\varphi}\left\{\exp\left[\frac{D_1 - D_2}{D_2} N_\varphi \tan\varphi \tan\left(\frac{\pi}{8} + \frac{\varphi}{4}\right)\right] - 2N_\varphi^{(1/2)} \tan\varphi - 1\right\} + \right. \\ & \left. \frac{2\tan\varphi + 2N_\varphi^{1/2} + N_\varphi^{-(1/2)}}{N_\varphi^{(1/2)} \tan\varphi + N_\varphi - 1}\right) - cD_1 \frac{2\tan\varphi + 2N_\varphi^{(1/2)} + N_\varphi^{-(1/2)}}{N_\varphi^{(1/2)} \tan\varphi + N_\varphi - 1} - 2D_2 N_\varphi^{-(1/2)} + \\ & \frac{\gamma z}{N_\varphi}\left\{A\exp\left[\frac{D_1 - D_2}{D_2} N_\varphi \tan\varphi \tan\left(\frac{\pi}{8} + \frac{\varphi}{4}\right)\right] - D_2\right\} \end{aligned} \tag{3.193}$$

式中:c——土的黏聚力;

D_1——桩轴线间距;

D_2——桩的净间距;

φ——土的内摩擦角;

γ——土的重度;

z——土层距地表面的深度。

$$N_{\varphi} = \tan^2(\pi/4 + \varphi/2)A = D_1(D_1/D_2)(N_{\varphi}^{1/2}\tan\varphi + N_{\varphi} - 1)$$

因此,作用在桩上的总的水平力 F_t 可以通过对式(3.193)沿破坏土层深度积分得到。对无黏性土,取 $c=0$,上式依然适用。本式是根据刚性桩的推导结果,但亦可以用于弹性桩。

一系列的现场试验和模型测试证明了Ito理论可以比较接近地预测变形土体对桩的压力(Ito et al. 1982)。但是,这一公式只适用于桩间距在一定范围的情况,对大间距或很小的间距,其假定的桩间塑性流动机制并不是临界状态。对黏性土,还可以采用一种经验解法。桩—土相对运动产生的作用于桩上的极限压力 p_u 和土的不排水抗剪强度 c_u 的关系可以用下式表示:

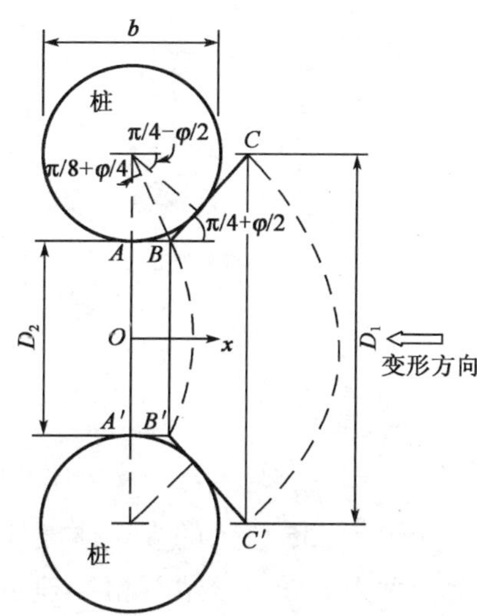

图3.134 桩周土体的塑性变形状态(Ito & Matsui 1975)

$$p_u = N_p c_u \tag{3.194}$$

式中:N_p——水平抗力系数,对单桩来说,在地表面处取2,随深度线性增加,到3.5倍桩径(桩宽)或更深处达到最大值9,可表示为:

$$N_p = 2(1 + \frac{z}{d}) \leqslant 9 \tag{3.195}$$

式中:z——距地表面的深度;

d——桩径或桩宽。

Chen and Poulos(1993)的理论研究证明,群桩会对 N_p 的大小有一定的影响,对单排桩 N_p 会有所降低。对无黏性土中的桩,最简单的方法是Broms(1964)建议解:

$$p_u = aK_p\sigma'_{vo} \tag{3.196}$$

式中:K_p——朗肯被动土压力系数,$K_p=\tan^2(45°+\varphi/2)$;

σ'_{vo}——有效自重压力;

a 取值3~5。

4. 多块体系速度场的计算

利用极限分析方法计算多块体系的稳定系数时,必须构造多块体系的速度场,Donald & Chen(1997)给出了多块体系速度场的计算方法。考察如图 3.135 所示的滑坡体多块体系破坏模式。根据 M-C 屈服准则和相关联的流动法则,条块的塑性速度与滑面夹角为 φ_e,而相邻条块的相对速度与其交界面的夹角为 φ_e^j,这些重要结论为多块体速度场的构建建立了理论基础。

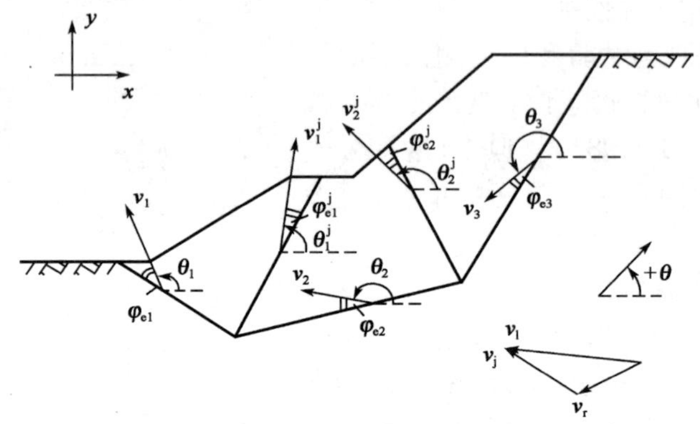

图 3.135 滑坡多块体破坏模式速度场示意图(Donald & Chen)

如图 3.135 所示的多块体破坏模式中相邻两个条块的速度场,假设其塑性速度分别为 v_l 和 v_r,界面相对速度为 v_j。根据速度场协调关系,有如下关系成立:

$$v_j + v_r = v_l \tag{3.197}$$

于是有:

$$v_r = v_l \frac{\sin(\theta_l - \theta_j)}{\sin(\theta_r - \theta_j)} \tag{3.198}$$

$$v_j = v_l \frac{\sin(\theta_r - \theta_l)}{\sin(\theta_r - \theta_j)} \tag{3.199}$$

式中:θ_l、θ_r、θ_j——分别为 v_l、v_r、v_j 与 x 轴正向的夹角。

对于多块破坏模式,只要知道第一块的塑性速度 v_1,其他任意一块的速度及其相对速度均可表达为第一块速度的线性函数。

$$v = Kv_1 \tag{3.200}$$

$$K = \prod_{i=1}^{k} \frac{\sin(\alpha_i^l - \varphi_{ei}^l - \theta_i^j)}{\sin(\alpha_i^r - \varphi_{ei}^r - \theta_i^j)} \tag{3.201}$$

式中:α——条块滑面与 x 轴的倾角。

5. 基于能量法的安全系数

塑性极限分析的基本要点是:当滑动体滑动时,自重和外力做的功率等于内

力(滑面上的阻力)所消耗的功率。因此,基于能量法的安全系数定义为:

$$K = \frac{D}{W_G - W_F} \tag{3.202}$$

式中:K——滑坡能量安全系数;

W_G——土体自重所做的功率;

W_F——抗力做的功率;

D——滑面上内能耗散的功率。

其中,重力做的功率可表示为:

$$W_G = \sum_{i=1}^{n} \gamma_i A_i v_i{}' \tag{3.203}$$

式中:γ_i——第 i 块滑体的重度;

A_i——第 i 块滑体的面积;

v_i'——第 i 块滑块塑性速度在重力方向的速度分量;

n——滑体块数。

抗力做的功率可表示为:

$$W_F = \sum_{k=1}^{m} F_k v_k \tag{3.204}$$

式中:m——单位宽度上支护结构的数量(抗滑桩的排数);

F_k——第 k 排抗滑桩提供的单位宽度上的滑坡抗力;

v_k——第 k 排抗滑桩对应滑块速度沿抗力作用方向的分量。

内能耗散功率为:

$$D = \sum_{i=1}^{n} c_i l_i v_i \cos\varphi_i \tag{3.205}$$

式中:c_i——第 i 块滑体滑面土体的黏聚力;

l_i——第 i 块滑体的滑面长度;

v_i——第 i 块滑块的塑性速度;

φ_i——第 i 块滑体滑面土体的内摩擦角。

6. 工程算例

为给出本文理论模型的具体应用,我们以具体滑坡为例,给出其计算过程。

三峡库区某滑坡计算剖面如图 3.136 所示,相关计算参数见表 3.15。由于滑坡较长且推力较大,拟采用双排抗滑桩进行整治,第一排桩布置于第 4 滑块上,将其桩距设置为 10m,让滑体沿桩侧产生塑性绕流,作用在桩上的荷载为极限荷载,按照 Ito 公式计算确定;第二排桩设置在第 1 滑块内,按照本文理论模型计算确定其抗力。

滑坡土体计算参数 表 3-15

天然重度	滑体土天然状态		滑带土	
kN/m^3	c(kPa)	φ(°)	c'(kPa)	φ'(°)
20.25	30	13	25	12

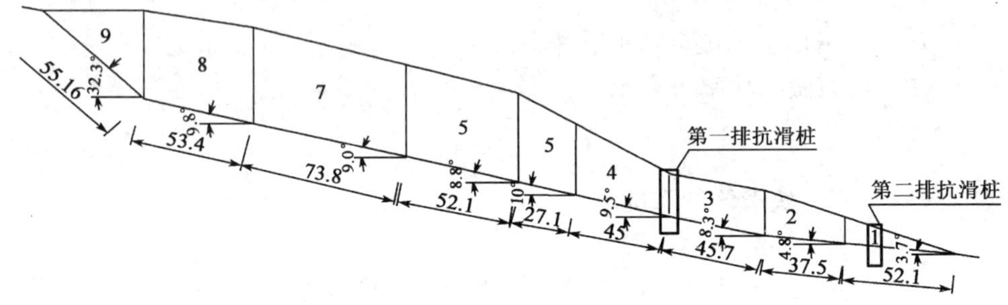

图 3.136 某滑坡剖面图(尺寸单位:m)

根据多块体系速度场的计算方法,假设滑块 1 的塑性速度为 v_0,则其他任意滑块的速度可以计算确定,计算结果见表 3.16。

各滑块的对应的速度值 表 3-16

滑块	1	2	3	4	5	6	7	8	9
塑性速度	v_0	$1.00v_0$	$1.002v_0$	$0.997v_0$	$0.995v_0$	$1.0v_0$	$0.999v_0$	$0.996v_0$	$0.998v_0$

(1)天然状态下的抗滑安全系数

天然状态下滑坡体自重所做的功率为 8 618 081v_0;内能耗散的功率为 9 302 210v_0。则天然状态下滑坡的安全系数 $K=1.02$,目前该滑坡处于缓慢的蠕动变形阶段,在降雨、人类工程活动、水位涨落等的影响下,极易发生滑坡。该滑坡威胁范围波及户数 176 户,人口 638 人,房屋面积 2 5774m^2,另在滑坡体上及其影响区有通信光缆约 2 000m,高压线缆 3 000m。估计直接经济损失 4 408.53 万元,间接经济损失 3 000 万元。据《三峡库区地质灾害防治工程地质勘察技术要求》判定该滑坡防治工程等级属于 II 级,对应的安全系数为 1.15,为此,需要进行加固防护处理。

(2)作用在前排桩上的极限土压力

假设前排桩的桩宽为 2m,间距为 10m,桩设置在滑体土块 4 处。通过计算得到作用在前排桩上的极限土压力为 $P=2\ 775$kN,则前排抗滑桩抗力所做的功率为 27 654.3v_0。

(3)第二排抗滑桩设计

取滑坡整体抗滑安全系数为 1.15,则计算出后排桩需做的功率为 330 234.8v_0。在假定第二排桩桩间距 5m 的条件下,确定第二排桩需要提供的抗力为 P = 1 665kN。由此可以进行第二排抗滑桩的结构设计。

7. 结论

本设计方法以极限分析的上限定理为基础,结合能量安全系数定义,使作用在第一排桩上的土压力为极限土压力,以此来设计第二排桩,能够较为清晰地计算出作用在各排桩上的滑坡推力;在能够满足工程要求的情况下工程造价最低,使抗滑群桩的设计更加的合理。该设计方法对抗滑群桩工程具有十分重要的技术经济意义。

第四节 超前处治结构施工关键技术研究

一、主动减压超前支护结构施工关键技术研究

1. 主动减压超前支护结构形式

从上述支护结构与边坡体的耦合作用机理分析可知:先固后挖施工方式在防止边坡失稳方面具有不可比拟的优点,但未充分发挥自身的抗剪能力;而边挖边固施工方式能做到完全发挥自身的抗剪能力,但不易控制。因此,主动减压超前支护结构必须具备两个优点:一方面具有超前支护结构的优点,另一方面具有充分发挥自身抗剪能力达到主动减压的优点。为了达到上述功能,主动减压超前支护新型结构形式组成部分必须满足如图 3.137 所示要求,柔性填料促使岩土体在边坡施工后发生变形,超前支护结构控制位移值恰好使应力状态达到峰值强度,如图 3.138 所示中位移从 A 点到 B 点变化,同时保持 B 点不变,从而起到超前支护和主动减压的效果。

2. 主动减压超前支护结构施工关键问题

主动减压超前支护结构主要是由柔性填料和超前支护结构组成的,如何做到在施工中两者互不影响,在使用中两者共同作用是主动减压超前支护施工的关键。在边坡的待支护处挖孔,然后在该孔中设置柔性填料,最后在挖孔其余位置设置超前支护结构。由于柔性填料较软,为了在后续施工中对该部分保护,如图 3.139 所示,在挖孔后首先在孔中适当位置放置隔板 1,然后在由隔板与护壁围成的与边坡相邻的空间内设置柔性填料 2,最后在由隔板与护壁组成的另一空间内设置超前支护结构 3。

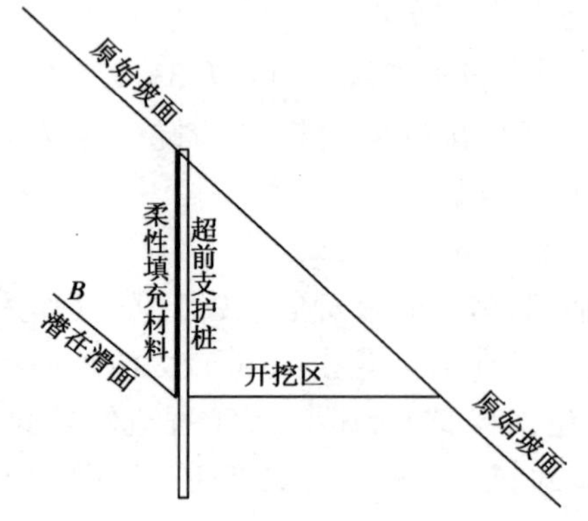

图 3.137　主动减压超前支护结构形式

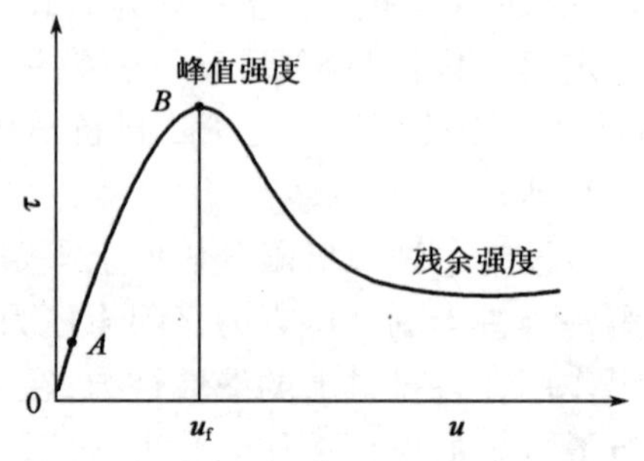

图 3.138　主动减压超前支护结构原理

二、其他超前支护结构施工关键技术研究

1. 其他超前支护结构工作原理

(1)超前支护锚杆

在边坡开挖之前,预先在边坡开挖面以下设置足够长度和密度的灌浆锚杆,在边坡开挖过程中,由于边坡卸荷回弹,必然在坡体一定深度范围内(卸荷带内)产生趋向于开挖面的坡面变形,由于超前支护锚杆的存在,可以约束这种变形的发生,进而大大减少坡面开挖卸荷带的形成和发展,达到有效整治边坡的目的(图 3.140)。

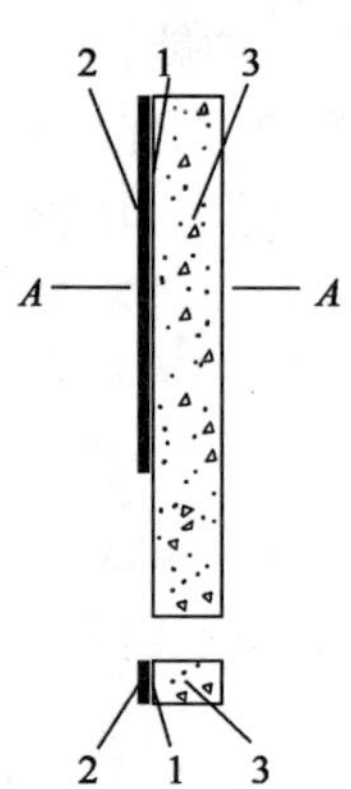

图 3.139　主动减压超前支护结构施工示意图

1-隔板;2-柔性填料;3-超前支护结构

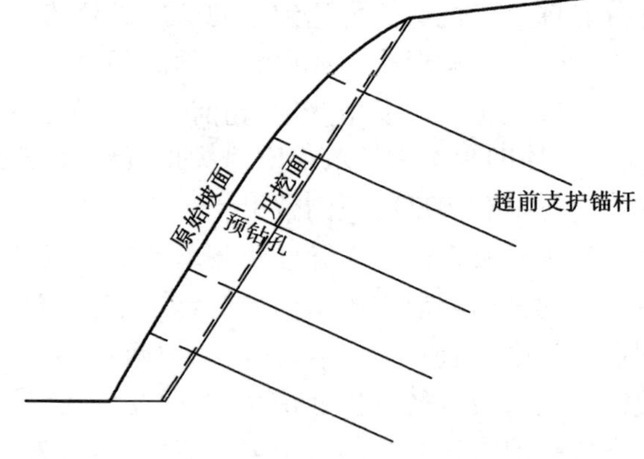

图 3.140　超前支护锚杆示意图

(2)预应力锚索抗滑挡墙

①预应力锚索抗滑挡墙结构形式

预应力锚索抗滑挡墙是由预应力锚索和普通重力式抗滑挡墙组合而成的新型抗滑结构形式,其构造图见图 3.141。它通过施加在抗滑挡墙上的强大预应力荷载提供的摩擦阻力来平衡作用在挡土墙上的滑坡推力,并能提供较大的抗倾覆力矩,防治抗滑挡墙发生倾倒破坏;同时,预应力锚索的存在,可以加强抗滑挡墙自身的抗剪强度,防止抗滑挡土墙发生剪切破坏。

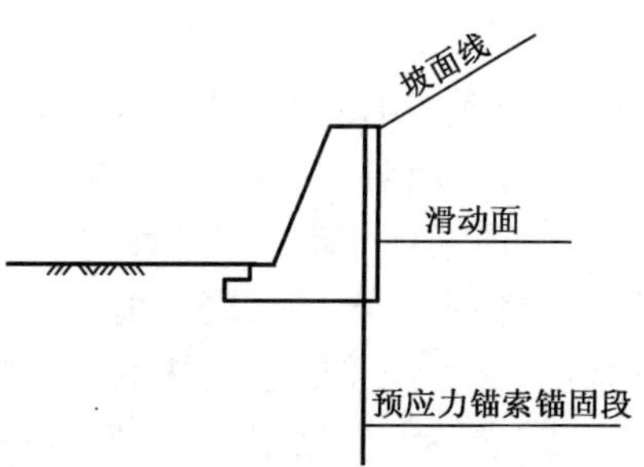

图 3.141 预应力锚索抗滑挡土墙构造图

预应力锚索锚固段应锚固在滑坡体下的稳定岩土层内,锚固长度应根据所需的预应力荷载及锚固段周围岩土体特性综合确定。埋设在抗滑挡墙内的锚索孔可以通过预埋管件预留,在抗滑挡墙砌筑完成后,直接从预留孔内施工其余部分的预应力锚索锚孔,可以节省部分钻探工程量。

②应力锚索抗滑挡墙的优点

a. 充分发挥两种结构的优点,能显著提高普通抗滑挡土墙的抗滑稳定性、抗倾覆稳定性以及抗剪断能力。

b. 能大幅度降低滑坡整治的投资,具有非常明显的经济效益,与普通抗滑桩相比可节约工程造价 20% 以上。

c. 可以用于大中型滑坡的整治,极大地拓展了普通抗滑挡土墙的适用范围。

2. 其他超前支护结构施工关键问题

(1)超前支护锚杆

在具体的施工操作过程中,超前支护锚杆要按如下步骤进行:

按设计位置测设锚杆孔位—钻探成孔—清孔及钢筋制作—插筋(下索)—灌注水泥砂浆—开挖边坡。

①测设锚杆孔位:测量人员根据设计文件将锚索钻孔定位,钻孔方向放线定位,并打入标记,注明钻孔编号等。施工放线是整个工程施工非常重要的一步,必须确保定位的准确性,坐标偏差必须满足设计要求,为此,必须经专业工程师把关,反复核查确定无误之后才可进行下一步施工。

②钻探成孔:经仪器量测,并在钻杆方向和角度满足设计要求后方可开钻。钻孔开始时选用低挡,待钻到一定深度后,退出、接钻杆,继续钻进。钻进过程中应保证钻机不移位,并且每钻进 5m,用仪器复核钻孔的角度是否正确,及时控制

钻孔方向。钻孔要求精度高，终孔位置准确，各开孔的孔眼与终孔的孔眼落在同一周界面上，避免产生较大的偏差和变形。

③清孔及钢筋制作：钻孔完成后，用高压风进行清孔；钢筋应按照设计要求制作，头部加工成锥形以便送入。为了防止钢筋锈蚀，影响其长期荷载作用下的耐久性，必须对钢筋进行除锈防腐处理。

④插筋（下索）：由于地质条件较差，因此下索要及时、快速，以保证在钻孔稳定时将钢筋送到孔底。前期靠人工送进，当阻力增大，人力无法送进时，借助钻机顶进。钢筋插进完毕后，钻进其他孔眼。

⑤灌注水泥砂浆：施工完成一根，注浆一根。利用浆液的渗透作用和压密作用将周围岩体预先加固并封堵围岩的裂隙水，这样既能起到超前预支护的作用，同时也使强度和刚度得到增强。

注浆的技术要求：

a. 注浆时一般总是先注无水孔，后注有水孔。注浆速度根据注浆孔出水量大小而定，一般从快到慢。注浆结束时将闸阀关闭，卸下进浆管，进入下一循环。

b. 时刻注意观察注浆管周围锚固剂变化情况，防止浆液压力增加时将其冲裂。

c. 注浆过程中随时检查孔口、邻孔、覆盖层较薄部位有无串浆现象，如发生串浆，应立即停止注浆或采用间歇式注浆封堵串浆口，也可采用麻纱、木楔、快硬水泥砂浆或锚固剂封堵，直至不再串浆时再继续注浆。注浆过程中压力如突然升高，可能发生堵管，应停机检查。

⑥开挖边坡：开挖边坡过程中须严格遵循分级开挖、分级稳定、坡脚预加固原则，必须采取随挖随支护的施工方法，严禁一次开挖到底，严禁掏底法施工，应从上而下逐级开挖，应开挖一级，支护一级，然后再开挖下一级。对工程地质、水文地质条件差地段采取必要的预加固措施，防止因局部边坡失稳造成边坡整体失稳；同时也要避免开挖暴露时间过长，使边坡松弛范围变大，造成新病害。边坡开挖施工要保证坡面平整顺直，以利支挡及防护工程的施工。边坡开挖中，如有地下水出露，应将地下水排出引入排水系统，不可堵死。

锚杆施工与普通锚杆类似，但在超前支护锚杆施工中，一般钻孔深度大于锚杆长度，其中开挖部分的钻孔不需要锚杆和灌注，因此应控制好钻孔、插筋以及灌注等施工环节。

(2)预应力锚索抗滑挡墙

按设计进行测设放线—分段开挖挡墙、分段灌注挡墙—预应力锚索成孔、灌注、张拉、锁定—开挖下一段挡墙并施工预应力锚索—全部完成预应力锚索挡墙施工—开挖墙前土体。

施工过程中应注意以下几点：

①分段开挖挡墙施工时应采取“步步为营”，分段、跳槽、马口开挖，并及时进行抗滑挡土墙的修建。一般跳槽开挖的长度不宜超过总长的20%。切忌中途停工或冒进。在雨季施工时要有切合实际的防范措施，防止雨水的侵蚀加剧滑坡的发展。对于变形剧烈的滑坡，宜从两端向中间分段施工，逐段稳定滑坡，减小滑坡规模，控制滑坡运动。要防止大面积开挖（尤其在坡脚）而造成土体滑动，加剧滑坡体运动，影响抗滑的稳定性，甚至破坏已修建的抗滑挡墙。

②分段灌注挡墙施工时应保证桩径，严格控制垂直度和尽量使桩一根紧接一根，桩间尽量不留空隙或少留空隙。施工时将桩面清理干净，堵住桩缝隙，凿去桩面混凝土保护层及凸出的混凝土，露出主筋，然后将护面的钢筋网片与桩的主筋绑扎在一起，再浇护面混凝土。

③开钻前检查孔位位置，一般要求锚孔入口点水平方向误差不应大于50mm，垂直方向误差不应大于100mm。确定孔位后根据实际地层及钻孔方向选取适当的钻孔机具并确定机座水平定位和立轴倾角（即锚孔倾角），钻机立轴的倾角与钻空的倾角应尽量相吻合，其允许的误差只能是岩心管倾角略大于立轴倾角，不允许有反向的偏差出现。开孔后，尽量保持良好的钻空导向。在钻进过程中根据实际地层变化情况，随时调整钻进参数，以防造成孔斜偏差。

④钻进过程应对每孔的地层变化、钻进状态、钻速、地下水及特殊情况做好现场记录，如遇塌孔、缩孔等不良钻进现象时，应立即停钻。在钻孔过程中测量和记录钻孔深度，当深度达到设计值，请地质工程师或设计代表签字，锚固段地质是否与设计相符并做详细描述；如果不相符，继续钻孔，直到满足设计要求。

⑤锚束放入钻孔之前，应检查孔道是否阻塞，查看孔道是否清理干净，并检查锚索体的质量，确保锚束组装满足设计要求，安放锚束时，应防止锚束扭压、弯曲，注浆管宜随锚体一同放入钻孔，注浆管端部距管底宜为50～100mm，锚束放入角度与钻孔角度保持一致，在入孔过程中，注意避免移动对中器，避免自由长度段无黏结护套或防腐体系出现损伤。锚束插入孔内深度不应小于锚束长度的95%。采用人工或机械将制作好的锚索放入钻好的锚索孔内，若遇塌孔锚索未下至设计深度时，必须将其拔出，重新清孔，然后下锚，直到满足设计要求为止。

⑥注浆作业应连续紧凑，中途不得中断，使注浆工作在初始注入的浆液仍具塑性的时间内完成；注浆过程中，边灌浆边提注浆管，保证注浆管管头插入浆液液面下50～80cm，严禁将导管拔出浆液面，以免出现断杆事故。实际注浆不得少于设计锚索的理论计算量，即注浆充盈系数不得少于1.0。二次高压注浆形

式连续球形锚杆的注浆应注意:一次常压注浆作业应从孔底开始,直至孔口溢出浆液;对锚固体的二次高压注浆应在一次注浆形成的水泥结石体强度达到5.0MPa时进行,注浆压力和注浆时间可根据锚固体的体积确定,并分段依次由下到上进行。

⑦张拉前,必须待锚固段、承压台(或梁)等构件的混凝土强度达到设计强度方能进行张拉,同时必须把承压支撑构件的面整平,将台座、锚具安装好,并保证和锚索轴线垂直(误差 $<5°$)。张拉预应力筋采用应力控制方法张拉,应以张拉伸长值进行校核,实际伸长值与理论伸长值应符合设计要求。张拉时锚筋体受力要均匀,发现异常情况应分析原因,并及时处理。对同一结构单元要求同步进行,确保结构受力均匀,避免局部变化和相互影响。张拉应按一定程序和设计张拉速度(一般为 40kN/min)进行。正式张拉前应进行二次预张拉,张拉力为设计拉力的 10% ~20% 。正式张拉荷载要分级逐个施加,不能一次加至锁定分级。

⑧张拉结束后,用切割机将多余锚索外露钢绞线切断。为防止钢绞线滑动,应在锚具外留 8 ~10cm 线头,然后采用特殊的防腐涂料对外露钢件(锚具、夹片、钢绞线、钢垫板)进行涂刷,最后用 C15 混凝土将其封闭,防止锈蚀。

在上述施工过程中,每一步都要精准,避免产生过大的施工误差,以保证施工质量。

第四章　危险性高切坡超前诊断与处治示范工程及效果后评估

第一节　中尼公路曲（水）—大（竹卡）K4773 +510 段高切坡示范工程

一、K4773 +510 段高切坡工程地质特性

中尼公路曲水—大竹卡段改建工程，K4773 +510 段因修建拟建路，开挖已形成高度不等的人工岩土边坡。边坡最大高度 40m，长约 80m，最大坡度 70°，未作任何支护工作，现有部分路段已产生崩塌破坏，堆积在拟建公路上；边坡段起止里程桩号 K4773 +460 ~ K4773 +560，路段长 100m。

1. 地形地貌

勘察区位于拟建中尼公路 K4773 +510 处，隶属西藏自治区尼木县卡如乡行政辖区。勘察区所处地形为雅鲁藏布江高山河谷区北岸，地形切割深，地形总的趋势是北高南低。测绘范围最低海拔高程为 3 699.36m，最高海拔高程为 3 837.19m。相对高差 41.42m，自然坡度角 35°，局部因边坡开挖坡度达 70°，场地地貌属河流阶地、岸坡崩塌堆积地貌。

2. 地层岩性

据工程地质测绘调查及钻探结果表明：场地地层主要为第四系松散堆积层（Q）和燕山期中酸性岩浆岩，第四系松散堆积物以冲洪积、坡洪积之黏性土、粉土等细粒土和砂类土及角砾、碎石夹土、块石夹土、卵石夹土等碎石土为主，岩浆岩主要为花岗岩。现将地层岩性分述如下。

（1）第四系卵石土（Q）

褐灰色，母岩由岩浆岩、沉积岩、变质岩等硬质岩组成，硬质物粒径 100 ~ 280mm，最大黏径达 500m，含量占总质量的 60% ~80%，分布不均，充填物为砾石、细砂，局部夹薄层状粉细砂层，结构中密 ~ 密实状，稍湿状，半胶结，层厚 10.56 ~42.18m，分布于整个场地。

(2)燕山期中酸性岩层($\gamma53$)

花岗岩:浅灰色,由石英、斜长石、角闪石、辉石及黑云母等矿物组成,中粒结构,整体块状结构。强风化花岗岩岩芯破碎,质软,强度低,层厚0.20~0.70m。弱风化花岗岩质地坚硬,完整性较好,强度高,竖向裂隙发育。

基岩面起伏较大,基本与山体坡形一致,基岩面坡度在15°~70°之间。强风化带基岩风化裂隙发育,弱风化带基岩裂隙较发育,岩质坚硬,岩石完整性较好。

3.构造及地震

勘察区内构造以断裂构造为主,断裂走向以近东西向为主,多为隐伏断裂。

根据《中国地震动参数区划图》可知,勘察区段地震设防烈度为8度,设计基本地震加速度值为0.15g,地震动反应谱特征周期值为0.45s。

4.水文地质条件

场地地下水主要为碎石土中的孔隙型潜水及基岩风化裂隙水,大气降水下渗及冲沟内水流补给为主,以蒸发、地下径流等方式排泄,该地下水具有补给量小、储水量小的特点,渗透性较好,场地位于自然斜坡处,大气降水后形成地表径流由高处向低洼处排泄,因受构造作用及风化影响,沿线基岩裂隙发育,故沿线基岩裂隙水均有少量分布,受大气降水补给为主,并以蒸发及向地势低洼处排泄,水量不大。钻探施工完毕后,对各钻孔进行水文地质观测和简易提水试验,将钻孔内循环水提干,24h内水位变化较小或无变化,说明在钻探深度范围内无地下水。挖方段未发现天然泉点及井眼出露,故该场地水文地质条件简单,不存在道路翻浆、冰害现象。

5.岩土物理力学参数的选用建议

本次勘察为了取得边坡稳定性评价的物理力学性能指标,采取中等风化花岩岗12件作室内岩石的物理力学性质指标测试。试验成果按《公路土工试验规程》(JTG E40—2007)进行数理统计,结果见表4.1。

现场对砂卵石层作大重度试验及天然安息角等原位测试,经统计整理,成果见表4.2。

6.边坡稳定性评价

(1)边坡开挖后沿基岩面滑动的可能评判

选用具有代表性的剖面2-2′(图4-1)进行稳定性验算,边坡滑动模式为折线型,采用传递系数法来计算滑坡稳定性计算。

计算结果表明:以基岩面为滑动面,其安全系数为2.950。说明边坡开挖后,不会沿基岩面发生滑动。

(2)边坡稳定性计算

在边坡内设定了6个可能的潜在破裂面(在卵石土层内部)进行分析,结果表明:边坡开挖后,将会沿这些面发生滑动,其中最小的安全系数为0.96。按照设计的安全系数考虑,该潜在的滑动面会产生1 350kN/m的滑坡推力。

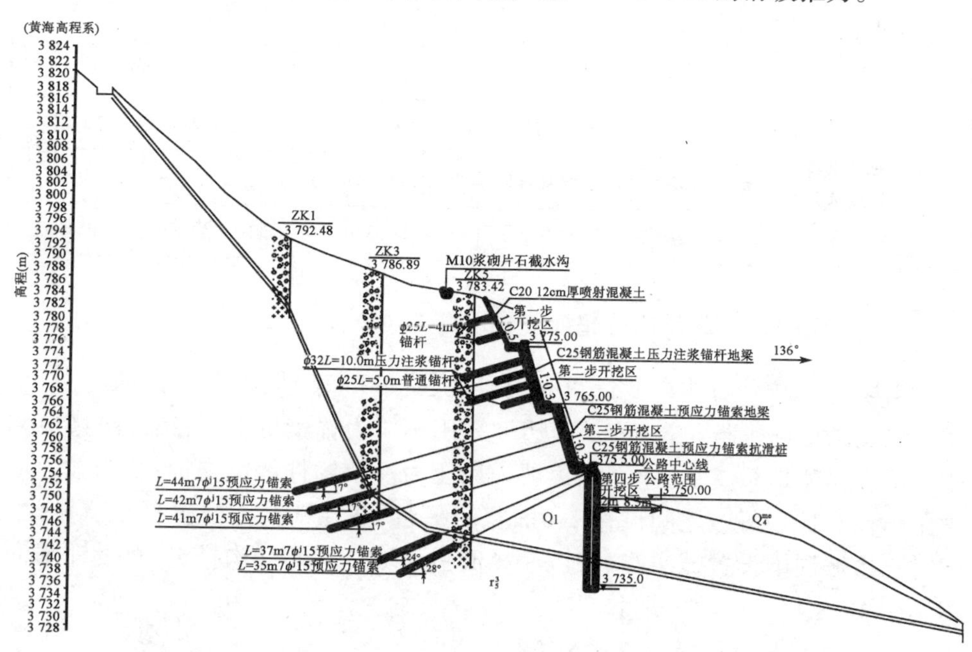

图4.1　K4773+510段高切坡超前支护工程2-2′剖面图(1∶500)

岩石物理力学成果统计表

表4.1

项目 岩性	天然重度(kN/m³)	天然抗压强度标准值(MPa)	饱和抗压强度标准值(MPa)	岩体内摩擦角标准值(°)	岩体内聚力标准值(MPa)	M30砂浆与锚孔壁黏结强度特征值(kPa)	岩体破裂角(β)	岩体结构面	
								c (kPa)	φ (°)
强等风化花岗岩	23.00							—	—
中等风化花岗岩	27.70	98.30	88.90	34°48′	2.38	500	62°24′	140	20°

砂卵石层物理力学指标统计成果表　　表 4.2

试验项目	大重度试验(kN/m^3)			天然休止角(°)			
试验次数	T_1	T_2	T_3	试验次数	①	②	③
试验成果	22.80	23.29	22.31	试验成果	30	34	32
平均值		22.80		平均值		32	
超重型动力触探(N_{120})试验成果	单孔变异系数范围值		0.331~0.530		地基承载力容许值		
	锤击数厚度加权平均值 ϕ_m		12.37		$[\sigma_o]$	400kPa	
	变异系数厚度加权平均值 δ		0.339		τ_i	105kPa	

二、K4773 +510 段高切坡超前支护设计

本段边坡最大切坡高度近 40m，长度大约 80m，根据本段边坡的特点，采用 4 级支护措施进行整治：第一级边坡采用预应力锚索桩支护；第二级边坡采用预应力锚索地梁支护；第三级边坡采用压力注浆锚杆地梁支护；第四级边坡采用喷锚支护。每级之间设置 2.0m 宽的平台，并在平台上设置拦水坎排水，同时在边坡周围设置截水沟，将坡面径流引入坡体两侧冲沟排走，总设计平面图见图 4.2。

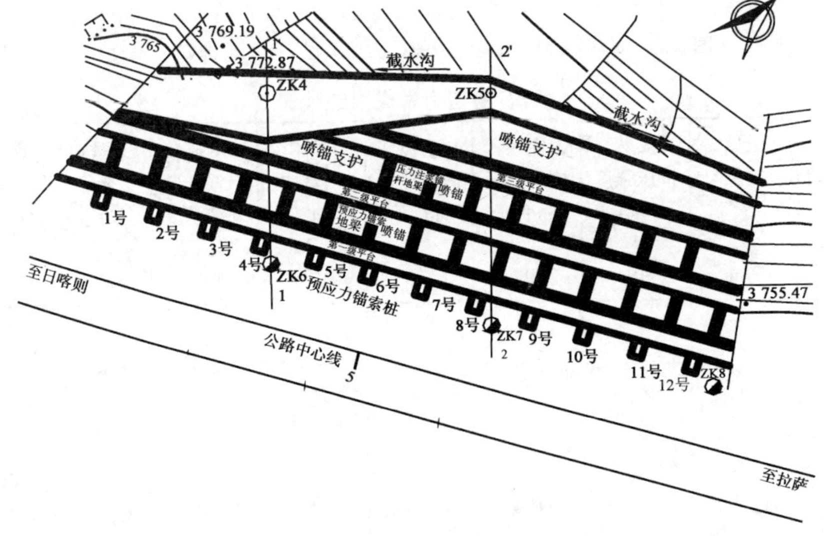

图 4.2　K4773 +510 段高切坡超前支护工程平面图(1 : 200)

三、K4773 +510 段高切坡监测信息反馈

1. 地表变形监测结果

地表变形监测采用 PENTAX 110、SOKKIA C32II 进行监测，工程竣工后，共进行了三次测量，第一次测量时间为 2005-6-13；第二次测量时间为 2005-8-16；第三次测量时间为 2005-11-11。监测结果见表 4.3。

K4773 +510 段高切坡超前支护地表变形监测表（单位：m）　　表 4.3

位　　置	测点序号	第一次测量与第二次测量		第二次测量与第三次测量	
		X（位移量）	Y（位移量）	X（位移量）	Y（位移量）
第一级平台	1	-0.003	0.001	-0.001	0.000
	2	-0.002	0.001	0.000	0.000
	3	-0.005	0.002	-0.003	0.001
	4	-0.007	0.003	-0.006	0.002
	5	-0.001	0.000	0.000	0.000
	6	-0.006	0.001	-0.004	0.000
第二级平台	7	-0.002	0.000	0.000	0.000
	8	-0.004	0.002	-0.003	0.001
	9	-0.004	0.002	-0.003	0.002
	10	-0.008	0.003	-0.005	0.001
	11	-0.003	0.001	-0.001	0.000
	12	-0.005	0.003	-0.004	0.001
第三级平台	13	-0.007	0.004	-0.005	0.002
	14	-0.001	0.001	0.000	0.000
	15	-0.002	0.001	0.000	0.001
	16	-0.006	0.001	-0.004	0.001

本边坡经过超前支护整治，效果显著。从工后各级平台地表变形监测来看，整治后地表变形非常小，说明边坡得到了有效防护。

2. 预应力锚索内力监测结果

本次锚索内力监测共布置 5 个锚索测力计，锚索测力计型号：MJ-101 型振弦式锚索测力计，CTY-202 振弦测试仪。锚索测力计布置在 7 号地梁 3 根，编号为 M-1、M-2、M-3，在 6 号抗滑桩布置 2 根：编号为 M-4、M-5。锚索采用 7 根 ϕ15 钢绞线（1 860MPa），锚具用 OVM15-7 型，锚索设计荷载 900kN，锁定荷载

800kN。工程竣工后共进行了3次监测,第一次测量时间为2005-6-13;第二次测量时间为2005-8-16;第三次测量时间为2005-11-11。锚索内力监测结果见表4.4。

K4773+510段高切坡超前支护锚索内力监测结果 表4.4

位置	测点序号	第一次测量(kN)	第二次测量(kN)	第三次测量(kN)
M1	1	815	811	806
M2	2	818	813	805
M3	3	820	814	808
M4	4	813	808	796
M5	5	821	816	809

从工后锚索内力监测结果看,锚索预应力损失较少,说明高切坡经过整治后,没有大的变形迹象发生,进一步证明该高切坡得到了有效防护。

第二节 中尼公路曲(水)—大(竹卡) K4783+704段高切坡示范工程

一、K4783+704段高切坡工程地质特性

中尼公路曲水—大竹卡段改建工程K4783+704段因修建拟建路,开挖已形成高度不等的人工岩土边坡。边坡最大高度30m,长约60m,最大坡度60°,未作任何支护工作,现有部分路段已产生崩塌破坏,堆积在拟建公路上;边坡段起止里程桩号K4783+674~K4783+734。

1.地形地貌

勘察区位于拟建中尼公路K4783+704处,隶属西藏自治区日喀则地区仁布县行政辖区。勘察区所处地形为雅鲁藏布江高山河谷区南岸,地形切割深,地形总的趋势是南高北低,山高沟深、地势陡峻,沟床纵坡降大、流域形态便于水流汇集。勘察区为下游堆积地形,测绘范围最低海拔高程为3 745.08m,最高海拔高程为3 780.43m。相对高差35.37m,自然坡度角45°,局部因边坡开挖坡度达60°,场地地貌属河流阶地、泥石流洪积扇堆积地貌。

2.地层岩性

据工程地质测绘调查及钻探结果表明:场地地层主要为第四系松散堆积层(Q)和燕山期中酸性岩浆岩,第四系松散堆积物以角砾、碎石夹土、块石夹土、卵

石夹土等块石土为主，岩浆岩主要为花岗岩。现将地层岩性由老至新分述如下。

(1)第四系漂石土(Q)

褐灰色，主要由花岗岩风化碎块石、弧石及黏性土组成。硬质物粒径200~800mm，最大黏径达3m，含量占总质量的50%~60%，分布不均，结构松散，稍湿状。该层分布于整个场地。钻探揭露最大厚度11.62~28.23m。

(2)燕山期中酸性岩层(γ53)

花岗岩：灰色，由石英、斜长石、角闪石、辉石及黑云母等矿物组成，中粒结构，整体块状结构，强风化花岗岩岩芯破碎，质软，强度低，层厚0.24~0.70m；弱风化花岗岩由石英、斜长石、角闪石、辉石及云母等矿物组成，中粒结构，整体块状结构，质地坚硬，完整性较好，强度高，竖向裂隙发育。

3. 构造及地震

青藏高原是新生代的造山带，新构造运动十分强烈，与之相关的地震活动数量多、强度大。据有关资料，西藏共发生过8级以上地震4次，7~7.9级11次，6~6.9级86次。其中，昂仁县曾有过发生8级地震的历史记录。西藏地震以浅源地震为主，震中一般分布在活动构造带及其附近，具明显成带性。勘察区域断裂构造发育，地震活动较为频繁。根据国家地震局编制的《中国地震动峰值加速区划图A1》及《中国地震动反应谱特征周期区划图B1》划分，设计基本地震加速度值为0.15g，设计地震分组为第二组，勘察区段地震设防烈度为8度。

4. 水文地质条件

(1)地表水

勘察区地表水系主要为雅鲁藏布江水，据区域资料可知其干流曲折，水量充沛，支流错综，峡谷段坡陡流急，大部分支流为季节性间断河流，多为暴雨时流量大，流速急，暴雨后一段时间，水流逐步变缓而致断流。

(2)地下水

沿线地下水主要为碎石土中的孔隙型潜水及基岩风化裂隙水，大气降水下渗及冲沟内水流补给为主，以蒸发、地下径流或以下溢泉等方式排泄，该地下水具有补给量小、储水量小的特点，渗透性较好，场地位于自然斜坡处，大气降水后形成地表径流由高处向低洼处排泄，在场地内处见一下溢泉，现场量测水温4℃，水量0.01L/s，为松散孔隙水，主要由上部基岩风化裂隙水、山上雪融水补给，为相对独立含水体。钻探施工完毕后，对各钻孔作水文观测和简易提水试验，将钻孔内循环水提干，24h内水位变化较小或无变化，说明在钻探深度范围内无地下水，但经工程地质测绘结果表明，场地内存在下溢泉，冬天可能存在冻胀、冰害现象。

5. 岩土物理力学参数的选用建议

本次勘察为了取得边坡稳定性评价的物理力学性能指标，采取中等风化花岗岩12件作室内岩石的物理力学性质指标测试。试验成果按《公路土工试验规程》(JTG E40—2007)进行数理统计，结果见表4.5。

岩石物理力学成果统计表 表4.5

岩性 \ 项目	天然重度 (kN/m^3)	天然抗压强度标准值 (MPa)	饱和抗压强度标准值 (MPa)	岩体内摩擦角标准值 (°)	岩体内聚力标准值 (MPa)	M30砂浆与锚孔壁黏结强度特征值 (kPa)	岩体破裂角 β	岩体结构面	
								c (kPa)	φ (°)
强等风化花岗岩	23.00							—	—
中等风化花岗岩	27.40	84.90	75.80	34°48′	1.68	500	62°24′	140	20°

现场对堆积层作大重度试验及天然安息角等原位测试，经统计整理，成果见表4.6。

堆积层物理力学指标统计成果表 表4.6

试验项目	大重度试验(kN/m^3)			天然安息角(°)			
试验次数	T_1	T_2	T_3	试验次数	①	②	③
试验成果	22.80	22.29	22.02	试验成果	37	34	35
平均值		22.37		平均值		35	

6. 工程地质评价

根据现场工程地质测绘及工程地质钻探揭露表明，路堑边坡主要由第四系泥石流堆积层组成，边坡高度达30m，最大坡度达60°，大于边坡物质组成的天然安息角35°，坡脚有崩塌现象，故现状边坡稳定性极差，由于边坡坡顶泥石流上游形成区为三面环山、一面出口呈树叶状，地势比较开阔，周围山高坡陡，植被生长不良，有利于水和碎屑固体物质聚集；上部岩石为花岗岩，岩石物理和化学风化作用强烈，导致岩体崩解，形成块石、碎屑和砂粒，形成大厚度的风化残积层，据地区区域地质资料可知，场地地质构造复杂，褶皱断层变动越强烈，规模越大，现今断层带活动性强，节理裂隙十分发育，岩体破碎，常成为泥石流丰富的固体物源，中游流通区的地形多为狭窄陡深的峡谷，沟床纵坡降大，使泥石流能够迅猛直泻；下游堆积区的地形为较宽阔的雅鲁藏布江高山河谷区，暴雨季节，在地震力的作用下,不仅使岩体结构疏松,而且直接触发大量滑坡、崩塌发生,特别是在8度以上的地震烈度区。对岩体结构和斜坡的稳定性破坏尤为明显,破坏山体,产生大量崩塌、滑坡,促使沟谷发生泥石流,直接影响路堑边坡的稳定性。

7. 边坡稳定性计算

选用具有代表性的剖面1-1′(图4.3)进行稳定性验算,边坡滑动模式为折线形,采用传递系数法来计算滑坡稳定性计算,通过验算知,边坡垂直开挖后,稳定系数为0.98,稳定性差,将会沿陡斜坡下滑,相应的滑坡推力为1 325kN/m。

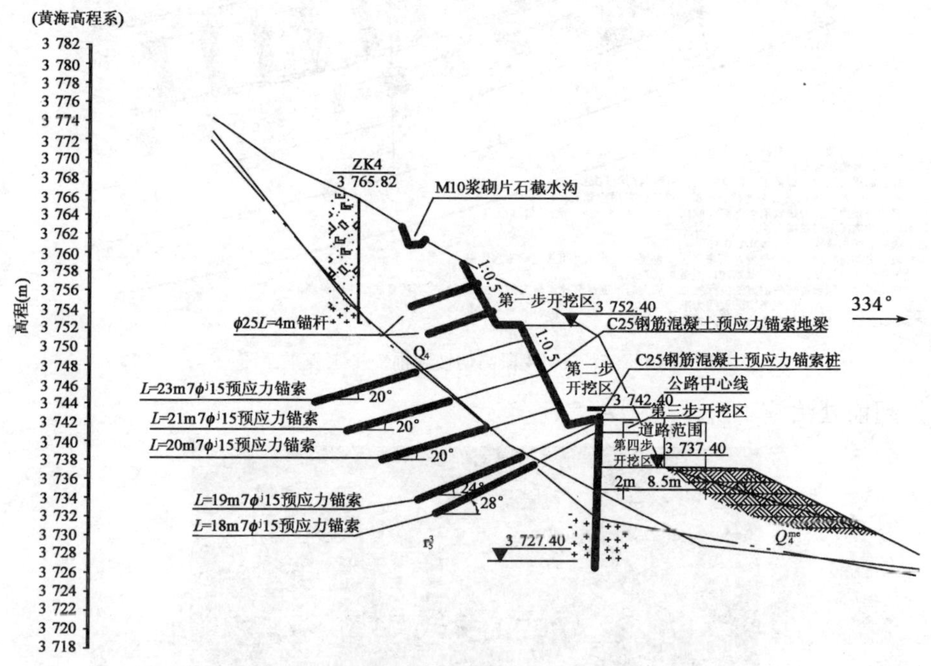

图4.3　K4783+704段高切坡超前支护工程1-1′剖面图(1:500)

二、K4783+704段高切坡超前支护设计

本段边坡最大切坡高度近30m,长度大约60m,根据本段边坡的特点,采用3级支护措施进行整治:第一级边坡采用预应力锚索桩支护;第二级边坡采用预应力锚索地梁支护;第三级边坡采用喷锚支护。每级之间设置2.0m宽的平台,并在平台上设置拦水坎排水,同时在边坡周围设置截水沟,间坡面径流引入坡体两

侧冲沟排走,总设计平面见图 4.4。

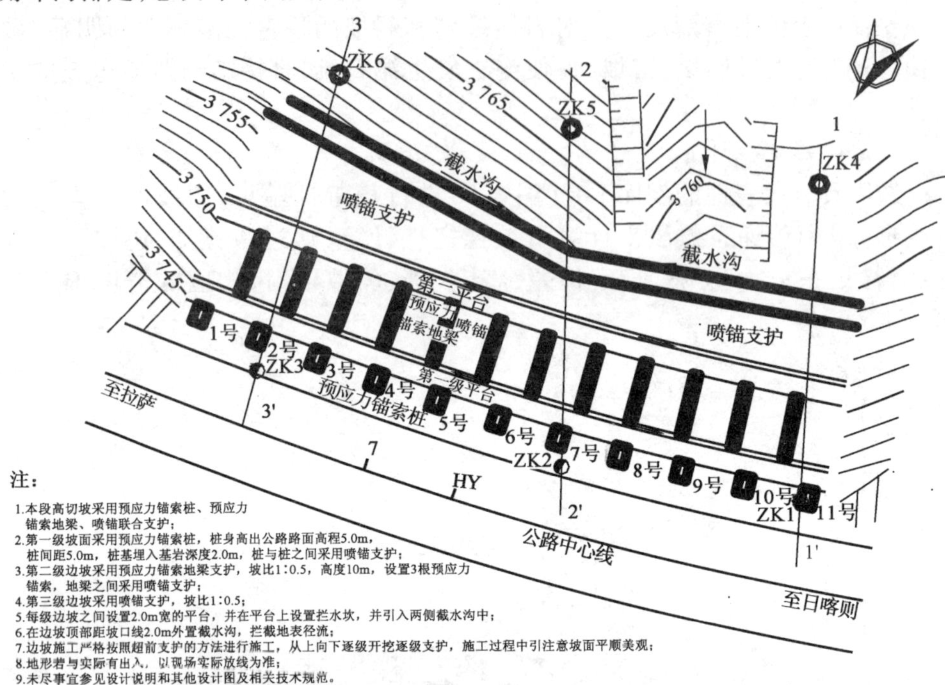

图 4.4　K4783 +704 段高切坡超前支护工程平面图

超前处治施工阶段见图 4.5。

图 4.5　K4783 +704 段高切坡超前支护施工过程图

三、K4783 +704 段高切坡监测信息反馈

1. 地表变形监测结果

地表变形监测采用 PENTAX 110、SOKKIA C32II 进行监测,工程竣工后,共

进行了三次测量，第一次测量时间为2005-7-10；第二次测量时间为2005-8-20；第三次测量时间为2005-12-12。监测结果见表4.7。

K4783+704段高切坡超前支护地表变形监测表(单位:m)　　表4.7

位　置	测点序号	第一次测量与第二次测量		第二次测量与第三次测量	
		X(位移量)	*Y*(位移量)	*X*(位移量)	*Y*(位移量)
第一级平台	1	-0.002	0.001	-0.001	0.000
	2	-0.002	0.001	0.000	0.000
	3	-0.003	0.001	-0.002	0.001
	4	-0.004	0.002	-0.003	0.002
	5	-0.002	0.001	0.000	0.000
	6	-0.004	0.001	-0.002	0.000
第二级平台	7	0.002	0.000	0.000	0.000
	8	-0.003	0.002	-0.002	0.001
	9	-0.003	0.002	-0.001	0.001
	10	-0.004	0.001	-0.003	0.001
	11	-0.003	0.001	-0.001	0.000
	12	-0.003	0.002	-0.002	0.001

本边坡经过超前支护整治，效果非常显著。从工后各级平台地表变形监测来看，整治后地表变形非常小，证明边坡得到了有效防护。

2. *预应力锚索内力监测结果*

本次锚索内力监测共布置5个锚索测力计，锚索测力计型号：MJ-101型振弦式锚索测力计，CTY-202振弦测试仪，锚索测力计布置在5号地梁3根，编号为M-1、M-2、M-3，在4号抗滑桩布置2根，编号为M-4、M-5。锚索采用7根ϕ15钢绞线(1 860MPa)，锚具用OVM15-7型，锚索设计荷载900kN，锁定荷载800kN。工程竣工后共进行了3次监测，第一次测量时间为2005-7-10；第二次测量时间为2005-8-20；第三次测量时间为2005-12-12。锚索内力监测结果见下表4.8。

K4783+704段高切坡超前支护锚索内力监测结果　　表4.8

位置	测点序号	第一次测量(kN)	第二次测量(kN)	第三次测量(kN)
M1	1	809	805	803
M2	2	814	810	807
M3	3	815	814	806
M4	4	810	807	801
M5	5	817	809	803

从工后锚索内力监测结果看，锚索预应力损失较少，说明高切坡经过整治后，没有大的变形迹象发生，证明该高切坡得到了有效防护。

第三节　国道317线岗托至妥坝段改扩建工程K987+650~900段高切坡示范工程

一、K987+650~900段高切坡工程地质条件

1. 地理概况

(1)地形地貌

国道317线岗托至妥坝段地处青藏高原青南藏东山原区，属横断山脉的北部。区内重峦叠嶂，水系发育，主要山脉及河谷走向为北西—南东向，受明显的区域构造控制；高山与河谷相间分布，山势陡峻。沿线经过矮拉山、雪集拉山和宗拉夷山等高山垭口，穿越金沙江、埃曲、独曲、字曲、北曲、佐曲、觉曲、觉涌、觉高、阿龙雄和恰曲等深切河谷；地形起伏变化大，河流切割较深。路线经过地段最高点为宗拉夷山垭口，海拔4 481m；最低处为金沙江河谷，海拔3 019m。根据区内地貌发育特征，按冰川刨蚀、剥蚀切割、河流侵蚀切割和冲积等地质作用，区内地貌可划分为高山山地地貌和高山深切河谷地貌两大地貌单元。其中，山地地貌又分为以冰川刨蚀、侵蚀作用为主的山地地貌，以侵蚀、剥蚀作用为主，冰川刨蚀和冰水堆积作用为辅的山间盆地地貌；深切河谷地貌又可分为以河流侵蚀切割作用为主的V形河谷地貌，以冲积作用为主、侵蚀切割为辅的U形河谷地貌。

(2)气象

本地区以高原温带半湿润山地气候为主，其基本特点是：气温低、空气稀薄、大气干洁、太阳辐射异常强烈。由于山高谷深，气候垂直变化明显，年温差小而日温差大；气候区域变化显著，以十里不同天著称。年平均气温4.5℃；极端最高气温33.4℃，出现在7月份；极端最低气温-20.7℃，出现在12月份。年降水量548.5mm。每年6~9月为雨季，7~8月降雨量最多，日最大降雨量39mm。11月~次年3月为降雪季节，日最大降雪量11.6mm。最大降水带位于海拔3 600~3 900m地段。日照时间长，年无霜期为60~80d。最大冻土深度81cm，冻结月份为12~次年2月，海拔5 200m以上为多年冻土地带。最多风向为偏北风，最大风速18m/s，年平均风速1.4m/s，3~5月平均风速1.7m/s，9~11月平均风速1.1m/s。常见的自然灾害有雪灾、旱灾、冰雹、霜冻、泥石流、洪水等。

本地区气候具有垂直变化和区域变化较显著的特征，为数极少的气象观测站的数据，很难全面反映项目沿线的气象情况。一般海拔较高位置与海拔较低位置相比，气温要低，冰冻时间要长，冻土深度也大。

(3)地震

根据对区域地质构造条件和本区地震历史分析，本区历史上地震活动较为频繁，强度较大，多次发生6级以上地震，最大震级达8级，并且基本上都是发生在岩石圈内部的浅源地震。根据《中国地震烈度区划图》，本研究路段地震基本烈度岗托至同普、青柯至妥坝两段为Ⅶ度区，同普到青柯为Ⅵ度区。

(4)水系及河流

工作路线地处西藏东部“三江”流域地区，我国著名的横断山脉北部。区域内沟谷深切、山高谷深、江河密布、水流湍急，大部分支流溪短流急，水位暴涨暴跌，落差很大，冲刷切割山体能力极强。本项目以宗拉夷山(K180+800)为界，东面属金沙江水系，西面属澜沧江水系。

金沙江系长江上游干流，发源于青海省唐古拉山主峰西南侧，是西藏与四川的界河。金沙江干流在江达县以北地区河谷较开阔，阶地发育，以南基本属于高山峡谷。金沙江分水岭海拔在5 000m左右，干流水面海拔3 350~2 300m，相对高差1 050m。区域内干流平均坡降0.21%，河道比降北部较小，南部较大。金沙江流域降水量148.2亿m^3，年径流量88.1亿m^3，多年平均流量986m^3/s。金沙江属混合型补给河流，其中，上游多为融水和地下水补给，下游多为雨水补给。据四川巴塘水文站1961年实测典型平水年的资料，在金沙江年径流量中，雨水占27%，融水占35%，地下水占38%，其中，6~9月为汛期，期间径流量占年径流量67.7%。

澜沧江是西藏第三大河流，发源于青海省南部的唐古拉山北麓，流径西藏、云南之后到国外，称湄公河。澜沧江上游分扎曲、昂曲两大支流，在昌都镇汇合后称澜沧江。澜沧江干流在昌都以北地区河谷较开阔，阶地发育，以南河谷深切，属于高山峡谷。澜沧江分水岭海拔在5 000m左右，干流水面海拔3 520~2 257m，相对高差在1 263m，干流平均坡降0.25%。澜沧江流域年降水量234.4m^3，年径流量108.5亿m^3/s，多年平均流量664m^3/s。澜沧江属混合型补给河流，其中上游多为融水和地下水补给，下游多为雨水补给。据西藏昌都水文站1975年实测典型平水年的资料，在澜沧江年径流量中，雨水占32%，融水占33%，地下水占35%。每年6~9月为汛期，期间径流量占年径流量的67.2%。

线路起于川藏两省交界处的金沙江四川岸边，路线西跨金沙江后，沿埃曲而上，翻越矮拉山，下行至瓦纳寺后顺独曲而下至同普，再逆字曲而上，过江达县城、卡贡后翻越雪集拉山，西行下至青泥洞，沿觉曲而上，翻越宗拉夷山，再顺恰曲而下，止于昌都县妥坝乡。沿线主要河流有埃曲、独曲、字曲、觉曲和恰曲。

埃曲是金沙江一级支流，但流域面积较小，干流长度不足 20km。埃曲平时水量很小，水面宽 5 ~ 10m，水深不足 1m，但河床坡度陡，流速大，加之流域内泥石流沟发育，每年 6 ~ 9 月汛期暴雨时易发泥石流、水毁等病害，对沿线路基、桥涵危害极大。

独曲是金沙江一级支流藏曲的上游干游之一。路线范围内河槽宽约 20 ~ 30m，水位变幅较大，水深 2 ~ 4m，河床坡降大，水流湍急，流速可达 2 ~ 5m/s。河槽呈 V 形，两岸谷坡陡峻，岸壁稳定，河床由基岩、大漂石组成，为典型的山区峡谷型河段。

字曲是金沙江一级支流藏曲的上游干流之一，与独曲在同普汇合后流入藏曲。项目范围内河槽宽 30 ~ 40m，水位变幅较大，水深 2 ~ 4m，河床坡降比较大，水流湍急，流速可达 2 ~ 5m/s。江达以东河段河槽呈 V 形，江达以西河段河槽呈 U 形，河床由卵石、漂石组成，偶有基岩出露，为山区峡谷型河段。

觉曲是金沙江一级支流热曲的上游干流。项目研究段河床较宽，为 100 ~ 500m，主河槽宽 20 ~ 30m，水位变幅较大，水深 1 ~ 3m，河床坡降比较大，水流湍急，流速可达 2 ~ 4m/s。河槽呈 U 形，两岸河滩阶地较发育，河床由卵石、砾石组成，属山区宽谷型河段。

恰曲是澜沧江上游干流扎曲的支流之一。项目研究段河槽宽 10 ~ 20m，水位变幅较大，水深 1 ~ 2m，河床坡降比较大，水流湍急，流速可达 2 ~ 4m/s。河槽呈 V 形，河床由卵石、漂石组成，偶有基岩出露，为典型的山区峡谷型河段。

(5)植被

线路区属藏东—川西切割山地针叶林、高山草甸区。森林以川西云杉林和大果园柏林占优势，受地形影响，多呈斑块状分布，森林覆被率小于 20%。在分水岭高山上，灌丛草甸植被占有重要地位，其中，小蒿草、圆穗蓼为主组成的高山草甸分布最广，是本地区重要的放牧场。

植被具有垂直分布和发育的不均匀性，海拔 2 900 ~ 3 300m 为针叶、阔叶混交林带；海拔 3 300 ~ 4 200m 为亚高山针叶林带；海拔 4 200 ~ 4 800m 为高山疏林灌丛、草甸带；海拔 4 800 ~ 5 000m 为流石滩植被带；海拔 5 000m 以上为超过植物生长极限的极高山，一般基岩裸露，或为冻融物理风化作用形成的“流石滩”，或为常年冰冻雪山和永久冻土带。

从区域分布上来看，从 K0 + 000 ~ K11 + 000、K52 + 000 ~ K80 + 000、K190 + 000 ~ K202 + 000 属亚高山针叶林带，从 K11 + 000 ~ K14 + 000、K49 + 000 ~ K52

+000、K80+000~K96+500、K188+000~K190+000属高山疏林、低矮灌木带；其余路段，以灌丛、高山草甸为主。区内植被一般具有北坡优于南坡、东坡优于西坡、阴坡优于阳坡、峡谷优于宽谷的特点。

人工种植作物以青稞、小麦为主，一般多位于海拔4 000m以下的河谷地带，受地形等条件的限制，面积较小。高于4 000m以上地区多为高山牧场。

植被类型和覆盖率与不良地质发育程度存在密切关系。一般植被固坡能力越差、覆盖率越低的地段，其不良地质发育程度就高。近一二十年来本地区公路沿线受伐木的影响，森林大部分遭到破坏，水毁、泥石流等病害有加重的趋势。

2. 地层岩性

基岩地层岩性比较复杂，沉积岩、变质岩、火山岩和岩浆岩均有出露。其中，基岩以三叠系地层出露最广，不同构造部位岩石变质程度不尽相同。

(1)地层

沿线出露的地层主要有古生界奥陶系、志留系、泥盆系、石炭系，中生界三叠系、侏罗系，新生界第三系、第四系，按地质时代由老到新的顺序简述如下。

①古生界奥陶系(O)

分布于巴纳乡、青泥洞至昌都专署牧场一带，出露面积较小。主要出露地层为奥陶系下统青泥洞组(O_{1q})，可分为三段。

下段：中厚层变质石英砂岩、粉砂岩和紫红色黑色板岩互层。

中段：深灰、灰色中薄层结晶灰岩夹灰色长石石英砂岩、板岩。

上段：深灰色中厚层石英砂岩夹少量炭质、泥质板岩。

②古生界志留系(S)

分布于岗托至十八道班一带，格达断层和矮拉山断层控制该地块的东西两侧边界。主要出露的地层为志留系中统散则组(S_{2s})，可分为两段。

下段：以灰白色块状、层状结晶灰岩为主，夹绢云石英片岩、变质长石石英砂岩和少量基性火山岩。

上段：以浅灰—灰黑色绢云石英片岩为主，底部夹透镜状结晶灰岩和长石石英砂岩，偶见基性火山岩。

③古生界泥盆系(D)

分布于埃拉乡至十七道班以及青泥洞一带，出露面积小，主要出露地层为泥盆系上统冬拉组，分上、下两段，为一套海相碎屑岩和中基性火山岩的高级变质岩系，包括长石英片岩、凝灰岩、变质火山岩、千枚岩、变质粉砂岩等，并夹有灰岩透镜体。在青泥洞附近，主要出露泥盆系下统海通组和觉拥组，深灰色薄层生物灰岩和黄灰、紫灰色石英砂岩、砾岩，中统丁宗隆组深灰色厚层生物灰岩夹泥灰岩、钙质页岩，以及上统卓戈洞组灰—灰黑色生物灰岩、泥灰岩。

④古生界石炭系(C)

区内石炭系地层仅零星分布，见于十七道班和青泥洞附近。在十七道班附近出露石炭系中、下统和未分组的结晶灰岩、中基性火山岩互层，主体为碳酸岩建造，夹蚀变火山岩、凝灰岩、火山角砾岩。在青泥洞附近石炭系下统马查拉组深灰色绢云母板岩、石英砂岩和灰岩互层，乌青纳组灰、灰黑色块层灰岩夹泥灰岩；中统骜曲组灰色中厚层结晶灰岩，或灰岩、板岩、砂岩互层，以及上统里查组深灰色中层生物灰岩，燧石条带灰岩夹灰绿色凝灰岩、板岩、砂岩。

⑤中生界三叠系(T)

三叠系地层在研究区出露最为广泛，占一半以上的面积，岩性因所处的构造部位不同差别很大，从东到西可分为三个岩性小区。

金沙江小区：分布于起点金沙江至原岗托兵站一带，格达断层以东地块。主要出露上统地层，分为曲嘎寺组，岩性以灰岩为主，夹砂岩、板岩及中基性火山岩；图姆沟组，岩相变化很大，岩性下段为绢云石英片岩、千枚岩夹中酸性火山岩、灰岩，上段为中基性火山角砾岩、凝灰岩、板岩、千枚岩等；拉纳山组，岩性上下部均为砂岩、炭质页岩，中部为生物碎屑灰岩、白云质灰岩夹砂岩、页岩。

江达小区：分布于矮拉山至青泥洞一带。出露的地层有下统普水桥组，紫红色、灰绿色碎屑岩及火山岩、灰岩，区侠弄组的碳酸岩地层；中统色容寺组的结晶灰岩、大理岩及泥灰岩，瓦拉寺组的砾岩、砂岩、板岩互层夹安山质火山碎屑岩、凝灰岩；上统波里拉组的含粉砂、火山角砾的灰岩、泥灰岩和生物碎屑灰岩，阿堵拉组的炭质页岩、砂质页岩夹长石石英砂岩，夺盖拉组的石英砂岩、长石石英砂岩与各类页岩互层，以及中上统未分的江达组的石英砾岩、砂岩、粉砂岩夹页岩。

⑥中生界侏罗系(J)

仅见于江达附近，范围很小。出露的地层主要为中下统察雅群紫红色砂岩、粉砂岩、泥页岩的不等厚互层。

⑦下第三系(E)

分布于雪集拉山的二十六道班至巴纳乡一带。出露的地层主要为贡觉组紫红色砾岩、砂岩、粉砂岩、页岩、泥岩互层，以及东日尕组紫红色砂岩、粉砂岩、泥岩；然木组下段砾岩、砂岩、泥岩互层和上段粉砂岩、泥岩互层夹安山岩、泥灰岩及安山质凝灰岩。

⑧界第四系(Q)

第四系松散堆积物广泛分布于金沙江、埃曲、独曲、字曲、北曲、佐曲、阿龙雄和恰曲等河谷漫滩及阶地，沉积类型多样；主要有崩积、冲积、洪积、残积、坡积、湖沼沉积、冰碛物及泉华沉积等,形成时代大部分为第四系全新统,少数地区为更新统。

(2)岩浆岩

本区存在加里东期、华力西期、印支期和燕山期等多期岩浆活动,有种类繁多的各类岩浆岩体。江达以东岩浆岩出露多且复杂,以西则明显减少。侵入岩多沿断裂分布,在十八道班、同普和江达附近出露印支期闪长岩、斜长花岗岩、闪长玢岩;江达至同普间出露大面积华力西期黑云母花岗岩;在三十二道班附近出露燕山期石英二长斑岩、花岗闪长斑岩、二长花岗斑岩和碱长花岗斑岩。

(3)地质构造

路线所经地区大地构造位置为青藏川滇"歹"字形构造体系头部向中部转折地段,区域地质构造线向北东转为东西向,向南西转为南北向。线路东端的矮拉山断裂为一板块缝合线,并且以此为界,将线路分割成两个不同特点的褶皱带。区内地质历史时期,特别是新生代,其地质构造和岩浆活动甚为频繁,由此造成的地质构造形迹也非常密集和复杂。

本区总体构造是断隆,由北北西和北西的断裂和褶皱组成。矮拉山断裂以东的金沙江缝合带,褶皱紧闭,断层深大,岩浆活动及其岩性繁多;而矮拉山以西的三江褶皱系中,褶皱宽缓,岩浆活动主要发育在断层附近,且规模很小。

路线经过的地区是新构造运动活动最剧烈、最复杂、类型多样的典型地段。其新构造运动主要表现在地壳强烈上升,水系发育速度加快,各大河流河床下切、阶地抬升;同时,与之相适应的地震活动也强烈发生。地震活动一般都分布在活动性构造带上或附近,具明显的成带性;特别是活动性构造带的一端、转折部位、两条或多条活动性构造带相交接的交叉部位,往往都有地震发生。区内几条主要的北北西向深断裂均具有明显的多期次活动性,并且在新生代到第四纪以来,均有一定活动。伴随断裂活动,温泉出露数量很多。

(4)断裂构造

本区断裂非常密集,构成主边界的深大断裂为北北西走向,具有长期性、继承性、复活性及产状和性质的多变性;北西向和北东向的分支断裂,规模很小。对区内影响路线的主要断裂现分述如下:

①格达断裂(F1):为北北西向的逆冲断层,走向330°,向北延至姜都通交于矮拉山断裂,向南延伸有低角度人字形分支断裂,反映其压扭性质:倾向240°~250°,倾角60°~80°;断层上盘出露地层岩性为志留系中统散则组,下盘岩性为三叠系曲嘎寺组和图姆沟组。路线在K6+400与断裂带直交通过。

②矮拉山束状断裂(F2):该断裂属区域断裂—金沙江深断裂,区域地质上

通常认为该断裂是一板块缝合线,为一、二级构造单元的分界断裂,断裂东侧为德格优地槽褶皱带,以西为江达复生地槽褶皱带。断层破碎带较宽,区域上宽 50~100m,包括断层角砾岩和挤压破碎带,次级褶皱和断面发育,沿破碎带有辉绿岩体侵入该断层为高角度逆冲断层,压扭性。路线在 K13+200、K22+900、K42+150、K43+400、K44+550、K49+600、K51+800 七处与该线路斜交或近直交。

③同普断层(F3):该断层沿北西–南东向波状延伸,断层切割三叠系、石炭系和泥盆系地层,主破碎带宽 20m,局部有斜长角闪片麻岩和挤压透镜体。路线在 K62+300 处与断层近于直交。

④江达东断层(F4):该断层经莱巴、戈西一级呈北西向展布,切割整个三叠系及其邻区各个时期的岩浆岩侵入体,表明其多期活动性。断层总体呈舒缓波状,沿断层带可见宽约 15m 的破碎带,有较多挤压性透镜体,具一定方面排列。断层倾向北东,倾角较大。该断层在 K70+600、K81+000 横穿本线路。

⑤宗弄断层(F5):该断层沿河谷发育,呈舒缓波状,切割整个三叠系地层;总体倾向北东,局部倾向南西。在局部地段可见波里拉组灰岩逆冲于阿堵拉组砂页岩之上,以及普水桥组和色容寺组逆冲于江达组之上;推测印支期已开始活动;沿断层面岩石破碎,挤压揉皱现象极为发育。该断层在 K93+800(然多中桥)横穿线路。

⑥贡断层束(F6):断层切割中晚三叠系地层,走向北北西,断层破碎带宽 50~80m,带内角砾呈次圆状,岩层产状紊乱,有河谷沿其发育。在线路 K97+510(然多中桥)、K105+100、K111+100 附近三处横穿线路。

⑦断层束(F7):由多条断层组成,呈舒缓波状北西—南东向展布,断层倾向北东、倾角 70°~80°;破碎带宽 10~20m,带内岩石极为破碎,沿断层有中酸性岩浆岩和辉绿岩侵入体。断层穿越第三系和三叠系地层,两盘揉皱发育,砂岩、砾岩和中基性火山岩有挤现象。该断层在 K115+000 附近横穿线路。

⑧泥洞断层束(F8):断层沿 315°~350°方向蜿蜒展布,倾向北东,倾角 40°~45°。断层上盘地层为上三叠统甲丕拉组灰岩、紫红色长石石英砂岩与页岩互层,下盘为陶系青泥洞组变质砂岩、板岩。断层破碎带明显,为逆冲断层。在 K136~K148 附近,多处横穿线路或与线路平行。

⑨宗拉夷断层束(F9):由多个分支断层组成的断层束,区内主要切割上三叠统各组地层,断层总体倾向西南,为逆断层。在 K177~K185 附近多处横穿线路。

⑩妥坝断层(F10):研究区内仅在西南角小范围出露,走向 325°~335°,区内切割上三叠统甲丕拉组紫红色长石石英砂岩与页岩互层,分支断层极为发育,

各断层分叉交合，将地层分割成大小不一的菱形块体。断层为高角度逆冲断层，倾向东北，倾角70°～80°。在线路终点处与线路横穿。

（5）褶皱构造

在复杂的区域地质构造背景和频繁的岩浆活动的条件下，本区褶皱构造非常发育，且大都受到后期断裂构造和褶皱构造的影响，使其褶皱轴迹扭曲。区域内影响路线的主要褶皱有如下。

①岗托背斜：区域上岗托背斜在岗托分成两支，总体走向325°，背斜西侧有格达断层相伴，卷入地层主要有上三叠统曲嘎寺组和图姆沟组。褶皱两翼产状较陡，西支为对称褶皱，东支为西倾的同斜褶皱。背斜核部拉张裂隙发育，有伴生小断层和次级褶皱，为地下水的赋存提供了良好的场所。

②日卜背斜：总体走向320°，但有弯曲。核部地层为中志留统散则组下段结晶灰岩夹火山岩，翼部为散则组上段绢云石英片岩夹火山岩。背斜西翼保存较好，东翼受格达断层破坏，枢纽起伏呈马鞍形，两翼次级褶皱极为发育。

③夏把向斜：总体呈300°方向展布，微有弯曲。向斜靠近线路的南东段槽部为上三叠统阿堵拉组和夺盖拉组的页岩、砂岩、粉砂岩；两翼出露地层为江达组砂砾岩、页岩和中酸性火山岩，北东翼产状较陡，西南翼较缓，倾角40°～50°。

④5034高地向斜：总体呈310°方向展布。向斜槽部为中三叠统瓦拉寺组碎屑岩及中性火山岩，翼部为下三叠统色容寺组灰岩和普水桥组砂砾岩；南东端有印支期石英闪长岩体侵入。

⑤青柯拉背斜：位于江达东断层与同普断层之间，呈290°方向展布。西段核部出露中上三叠统江达组下段紫红色砂砾岩，南东段核部出露中三叠统瓦拉寺组砂板岩、砾岩夹中性火山岩及硅质岩、灰岩；翼部依次为中上三叠统江达组中段和上段的灰岩、砂砾岩及中酸性火山岩。

⑥瓦须向斜：总体走向330°，那宗弄断层东侧。区内被褶皱卷入的地层主要为下中三叠统砂页岩和灰岩。两翼次级褶皱发育，其北西段受断层破坏，在江达北部可见闪长玢岩群侵入。

⑦错玛背斜：总体走向330°，宗弄断层西侧。核部出露下三叠统普水桥组中性火山岩，翼部依次出露中三叠统色容寺组灰岩和瓦拉寺组砂板岩，及中上三叠统江达组下段砂砾岩。

⑧青弄背斜：由于奥陶统青泥洞组上段组成核部，中、上段组成两翼，两翼岩层倾角40°～50°，轴面近于直立，轴迹走向南北，向北于青泥洞乡南倾伏，南被青泥洞断层束所截。

⑨倒转向斜：由于奥陶统青泥洞组上段组成核部，中、下段组成两翼，次级褶

皱发育,东翼倾向260°、倾角60°,西翼倾向295°,倾角68°(倒转);轴面倒转,倾向北西西。向斜北端于青泥洞乡南西扬起。

⑩倒转背斜:由下奥陶统青泥洞组下段组成核部,中、上段组成两翼,次级褶皱发育。东翼倾向280°,倾角52°(倒转),西翼倾向295°,倾角30°;轴面倒转,倾向北西西。

3. 水文地质条件

沿线构造作用强烈,褶皱、断层发育,新构造运动活跃,形成了字曲、热曲等河流侵蚀阶地,金沙江、埃曲、独曲和恰曲等深切峡谷,以及矮拉山、雪集拉山和宗拉夷山等山地地貌;同时,沿线气候相对较湿润,植被条件良好,为地表产流、截流及大气降水提供了良好的条件。根据野外调查结果和前人研究成果,本区地下水按水介质条件、埋藏条件及水动力特征可分为第四系松散岩类孔隙潜水、基岩裂隙水和岩溶裂隙水三类。

(1)松散岩类孔隙潜水

主要分布于矮拉山东坡及各河段地势较缓处,多由松散的冲洪积砂、砾、卵石和黏性土及冰碛黏、粉性土组成。该含水层接受大气降水及地表流水的补给,其埋深、径流条件因地而异,排泄条件和水位变幅受降水条件影响很大。

(2)基岩裂隙水

基岩裂隙水是本区的主体部分,主要接受大气降水的补给,通过地表汇流渗入岩石的各种裂隙中,向局部的排泄基准面排泄,或通过大型断裂带汇集向下游集中排泄。

4. 工程地质评价

该段为山间河谷地貌,地形狭窄陡峭,相邻的两处回头弯距离很近,在立体上形成了三路并行的情况。由于山高坡陡地形狭窄,上、中、下盘公路之间的水平间距较小,路面拓宽后造成上、中盘公路和中、下盘公路之间的边坡坡度很陡,边坡接近竖直。该路段为第四系冲洪积沉积的卵石土,山体斜坡处为第四系残坡积块、碎石土,部分地段有基岩出露,风化破碎较严重,总体地质条件较差,现状见图4.6。

二、K987+650~900段高切坡超前支护设计

边坡治理方案主要为:在上、中盘公路之间设置超前支护预应力锚索抗滑桩,桩截面为2m×3m,桩间距5m,桩长以上、中盘公路之间的高差而定,桩顶部设两根预应力锚索,桩间设挡土板。在中、下盘公路之间设置超前支护桩板墙,桩截面为1.5m×2m,桩间距5m,桩长以上、中盘公路之间的高差而定,桩间设挡土板,部分设计见图4.7。

a)

b)

图 4.6　K987 + 650 ~ 900 段现状图

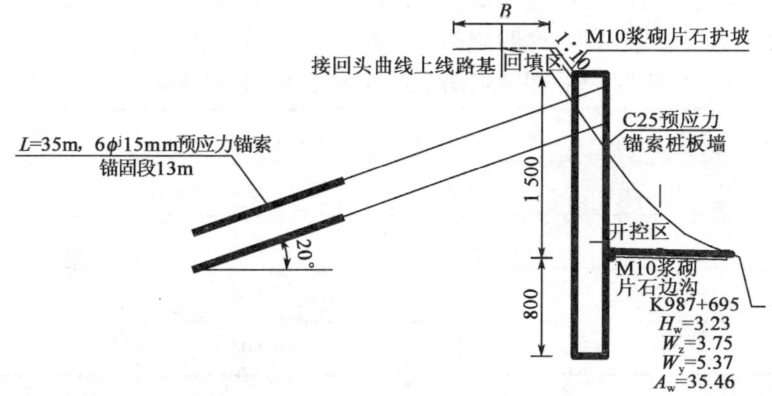

图 4.7　K987 + 695 段断面图(尺寸单位:cm)

超前处治施工阶段见图 4.8。

a)

b)

图 4.8　K987 + 650 ~ 900 段高切坡超前支护施工过程图

三、K987 +650 ~900 段高切坡监测信息反馈

选取 K987 +695 段进行观测,其预应力锚索内力监测结果:本次锚索内力监测共布置 4 个锚索测力计,锚索测力计型号:MJ-101 型振弦式锚索测力计,CTY-202 振弦测试仪,锚索测力计布置在 4 号抗滑桩布置 2 根,编号为 M-1、M-2;布置在 6 号抗滑桩布置 2 根,编号为 M-3、M-4。锚索采用 7 根 ϕ15 钢绞线(1 860MPa),锚具用 OVM15-7 型,锚索设计荷载 600kN,锁定荷载 480kN。工程竣工后共进行了 3 次监测,第一次测量时间为 2005-7-15,第二次测量时间为 2005-9-3,第三次测量时间为 2005-12-17。锚索内力监测结果见表 4.9。

从工后锚索内力监测结果看,锚索预应力损失较少,说明高切坡经过整治后,没有大的变形迹象发生,说明该高切坡得到了有效防护。

K987 +695 段高切坡超前支护锚索内力监测结果 表 4.9

位置	测点序号	第一次测量(kN)	第二次测量(kN)	第三次测量(kN)
M1	1	605	602	601
M2	2	607	605	604
M3	3	611	810	605
M4	4	609	605	602

第四节 国道 317 线西藏段公路危险性高切坡超前诊断与超前处治效果后评估

近年来,山区高速公路高边坡开挖与支护问题备受关注。由于问题的复杂性,在建设过程中如何有效评判、预测高切坡稳定性,制订合理的支护方案已成为困扰工程顺利实施的一个棘手课题。公路边坡多为岩质复合边坡,破坏模式和结构形态复杂多变,物理模型及其参数具有不确定性。近几十年来,尽管已经积累了相当丰富的试验数据,岩土力学研究也取得了长足的发展并具有相对成熟的理论基础,然而工程实践表明,单一评判方法几乎无法解决复杂的实际问题,以至于在实践中不得不依赖一些基于半经验半理论的稳定评判方法来制订工程实施方案。基于前面章节的研究成果,从以下三个方面对国道 317 线西藏段公路危险性高切坡超前诊断与超前处治效果后评估。

一、技术状况评估

1. 超前诊断

目前，高切坡超前诊断方法研究主要集中在以下几个方面：按自然边坡进行分析，归结为求滑动面的问题；渐进性失稳分析方法；数值分析方法；非确定性分析方法理论等。而山区公路是一种线形带状工程，沿线边坡数量成百上千，由于岩体的复杂性和性状的不确定性，对众多边坡工程实践中经常依靠经验法则进行开挖，模型计算分析一般仅关注一些特殊边坡。因此，即使现场能够获得力学模型和确定的参数，如果模型过于复杂，要在实践中应用也有难处，而且工程中被开挖岩体地质特征经常会随着开挖进程而变化，岩体的性状也会受设计和施工方法、岩土地下水等环境特征变化影响，同时还经常受设计和施工尤其是后者的技术水平和施工质量所左右。因此，如何制订一套能有效指导边坡设计和施工的评判系统尤为重要。

对于 G317 线，由于途径唐古拉山、他念他翁山和横断山区，地形起伏大，地貌类型复杂多变，沿线地质构造十分复杂，受区域大地构造影响，各种脆性断裂极为发育，断裂带及其两侧的岩石极为破碎，为边坡工程灾害的形成提供了丰富的物质来源；此外，线路东西跨 6 个经度，海拔高，地形高差大，气候类型复杂。由于其特殊的地质条件、地形地貌及气候水文条件，一旦切坡工程不满足稳定性要求，沿线将发育各种各样的公路病害。因此，为了防止上述边坡病害的发生，对公路切坡工程稳定性超前诊断很有必要。本研究通过对 G317 线西藏夏曲养护段、巴青养护段、丁青养护段、类乌齐—昌都段、昌都—妥坝段以及江达—岗托段边坡病害类别的调查和病害发生机理分析，有针对性地建立了 G317 线不同边坡常见病害的坡体结构概化模型、无支护开挖指标体系、危险性快速判别图表以及各种高切坡超前诊断理论与方法体系等。

对于 G317 沿线的高切坡，通过采用上述既简便、又可靠的超前诊断方法，诊断结果准确率达 85%，对防止滑坡的发生起到至关重要的作用，未造成“工程—灾害—更大工程”的恶性循环。

2. 超前处治

对于超前诊断未达标的高切坡，为了防止“工程—灾害—更大工程”的发生，首先必须进行超前支护结构的施工，才能进行边坡的施工，即所谓的超前处治技术，在工程边坡形成之前，首先对其进行危险性评价，若判定该工程边坡属于危险性边坡（不稳定边坡），特别是在施工过程中就可能发生变形破坏的边坡，在边坡形成之前先进行支护结构设计和施工，待支护工程完成后，再进行边坡施工，这样一种提前处治的方法，称为超前处治技术。采用这种设计思想后，可完全避免人工开挖边坡诱发演变成滑坡的情况出现，从根本上解决工程边坡诱发滑坡这一困扰基础设施建设多年的难题。目前，高切坡支护结构主要注重滑坡后边坡的治理，主要为：削坡减载技术、排水与截水措施、锚固措施、混凝土抗剪结构措施、支挡措施、压坡措施以及植物框格护坡、护面等。针对西藏 G317 线地理位置、地形地貌、工程地质、水文地质以及气候气象条件等，本研究提出了高切坡超前支护桩、超前支护锚杆、半隧道高切坡超前支护结构、主动减压超前支护结构等新型支护结构，同时通过对边坡体与支护结构相互作用机理的理论分析，研究了支护桩的实用设计方法、预应力锚索超前支护设计理论、主动减压超前支护结构设计理论、群桩设计方法等，并对相关设计中施工关键问题进行了阐述。

对于 G317 线，由于新型超前支护结构的应用，在保证边坡不失稳的前提下，进行高切坡施工的方法，对防止公路切坡中滑坡的发生起到至关重要的作用；同时在新型支护结构设计中充分利用边坡岩土体自身的抗滑能力，使得支护结构承担的荷载得到大幅度降低，减小了支护结构设计的断面尺寸，使施工既经济，又安全。

二、经济状况评估

在边坡的治理过程中，正确的超前诊断为边坡的稳定性判别打下了基础，同时，为后续超前处治的实施选好了依托工点，避免了因盲目处治边坡而造成巨大的浪费；超前支护能够完全避免因人工开挖而诱发滑坡的产生，大大降低了工程投资，产生了显著的经济效益。鉴于依托工程的成功实施，使公路高切坡真正做到了安全、经济，为整个项目节省费用 25% 以上。因此，若将本项目中有关超前诊断及超前处治的研究成果运用于实际生产活动中，预计每年可为西藏自治区公路建设节约高达数千万元的建设资金。

三、社会状况评估

项目中有关超前诊断与超前处治技术在依托工程中的成功实施，避免了因人工开挖而诱发滑坡的产生，从而能最大限度地减少对边坡周围环境和植被的破坏，保护了西藏地区脆弱的生态系统。同时，超前处治技术能加快工程施工，避免因滑坡造成的施工工期延误而影响工程进度，并能消除工程隐患，确保公路畅通及行车安全，减少了不必要的人员伤亡和财产损失，具有显著的社会效益。这种超前诊断与超前处治的思想如能在我国西藏、西部山区乃至全国推广，将会从根本上改变公路建设投资偏高，建设周期过长的不利局面，极大地推进西藏公路建设的发展。

总之，由于危险性高切坡超前诊断与处治技术在实际工程中得到了成功的运用，基本上消除了国道317线西藏段高切坡的潜在威胁，为西藏地区的公路建设扫除了又一障碍，处治效果见图4.9～图4.11。

图4.9　K4773+510段高切坡超前支护工程整治效果图

图4.10　K987+680～730段高切坡超前支护工程整治效果图

图4.11　K1034+370～550段高切坡超前支护工程整治效果图

附　　录

附　录　A

(a) *Unconfined compressive strength*

Selby's strength range (MPa)	Selby's rating factor, f_1	Bieniawski's equivalent factor, F_1
>200	20	*use*15
200 ~ 100	18	*use*12
100 ~ 50	14	7
	12	*use*6
50 ~ 25	10	4
	8	*use*3
25 ~ 1	5	2

(b) *Joint spacing and RQD*

Selby's RMS		Bienia wski's RMR			
Joint spacing ranges meters	Rating factor f_3	Joint spacing rating factor F_3	Equivalent RQD%	RQD rating factor F_2	Total(F_3+F_2)
>3	30	20	>90	20	40
1 ~ 3	28	17.5	>90	20	37.5
0.3 ~ 1	21	12.5	>90	20	32.5
	18	*use*10	—	*use*17	27
0.05 ~ 0.3	15	8	40 >90	13	21
<0.05	8	5	<40	8	13

(c) *Joint condition*

Selby's joint condition rating factors ($f_2+f_5+f_6$)	Bieniawski's joint condition rating factor F_4

续上表

24	30
23	*use*28
22	*use*27
21	25
20	*use*24
19	*use*23
18	*use*21
17	20
15	*use*15
13	10
6	0

(d) *Outflow of groundwater*

Selby's descriptors	Selby's rating factor f_7	Bieniawski's equivalent rating factor F_5	Bieniawski's descriptors
None	6	15	Dry
Trace	5	10	Damp
Slight	4	7	Wet
Moderate	3	4	Dripping
Great	1	0	Flowing

(e) *Joint orientation*

Selby's descriptor	Selby's rating factor f_4	Bieniawski's equivalent rating factor F_6	Bieniawski's descriptor
Very favorable			
Steep dips into slope;	20	0	Very favorable
Cross joints interlocked			
Favorable			
Moderate dips into slope	18	−5	Favorable
	16	*use* −15	

续上表

Fair			
Horizontal dips or nearly vertical(hard rocks only)	14	-25	Fair
Unfavorable			
Moderate dips out of slope	9	-50	Unfavorable
Very unfavorable			
Steep dips out of slope	5	-60	Very unfavorable

附 录 B

$$f_1=\frac{(3\tan\varphi\cos\theta_h+\sin\theta_h)\exp[3(\theta_h-\theta_0)\tan\varphi]-(3\tan\varphi\cos\theta_0+\sin\theta_0)}{3(1+9\tan^2\varphi)}$$

$$f_2=\frac{1}{6}\frac{L}{r_0}\left(2\cos\theta_0-\frac{L}{r_0}\cos\alpha\right)\sin(\theta_0+\alpha)$$

$$f_3=\frac{\exp[(\theta_h-\theta_0)\tan\varphi]}{6}\left[\sin(\theta_h-\theta_0)-\frac{L}{r_0}\sin(\theta_h+\alpha)\right]\times$$
$$\left\{\cos\theta_0-\frac{L}{r_0}\cos\alpha+\cos\theta_h\exp[(\theta_h-\theta_0)]\tan\varphi\right\}$$

$$f_4=\left(\frac{H}{r_0}\right)^2\frac{\sin(\beta-\beta')}{2\sin\beta\sin\beta'}\left[\cos\theta_0-\frac{L}{r_0}\cos\alpha-\frac{1}{3}\frac{H}{r_0}(\cot\beta+\cot\beta')\right]$$

$$f_5=\frac{x_F^2\tan\beta}{2(1-\tan\beta\cot\xi)^2}\left[H(\cot\beta'-\cot\beta)+\frac{2-\tan\beta\cot\xi}{3(1-\tan\beta\cot\xi)}x_F+\right.$$
$$\left.\frac{H}{A}e^{(\theta_h-\theta_0)\tan\varphi}\cos\theta_h\right]$$

$$\frac{H}{r_0}=\frac{\sin\beta'}{\sin(\beta'-\alpha)}\{\sin(\theta_h+\alpha)\exp[(\theta_h-\theta_0)\tan\varphi]-\sin(\theta_0+\alpha)\}$$

$$\frac{L}{r_0}=\frac{\sin(\theta_h-\theta_0)}{\sin(\theta_h+\alpha)}-\frac{\sin(\theta_h+\beta')}{\sin(\theta_h+\alpha)\sin(\beta'-\alpha)}\times$$
$$\{\exp[(\theta_h-\theta_0)\tan\varphi]\sin(\theta_h+\alpha)-\sin(\theta_0+\alpha)\}$$

$$f_6=\frac{(3\tan\varphi\sin\theta_h-\cos\theta_h)\exp[3(\theta_h-\theta_0)\tan\varphi]-(3\tan\varphi\sin\theta_0-\cos\theta_0)}{3(1+9\tan^2\varphi)}$$

$$f_7=\frac{1}{6}\frac{L}{r_0}\left(2\sin\theta_0+\frac{L}{r_0}\sin\alpha\right)\sin(\theta_0+\alpha)$$

$$f_8=\frac{\exp[(\theta_h-\theta_0)\tan\varphi]}{6}\left(\frac{H}{r_0}\right)\frac{\sin(\theta_h+\beta')}{\sin\beta'}\left\{2\sin\theta_h\exp[(\theta_h-\theta_0)\tan\varphi]-\frac{H}{r_0}\right\}$$

$$f_9=\left(\frac{H}{r_0}\right)^2\frac{\sin(\beta-\beta')}{6\sin\beta\sin\beta'}\left\{3\sin\theta_h\exp[(\theta_h-\theta_0)\tan\varphi]-\frac{H}{r_0}\right\}$$

$$f_{10}=\frac{x_F^2\tan\beta}{2(1-\tan\beta\cot\xi)^2}\left[\frac{H}{A}e^{(\theta_h-\theta_0)\tan\varphi}\sin\theta_h-\frac{\tan\beta}{3(1-\tan\beta\cot\xi)}x_F\right]$$

附　录　C

$$f_1=\frac{(3\tan\varphi\cos\theta_h+\sin\theta_h)\exp[3(\theta_h-\theta_0)\tan\varphi]-(3\tan\varphi\cos\theta_0+\sin\theta_0)}{3(1+9\tan^2\varphi)}$$

$$f_2=\frac{1}{6}\frac{L}{r_0}\left(2\cos\theta_0-\frac{L}{r_0}\cos\alpha\right)\sin(\theta_0+\alpha)$$

$$f_3=\frac{\exp[(\theta_h-\theta_0)\tan\varphi]}{6}\left[\sin(\theta_h-\theta_0)-\frac{L}{r_0}\sin(\theta_h+\alpha)\right]\times$$

$$\left\{\cos\theta_0-\frac{L}{r_0}\cos\alpha+\cos\theta_h\exp[(\theta_h-\theta_0)]\tan\varphi\right\}$$

$$f_4=\left(\frac{H}{r_0}\right)^2\frac{\sin(\beta-\beta')}{2\sin\beta\sin\beta'}\left[\cos\theta_0-\frac{L}{r_0}\cos\alpha-\frac{1}{3}\frac{H}{r_0}(\cot\beta+\cot\beta')\right]$$

$$f_5=\frac{x_F^2\tan\beta}{2(1-\tan\beta\cot\xi)^2}\left[H(\cot\beta'-\cot\beta)+\frac{2-\tan\beta\cot\xi}{3(1-\tan\beta\cot\xi)}x_F+\right.$$

$$\left.r_0e^{(\theta_h-\theta_0)\tan\varphi}\cos\theta_h\right]$$

$$f_6=\frac{x_F^2\tan\beta}{2}\left[H(\cot\beta'-\cot\beta)+\frac{2x_F}{3}+\frac{H}{A}e^{(\theta_h-\theta_0)\tan\varphi}\cos\theta_h\right]$$

$$\frac{H}{r_0}=\frac{\sin\beta'}{\sin(\beta'-\alpha)}\{\sin(\theta_h+\alpha)\exp[(\theta_h-\theta_0)\tan\varphi]-\sin(\theta_0+\alpha)\}$$

$$\frac{L}{r_0}=\frac{\sin(\theta_h-\theta_0)}{\sin(\theta_h+\alpha)}-\frac{\sin(\theta_h+\beta')}{\sin(\theta_h+\alpha)\sin(\beta'-\alpha)}\times$$

$$\{\exp[(\theta_h-\theta_0)\tan\varphi]\sin(\theta_h+\alpha)-\sin(\theta_0+\alpha)\}$$

$$f_7=\frac{(3\tan\varphi\sin\theta_h-\cos\theta_h)\exp[3(\theta_h-\theta_0)\tan\varphi]-(3\tan\varphi\sin\theta_0-\cos\theta_0)}{3(1+9\tan^2\varphi)}$$

$$f_8=\frac{1}{6}\frac{L}{r_0}\left(2\sin\theta_0+\frac{L}{r_0}\sin\alpha\right)\sin(\theta_0+\alpha)$$

$$f_9=\frac{\exp[(\theta_h-\theta_0)\tan\varphi]}{6}\left(\frac{H}{r_0}\right)\frac{\sin(\theta_h+\beta')}{\sin\beta'}\left\{2\sin\theta_h\exp[(\theta_h-\theta_0)\tan\varphi]-\frac{H}{r_0}\right\}$$

$$f_{10}=\left(\frac{H}{r_0}\right)^2\frac{\sin(\beta-\beta')}{6\sin\beta\sin\beta'}\left\{3\sin\theta_h\exp[(\theta_h-\theta_0)\tan\varphi]-\frac{H}{r_0}\right\}$$

$$f_{11}=\frac{x_F^2\tan\beta}{2}\left[\frac{H}{A}e^{(\theta_h-\theta_0)\tan\varphi}\sin\theta_h-\frac{x_F\tan\beta}{3(1-\tan\beta)}\right]$$

附　录　D

$$f_1=\frac{1}{3(1+9\tan^2\varphi)}\{(3\tan\varphi\cos\theta_h+\sin\theta_h)\exp[(\theta_h-\theta_0)\tan\varphi]-$$
$$3(\tan\varphi\cos\theta_0+\sin\theta_0)\}$$

$$f_2=\frac{1}{6}\frac{L}{r_0}\left(2\cos\theta_0-\frac{L}{r_0}\cos\alpha\right)\sin(\theta_0+\alpha)$$

$$f_3=\frac{1}{6}\exp[(\theta_h-\theta_0)\tan\varphi]\left[\sin(\theta_h-\theta_0)-\frac{L}{r_0}\sin(\theta_h+\alpha)\right]\times$$
$$\left\{\cos\theta_0-\frac{L}{r_0}\cos\alpha+\cos\theta_h\exp[(\theta_h-\theta_0)\tan\varphi]\right\}$$

$$f_4=\left(\frac{H}{r_0}\right)^2\frac{\sin(\beta-\beta')}{2\sin\beta\sin\beta'}\left[\cos\theta_0-\frac{L}{r_0}\cos\alpha-\frac{1}{3}\frac{H}{r_0}(\cot\beta+\cot\beta')\right]$$

$$f_6=\frac{(3\tan\varphi\sin\theta_h-\cos\theta_h)\exp[3(\theta_h-\theta_0)\tan\varphi]-(3\tan\varphi\sin\theta_0-\cos\theta_0)}{3(1+9\tan^2\varphi)}$$

$$f_7=\frac{1}{6}\frac{L}{r_0}\left(2\sin\theta_0+\frac{L}{r_0}\sin\alpha\right)\sin(\theta_0+\alpha)$$

$$f_8=\frac{\exp[(\theta_h-\theta_0)\tan\varphi]}{6}\left(\frac{H}{r_0}\right)\frac{\sin(\theta_h+\beta')}{\sin\beta'}\left\{2\sin\theta_h\exp[(\theta_h-\theta_0)\tan\varphi]-\frac{H}{r_0}\right\}$$

$$f_9=\left(\frac{H}{r_0}\right)^2\frac{\sin(\beta-\beta')}{6\sin\beta\sin\beta'}\left\{3\sin\theta_h\exp[(\theta_h-\theta_0)\tan\varphi]-\frac{H}{r_0}\right\}$$

参 考 文 献

[1] 何思明,王成华.预应力锚索两个破坏特性及极限抗拔力研究[J].岩石力学与工程学报,2004,23(17):2966-2971.

[2] 何思明,张小刚,王成华.基于修正剪切滞模型的预应力作用机理研究[J].岩石力学与工程学报,2004,23(15):2557-2561.

[3] 何思明,王全才.人工高切坡的长期强度指标研究[J].四川大学学报(工程科学版),2005,37(6):26-30.

[4] 何思明,田金昌,周建庭.预应力锚索抗滑挡土墙设计理论研究[J].四川大学学报(工程科学版),2005,37(3):10-13.

[5] 雷孝章,何思明.嵌岩桩极限侧阻力研究[J].四川大学学报(工程科学版),2005,37(4):7-9.

[6] 何思明,田金昌,周建庭.胶结式预应力锚索锚固段荷载传递特性研究[J].岩石力学与工程学报,2006,25(1):117-121.

[7] 何思明,王成华.单桩计算的一种理论方法[J].土木工程学报,2005,38(6):73-82.

[8] 何思明,李新坡,王成华.高切坡超前支护锚杆作用机制研究[J].岩土力学,2007,28(5):1050-1054.

[9] 何思明,李新坡.预应力锚杆作用机制研究[J].岩石力学与工程学报,2006,25(9):1876-1880.

[10] 何思明,杨雪莲,周永江.预应力锚索地梁与地基共同作用分析[J].岩土力学,2006,27(1):83-88.

[11] 重庆交通学院.中尼公路高切坡超前支护设计文件[R].2004,7.

[12] 李云贵,张作辰.西藏樟木滑坡及其综合治理[J].中国地质灾害与防治学报,1998,9(4):19-24.

[13] 何建华,胡斌.松散滑坡治理中坡体结构与强度重要性[J].岩石力学与工程学报,2004,23(7):1233-1236.

[14] 晏鄂川,唐辉明.工程岩体稳定性评价与利用[M].北京:中国地质大学出版社,2002.

[15] 郑宏,冯强,罗先启,刘德富.石榴树包滑坡机制的有限元分析[J].岩石力学与工程学报,2004,23(10):1648-1653.

[16] 夏雄,周德培.预应力锚索地梁在加固边坡中的应用实例[J].岩土力学,

2002,3(2):242-245.

[17] C. Li, B. Stillborg. Analytical models for rock bolts[J]. International Journal of Rock Mechanics and Mining Sciences,1999,(36):1013-1029.

[18] M. Steen,J. L. Valles. Interface bond conditions and stress distribution in a two-dimensionally reinforced brittle-materix composite[J]. Composites science and technology,1998,(58):313-330.

[19] Yue Cai, Tetsuro Esaki, Yujing Jiang. An analytical model to predict axial load in grouted rock bolt for soft rock tunneling[J]. Tunnelling and Underground Space Technology,2004,(19):607-618.

[20] A. Kilic,E, Yasar,A. G. Celik. Effect of grout properties on the pull-out load capacity of fully grouted rock bolt[J]. Tunneling and Underground Space Technology,2002,(17):355-362.

[21] I. W. Farmer, Holmberg. Stress distribution along a resin grouted rock anchor [J]. Int. Rock Mech. And Geomech,1975,(12):347-351.

[22] Farmer A. Stress distribution along a resin grouted anchor[J]. Int, J, Rock Mech. And Geomech,1975,(12):681-686.

[23] 蒋忠信.拉力型锚索锚固段剪应力分布的高斯曲线模式[J].岩土工程学报,2001,23(6):696-699.

[24] 廖红建,韩波,殷建华,赤石胜.人工开挖边坡的长期稳定性分析与土的强度参数确定[J].岩土工程学报,2002,24(5):560-564.

[25] 时卫明,叶晓明,郑颖人.阶梯形边坡的稳定分析[J].岩石力学与工程学报,2002,21(5):698-701.

[26] 陈静曦,章光,韩行忠,杨明亮.切方路基开挖程序的合理化研究[J].岩石力学与工程学报,2002,21(7):1072-1074.

[27] 王国欣,肖树芳,周旺高.原状结构性土先期固结压力及结构强度的确定[J].岩土工程学报,2003,25(2):249-251.

[28] 徐永福,傅德明.非饱和土结构强度的研究[J].工程力学,1999,16(4):73-77.

[29] 赵明阶,徐蓉.岩石损伤特性与强度的超声波研究[J].岩土工程学报,2002,22(6):720-722.

[30] 陈安敏,顾金才,沈俊.软岩加固中锚索张拉吨位随时间变化规律的模型试验研究[J].岩石力学与工程学报,2002,21(2):251-256.

[31] 朱合华,叶斌.饱和状态下隧道围岩蠕变力学性质的试验研究[J].岩石力

学与工程学报,2002,21(12):1791-1796.

[32] 何思明,张小刚,王成华.基于修正剪切滞模型的预应力锚索作用机理研究[J].岩石力学与工程学报,2004,23(15):2562-2567.

[33] 徐年丰,牟春霞,等.预应力岩锚内锚固段作用机理与计算方法探讨[J].长江科学院院报,2002,19(3):45-61.

[34] rahim B, Gerand B. Five-year monitoring of load losses on prestressed cement-grouted rock anchors[J]. Canadian Geotechnique,1991,28(5):668-677.

[35] G. Mylonakis. Winker modulus for axially loaded pile[J]. Geotechnique, 51(5):455-461.

[36] 赵长海.预应力锚固技术[M].北京:中国水利水电出版社,2001.

[37] 袁小梅.边坡锚索预应力损失估算[J].路基工程,1999(6):46-47.

[38] 韦立德,邵建富.岩石黏弹塑性模型的研究[J].岩土力学,2002,23(5):583-586.

[39] 何思明.基于弹塑性理论的修正分层总和法[J].岩土力学,2003,24(1):88-92.

[40] 李兆霞.损伤力学及其应用[M].北京:科学出版社,2002.

[41] 何思明,李新坡,王成华.高切坡超前支护锚杆作用机制研究[J].岩石力学,2007,28(5):1050-1054.

[42] Liu Yuan-xue, Li Zhong-you, Zhou Jian-ting, and Sun Shu-guo. A new damage variable and its evaluation law for structured soil[J]. Key Engineering Materials,2010.

[43] 吴永,何思明,李新坡.预应力锚杆作用机制的进一步分析[J].四川建筑科学研究,2010,36(1):97-100.

[44] 王培勇,彭玉麒,刘元雪,冉仕平,高干.基于定点剪出发抗滑桩滑坡推力分布形式的确定[J].后勤工程学院学报,2010,26(2):1-4.

[45] 罗渝,何思明,吴永.基于上限定理的桩锚组合结构设计理论研究[J].人民长江,2010,41(2):18-20.

[46] 沈均,何思明,吴永.基于上限定理的边坡横向条分稳定计算[J].自然灾害学报,2010,19(5):132-137.

[47] 何思明,罗渝.基于上限定理的抗滑群桩设计理论研究[J].自然灾害学报,2010,19(5):7-12.

[48] 罗渝,何思明,何尽川.地震作用下抗滑桩作用机制研究[J].长江科学院院报,2010,27(6):26-29.

[49] 罗渝,何思明,何尽川. 路堤边坡抗滑桩超前支护研究[J]. 四川大学学报(工程科学版),2009,41(6):63-67.

[50] 王培勇,刘元雪,高干. 滑移现场法边坡临界高度的理论计算[J]. 土木建筑与环境工程,2009,31:20-23.

[51] 罗渝,何思明. 高切坡超前支护锚杆受力机制研究[J]. 人民长江,2009,40(3):76-78.

[52] 何思明,吴永,李新坡. 滚石冲击碰撞恢复系数研究[J]. 岩土力学,2009,30(3):623-627.

[53] 沈均,何思明,吴永. 滚石对垫层材料的冲击特性研究[J]. 安徽农业科学,2009,37(17):8286-8288.

[54] 吴永,何思明,沈均. 坡面颗粒侵蚀的水力学机理[J]. 长江科学院院报,2009,26(8):6-9.

[55] 王强,何思明,张俊云. 泥石流防撞墩冲击力理论计算方法[J]. 防灾减灾工程学报,2009,29(4):423-427.

[56] 何思明,吴永,李新坡. 嵌岩抗拔桩作用机制研究[J]. 岩土力学,2009,30(2):333-337.

[57] 杨雪莲,周永江,何思明. 框架预应力锚索在滑坡加固中的现场试验研究[J]. 灾害学,2009,24(2):37-40.

[58] 刘元雪,周建庭,李忠友. 岩土损伤复合体理论的应力应变合成模式研究[J]. 重庆建筑大学学报,2008,30(4):64-67.

[59] 何恩明,李新坡. 高切坡半隧道超前支护结构研究[J]. 岩石力学与工程学报,2008,27(增2):3827-3832.

[60] 何思明,吴永,李新坡. 颗粒弹塑性碰撞理论模型[J]. 工程力学,2008,25(12):19-24.

[61] 何思明,李新坡. 高切坡超前支护桩作用机制研究[J]. 四川大学学报(工程科学版),2008,40(3):43-46.

[62] 何恩明,李新坡,吴永. 滚石冲击荷载作用下土体屈服特性研究[J]. 岩石力学与工程学报,2008,27(增1):2973-2977.

[63] 何思明,吴永,杨雪莲. 滚石坡面冲击回弹规律研究[J]. 岩石力学与工程学报,2008,27(增1):2793-2798.

[64] 吴永,何思明,李新坡. 降雨作用下坡面侵蚀的水动力机理[J]. 生态环境,2008,17(6):2440-2444.

[65] 吴永,何思明,李新坡. 四川滑坡灾害的特点、成因及防治措施[J]. 安徽农

业科学,2008,36(17):7387-7390.

[66] 何思明,吴永,李新坡.地震诱发岩体崩塌力学机理[J].岩石力学与工程学报,2008,27(1):1-5.

[67] Zhou Jian-ting, Liu Yuan-xue, Li Zhong-you. The Constitutive Model for Isotropic Damage of Geomaterial[J]. Key Engineering Materials, 2007, 348-349, pp:513-516.

[68] 周建庭,刘元雪.岩土各向同性损伤本构模型[J].岩土工程学报,2007,29(11):636-1641.

[69] 何思明,李新坡,王成华.高切坡超前支护锚杆作用机制研究[J].岩土力学,2007,28(5):1050-1054.

[70] 何思明,李新坡,吴永.考虑弹塑性变形的泥石流大块石冲击力计算[J].岩石力学与工程学报,2007,26(8):1664-1669.

[71] 何思明,吴永,李新坡.黏性泥石流沟道侵蚀启动机制研究[J].岩土力学,2007,28(增刊).

[72] 何思明.高切坡超前支护桩与坡体共同作用分析[J].山地学报,2006,24(5):574-579.